I0876782

COMMENTAIRE DE LA *PHÉNOMÉNOLOGIE* DE HEGEL

DU MÊME AUTEUR
À LA MÊME LIBRAIRIE

L'ŒUVRE DE KANT. La philosophie critique.
Tome 1 : La philosophie pré-critique et la critique de la raison pure. 1969, 6 e éd. 1993.
Tome 2 : *Morale et politique*. 1972, 5 e éd. 1993.
L'ŒUVRE DE FICHTE. 1984.
L'ÉCOLE DE MARBOURG. Cohen – Natorp – Cassirer. 1989.
ESSAIS DE PHILOSOPHIE DE LA GUERRE. 1976, 2e éd. 1988.
ÉTUDES KANTIENNES. 1982.
LA LIBERTÉ HUMAINE DANS LA PHILOSOPHIE DE FICHTE. 1966, 3 e éd. 2000.
THÉORIE ET PRAXIS DANS LA PENSÉE MORALE ET POLITIQUE DE KANT ET DE FICHTE. 1968, 3 e éd. 1988.
SCHOPENHAUER. UNE PHILOSOPHIE DE LA TRAGÉDIE. 1980.
JEAN-JACQUES ROUSSEAU ET LA PENSÉE DU MALHEUR. (3 volumes), 1984.
LA THÉORIE KANTIENNE DE L'HISTOIRE. 1986.
LA JEUNESSE DE FEUERBACH (1828-1841). INTRODUCTION A SES POSITIONS FONDAMENTALES. (2 volumes), 1990.
QU'EST CE QUE LA PHILOSOPHIE ? Kant et Fichte. 1991.
LECTURE DE LA *PHÉNOMÉNOLOGIE* DE HEGEL. Préface, Introduction. 1994.
MÉTAPHYSIQUE ET POLITIQUE CHEZ KANT ET FICHTE. 1997.
LA PHILOSOPHIE DU MALHEUR – 1. Chestov et les problèmes de la philosophie existentielle. 1998.
LA PHILOSOPHIE DU MALHEUR – 2. Concepts et idée. 1999.

Traductions
KANT (E.) *Qu'est-ce que s'orienter dans la pensée ?* Traduction, commentaire et notes. Préface de F. Alquié.
KANT (E.) *Critique de la faculté de juger.* Traduction.
KANT (E.) *Réflexions sur l'éducation.* Traduction, commentaire et notes.
KANT (E.) *Lettre à Marcus Herz du 21 février 1772*, in *La Dissertation de 1770.* Traduction, introduction et notes.
KANT (E.) *Métaphysique des mœurs.* Première partie : *Doctrine du droit.* Introduction et traduction. Préface de M. Villey.
KANT (E.) *Métaphysique des mœurs*. Deuxième partie : *Doctrine de la vertu.* Introduction et Traduction.
HEGEL (G.W.F.) *Foi et savoir.* Kant, Jacobi, Fichte. Introduction et traduction.
FICHTE (J.G.) *Œuvres choisies de philosophie première : Doctrine de la Science, 1794-1797.* Traduction.
FICHTE (J.G.) *Ecrits de philosophie première : Doctrine de la Science, 1801-1802*, et textes annexes. Traduction, commentaire et notes.

BIBLIOTHÈQUE D'HISTOIRE DE LA PHILOSOPHIE

NOUVELLE SÉRIE

Fondateur : Henri GOUHIER Directeur : Jean-François COURTINE

COMMENTAIRE DE LA *PHÉNOMÉNOLOGIE* DE HEGEL

DE LA CERTITUDE SENSIBLE AU SAVOIR ABSOLU

par

Alexis PHILONENKO

PARIS
LIBRAIRIE PHILOSOPHIQUE J. VRIN
6, Place de la Sorbonne, Ve

—

2001

À ma mère

Vorurtheil und Finsterniss füllen unsre Seelen
Unser Blick ist ungewiss, unsre Schlüsse fehlen :
Aber dein Verstand ist Licht, Urquell aller Wahrheit
Und vor deinem Angesicht, Herr, ist Alles Klarheit.

Balthasar Münter, 1773

La loi du 11 mars 1957 n'autorisant, aux termes des alinéas 2 et 3 de l'article 41, d'une part, que les « copies ou reproductions strictement réservées à l'usage privé du copiste et non destinées à une utilisation collective » et, d'autre part, que les analyses et les courtes citations dans un but d'exemple et d'illustration, « toute représentation ou reproduction intégrale, ou partielle, faite sans le consentement de l'auteur ou de ses ayants droit ou ayants cause, est illicite » (alinéa premier de l'article 40).

Une telle représentation ou reproduction, par quelque procédé que ce soit, constituerait donc une contrefaçon sanctionnée par les articles 425 et suivants du Code pénal.

© *Librairie Philosophique J. VRIN*, 2001
Imprimé en France
ISSN 0249-7980
ISBN 2-7116-1496-4

AVANT-PROPOS

§ 1 – Cet ouvrage est destiné aux étudiants achevant leur licence et préparant l'agrégation et seules quelques options retiendront l'attention des spécialistes ; quelques passages, il le faut bien dire, ont plus sollicité mon intérêt que d'autres, et bien que m'étant fixé pour but de suivre toute la démarche de la *Phénoménologie de l'Esprit,* j'ai négligé de suivre mot à mot les textes relevant de la *Naturphilosophie* – la plaie saignante dans le système de Hegel – ou résumé vigoureusement les analyses concernant l'art et qui sont reprises d'une manière infiniment plus détaillée dans les *Leçons sur l'Esthétique.* J'espère néanmoins être parvenu à un résultat modeste, mais équilibré, dominé par le souci de clarté.

§ 2 – Les citations constituent un réel problème. Il faut les donner en *français* et dans les traductions existantes. La vieille traduction de J. Hyppolite n'est plus vraiment utilisable. Cependant calquée sur la version italienne de Negri elle comprend quelques réelles beautés et ne peut être entièrement négligée. On peut et même l'on doit l'utiliser, quitte à modifier à partir du texte allemand la version française. Le travail de J.-P. Lefebvre est bien supérieur. Mais c'est le cas de figure inverse : il faut rectifier la traduction française en fonction du rythme de la phrase allemande. Le problème a été résolu dans le même esprit que pour la traduction de J. Hyppolite : utiliser le texte sans craindre de le modifier. Pour ce faire, on est parti de l'édition Meiner (PHB) *Phänomenologie des Geistes*, Neu herausgegeben von Hans-Friedrich Wessels und Heinrich Clairmont, Hamburg, 1988.

§ 3 – Nous regardons l'écriture de Hegel comme assez singulière. En un sens précis ce n'est pas un écrivain : il n'a pas le don poétique de Sophocle ou de Dante ; il n'a pas non plus le souffle épique d'un Fichte et encore moins le lyrisme ordonné d'un Nietzsche. Mais c'est un grammairien de première force. Dans les ramifications de ses pages règne une logique implacable, et à condition de la suivre, on « s'y retrouve ». Quant à son vocabulaire, il est assez simple. On peut être dérouté par quelques expressions maintenant vieillies, mais nombreuses sont les pages où la seule difficulté, qui se révèle être plutôt une béquille, se trouve être la grammaire. Ajoutons cependant ceci : Hegel aime à donner de la *force* à son texte. Il use alors d'expressions littérairement triviales. Par exemple il parle d'un homme « qui pisse ». Universitaire distingué J. Hyppolite avait préféré écrire « qui urine ». Je m'abstiendrai de tout commentaire.

§ 4 – Cet ouvrage – commentaire analytique de la *Phénoménologie de l'Esprit* – devait, par la force des choses, suivre le « Gedankengang » de la thèse de J. Hyppolite, *Genèse et structure de la Phénoménologie de l'Esprit.* On ne peut pas n'écrire que des sottises pendant 600 pages et certains moments analytiques sont corrects chez Hyppolite. Il était commode *parfois* de se reposer sur eux dans l'étude de passages dilués chez Hegel, par exemple dans l'exposition du chapitre sur la Religion. Je m'y suis cru autorisé, mais je n'ai pas abusé. En revanche j'ai laissé de côté toute l'exégèse marxiste, me référant plutôt à Feuerbach, qui, même s'il a commis de graves erreurs, possède l'avantage décisif d'avoir été un élève de Hegel.

§ 5 – J'ai bien entendu consulté un certain nombre d'ouvrages. Et, pour beaucoup, vaut un identique reproche. Ils ne *vivent pas dans l'esprit protestant* qui anime profondément Hegel. Je dis bien : *vivre*. Le protestantisme est certes une pensée, mais c'est aussi un style d'existence, un certain πάθος, une somme d'audaces et de faiblesses qui se dépose dès la plus tendre enfance et qui colle à la peau comme une tunique de Nessus. On trouve là des conceptions, parfois étranges aux yeux des catholiques, des terminaisons nerveuses intellectuelles *sui generis* et le sentiment si répandu d'être à la fois supérieur et différent. Au total ce n'est, sans doute, pas mieux, mais c'est autre chose. Et cela n'est pas sans conséquences : tout en se refusant à élaborer une philosophie *édifiante*, Hegel cherchait à convertir.

§ 6 – On trouvera dans mon écrit *Lecture de la Phénoménologie de Hegel, Préface-Introduction*[1] (p. 11-180) l'analyse systématique des textes qui ouvrent la *Phénoménologie de l'esprit*. Ces textes ont été rédigés *après* la composition de la *Phénoménologie* proprement dite *dont l'étude est ici proposée.* D'où une scission conforme à la nature des choses.

L'histoire (la petite histoire) dira s'il convient de poursuivre l'étude de l'œuvre hégélienne.

1. Paris, Vrin, 1993.

ANNEXE

Liste des ouvrages de Hegel

L'édition qui a servi de base à l'étude est celle de la *Phänomenologie des Geistes* de Hans-Friedrich Wessels & Heinrich Clairmont (PHB, 1988, Félix Meiner Verlag). On s'est aussi servi de l'édition du Bd. IX des *GesamlteWerke* de Hegel (Meiner, 1980). On a également utilisé l'édition Hoffmeister (PHB, 1952).

Autres écrits

Theologische Jugenschriften herausgegeben von Hermann Nohl, Tübingen 1907.
Jenaer Realphilosophie (PHB, Félix Meiner Verlag) 1967.
Jenenser Logik, Metaphysik und Naturphilosophie (PHB, Félix Meiner Verlag) 1967.
Kritische Schriften in *G. W. F Hegel, Hauptwerke* (Félix Meiner Verlag), Bd. I, 1999
Hegel : *Sämmtliche Werke* (Glockner) Bd. I-22 (*Jubiläums Ausgabe*), Stuttgart, 1959.
G. W. F. Hegel, *Werke in zwanzig Bänden* (Suhrkamp Verlag) 1969.

Bibliographie

Nous conseillons au lecteur de se reporter à l'excellente bibliographie proposée par H-F Wessels & H. Clairmont au début de leur édition.

Système des références

a) La référence centrale est donnée (systématiquement et dans les sous-titres) et par ailleurs on suit (souvent page et ligne) le texte de l'édition allemande Wessels & Clairmont.

b) En raison de difficultés philologiques considérables – par exemple les néologismes obscurs –, la référence est souvent, mais pas toujours, donnée au texte français de Jean-Pierre Lefebvre (Hegel, *Phénoménologie de l'esprit,* Aubier, 1991) (indiquée par exemple L.168).

Des emprunts ont été faits à la traduction de J. Hyppolite. On l'a indiqué dans le texte du commentaire.

PHÉNOMÉNOLOGIE DE L'ESPRIT - I

La certitude sensible (69)

§1 – Le souci (*Sorge*) de toute la philosophie allemande a été de commencer par le point = X originairement entendu. Chez Fichte, par exemple, tout débute par la proposition A = A qu'on s'efforce de problématiser pour en faire jaillir un monde humain. Très certainement, les philosophes ont toujours ressenti cet appel, mais dans l'idéalisme allemand ce fut une authentique frénésie – de là chez Hegel des accents quasi mystiques qui lui ont été reprochés non sans légèreté. La *Préface* et l'*Introduction* ayant été examinées et rédigées l'ouvrage fini, nous pouvons d'une part nous reposer sur nos précédents développements – notamment en ce qui touche à la méthode dialectique – et d'autre part fixer dans les étoiles celle qui désigne notre point de départ. On remarquera tout d'abord que, si profonde que soit une préface, elle ne peut jamais valoir comme une connexion dans le tout achevé ; elle est toujours en marge. Il peut se faire que la marge soit plus importante que le tout, mais c'est alors la marge qui devient le tout ; il y a eu simplement développement de l'essence. Ensuite on établira – déduction facile – que nous sommes au point de départ de l'Odyssée de la conscience.

Ce point de départ, Hegel le veut absolument simple. On pourrait en donner un exemple simplifiant en citant l'*odeur de rose* que doit respirer, au début du *Traité des sensations* de Condillac, la statue « si » elle doit devenir pour soi ce qu'elle est pour nous. Ceci ne dépasse pas ce que Fichte appelle en 1795 une *histoire pragmatique de la conscience.* Hegel nomme le sujet de cette histoire, et il le détermine comme certitude sensible ou : la chose et l'opinion. On remarquera deux choses : d'une part la chose est réciproquable avec l'opinion, et d'autre part, *meinen*, que précisément nous traduisons par *opinion,* n'a aucune consistance phénoménologique au sens husserlien. Opinion (cf. opiner = *meinen*) correspond encore à δόξα (platonicienne). La philosophie va consister à surmonter la δόξα, c'est-à-dire à s'élever à la théologie spéculative (selon l'interprétation de Feuerbach).

§ 2 – F. Alquié pensait que le début de la *Phénoménologie* se décomposait en trois démarches.

Premièrement : une dialectique ontologique.

Deuxièmement : un développement métaphysique.

Troisièmement : un développement psychologique.

Nous souscrivons à cette lecture, non sans souligner que d'autres points de vue chez Hegel sont possibles, puisque l'objet de la certitude sensible est = X, et que sur X une infinie possibilité de perspectives se trouve concevable. Par exemple, la théorie dialectique de l'ici et du maintenant peut à bon droit être considérée comme une contribution transcendantale à l'Esthétique comme exposition d'une doctrine des éléments. De même, en tenant compte des permutations possibles, on pourrait écrire une histoire des doctrines anciennes (comme l'a tenté Purpus) et à travers celle-ci une fraction de l'histoire universelle. On dira qu'il n'y a là rien que de très naturel, puisque la conscience comme certitude sensible intègre la totalité de ce qui est, fut, ou sera.

La certitude sensible (l'être certain du sensible) définit la première forme du sujet, et nous l'analyserons en suivant l'histoire de la philosophie tout d'abord. Il s'agit du moment parménidien (point de vue subjectif) où la densité de l'être correspond à la *plus riche* connaissance. Cette richesse sans doute ne s'articulait pas selon une dialectique organique, mais elle se donnait comme l'accès majeur à l'Être, et c'est pourquoi, après avoir dit que cette certitude est la plus riche, Hegel dit qu'elle apparaît comme la plus *véridique*. Mais (passage au scepticisme), le savoir, incapable de dire plus que l'être de l'objet, se manifeste comme la vérité la plus abstraite et la plus pauvre. La certitude ne sait rien de plus de son objet, sinon qu'il est. Hegel repousse toutes les subtilités dès la première page : la PHG n'est pas un brouillard de subtilités, mais un tissu d'arguments logiquement articulés. – Sans doute chaque moment ne sera-t-il pas aussi détaillé que le premier; certains ne verront pas le jour, et ne seront avancés qu'à titre de présupposés. Par exemple lorsque Hegel écrit « Sein » (être), il présuppose que « Sein » est équivalent à « sens » (*Sinn*, *Bedeutung*) (PHG, 69). Il se trouve trois questions : Qu'en est-il de l'être ? – Qu'en est-il du sens ? – Qu'en est-il de l'Acte qui est leur synthèse ?

Selon une forme de la relation du pur savoir, celui-ci est nécessairement à son tour savoir de l'être qui se trouve être l'essentiel, tandis que le savoir devient « ce » savoir. Là s'instaure en ce qui était jusqu'ici la forme de l'égalité, posée par Fichte comme = X, la forme de la différence, qui va élever le savoir à l'essence et infuser l'essence dans la certitude sensible, ainsi un progrès sera accompli. Penser la *différence* qui s'établit signifie sans cesse, et surtout en ce moment, tenter de rétablir l'identité perdue. La pensée jusqu'à son terme ultime est donc une pensée en mouvement. Dans cette relation, il est indifférent que l'être soit connu, comme il est indifférent que le Moi soit spécifié en Moi sachant. L'être est bien plutôt l'être comme l'être su (essence) et l'être su singulier (exemple). Il est la chose, et l'exemple de la chose. De même, le Moi est plutôt l'être sachant (essence) et l'exemple de l'être sachant, comme l'être qui sait – Deux remarques sont intéressantes. D'un côté, ce n'est pas nous qui posons la différence, mais elle surgit de manière immanente dans la relation (Hamelin s'inspirera ici de la théorie hégélienne). D'un autre côté, la réduction successive des inégalités dans le savoir est le chemin dialectique, et *nous, philosophes*, sommes en dehors de ce mouvement de réduction que nous nous bornons à constater. La philosophie comme *phénoménologie* est la science du devenir immanent des essences à travers les existences recueillies dans un Moi.

Puisque c'est dans la conscience qu'est tombée la différence, c'est dans la certitude sensible que doit être posée la question : *qu'est-ce que le ceci ?* Cette question est premièrement une question ontologique. C'est une si grosse question qu'elle passe souvent comme telle inaperçue, et pourtant c'est la question qui répond à la question *dernière* de la PHG. Qu'on se souvienne ici du premier vers du plus célèbre poème d'Angelus Silesius : *Die Rose ist ohne warum*... Dans sa suavité elle est obstinément riche et obstinément pauvre; elle est parfum de rose, et la différence se fige dans l'immobilité. On trouve en ce moment la difficulté la plus grave de l'hégélianisme. Il voulait débuter avec l'originaire, et il l'a posé dans la différence en mouvement de deux moments dont l'un est supérieur à l'autre. Mais ce rapport qui devait être dynamique se fige dans le pur posé (par où on se trouve reconduit à l'originaire affecté d'une différence : « la chose est »); l'attribut essentiel de la chose est l'existence – comment, demandera Kant, l'existence de la chose peut-elle être un prédicat ? C'est la question ontologique que, *muette,* pose la rose; muette, c'est-à-dire antéprédicative, en dehors du Verbe, échappant à la panarchie du Logos. C'est pourquoi dans le mutisme de la rose s'enracine en deçà du sol la question ontologique comme *étrangeté* qui n'est pas tout à fait *excentricité.* Revenir au centre est l'ambition hégélienne, au centre qui est intériorité de l'origine ou encore en ce moment origine de l'intériorité.

Mais *Moi* qui dis : la Rose est sans pourquoi, – ne suis-je pas moment essentiel de cette relation ? Qui attend le *warum,* pour qui est-il dit « Hier ist keine warum » ? Au mutisme de la chose répond mon bavardage insensé. Il va de soi que le sous-texte répond à un conflit plus originel que celui qui a lieu entre philosophies, je veux dire le conflit entre « mystique » et philosophie.

Toutefois, si nous y regardons de plus près, nous verrons en dehors de cette rose « un grand nombre de choses encore » : des iris, des dahlias, des nénuphars. Hegel souligne ainsi cette relation : « Une certitude sensible effective n'est pas seulement cette immédiateté pure, mais aussi un *exemple* de celle-ci » (69). Il faudrait prendre plus au sérieux ce redoublement d'exemples qui renvoient d'écho en écho – l'écho n'est pas uniquement dans la chose sensible, mais il y est dé-montré par la chose dont il s'inspire, et cette intermédiation procède de mon 'Je' comme sous-texte. – Mais ainsi s'impose la différence entre l'*essence* et l'exemple (70, 21), nerf de la première dialectique. Toutefois ce n'est pas moi qui intègre cette différence; elle est présente dans l'essence et dans la certitude sensible elle-même. Dans la certitude sensible sont posés deux moments ; d'une part ce qui est posé en elle *immédiatement ;* mais d'autre part ce qui, à titre d'exemple, est l'objet d'une intermédiation. Le savoir apparaît alors – puisque l'essence et l'exemple constituent une relation « auto-suffisante » – comme contingent : qu'il soit ou qu'il ne soit pas est indifférent à l'être (70).

Il ne reste qu'une question : *Qu'est-ce que le Ceci ?*

§ 3 – « Nous le prendrons selon la double figure de son être, comme le *maintenant* et comme le *ici*, et la dialectique qu'il porte prendra une forme aussi intelligible qu'il l'est lui-même » (71, 5 ; L. 93). Hegel engage en apparence très naïvement la dialectique du Maintenant : écrivons sur un bout de papier « MAINTENANT c'est la nuit » – ironiquement : « une vérité ne peut pas perdre quoi que ce soit à être écrite ». Et si nous revoyons MAINTENANT, CE MIDI, la vérité inscrite, « nous serons bien obligés de dire qu'elle est devenue vide et sans saveur ». La portée de cette expérience est considérable. D'un côté elle pose un problème technique : *Quid juris ?* Fichte fait bien intervenir l'*Anstoss* au début de la seconde partie du §4 de la W-L 94-95, mais j'ai expliqué il y a longtemps ses raisons. Quant à Condillac, il ne le voit même pas. D'autre part, Hegel passe par la médiation de *l'écriture*, comme si la lettre était le support de l'esprit. Ce sont là des questions techniques, et si Hegel les néglige, il a ses raisons, au demeurant faciles à déterminer. Mais si le *maintenant* n'est pas la nuit, il n'est peut-être pas le midi non plus, mais le soir. Il s'ensuit que le *maintenant* n'est jamais *maintenant*, que *chaque maintenant* chasse l'autre *maintenant*. Le *maintenant* est plus que fugace ; il est *absurde* et la *chaîne des maintenant*, inconsistante comme telle, est un tissu d'absurdités en lequel l'homme ne peut construire sa vie.

Le problème de la *Phénoménologie de l'Esprit* sera de trouver un *maintenant signifiant* qui donne *sens* aux maintenant absurdes. Supposé connu, ce maintenant est l'origine de l'intériorité – mais nous sommes loin de l'origine, perdus dans l'extériorité qui n'est encore qu'excentricité. Seul le Verbe, la *Menschwerdung* saisie dans l'instant ultime où le Christ expire sur la Croix, peut procurer *sens* à tous les instants, un peu à la manière dont Dieu chez Descartes garantit toutes les vérités. C'est la synthèse absolue : le temps doit pro-mouvoir le temps. La solution n'est pas transcendante, telle un fanal plongé dans les eaux ténébreuses, mais, si l'on ose dire, immanente : la lumière émerge de la mort absolue. Certes Dieu est mort, mais Dieu est ressuscité. Hegel ne croit pas être le premier philosophe à parler d'idées, de concepts et autres choses. Toutefois, il croit être le premier à goûter le baiser de mort du Christ, et à en comprendre le sens transhistorique ; après lui, d'autres viendront pour le défendre, pour le réfuter – cela n'a aucune importance ; il est le premier et le second n'est personne. Ainsi Hegel met-il fin à la philosophie. Le mouvement de l'esprit est double : d'une part c'est une remontée à l'origine de l'intériorité en laquelle il se pro-duit comme Esprit (*werdende Wissen*) ; d'autre part cela se nomme *culture*, ou déploiement des figures de l'esprit.

Hegel a certainement écrit ce chapitre tardivement ; car c'est par de brèves notes qu'il en détaille les structures. Ainsi l'objet de la certitude sensible se donnait comme le plus riche et comme *l'essentiel*, maintenant, dès lors que l'instant est dé-structuré, il se donne comme le plus pauvre et *l'inessentiel*, et le sujet accomplit cette même révolution, mais en sens inverse. Tout le contenu de la certitude sensible va suivre ce mouvement de l'absurde au sens. A côté du *maintenant* se pose – si l'on ose dire – le *lieu*, l'*ici*. Hegel n'a aucune peine à faire subir à l'*ici* la même dialectique qu'au *maintenant*. Mais là encore il s'agit de dégager un lieu qui donne sens à tous les lieux, et dans la dernière page de la *Phénoménologie de l'Esprit* Hegel montre à quoi il pense : *die Schädelsttäte des absoluten Geistes*. Le Golgotha fut en effet la colline sur laquelle fut crucifié Jésus, et elle s'appelait « Golgotha » parce que c'était le lieu de la crucifixion (en hébreu : le lieu des crânes). Il y a *là* un ici universel. Ainsi Hegel s'élève-t-il à l'ici *en général* et au maintenant *en général*. On n'a pas manqué de réinsérer (Purpus) de très loin l'opposition de Parménide et d'Héraclite, mais Hegel n'oppose pas, tant s'en faut, le bloc de l'espace et le flot du temps : il en détermine le destin parallèlement, et dans les deux cas il s'agit, en fait, d'une idée *générale*, appréhensible par la seule pensée. Comme nous le verrons plus loin, Hegel sembla avoir considéré le problème de l'induction comme un faux problème : si je pense, je pense l'idée, et il n'y a pas de strapontin entre le singulier et l'universel (cf. chap. III).

On s'inquiètera davantage de cet amalgame entre pensée religieuse et pensée philosophique. Plusieurs remarques sont à produire, et la première, que la synthèse entre la pensée de l'érôs et celle de l'agapè (Nygren, I, 286) était courante depuis Augustin. On la retrouve chez Malebranche, partisan d'un théocentrisme décidé (*Entretiens sur la métaphysique et sur la mort*, XI), et jusque dans la dissertation latine conscrée par Feuerbach à la gloire de Hegel. C'est cette synthèse d'un platonisme revu et corrigé par Aristote, et de l'idée de salut, qui éclaire du dedans mainte philosophie et en particulier celle de Hegel. Le grand changement que celui-ci apporte, c'est d'une part l'idée d'un salut par la connaissance humaine (qui ne peut être qu'universel), d'autre part que l'érôs est consubstantiel au savoir, enfin que la vertu théologale d'espérance trouve sa vérité dans le sacré. Aussi l'ensemble est-il synthétisé dans l'idée de culture et de travail. – A présent on voit mieux l'empire que délimitent l'ici et le maintenant : c'est le royaume du sacré qui ne connaît aucun crépuscule [1] et qu'éclaire une même lumière en laquelle se déposent nécessairement les figures de l'Esprit.

Confondant « Geist » et « Vorstellung », Feuerbach et Kojève se sont étonnés non seulement de la *succession* historique de quelques déterminités contingentes (*La terreur*), mais encore de ce que dans un *idéalisme* le livre existât, indépendant de sa *représentation* comme un ici-maintenant absolu. Mais le *Da-seyn* n'est pas une catégorie pertinente dans l'univers hégélien. Ce qui compte, c'est le sens, et l'idéalisme de Hegel, comme celui de Fichte, est un idéalisme sémantique. Au demeurant, prenez une chose, et là-dessus s'appuie pour se soutenir le *réalisme empirique,* pérorant sur l'indestructibilité totale de la matière ; mais ces fils épars ne sont *rien*, ils n'atteignent pas la catégorie, pas même le statut *d'ustensile,* et groupés ou disséminés, ils ne sont ni singuliers ni universels. C'est pourquoi des singes tapant sur une machine d'impression ne composeront jamais une Iliade, ou pour parler à la manière de Fichte, un drame à la Schlenkert (GA, I, Werkeband 1). Prenez en revanche l'idée du carré et fixez-la fermement en votre pensée : comme l'avait dit Malebranche, vous ne pouvez pas, si ce doit être un carré, composer la figure autrement qu'avec des angles droits. Il en ira de même, que le carré soit en diamant, en or, ou en chocolat. L'idée résiste à toute manipulation, et ce qui compte pour Hegel, c'est la rigidité intellectuelle du sens. Il y a sans doute une part de contingence dans la distribution des figures de l'esprit. Mais elle n'est pas signifiante ; je pense d'abord le carré, puis le cube, ou inversement. Cet « inversement » n'empêche pas la pensée de *s'investir* pleinement en chaque idée. On se reportera alors sur cette *part de contingence* qui semble en rupture avec l'idée systématique. Toutefois cette contingence elle-même est significative ; dans une œuvre dominée par le souci de l'universel, elle témoigne de la finitude humaine.

§ 4 – Dans l'élaboration d'une philosophie de la culture, Hegel rencontre un problème majeur : comment organiser la paidéia ? Il le fait en suivant de grands exemples : Dante, Condillac, Fichte. C'est une erreur

1. Il n'y a de crépuscule que pour *l'histoire de la pensée*.

constante que de croire que Hegel est un original qui entasse excentricités sur excentricités. S'il en était ainsi, foyer de l'humanité, la culture serait excentrique. Aussi ne faut-il rien changer à la première définition de la paidéia chez Fichte, qui distingue deux niveaux : celui où dans le développement de l'Idéal-Réalisme, l'intuition est égale à elle-même, et celui où cette égalité est *pour nous*. Entre le *Soi* = *Soi* et la vue de ce Soi comme identité à soi, trouve nécessairement place le moment de l'entendement qui englobe cette égalité, dynamisée par l'*Anstoss* en inégalité. Hegel ne peut se référer à Dante. On a vu qu'il admettait au moins comme *travail*, à partir de l'Enfer de la certitude sensible, l'espérance comme vertu théologale, et ne pouvait – même pour les damnés – tolérer la sentence : « Vous qui entrez ici, abandonnez toute espérance ». Voici que, comme vertu théologale liée à la foi et à la charité, l'espérance théologale – « Tuba mirum spargens sonum per sepulchra regionum » – souffle jusque dans les éternelles et fétides fosses de l'Enfer. Il n'est point de péché originel chez Hegel, en quoi il n'est finalement disciple ni de Dante, ni de Luther. Cependant la structure pédagogique de la *Comédie* est conservée. La conscience (Dante) fait l'expérience de soi dans son objet (par exemple Chiacco), et le sens de cette expérience est élaboré par la conscience philosophique (Virgile). Sans *intervenir* en lui, le philosophe domine le débat et *aspire* la simple conscience à son niveau. On peut imaginer un escalier en spirale où la conscience philosophique se tient toujours une marche au-dessus de la conscience plongée dans l'expérience et re-produit son débat avec *fidélité*. Naturellement, il y a une fin. Chez Fichte elle s'opère lorsque la conscience commune devenue philosophe, c'est-à-dire devenue *raison, re-connaît la conscience qui jusque là était son guide comme son égale*, et dans cette Anerkennung se re-connaît soi-même en ses pensées. Chez Dante aussi il y a une fin. Advient le moment où, dans le *Purgatoire*, la conscience commune (Dante) s'est élevée à tout le trésor contenu dans la conscience philosophique (Virgile) qui la re-connaît comme un nouveau maître et la couronne roi de ses pensées (Purg. chap. XXVII). Ce processus fonde chez Hegel comme chez Fichte l'intersubjectivité ou la réconciliation : *Versöhnung* – ou le jour spirituel de la présence. Condillac est intéressant : il a donné la formule la plus adéquate du processus : « la statue doit devenir pour elle-même ce qu'elle est pour nous ». Mais dans sa formule, il a par trop restreint le devenir de la conscience au pur savoir théorique, négligeant les expériences émotives (la « Hache » comme dit Chénier). Hegel les intègre, et c'est ce qui fait la richesse de la *Phénoménologie de l'Esprit* où chacun, comme homme cultivé, doit se reconnaître. Il en résulte que l'Absolu est inter-subjectif, et l'inter-subjectivité première ontologiquement : « Quand vous serez deux réunis en mon nom, je serai parmi vous ». La question de savoir si la philosophie l'emporte sur la christologie est une fausse question, et il ne serait pas convenable de soutenir que la paidéia philosophique n'est que le moyen d'une christologie qui en serait la fin, ou que la philosophie, nouvelle anthropologie, illumine du dedans les secrets de la théologie. Chez Hegel, comme l'a bien vu Feuerbach, « théologie et spéculation tombent l'une en l'autre » (cf. SW, (Saas) Bd. II, 318). Cependant, par là même, comme on le verra dans la réhabilitation de la preuve ontologique, l'hégélianisme se pose comme l'adversaire le plus décidé du kantisme. L'auteur de la *Critique de la raison pure* spéculative ramenait le discours philosophique au souci anthropologique (dans son étendue maximale), ne laissant à la raison que le statut de *besoin de l'Absolu*; mais chez Hegel ce besoin est satisfait, et le postulat de l'immortalité de l'âme, cœur de la pensée kantienne, est détruit. Hegel inverse systématiquement toutes les positions kantiennes et une par une, selon l'ordre qui s'instaure dans la *Phénoménologie de l'Esprit,* il y substitue des assertions *spéculatives* qui déplacent les fondements de la « solide forteresse ». Ce qui a manqué à Kant (jusqu'à un certain point) fut le moment de la paidéia comme celui de la christologie, et manquant l'une, il ne pouvait « éviter de manquer l'autre ». L'erreur de Kant (jusqu'à un certain point) fut de croire que l'intersubjectivité, condition de la paidéia et de la christologie, était une section de la *philosophie populaire,* et non de la philosophie spéculative. Sur un point, certes, Hegel et Kant s'accordent : ils sont ennemis de la *Schwärmerei*, de même que des fantasmagories mystiques[1] qu'on peut trouver chez Swedenborg ou Herder. Toutefois ce lien est peu de choses comparé aux oppositions fondamentales. On pourrait trouver une autre ressemblance – il est vrai un peu tirée par les cheveux. Chez Hegel comme chez Platon, en un sens, la définition de l'homme est écrite en petites lettres dans son âme et en grandes lettres dans la constitution de l'État où il vit, de telle sorte que l'État est l'essence de l'homme ; de même chez Hegel la philosophie comme théologie rassemble l'essence de l'homme – la philosophie n'est plus alors indifférente à l'essence du citoyen ; elle en est l'essence rectrice. Christologie et paidéia fusionnent dans la politique. Feuerbach a parfaitement vu la succession des choix : criticisme kantien ou théologie hégélienne – théologie hégélienne ou matérialisme – et dès 1830 il est convaincu qu'il y a bien mémoire en l'histoire matériale, mais nullement de vérités éternelles. Hegel dit en somme « l'homme est ce qu'il pense », et Feuerbach répondra (jeu de mots intraduisible) : « Der Mensch ist was er isst » (l'homme est ce qu'il mange). Aux vérités sacrées de Hegel répondent les vérités simples de Feuerbach. Celles-ci s'unissent dans le retour à la terre après une critique de la religion. Le titre d'un des fragments de Feuerbach est significatif : *Zur*

1. On sait l'indulgence de Hegel vis à vis de Jacob Boehme, le *philosophus teutonicus.*

Reform der philosophie. Le mot qui fait problème est *Reform :* Feuerbach se rapporte à la philosophie de Hegel comme Luther à la théologie d'avant son époque. Tentons de préciser ce point.

Hegel considère le rapport du ceci et du langage. Or le « ceci » tombe du côté de la « particularité » (77, 26) – on parle de l'existence d'objets extérieurs, plus précisément en tant qu'« effectifs », singuliers, tout à fait personnels, et on leur donne certitude et vérité. Mais on ne dit pas ce qu'on pense (*aber was sie meinen, sagen sie nicht*), parce que ce qu'on vise est inaccessible au langage, tout composé d'*universalité* et inadéquat à la vérité du sensible et à toute autre « vérité concrète » (si l'on peut s'exprimer ainsi). Les prédicats sont toujours généraux et suppriment la réalité singulière (78 ; L. 98). Les animaux eux-mêmes désespèrent de la réalité de la chose et la consomment en silence, comme dans les mystères d'Eleusis. Hegel tourne le langage – sur lequel Berkeley s'était appuyé : « la réalité du monde est le langage de Dieu » – contre la prétention du sensible à l'existence. Cependant Feuerbach n'est pas d'accord : sans doute dans la corbeille d'argent, enveloppé dans une blanche serviette, le pain dont l'artiste restitue la rondeur dorée est-il *indicible* (*unsagbar*) – mais c'est pourtant « lui » que je consomme et dont je me saisis. Il n'y a donc pas (*La jeunesse de Feuerbach, Introduction à ses positions fondamentales*, t. I, 328 *sq.*) d'irréalité de ce pain, mais dans son « ceci » sensible il « est ». Mais, ce faisant, c'est la première catégorie de la Science de la Logique (Métaphysique du Logos) qui est remise en question. « L'être », chez Hegel, ne se profile que sur fond de néant. On l'a vu au sens propre : parce qu'ils désespèrent de « l'être » des choses et n'en saisissent que le néant, les animaux les consomment ; mais « l'être » par là est manqué ; affleure seule la détermination. Mais avec cela nous sommes proches de Feuerbach. Il voulait que la seconde catégorie ne soit pas le néant, mais la détermination, et il est vrai que le contraire de l'Être n'est pas le Néant, mais la *Bestimmtheit,* la détermination ou encore déterminité.

On ne sortira pas facilement de ce débat : il porte, en réalité, sur le postulat de la raison pure spéculative : que par delà l'effondrement des choses dans le néant, il subsiste encore un monde de significations, aussi consistant que les idées platoniciennes. Comme il n'y a pas un "topos noetos" aussi hiérarchisé de manière interne que chez Platon, il est préférable de parler d'un "cosmos" (ordre sans hiérarchie) de significations. Hegel n'est pas encore assez écervelé pour croire que la « réalité » s'effondre avec la seule critique du sensible. Cependant Feuerbach croit qu'avec le seul renversement de la critique du sensible et du postulat de la raison spéculative la philosophie s'en va au fondement : « Ma philosophie, pas de philosophie » ; « Je suis ce que je mange ». Et assignant à la Grèce le sol natal de Hegel, Feuerbach revendique comme source Luther, « le père du matérialisme allemand » (SW, Bd. X, 155). Comme Hegel revendique aussi Luther comme « père spirituel », le débat de la philosophie devient intérieur au luthéranisme, à sa « mystique » et à son « matérialisme ». Le reste est considéré comme relevant d'Augustin – et surtout Malebranche (Bd. III).

La position de Feuerbach est intéressante à plus d'un titre. I – La critique du langage est la seule voie qu'un matérialisme conséquent puisse emprunter. C'est le langage qui est impérialiste, et non les sens. Au lieu de réserver, par exemple dans ses entrecroisements, une place pour le sensible, il étend à tout la chape de plomb de l'universel ou de l'Idée. C'est l'idéologie de l'Idée que Feuerbach entend dépasser, n'admettant pas que, lorsque je dis « maintenant », je dise « tous les maintenant » (75). Toutefois, sa critique de Hegel repose sur un déplacement : celui de la *contemplation* à *l'acte.* C'est, sans doute, le propre de l'acte que d'*infuser* toute réalité, y compris celle de la contemplation, qui repose, au moins, sur une vision active. Il n'y a donc pas à se poser la question de savoir où Feuerbach va chercher l'acte pour le substituer à la contemplation. La contemplation est déjà *de l'acte suspendu.* Que si, mettant entre parenthèses la *via contemplativa*, on repasse à l'acte – saisir « cette fleur » – on revient (médiatisé) dans le chemin de l'acte. L'acte est l'*ordre* de la contemplation *inversé.* II – Au moins Hegel et Feuerbach sont-ils accordés pour repousser une troisième voie qui serait, selon Iljin, susceptible de les départager : la voie mystique. Hegel a longuement développé ce point en sa *Préface*, tandis qu'il critiquait la pseudo-philosophie de Jacobi et de Schelling. Hegel n'est pas, quoi que l'on puisse bien en dire, un mystique ; sans doute veut-il aborder aux rivages du Verbe, retourner dans l'origine de l'intériorité – mais cela ne signifie pas pour autant qu'il soit mystique, c'est plutôt un rationaliste intégral, défendant le pan-logisme : la réalité du rationnel ; tandis que Platon, sachant bien qu'il y a des choses qui répugnent à la raison (« le hennissement des chevaux fous, cavalcadant sur la plage ; le mugissement des taureaux ; le fracas nocturne de la mer »), se borne à la pan-archie du Logos, c'est-à-dire à la *souveraineté* de la raison. Il n'y a peut-être pas eu, en dehors de Hegel, de rationaliste plus puissant. Peut-être faudrait-il aussi citer Fichte, mais non Descartes (AP., *Relire Descartes*). Et Feuerbach : transformant le *Cogito* (*Le secret du sacrifice*, Bd. X), comme il a substitué l'acte à la contemplation, il substitue l'homme à Dieu, accomplissant dans l'élucidation des mystères le chemin inverse de Hegel, réciproquant la preuve ontologique et le postulat de l'immortalité de l'âme. III – L'opposition de Hegel et de Feuerbach, enracinée dans la pratique de l'histoire de la philosophie, va très loin. Cette opposition s'illustre, en effet, non seulement par la mise en question de la mystique (Hegel : le mystique re-sent, mais ni ne sent ni ne pense ; « visions, extases, ravissements » commente Bergson – Feuerbach : le mystique est celui qui n'agit pas et repousse le langage de la matière, tandis qu'il n'a pas faim), mais encore par ses applications dans la guerre (*Todesgedanken)* – On pourrait raffiner cette opposition, on se verrait toujours reconduit à la question cruciale qui divise le luthéranisme : contemplation ou acte ? Chestov ne nous aide pas vraiment à résoudre cette question : il accorde autant à la contemplation qu'à l'acte. Luther *corrige* l'Ecriture sainte et en relation à Pélage et Augustin écrit « sola fide ». Il y a donc une grande place pour la prière comme *nouménologie* dans la praxis de Luther, ce qui rend les choses incompréhensibles pour l'*entendement,* dans la mesure où nous ne concevons pas que la prière soit un agir et non une *demande spéculative* [1]. Que si l'on se trouve quelque peu étonné par l'ampleur de la question, il convient de se rappeler qu'en cela différente de la problématique kantienne, la question hégélienne s'esquisse sur un arrière-fond culturel omniprésent. Mais par là, comme il convient à la nature des choses, la quête du sens de la culture d'une part s'impose dès ce premier pas, et d'autre part se détermine comme une introspection de la *Bildung* comme paidéia, tandis que l'interrogation sur la chose en soi, ce monstre issu de la dogmatique, se profile. Le développement de la chose en soi prétend réduire la *question culturelle* en détruisant la valeur spéculative des énoncés radicaux, et le postulat de l'immortalité de l'âme, selon Hegel mais aussi selon Feuerbach, se réduit pour les *adeptes du kantisme* à un noyau de sens logique, sans que soit explorée l'expérience du Logos, ni remise en cause la question « vers la chose en soi », sans laquelle la postulation de l'immortalité de l'âme serait vaine.

On entrevoit par là l'extraordinaire densité de l'enjeu dans l'exploration des réseaux de la chose, comme ici-maintenant. L'universalisation du « ceci » permet à Hegel de dépasser aussi la conception du sensible dans l'Extrême-Orient qui ne nous montre que des tourments sexuels et monstrueux ciselés (*Aesthetik,* h. r. s. g. v. G. Lûkàcs 1965, Bd. I, 329) s'épanchant dans la pierre ou le bois, mais qui, quoique « manquant de mesure » (*Masslosigkeit*), subsistent dans l'horizon de la certitude sensible. Il n'y a pas deux profils esthétiques (l'un sensé et l'autre insensé) qui se disputeraient le royaume du sensible, en sorte que l'un pourrait subsister en dehors de l'autre [2]. Ce thème n'est pas seulement anecdotique chez Hegel, comme on a l'habitude de le croire quand on y pense. Il signifie en réalité *qu'à son point de vue* une culture peut se réfuter elle-même en déviant de sa route, ou encore qu'une culture ne vise pas l'homme

1. AP., *La philosophie du malheur*, t. 1.
2. M. Hulin, *Hegel et l'Extrême-Orient.*

(Mensch), mais le monstre (Un-Mensch). Le Minotaure est toujours dans les entrailles de la terre, et nul, sauf Ariane, ne peut garantir qu'il ne ressuscitera pas. Au demeurant, considérant que les animaux ont place dans le panthéon hindou (*ibid.*, 430), et intrigué par les métamorphoses (même Moïse et le sang des animaux, sang de la vie), Hegel dans *L'esthétique* considère comme indécise la frontière entre l'homme et l'animal. Dès lors une *culture*, loin d'être un fait banal, est un fait exceptionnel, non seulement parce que *lyrique*, mais aussi *humain*. Ici alors se pose une double question : d'une part, combien de cultures a-t-il fallu pour parvenir à la culture luthérienne – d'autre part qu'est-ce qui assure une culture de son immortalité ? Si nous considérons la seconde question en tant que question, elle est relativement facile à résoudre. La culture est, si elle doit être définitive, un cercle où tous les moments s'interpénètrent dans leur ivresse bacchique, et la vérité est le tout : le soleil rouge de César brille sur les épaules du vainqueur d'Iéna. Ce ne saurait être un « fait de pensée » (*Gedankending*) qui dicte au monde des hommes sa loi ; seul un fait gouverné par l'historicité peut ouvrir et clore une époque. De là procède le réalisme hégélien. D'autres théorèmes, issus de la *Préface* et de l'*Introduction*, pourraient confirmer cette vue. Cependant cette réponse ne saurait être radicale sans une réponse claire à la première question : combien de cultures a-t-il fallu pour parvenir à la culture luthérienne ? Il s'agit d'une question qui émerge directement de la critique des sens et qui la valide en dévoilant « le jour de la présence ». En lisant *l'Esthétique* ou les *Leçons sur la philosophie de l'histoire*, on a le sentiment que, comme chez Voltaire, (E. Cassirer, *Die Philosophie der Aufklärung*), un large effort fut nécessaire pour concevoir le Bien, le Beau, le Vrai, et c'est en ce sens que les cultures se sont agglomérées pour, peu à peu, faire place au christianisme. Aussi bien trouvera-t-on de grandes vérités dans les cultures hindoues, japonaises, persanes, qui, réunies, comme Platon « préparent au christianisme ». Le point de vue de Kant ne fut guère nouveau : il devait admettre que, livrée à elle-même, la raison serait parvenue à la religion de la raison, mais seulement avec un grand retard aux vérités qu'enseigna « le Maître de l'Évangile »[1]. Hegel est plus radical comme l'attestent ses écrits de jeunesse[2]. On peut distinguer en sa lecture d'Abraham l'histoire, l'historialité, l'historicité. L'histoire est constituée par les faits relatés dans l'Ancien Testament, l'historialité est formée par la vie quotidienne en ce temps, enfin l'historicité est composée par le surgissement absolu d'une idée que rien n'annonçait et qui annonçait tout : le sacrifice de l'homme à

1. AP., *La théorie kantienne de l'histoire ;* à ma connaissance, Kant a toujours évité d'écrire le mot « Christ » et plus encore, « Jésus ».

2. Hegel, *Theologische Jugendschriften*, Nohl, 1907.

Dieu. Nous n'avons pas à entrer dans les détails de cette lecture complexe[1]. Mais Jésus réunit en un faisceau cette triplicité. Il est histoire, parce qu'il a vécu sous Ponce-Pilate. Il est historial, parce que comme tout homme, il a mangé, il s'est lavé. Mais il est aussi historique, parce qu'il a délivré un message qu'aucune culture ne contenait, et qui était décisif pour toute vie à venir et pour toute pensée à éclore. C'est ce surgissement absolu (historicité) que Kant n'a pas aperçu, retombant dans les palinodies de Voltaire, sans craindre les « aventures » de la raison. *De facto & de jure*, il n'y a rien qui précède la religion chrétienne, aucune histoire, aucune culture religieuse comme le judaïsme, si raffiné soit-il. Nous vivons dans l'Absolu et en lui nous avons l'être et le mouvement.

Voilà jusqu'où nous conduit la critique de sensible. La question qui se pose naturellement est celle de savoir si Hegel a été suffisamment explicite, car il est constant que son texte ne renferme pas même certaines allusions à des questions qui nous semblent fondamentales. Mais, à notre sens, les pages de Hegel, qui pour respecter le schéma triadique reviennent trois fois sur le même problème (cf. *Leçons platoniciennes,* Théétète), méritent bien ces détours, et Feuerbach n'a pas eu tort de concentrer toute sa critique massive sur les débuts de la Logique et de la Phénoménologie. Ce qui demeure franchement incompréhensible, ce sont deux choses : la première n'est pas ici notre objet ; énonçons-la simplement : nous ne comprenons pas comment la *Wissenschaft der Logik* a pu être lue comme un traité de logique – ensuite, nous ne comprenons pas comment le début de la *Phaenomenologie des Geistes* a pu être regardé comme l'initiation à un matérialisme critique, ou alors le raisonnement qui supposerait la distinction entre le *sensualisme* et le *matérialisme* est si tordu qu'il se brise entre les doigts et de toute manière ne s'accorde pas avec la suite du développement hégélien.

Si l'on demande en quoi Hegel est original, il faut répondre, comme précédemment, que s'agissant des contenus, il ne l'est nullement ; si l'on ne considère que les contenus de sa pensée, il ne dépasse guère les « relations » définies par Hume au début du *Traité de la nature humaine ; ajoutons qu'appliqué à retracer le sens du monde, Hegel serait partial et infidèle à son dessein s'il introduisait un élément étranger à l'histoire de la culture.* En un sens, aucun philosophe n'a été davantage asservi aux faits que Hegel. La Phénoménologie va poursuivre de manière plus stricte sa montée en puissance à travers les royaumes de la perception et de l'entendement jusqu'à parvenir aux déterminations pratiques ; et quant à nous, nous suivrons Hegel.

1. P. Asveld, *La pensée religieuse du jeune Hegel,* Desclée de Brouwer, Louvain, 1960.

PHÉNOMÉNOLOGIE DE L'ESPRIT – II

DE LA PERCEPTION (79)

Hegel, en ce début de la *Phénoménologie de l'Esprit* concoit la réalité comme constituée par des strates de cohésion et de vérité en soi, mais non pour soi ; nous avons vu que les problèmes relatifs à l'ici-maintenant avaient menacé d'envoyer celle-ci au gouffre, dès son premier pas. On peut reprendre pour traiter le problème qui se pose après l'ici-maintenant, c'est-à-dire celui de la perception, la division un peu sommaire de F. Alquié : logique, psychologie, histoire de la philosophie – soit théorie des relations, associations des Idées, détermination du lockéanisme [1].

§ 1 – Hegel insiste en débutant sur l'idée que l'expérience que fait à présent la conscience est non pas insérée dans le flux de sa vie, mais au contraire advient nécessairement et c'est pourquoi *Unser Aufnehmen der Wahrnehmung est l'objet d'une dialectique immanente :* « en même temps, dans la naissance du principe, les deux moments qui dans leur apparition phénoménale ne font que *se détacher l'un de l'autre,* ont surgi dans un devenir – la généralité sensible [2] d'une part, le moment de la singularité d'autre part : « L'un de ces moments est devenu, en effet le mouvement du désignement, l'autre est devenu ce même mouvement, mais comme quelque chose de simple » (79, 15 *sq.* ; L. 105). J'énonce une relation : le sel est blanc ; par cette relation je désigne le sel, qui dans mon acte de désignation se manifeste comme quelque chose de *simple. L'objet est donc la même chose selon l'essence* que ce qu'est le mouvement, le développement et la distinction des moments, tandis qu'en lui-même il est l'être – saisi – ensemble. Cet universel « ou en soi l'universel est comme principe l'essence de la perception, et contre cette abstraction qui sépare l'un et l'autre, le percevant et le perçu, l'*inessentiel* » (79, 20 *sq.*). Mais en fait, comme l'un et l'autre sont eux-mêmes l'universel ou l'essence (la « blan-

1. Locke, *De l'entendement humain*, Liv. II, chap. XXXIII.
2. Les thèses de Berkeley ne peuvent être examinées ici.

cheur du sel »), ils sont tous deux essentiels (dans la théorie de l'association des Idées, Locke n'accorde aucune différence d'ordre aux idées qui, toutes, se réduisent à des relations) (79, 25 *sq.*). Mais Hegel veut manifestement dire autre chose. Sans doute le perçu est bien posé comme terme essentiel et générique, mais le sujet percevant est aussi posé comme un terme universel. On ne peut en rester à cette cohésion (être lié) d'essences. Mieux vaut pédagogiquement poser que l'objet est l'essence qui ne peut pas ne pas être, tandis que la perception, flottante, peut être ou ne pas être (80, 1 *sq.*). Comme l'objet est l'universel solide, à lui doivent revenir de *nombreuses propriétés*, en tant qu'objet de la perception. Hegel précise : « La richesse du savoir appartient à la perception, non à la certitude immédiate, en laquelle cette richesse n'était que ce qui joue accessoirement, car seule la perception comporte en son essence la négation, la différence, ou encore la diversité » (80, 5-7 *sq.*). Nous reviendrons sur ces problèmes de la négation. Ici la négation ne consiste qu'en ceci : dans sa visée la Wahrnehmung *opine* que la farine n'est pas le sel en dépit de leur commune blancheur, ou bien elle pose le ceci comme n'étant pas un arbre. La perception comme acte est sans cesse présente, mais en sa négation du Ceci elle est visée de l'Universel ; mais c'est une simple « Aufhebung » : « le néant en tant que néant du ceci, conserve l'immédiateté et est lui-même sensible, mais c'est une immédiateté universelle » (80, 15 *sq.*). Ainsi se posent plusieurs propriétés, chacune étant la négation de l'autre. Au milieu de la chose s'exposent les libres déterminations (elles sont en soi) ; elles s'interpénètrent sans cependant se toucher. Ce médium universel peut être appelé la *choséité* en général, ou encore l'essence pure – en tant qu'en elle les libres matières abdiquent leur prétention à valoir pour la totalité, si bien que par réflexion la perception se donne au penseur comme la robe de la philosophie chez Boèce, troublée, tachée et déchirée. Les propriétés cependant peuvent se multiplier sans cesser de ne pas s'interpénétrer : « Toutes ces nombreuses propriétés sont situées en un seul et même ici que celui où l'autre se trouve : le sel est blanc, mais *aussi* cubique et *aussi* d'un poids déterminé, etc. Chaque propriété est elle-même pure référence à soi-même. Cet « aussi » est donc le pur universel proprement dit ou le médium ou la *choséité qui les rassemble toutes ainsi* (80-81 ; L. 105).

L'inversion de cette dialectique est facile. Supposé les propriétés en soi déterminées, par rapport à quoi la détermination peut-elle valoir si ce n'est par rapport à une autre détermination ? S'il n'était opposé au globuleux, le cubique ne serait pas cubique – en se référant à d'autres propriétés comme à leurs opposés, les propriétés se déterminent, mais c'est dans l'unité simple du médium qu'elles surgissent hors de l'indifférence et le *aussi*, unité indifférente, comme il est permis de croire que Schelling l'a vu, n'est rien sans l'Un comme moment de la *négation. Seulement la perception ne peut concevoir ostensivement ses richesses*, car elle est un acte non thétique de soi. Hegel insiste sur le fait que la richesse du savoir sensible n'appartient pas à la certitude immédiate, car seule celle-ci possède en son essence la négation, la différence ou la diversité (80, 6-7). On remarquera ici comment Hegel cède au vice majeur de sa pensée qui consiste à gommer les différences dans le jugement : la variété se renverse en diversité, la diversité en opposition externe, l'opposition externe en contradiction absolue. Or la multiplicité ou la diversité ne sont pas encore l'opposition externe, ni celle-ci (jugements contraires) n'est l'opposition absolue (jugements contradictoires). C'est une faiblesse systématique qui permet à la dialectique hégélienne d'embrasser des plages de sens qui ne sont pas véritablement connectées.

« Le “ceci” est donc posé comme “non-ceci” ou comme ayant été supprimé ; et du même coup, il n'est pas rien, un néant » (80, 7). Ici la dialectique hégélienne est correcte à une condition : il ne faut pas confondre le « Ceci » et l'Être : L'Être suivant la Logique de Hegel a pour corrélat le particulier ou la déterminité (Feuerbach) et non le Néant comme le veut Hegel. Ici il prend d'emblée le contexte selon la *déterminité* et conclut correctement de l'être supprimé du « ceci », non au rien, mais au néant d'un certain contenu. Nous pourrions dire que l'altérité est substituée à la négation universelle.

La terminologie de Hegel est un peu déroutante. Il nous dit qu'il faut poser au niveau de la certitude sensible « le “ceci” [/AP.], comme la singularité présumée dans un certain point de vue » et au niveau de la perception comme « propriété », c'est-à-dire universel. La perception définie est donc l'universel par rapport au « Ceci » (en deçà de la détermination. Hegel s'autorise une remarque méthodologique sur l'*Aufhebung* : « Le négatif [...] est à la fois une *négation* et une *conservation* ; le néant, en tant que *néant du ceci*, conserve l'immédiateté et est lui-même sensible, mais c'est une immédiateté universelle » (80, 10 *sq.* ; L. 106). C'est bien entendu *l'Aufhebung* qui rend possible le passage de la variété à la simple opposition et de cette dernière à l'opposition interne ou dialectique.

L'être est donc un universel par le fait qu'il a la médiation, ou encore le négatif, en lui-même ; « dès lors qu'il exprime (*ausdrückt*) en son immédiateté, il est une propriété différente, déterminée. Mais en même temps est donnée une pluralité de propriétés de ce genre, l'une étant le négatif des autres ». Ces propriétés qui ne seront vraiment des propriétés qu'à partir du moment où viendra se surajouter une détermination ultérieure, se « réfèrent à *elles-mêmes* », sont *indifférentes* les unes aux autres, chacune étant pour soi libre de l'autre. Mais l'universalité à laquelle se rattachent les propriétés, qui est simple et identique à elle-même (elle ne s'épuise jamais dans l'une des propriétés) est, libre, distincte de ses déterminations[1]. Elle est la pure relation à soi ou encore le *médium* « au sein duquel toutes ces déterminations existent ». Ce médium universel abstrait qu'on peut appeler la *choséité* en général, ou *l'essence pure* n'est autre que l'Ici et Maintenant, tel qu'il a été démontré : un ensemble simple réunissant un grand nombre de termes. Cependant ces nombreux termes sont dans leur détermination eux-mêmes de simples *universels.* Le sel est un Ici simple et en même temps multiple; il est blanc; il est *aussi* piquant. Toutes ces propriétés sont situées *dans Ici* où elles s'interpénètrent par conséquent. Aucune pourtant n'a un Ici distinct « et en même temps, sans être séparées par des Ici distincts, elles ne s'affectent pas mutuellement [...] le blanc n'affecte ni ne modifie le cubique, etc. » (81, 20). « Chaque propriété est *pure référence à soi-même* ». Cet *Aussi* est donc le pur universel proprement dit, « ou le médium, la *choséité* qui les rassemble toutes ainsi ». Rien dans l'exposé hégélien ne paraît mériter un commentaire spécial. On n'aura pas dit grand'chose quand on aura affirmé que le développement que Hegel donne de la perception suppose en réalité une ontologie aristotélicienne où fonctionnent l'espace-structure et non fonction, le temps-structure aussi, et la notion d'attribut et de chose. Evidemment on peut toujours faire la remarque d'après laquelle cette idée de la perception se résout dans une idée de l'ensemble des phénomènes / représentations chez Kant; mais en réalité, cela ne sera jamais vrai que *pour nous.* Or pour qu'une relation soit considérée comme déterminante, elle doit abriter l'*en soi* et le *pour soi.*

Il demeure que « si les nombreuses propriétés déterminées étaient tout à fait indifférentes, et ne se référaient qu'à elles-mêmes absolument, elles ne seraient pas des propriétés déterminées ». Les propriétés ne sont déterminées que dans la mesure où elles se *différencient* et se *réfèrent à d'autres* comme opposées (81, 23). La synthèse de la perception en suppose l'antithèse. C'est dire que, si par synthèse on pose le médian, le milieu, le Aussi des matières simples, le moment de l'antithèse fait valoir l'impossibilté de l'être « ensemble dans l'unité simple de leur médium ». La propriété se *déterminant* n'est pas indifférente, mais exclusive, négatrice de l'autre et elle tombe donc en dehors de ce médium simple; « et du coup celui-ci n'est pas seulement un *aussi,* unité indifférente = 0 [/AP], mais aussi *un Un*, une *unité exclusive.* – L'Un est le *moment de la négation* » (81, 31-32; L. 107), tel que d'une part il se réfère à lui-même d'une manière simple et d'autre part exclut autre chose, et par lequel la choséité est déterminée comme chose. Dans la propriété, la négation est comme *détermination* qui fait immédiatement un avec l'immédiateté de l'être. (On retrouve ici

1. Il est beaucoup trop tôt pour faire intervenir la dialectique de la chose en soi et du « focus imaginarius ».

presqu'entre parenthèses les orientations définies par les deux premières catégories). – On peut alors définir la chose : I – Elle est l'universalité passive indifférente, l'*aussi* de nombreuses matières ou plus précisément des nombreuses matières. II – La chose est ensuite la *négation,* ou encore l'*Un*, l'exclusion des propriétés opposées par cela seul qu'elles sont des propriétés déterminées. III – Les nombreuses propriétés elles-mêmes qui peuvent être prises selon le moment de l'affirmation (leur en-soi dans l'éther du pur aussi) ou de la négation (leur rapport d'exclusion se développe) où les propriétés s'excluent réciproquement. La chose de la perception est ainsi constituée et la conscience peut la prendre (*für wahr nehmen*) ; la conscience n'a qu'à se comporter comme pure appréhension. Toutefois parler de pure appréhension n'a de sens que si l'objet qui est posé comme le vrai et l'identique à soi n'est pas borné par le fait même de l'appréhension qui s'interpose entre l'objet et la conscience. Hegel évoque cette possibilité bien connue des sceptiques : c'est la si fameuse dialectique de l'organe-obstacle. Notre œil qui nous permet de voir les choses, ne voit pas les rayons ultra-violets, si bien qu'il n'est pas faux (quoique totalement inutile) de dire que nous ne voyons pas tout le réel, ou plutôt que notre perception est limitée. « Ce qui perçoit a la conscience de la possibilité de l'illusion » (82, 35). « …dans l'universalité, en effet, universalité qui est le principe, l'*être-autre* (*das Anderssein*) est immédiatement, comme le *nul* (*das Nichtige*), *l'être-supprimé* » (82, 36 *sq.*). Voilà pourquoi conscience de la possibilité de l'illusion, la conscience pose comme critère de vérité l'identité à soi-même : le même résultat obtenu par le même organe est posé comme le vrai. Dès que le « différent est pour elle, elle est une relation des différents moments de sa saisie les uns par rapport aux autres » (82-83).

§ 2 – « *Regardons maintenant quelle expérience [de l'objet] fait la conscience dans sa perception effective* » (83-6 ; L. 107). L'ensemble des moments de la perception forme un ensemble de contradictions *pour nous* ; la conscience va en être le développement.

1) L'objet que le Moi saisit, se donne comme pur *Un* ; « je regarde aussi comme vraie la propriété qui est universelle et qui passe au delà de la singularité ». « Le premier être de l'essence objective en tant qu'un n'était pas son être vrai ; mais puisqu'il est l'être vrai, la fausseté (*Unwahrheit*) tombe en moi et ma saisie n'était pas correcte » (83, 15) « Je dois en faveur de l'*universalité* de la propriété, saisir l'essence objective bien plutôt comme une communauté (*Gemeinschaft*) » (83, 18). « Mais j'admets de plus (je perçois) la propriété comme *déterminée,* opposée à l'autre et l'excluant. Je ne saisissais donc pas en fait l'essence objective, lorsque je l'appréhendais comme une communauté avec d'autres ou en tant que continuité, et je dois bien plutôt en faveur de la déterminité de la propriété,

interrompre la continuité et poser l'essence objective comme un Excluant. Dans cet un scindé je trouve beaucoup de telles propriétés, qui ne s'affectent pas réciproquement, mais qui sont indifférentes les unes par rapport aux autres ; je n'appréhendais pas correctement l'objet tandis que je le saisissais comme un Excluant, mais il est, comme précédemment, seulement continuité en général, soit à présent un médium universel commun, où chaque propriété comme universalité sensible, est [aussi] chacune pour soi et en tant que *déterminée* exclut les autres. » (80, 30). Quel commentaire présenter de ce passage si clair de Hegel ? Il reproduit le mouvement de la perception selon la forme et en souligne les deux aspects fondamentaux : l'exclusion (le négatif) et la continuité (le « aussi » des matières libres). Mais à réalité superficielle commentaire superficiel. Hegel trahirait son dessein profond s'il chargeait de trop de sens le niveau de la perception. Il se contente donc de décrire le simple mouvement dialectique qui la constitue. Ou plutôt il n'est pas nécessaire de reproduire toutes les interrogations et toutes les intentions de dépassement. Par rapport à la psychologie classique, Hegel se débarrasse de l'idée ponctuelle de la conscience représentée chez Locke comme un point d'égoïté formel ; il la décrit comme un mouvement complexe de reconnaissance de tel ou tel moment comme étant le vrai, si bien que la conscience ressemble à un dé aux surfaces diversement colorées, mais toutes signifiant un as. Le talent de Hegel consiste à faire rouler ce dé entre ses doigts, si bien qu'une couleur se donne à son tour immédiatement comme le vrai. Les deux fuseaux extrêmes de ce mouvement sont la réflexion dans l'Un et la co-existence (le « aussi » des matières libres). Il est remarquable que Hegel *illustre* la conscience par un schème spatialisant, sans naturellement réifier la conscience[1]. En l'imaginant par exemple comme une construction d'atomes mentaux, Hegel tomberait au niveau de Locke au lieu de le critiquer. On peut encore dire que l'alternance des consciences thétiques (unité-diversité) est le mouvement de la *négativité en soi*, entièrement étrangère à Locke, préoccupé par la généralité, que Hegel, en fait, se donne comme on le verra dans le chapitre suivant – ici, en ce début du § 2, la généralité (*Allgemeinheit*) est thétiquement formulée. Le problème de l'induction est supposé être un faux problème. Mais de la sorte l'unité exclusive d'une part et la commmunauté des matières déterminées d'autre part apparaissent comme les uniques conditions transcendantales formelles, les essences qui rendent possible la perception comme telle, et de Locke nous sommes renvoyés à Kant ou bien encore, du niveau de la conscience percevante comme négativité en soi, nous sommes élevés à celui de la philosophie critique qui peut être définie

1. AP., *Bergson ou de la philosophie comme science rigoureuse*, Ire Partie, chapitre premier.

comme la vérité du lockéanisme. Mais à ce point la critique du moment formel est achevée et ne rencontrera plus que des compléments. Tournons le dé : « Le simple et le vrai, que je perçois, n'est pas cependant ici un médium universel, mais la *qualité* (*Eigenschaft*) pour soi, qui cependant n'est ainsi ni qualité, ni un être déterminé ; car elle n'est ni en relation avec une Unité, ni en relation à une autre qualité. Elle n'est qualité que par rapport à un Un et déterminée seulement en rapport avec d'autres » (83, 34 *sq.*). Hegel avance ici une définition ontologique de la chose (qui ne sera pas la seule) : « Sie bleibt als dies reine sich auf sich selbst Beziehen, nur *sinnliches Sein* überhaupt, da sie den Charakter der Negativität nicht mehr an ihr selbst hat ». « [la qualité] demeure comme ce pur rapport à soi seulement être sensible, puisqu'elle n'a plus le caractère de la négativité en soi » (84, 1). La chose, contrairement à ce qué voulait Aristote, n'est pas le substrat sur lequel se déposeraient les qualités, mais c'est un pur rapport à soi qui s'épuise dans l'être sensible : l'être qui réalise la chose est un rapport à soi sensible, privé de négativité. Cette définition ontologique dépend des conditions formelles transcendantales et non l'inverse. Mais enfin jetons le dé : nous verrons que « la conscience pour laquelle il y a maintenant un être sensible, n'est qu'*un point de vue intime* », c'est-à-dire qu'elle est complètement sortie de la perception et « est retournée en soi ». Le commentaire de Hegel est lapidaire : l'être sensible et le « point de vue sur », s'intègrent à la perception et dès lors je suis rejeté au début du processus de la perception. Il y a là quelque chose qui ne laisse pas d'être émouvant : l'essence marine de la perception qui comme les vagues ne cesse de se renouveler, sans cesser d'être illusoire en tant que mouvement. On remarquera aussi que la perception incluant l'être sensible et le point de vue intime, tend chez Hegel, à *se donner* véritablement pour ce qu'elle est : un mouvement global et envoûtant.

2) La conscience placée devant la sollicitation irrésistible de la perception qui se renouvelle doit parcourir « donc de nouveau nécessairement le cercle de la perception, mais en même temps non pas de la même manière que la première fois ». Or la conscience s'aperçoit que comme appréhension, elle est ré-flexion, et comporte une part de non-vérité, la vérité étant posée dans l'objet : « elle conserve donc l'objet dans sa pureté » (84, 23 ; L. 108). C'est la vieille idée qui assimile la conscience à un prisme, déformant par lui-même. Il y a une différence avec le mouvement de la certitude sensible ; la perception voyait sa vérité tomber du côté de la certitude sensible ; à présent c'est la non-vérité qu'on y trouve qui tombe en elle, *comme vérité de la perception* « elle distingue son appréhension du vrai de la non-vérité de sa perception, corrige cette non-vérité et dans la mesure où elle entreprend cette correction elle-même, il est vrai que c'est la vérité, comme vérité *de la perception qui tombe dans celle-ci.* Le compor-

tement de la conscience qu'il faut désormais examiner est donc ainsi fait qu'elle ne se contente plus de percevoir, mais est aussi consciente de sa réflexion en soi et disjoint celle-ci de la simple appréhension proprement dite » (84, 19 *sq.*). La description de Hegel est pleinement satisfaisante : il veut montrer comment la pure réflexion [1] comprise dans la perception cesse d'être naïve en posant la non-vérité de la perception. Cette position dans la réflexion *n'est pas l'effet d'un syllogisme ou d'un sophisme* et les doutes sur la perception sont en quelque sorte *innés*. Voilà pourquoi Hegel, tout en disjoignant réflexion et simple appréhension ne laisse pas de faire de toute cette inspection le premier moment du § 2 de la théorie de la perception.

Le développement doit alors se poursuivre selon l'enchaînement des moments : « Je considère donc d'abord la chose en tant qu'elle est *Une* et je dois la conserver dans cette détermination vraie »; s'il surgit dans le mouvement de ma perception quelque chose qui contredit cette détermination, « il faut reconnaître là ma réflexion » (85, 2 ; L. 109). Une diversité de propriétés se donne dans la perception, mais puisqu'elle est *une,* cette diversité tombe du côté de ma perception. « Toute cette diversité [...] nous ne la prenons pas à la chose, mais nous la tirons de nous » (85, 11). « C'est nous qui sommes ainsi le *médium universel* au sein duquel ces moments se particularisent et sont pour soi » (85, 14). Le fait de notre réflexion induit notre détermination à être médium universel. Les différentes propriétés qui circulent dans le médium sont *déterminées* : le blanc n'est que dans son opposition au noir et la chose n'est justement une que dans la mesure où elle s'oppose à d'autres. Le Moi n'est qu'en opposition avec le Non-Moi selon Reinhold. Les « choses sont donc déterminées en soi et pour soi » (85, 27). Le schéma hégélien pourrait être ici discutable; il conclut *par analogie* du mouvement des attributs ou propriétés, au mouvement de la chose. Mais il réintègre la propriété en posant à propos des choses : « elles ont des qualités, par où elles se distinguent des autres choses » (85, 28). Il précise que la chose, ayant une déterminité, a *plusieurs* attributs. Dans ce petit jeu simple l'essentiel est de voir que le médium passe du sujet à l'objet et inversement pour l'unité. Le couple Un-diversité est le cadre de la perception (Locke, *Essay,* livre II, chap. XXIII, § 7 *sq.*). La langue allemande donne un sens très fort à *das Ding* (*Ding an sich*). Le développement de Hegel est donc une critique de la notion de *substance* dans l'empirisme anglais, dont il fait une des plus basses figures de l'esprit, et une critique de la conception vulgaire doxologique de la substance, qui subsiste après critique comme l'illusion antinomique chez Kant. Il va de soi que Kant est aussi visé comme si ébranler la « philosophie » de Locke n'allait pas sans donner une secousse au criticisme. La *Ding an sich* est posée comme une

1. Hegel suit donc ici du point de vue de la logique des significations l'ordre des choses.

unité coupée des propriétés et même des modes primitifs. A ce titre elle est inconcevable, et Kant situe au fondement de la clarté de la raison la nuit obscure de la chose en soi.

Hegel poursuit : le premier attribut de la chose est le vrai, elle est *en soi-même*; et « ce qui ainsi est chez elle (*an ihm*), est chez elle comme sa propre essence et non en vertu d'autres choses ». Curieusement l'argument ontologique s'applique aux choses : de ce qu'une chose est le vrai, on conclut qu'elle est. Il est toutefois peu probable que Hegel veuille reprendre la querelle des universaux ou toute autre dispute. Il veut plutôt souligner que, vraie, la chose se donne de soi en soi-même. Il s'ensuit deuxièmement que les attributs déterminés n'existent pas pour d'autres choses et en fonction d'autres choses [1], mais en elle-même, dès lors qu'ils sont plusieurs, qui se distinguent les uns des autres. Enfin, troisièmement, tandis qu'ils sont dans la choséité, ils sont en soi et pour soi et indifférents les uns par rapport aux autres (85, 38*sq.*). C'est donc en vérité la chose même qui est *aussi blanche, aussi cubique,* et etc. La chose est donc, à son tour, le médium universel en lequel des attributs circulent l'un en dehors de l'autre, sans entrer en contact et se supprimer, et *pris* ainsi il est *pris* comme le Vrai (86, 1-4 ; L. 110).

Dans ce prendre-pour-vrai la conscience est en même temps conscience de soi, elle se réfléchit en soi et dans ce prendre-pour-vrai surgit le moment s'opposant au *aussi*. Mais ce moment est celui de l'Unité de la chose avec elle-même, qui exclut de soi la différence. Cette unité est par conséquent ce que la conscience doit prendre sur soi ; car la chose est la *pré-existence des nombreux attributs divers et indépendants.* On dit donc de la chose : elle est aussi blanche et elle n'est pas aussi cubique; il n'y a pas d'inférence possible. Locke juxtapose; il n'infère jamais. Les attributs ont alors une pleine nécessité : celle des lettres de l'alphabet (où rien ne changerait si l'on commençait par B) ou celle de l'ordre en lequel sont tirées les cartes à jouer. L'arbitraire total garantit l'être absolument donné des perceptions; en même temps l'on voit la dialectique de l'Unité et de la diversité encadrer cette nécessité qui forme le contenu de l'empirisme. Reste que face à cette diversité la conscience qui n'a aucune prise sur les attributs tend en vain à leur *unification* (*das in eins Setzen*) qui du coup n'a pas à les faire coïncider (*in Eins fallen lassen*) au niveau de la chose. Le commentaire pourrait être laconique; à l'impossible nul n'est tenu. D'une part le moment de l'unité se fait valoir dans la conscience comme un effort; d'autre part l'unité demeure un cadre vide ; enfin, pour parler comme Fichte, la conscience est un « streben und schweben ». Comment pourrait-il en être autrement dès lors que l'attribut en son absoluité déterminée est insurmontable? Si l'attribut est absolu alors l'unité est imaginaire. Quant à la chose elle

1. « um anderer Dinge willen, und für andere Dinge ».

évolue entre les deux pôles : tantôt elle est l'Un visé par delà la diversité, tantôt elle est le « aussi », la libre circulation des attributs déterminés et la conscience pose tantôt l'un, tantôt l'autre. Elle fait donc l'expérience, ayant pris sur soi initialement la fausseté, que c'est bien plutôt « la chose qui se montre d'une manière double » (86) et que ce n'est pas seulement sa préhension du vrai « qui a en soi la diversité de l'appréhension et du retour en soi ». Tombent alors dans la chose les moments irréconciliables : l'unité et la diversité, l'Un et les attributs, l'effort et la nécessité, le vrai et son opposé – et du même coup la conscience parcourant les moments se pénètre comme réflexion et se trouve arrachée à sa *seconde* position, où elle posait en soi l'inégalité (86, 87 ; L. 112).

§ 3 – « La conscience est donc elle-même sortie aussi de cette deuxième manière de se comporter dans la perception, qui consiste à prendre la chose pour le vrai identique à soi et à se prendre soi pour le non-identique ». L'important n'est pas, croyons-nous, de faire observer que Hegel pense le vrai comme *adaequatio intellectus et rei*. Il est beaucoup trop tôt pour en décider, et déjà la réflexion sur la certitude sensible soulevait des points d'interrogation. Plus décisif serait le point suivant : bien qu'il parle beaucoup de sujet et d'objet, de conscience et de chose, Hegel ne conçoit pas ces termes comme des pôles achevés. Dans toute la théorie de la perception – et il en ira de même par la suite – on assiste à une auto-constitution réelle et à un développement subjectif de la conscience. Sans doute pour ne pas lasser son lecteur, Hegel laissera ce thème se développer en sourdine. Exactement comme Fichte, le premier à constituer une « histoire pragmatique de l'esprit humain » et le premier aussi à ne pas l'exposer toujours de manière tonitruante dans des exposés majeurs comme *Le caractère du temps présent.* – Reprenons : « La chose est une, réfléchie en soi ; elle est pour soi (87, 10) ; mais elle est aussi *pour un autre* (la seule conscience suffit : *Esse est percipi)* ». Hegel explique : « Je veux dire qu'elle est pour soi un *autre* que ce qu'elle est pour un autre ». Soit : dans son rapport à la réflexion la chose est différente de ce qu'elle est dans son en soi ; elle est un *autre ; mais* cet être autre lui-même est autre en tant qu'il est pour la conscience. Si bien – proposition étrange que Sartre influencé par le dualisme cartésien n'a pas osé écrire – : « la chose est pour soi » (87, 12) et est *aussi* pour un autre. Ici fonctionne le dualisme fixé plus haut : le pour soi correspond à la pure unité, tandis que le *aussi* reprend le thème du dualisme. C'est ce dualisme qui, dans le fond, guide Hegel à conclure que le *aussi,* la différence indifférente relève autant de la chose que l'Être-Un, mais que comme les deux moments sont distincts, ils ne renvoient pas à la même chose, mais à des « choses différentes, distinctes » (87, 23). Voici la conclusion : « La chose est donc bien en soi et pour soi, identique à soi, mais cette unité avec elle-même est perturbée par d'autres choses ; ainsi, l'unité de la chose est-elle préservée, en même temps que l'être-autre est, à la fois, hors d'elle et hors de la conscience » (87, 25 *sq.*). Si je dis, avec Reinhold, que la chose est hors de la conscience, d'une part cela revient à dire qu'elle n'est même pas *ens imaginarium,* mais seulement *nihil negativum* et d'autre part qu'il n'y a pas même un observateur pour relier du dehors (?) la chose en soi et le nihil negativum qui pourraient bien être identiques dans le vide de la réflexion.

La contradiction de l'essence objective, répartie sur des choses différentes, « n'empêchera pas que la différence parvienne à la chose *singulière* mise à part » (87, 30 *sq.*). En d'autres termes l'unité parménidienne est in-tenable et ce n'est pas en prenant en main « ce » caillou que je nierai la différence dans la particularité ou mieux la singularité. Si d'ailleurs je pose ce caillou comme « ce caillou », dans le « ce » est compris le rapport à l'autre ; en elle-même chaque chose « est déterminée elle-même comme une *chose différente.* ». Et elle a chez elle « la différence essentielle par rapport aux autres » (Principe leibnizien des indiscernables). La différence l'emporte sur l'identité parménidienne. Cette différence essentielle (la déterminité) n'est pas à rechercher dans une opposition de la chose avec elle-même – opposition signifie toujours com-position de termes affrontés. La différence fondatrice du mouvement des indiscernables est à la fois pure et première et dépend de l'entendement. Mais je regarde ce galet : il est gris et aussi pesant, il tient bien dans la main et il est aussi veiné de blanc, etc. Comme les autres ob-jets cela compose « une différence *effective* de constitutions variées ». Toute la différence par rapport à cette constitution, dès lors que l'on s'avise de son rôle primordial, fait sombrer cette constitution dans l'*inessentiel,* tandis que « La chose a certes bien par là, chez elle, dans son unité, le *double dans la mesure où* ; mais avec des valeurs hétérogènes » (88, 7 *sq.* ; L. 113)[1]. Sans vouloir entamer une querelle de traduction, nous soulignerons que « le double dans la mesure où » (qui demeure étrange en français) signifie la double relation de l'être-autre qui définit dès le point de départ le cadre de cette troisième dialectique.

Elle se caractérise par l'introduction de la notion de *caractère* que Hegel insère dans la définition de l'attribut comme ce par quoi la chose est autre parmi les autres, et qui elle-même est déterminée. « Par le caractère *absolu* précisément, et par le fait que l'attribut s'oppose, la chose se met en relation avec d'autres et n'est essentiellement que cette relation[2] ; mais la relation est la négation de son autonomie et en raison de son attribut la chose va

1. *Das gedoppelte Insofern.*

2. Hegel ne traite pas spécialement de la relativité de la relation, cf. *Leçons platoniciennes, Théorie de la synthèse.*

bien plutôt à l'abîme » (88, 25 *sq.*). La nécessité pour la conscience de découvrir par l'expérience (*Erfahrung*) que la chose s'en va à l'abîme du fait de l'attribut qui constitue son être et son essence, est tellement déterminée, que la chose par là est en opposition avec les autres, mais doit se conserver en ceci. Hegel reprendra la même phrase in 88, 30-33, ajoutant : « elle peut selon le simple concept être considérée comme suit… ». En fait Hegel tente de transposer dans la chose qui était posée comme l'essentiel et l'identique la double relation avec l'être autre, le « double dans la mesure où », de telle sorte que le divers des attributs apparaît tour à tour comme l'essentiel (« cette rose est rouge ») et l'inessentiel (« La rose est rouge ») « La chose (*Ding*) est posée comme être pour soi, ou en tant que négation absolue de tout être-autre, par conséquent négation absolue, ne se rapportant qu'à soi, étant donc suppression de soi-même, ou ayant son essence en un autre » (88, 33 *sq.*). Ici nous ne progressons pas vraiment et ce qui nous est donné à admirer c'est l'incroyable minutie avec laquelle Hegel examine tous les rapports. En gros : § 1 la conscience met la diversité dans la chose, § 2 la conscience met la diversité dans son acte, § 3 la conscience fait l'expérience que la chose n'est que dans une relation. « En fait » la détermination de l'objet, tel qu'il s'est donné, ne contient rien d'autre; il doit avoir un attribut principal, « qui constitue son simple être pour soi, avec cette simplicité qui [est liée à /AP.) à la différence, qui, sans doute, est *nécessaire*, mais qui ne doit pas constituer la déterminité essentielle » (89, 1-4). L'attribut, quelles que soient les conditions, ne doit pas se substituer à la chose et en ce sens il est différence absolue; mais en tant que différence essentielle, il contredit la chose et la supprime. Voilà pourquoi l'attribut principal, s'il veut rester attribut doit être nécessaire sans exprimer la déterminité essentielle. « Aber dies ist eine Unterscheidung, welche nur noch in den Worten liegt » (89, 5). « Mais il s'agit d'une distinction qui ne consiste que dans les mots ». Nous ne pensons pas qu'il soit ici nécessaire de produire d'importantes recherches sur le langage et la philosophie. Hegel apprécie tout simplement l'idée d'une différence nécessaire et celle d'une déterminité essentielle et nous dit qu'au fond la distinction est purement verbale. Il s'ensuit seulement que le deuxième rapport « dans la mesure où » s'évanouit, que les « en tant que » qui affectent la chose, laissant tantôt émerger la diversité comme essentielle, tantôt l'attribut principal, ne pouvant pas s'accomplir comme déterminité essentielle, disparaissent, et supprimés les « dans la mesure où », il « ne reste *qu'une seule et même perspective* [où l'objet est] *le contraire de soi-même, est pour soi dans la mesure où il est pour autre chose, et pour autre chose dans la mesure où il est pour soi* » (89, 9 *sq.* ; L. 133). L'objet est *pour soi*, réfléchi en soi, Un; mais il est tel pour soi, réfléchi en soi, Être-Un il l'est avec son contraire, l'*être pour un autre* et donc n'est posé que comme quelque chose de dépassé ; ou encore cet être pour soi est aussi inessentiel, que ce qui seul était réputé être inessentiel, je veux dire le rapport à un autre. Ici, comme va le souligner Hegel, l'objet de la perception s'évanouit dans un tissu de relations et la conscience « pénètre dans le royaume de l'entendement » (89, 36). Sans doute, depuis la certitude sensible, la conscience s'est élevée à l'Universel, mais cet Universel reste entaché par son point de départ : la certitude sensible. A partir de là se développent les moments contradictoires (l'Universel et la singularité qui passent les uns dans les autres) que la conscience cherche à maintenir par ses *distinctions* de perspectives, de l'« aussi ». Deux points sont à remarquer : dans son texte pour le moins broussailleux en ce qui regarde les glissements de perspectives, Hegel avoue développer « la sophistique » (90, 12 ; L. 114) de la perception. Toutes ces contradictions sont donc illusoires comme les moments qu'elles mettent en lumière sont des *illusions*. Hegel a vraiment donné, au sens de Lambert, une phénoménologie dialectique de la perception, mais il n'a pu, examinant tous les rapports, éviter les faux jours, les éclairages inattendus. Tout culmine dans cette proposition : « l'être pour soi… est attaché au contraire, ce qui signifie qu'il n'est pas un être pour soi » (90, 11)[1].

Hegel doit alors expliquer pourquoi il a traqué avec tant d'acharnement l'essence de la perception, dénonçant en ses moindres détails la sophistiquerie (90, 34) du percevoir, prenant le risque de lasser son lecteur. C'est que les puissances que sont les essentialités vides entraînent le bon sens à affirmer tantôt ceci, tantôt cela, à se perdre et à perdre son objet dans un brouillard calamiteux : *le bon sens,* la chose la mieux partagée du monde, *est un sophiste*. Le sophiste prétend dissoudre la réalité (Gorgias) – le bon sens prétend dissoudre la *philosophie,* en soutenant qu'elle ne s'occupe que d'idées – c'est-à-dire de choses creuses, qu'elle n'est pas *concrète,* ne portant que sur des *Gedankendingen.* Cette sophistique est d'autant plus redoutable qu'elle prétend défendre des idées *communes* qui, comme la certitude sensible, élèvent la prétention à gouverner les pas de la pensée. Il importe donc de rejeter cette *tutelle* et de nommer un autre *curator* à la philosophie, si l'on veut voir s'ériger la communauté humaine, ce « Moi qui est un Nous, ce Nous qui est un Moi ». Rejetant la critique des sens, sous prétexte que c'était une « viande fort remachée », Descartes, selon Hegel, a manqué à son devoir de philosophe et rendu la philosophie fragile, rendant possibles sans concevoir comment les attaques de Gassendi, qu'il ne suffisait pas de réfuter par l'ironie.

1. E. Dupréel, *Les sophistes grecs*, Desclée de Brouwer, Louvain.

PHÉNOMÉNOLOGIE DE L'ESPRIT – III

DE L'ENTENDEMENT (93)

§ 1 – Hegel résume en même temps qu'il argumente : le sujet de la certitude sensible est parvenu à des pensées, par exemple la pensée de cette pomme et de cette autre ; mais il n'unifie (*zusammenbringt*) ces pensées (*Gedanken*) que dans ce qui vaut comme l'unité de la synthèse de l'aperception, c'est à dire comme le sommet de la déduction transcendantale chez Kant ou encore le Moi chez Fichte : ils sont accueillants pour toute sorte de matières. Nous pouvons – ce qui n'est pas peu – poser la conscience percevante comme ce dont l'inconditionné universel est l'extrême. La pomme est dans l'espace compris dans le « Je », sol des pensées, l'universel opposé au Pour soi qui émerge de la dialectique de la perception comme l'extrême du Soi et si on le prenait comme essence simple en repos (par exemple : l'espace cartésien), c'est la non-essence (*Unwesen*) qui s'y opposerait. Nous ne dépassons pas les définitions nominales et cependant déjà la tension dévoilée dans le chapitre premier se manifeste de nouveau. On remarquera seulement que Hegel, dépassant l'idéalisme et le réalisme, va des notions aux êtres (par exemple de l'idée de l'espace à l'espace) et des êtres aux notions. L'irréalisme de ce chapitre consiste en ceci : jeter par exemple un regard sur la force irréelle, puisqu'elle échappe d'une part à la vue et se manifeste dans le monde des phénomènes d'autre part… Toutefois ce rapport est réversible : en relation au Pour soi l'essentiel devient l'inessentiel, puisqu'il n'est que pour le pour soi. Comme dans l'illusion de la perception la conscience ne s'en sortirait pas. C'est que chaque moment s'aliène dans un autre – ce qui tout à l'heure était reconnu comme l'essentiel se découvre à présent comme inessentiel. L'odeur de la rose en tant que rapportée n'est pas transparente à soi, ce que Hegel exprime de la manière suivante : « Cet universel inconditionné, qui est à présent le véritable objet de la conscience, n'en est que l'objet et n'a pas encore saisi son concept en tant que concept » (93 ; L. 118). On s'exprimera peut-être plus simplement en disant que l'objet (et donc le sujet) n'est pas clair pour soi comme concept ; cependant en simplifiant ainsi on risque de perdre le double rapport ici posé : 1) l'objet est concept, 2) il n'a pas encore atteint dans sa translucidité le concept, et la compréhension de ce double rapport est la fin de la PHG, qui est la synthèse des rapports précités. Ces relations « doivent être distinguées essentiellement ; pour la conscience, l'objet est revenu du rapport à autre chose pour rentrer en soi, et ainsi est devenu en soi concept ; mais la conscience n'est pas encore pour elle-même le concept, et c'est pourquoi ce n'est pas elle-même qu'elle reconnaît dans cet objet réfléchi ». L'auto-réflexion se scinde en deux affirmations : d'une part puisque l'objet est concept, le réel est rationnel (et inversement) – d'autre part puisque la conscience doit se reconnaître, ce devoir-être est médiatisé par l'expérience. Cette expérience est un chemin qui conduit à la vision de Dieu, non par décomposition du faux comme le voulait le jeune Fichte (Lib. H), mais par négation de ce qui fait obstacle. Il faut un narrateur de cette histoire et la même difficulté se présente chez Condillac. On observera que Condillac présuppose peu de choses : un savoir de la statue qui, ayant respiré l'odeur de rose, est devenue pour elle-même ce qu'elle est pour nous. De même la conscience doit devenir pour elle-même ce qu'elle est pour nous. Formellement la présupposition est la même chez Hegel et Condillac. Le Pour nous de la relation chez Condillac est présupposition d'un homme complet, c'est-à-dire cultivé, et chez Hegel c'est la culture qui est présupposée. Chez Hegel une première analyse du rapport fait apparaître de par le fait seul la dualité de l'objet et du sujet – Hegel décrit ensuite le mouvement du rapport, ce que Kant a fait en un sens dans le § 16 *sq.* de la *Critique de la raison pure*. Dans ce mouvement, dans ce travail : « L'entendement a aboli sa propre non-vérité » ; manière de dire qu'il est parvenu à la vérité susceptible de se manifester dans sa sphère. Plus intéressante est cette autre face parce qu'elle montre ce qu'il en est de l'objet qui « n'est pas encore concept », c'est-à-dire qui est sans loi. « Ce vrai sens mène joyeuse vie » (L. 119) ; il est sans règle, de telle sorte que l'objectif ne parvient pas à sa vérité. Nous devons « nous mettre à sa place », imposer à ce divers notre loi, je veux dire notre loi comme étant « cet être autre » – La conscience avait des concepts unilatéraux au niveau de la perception : elle se déterminait selon l'un et le multiple et l'universel inconditionné, objet de la conscience de soi, n'avait pas encore saisi son *concept en tant que concept*. En d'autres termes le « je » du « je sens » ne s'était pas saisi dans son acte d'appréhension comme appréhension en tant que telle – la réflexibilité est alors jusqu'ici abolie, au profit d'une opération (inconsciente) ; « L'entendement sans doute a supprimé sa non-vérité spécifique et celle de l'objet » (93), mais il demeure à son tour comme un point opposé au vrai qui est un divers. Toutefois, comme on vient de le dire, la conscience est aussi *pour un autre*. Si nous définissons d'abord la relation de la chose et de l'entendement comme l'expression verbale du rapport, puis nous élevons à son sujet à l'idée d'une relation préréflexive entre sujet et objet, nous verrons non seulement s'imposer toujours plus fortement l'idée du *Pour un autre* qui surveille la culture de la conscience (pédagogue en général), mais encore nous entreverrons l'unité *formelle* du savoir se faisant.

Il est vrai qu'en ce point gît l'une des plus graves difficultés de la PHG. Emportés par le mouvement qui conduit de la sensation à l'illusion de l'entendement, nous n'apercevons pas que nous nous élevons sans transition de la nature inanimée proprement dite à la nature organique de l'homme. Dans la PHG cette abstraction de la matière inorganique est concevable, puisqu'elle se présente comme « science de la conscience » – mais il n'en ira pas de même de l'EZP où Hegel sera contraint de dire que la matière « pose des bornes à la philosophie ». Au demeurant Hegel ne présente même pas les conditions de possibilité de cette abstraction (cf. AP., *Feuerbach*, t. I). Par un renversement bien naturel la dialectique hégélienne apparaît abstraite et débouche sur l'ontologie matérialiste de Feuerbach. Hegel pourrait répondre – mais en ce cas il faudrait lui prêter les armes scientifiques et métaphysiques de Bergson – qu'il prend la conscience là où elle émerge de l'Évolution créatrice. On précisera toutefois qu'une telle solution ne convient qu'aux coalitions de systèmes qui n'ont jamais eu une très grande faveur auprès des philosophes. Ce qu'il faudrait dire en faveur de Hegel, c'est qu'avec Kant, il a eu une conscience très nette des désavantages de l'hylozoïsme – Schelling est beaucoup moins clair sur ce sujet. Si Hegel n'a pas vraiment ressenti cette aporie pourtant massive, c'est que la conscience scientifique de son époque n'était pas très scrupuleuse à ce sujet. Néanmoins ne nous faisons pas trop d'illusions sur la possibilité d'une alliance bergsonienne-hégélienne; mais convenons franchement que sans une ontologie propre de la matière, il n'est pas d'ontologie générale fondamentale. Il va de soi qu'en supposant la métaphysique hégélienne libérée de cette difficulté, on se heurterait à une autre aporie : c'est que la matière suppose une *méthode* fondée dans le *partes extra partes* qui est juste à l'opposé de la méthode *organique* de Hegel. Ces difficultés sont d'une importance telle, d'un caractère si massif, qu'il semble de mauvais goût de les évoquer. Assumons cette tâche avec rigueur.

Et pour ce faire, déterminons avec plus de netteté la conscience. En partant de la diversité nous savons qu'elle est *pour soi* – ce qui, ici, demeure équivoque comme l'intuition dans la *Déduction de la représentation* chez Fichte, c'est la richesse du *Pour soi* qui n'est pas seulement tension vers la clarté du concept, mais encore poussée organique. Néanmoins le Pour soi (par exemple l'enfant) n'est rien sans son rapport pour un autre (le pédagogue en général). Ce rapport suppose l'intégration successive des figures du Pour soi, qui ne doit cependant pas être conçu comme un substratum, mais plutôt comme une loi générique. Cette loi d'ordre est le *contenu* propre de l'être pour un autre; Hegel insiste pour conclure ce premier segment sur les moments en relation dans la perception (83). D'un côté le médium des libres moments – ici le rouge, là le vert –; de l'autre côté : le « Je sens » qui conduit jusqu'au « Je pense » d'un point de vue formel. Si nous considérons de nouveau le médium universel, nous poserons que l'autonomie (*Selbständigkeit*) des moments matériels (*Materien*) est le médium lui-même. Nous pouvons encore dire que le médium est la pénétration réciproque des qualités : le sel est *blanc*, il est *sapide* etc. – et il se rapporte à une unité en soi. Hegel nomme ce rapport « la pure porosité ou l'être supprimé (*Aufgehobensein*) » des matières libres (95). Les éléments tour à tour posés constituent un cercle : tel moment passe doublement dans tel autre : X passe dans Y (premier moment), mais X se réciproque avec l'unité U (second moment). De là suit la définition de la force : par un côté X, passant dans Y, elle est manifestation ou encore expansion tournée vers l'unité et le retour à l'unité est la force proprement dite. Hegel joue sur les concepts suivants; extériorité/unité-diversité /unité-multiplicité/unité et deux remarques sont à faire : d'une part tous ces moments sont présents (et dès la dialectique de la perception ils doivent l'être sinon la dialectique ne serait que juxtaposition et non pas *genèse)* dans les synthèses précédentes (L. 126). Hegel opère avec ce que nous appelons les *notions communes* et en ce sens (qui n'est pas le seul recevable) la difficulté est atténuée; d'autre part ce qui s'y ajoute c'est le *dynamisme* des notions qui s'illustre dans leur autopénétration. Et pour nous exprimer très vulgairement nous dirons que du point de vue de la *réflexion* l'idée de la force n'est pas distincte de la force. Il n'y a pas d'argument ontologique subreptice. Il se trouve simplement que comme la philosophie du premier Fichte, la pensée hégélienne est en même temps un Real-Idealismus et un Ideal-Realismus. La réalité est logique et la logique est réelle. C'est pourquoi la contradiction n'est ni abstraite, ni concrète, mais l'un et l'autre, ni exerne, ni interne, mais l'un et l'autre, enfin ni irrationnelle, ni rationnelle, mais l'un et l'autre. Ces réflexions sont d'autant plus pressantes qu'on assiste (une nouvelle fois) à l'introduction de la négativité : les termes ne s'annulent pas : l'épanchement de la force est simultanément son retour en soi et le concept de la force est doublé (des deux côtés). « Ce mouvement est ce que nous appellons force » (95, 25-27). « Mais premièrement la force repoussée en soi doit se manifester; et secondement, dans cette manifestation elle est tout autant une force qui est *en soi,* qu'elle est manifestation extérieure ». Ce rapport peut être doublé, redoublé et *sic in infinitum*. C'est l'entendement qui porte les moments différents en tant qu'ils sont différents : le pétale de rose *n'est pas* l'énergie de la rose; l'entendement établit un *nexus,* qui exprime sa propre force consistant à triompher de la mort par son triomphe sur l'être séparé.

Concevoir le concevant n'est pas la tâche suprême de la philosophie; ce n'est qu'une étape dans le procès de remontée à l'intériorité de l'origine. Cependant l'entendement semble manifester sa limite en se trouvant défini comme ce qui est *en soi* et n'est cependant que *pour autre chose* (95, 33). D'un autre côté, dans la mesure où l'entendement est le support actif des forces, celles-ci sont en lui et idéalisées (première version de l'idéalisme leibnizien). L'entendement, en tant qu'il est auprès d'un autre, est Principe des relations qui les amène à être. Ce que l'on peut exprimer ainsi : « Ce qui a été posé jusqu'à présent fut seulement le concept de la force et non sa réalité » (95, 36-37). Il n'y a rien à retirer aux précédentes observations sur l'ontologie subrepticement introduite par Hegel. Car l'assertion bien considérée jaillit de la plus simple observation *psychologique* : je vois le muscle se tendre, mais il faut une réflexion pour saisir l'effort. Toutefois avec la psychologie nous abordons aux limites de l'invisible. C'est un carrefour lourd de sens. Beaucoup ont cru acquérir une vue sur la métaphysique et ont confondu l'invisible et l'Invisible. Pour une science de la conscience, que veut être la PHG, la difficulté est moindre, car elle repose sur une armature logique. Dans la PHG la logique est pour la psychologie – dans la WL la psychologie, comme source d'exemples, est pour la logique, et Feuerbach s'est trompé en critiquant la WL d'un point de vue radicalement anthropologique.

(L. 121) Deux remarques peuvent être présentées. La première concerne le « Gang » de Hegel : il va de la variété à l'opposition, de l'opposition à l'opposition externe, et de celle-ci enfin à la contradiction dialectique. De ce fait un profond malaise règne dans la PHG. Dans la WL, Hegel commencera par poser dans le commentaire des antinomies l'identité de l'opposition et de la contradiction; puis dans la théorie du jugement proprement dite, il distinguera les jugements contraires et les jugements contradictoires. On ne sait dans la PHG si, par exemple la force, comme un-excluant (96), et les matières (ou les « moments disparaissants ») sont dans un rapport d'opposition (ou de contrariété) ou dans un rapport de pure contradiction. Dans le présent contexte, c'est la lecture leibnizienne qui semble s'imposer: des concepts comme ceux d'« adégalité » (Math. Schrift. Bd. I, 51) sont davantage contraires que contradictoires et dans tous les cas plus souples. Hegel semble même abuser; de ce que la force n'existerait pas si elle n'était pas en relation négative à l'autre moment, il en déduit l'être autonome des éléments (que sont la force et le moment disparaissant comme différentielle). La seconde remarque consiste à souligner l'inconsistance du précédent développement dans la perspective ouverte par la théorie kantienne de la grandeur négative. Il faudra récupérer ultérieurement le kantisme.

« La force, telle qu'elle a été déterminée en étant représentée *comme telle* ou comme *réfléchie en soi,* est l'un des côtés de son concept ; mais en tant que l'un des extrêmes substantiés, savoir, celui qui est placé sous la déterminité de l'Un » (96, 38 *sq.*). Cette unité est en même temps le produit de la réflexion et la condition transcendantale qui la rend possible ou si l'on préfère son essence. C'est encore ce que l'on peut nommer naïvement : la *virtualité* ; la déterminité embryonnaire. Or le virtuel est la totalité du concept, abstraction faite de son épanchement. On voit dès lors que le virtuel doit en venir à l'existence ou que l'essence *doit* se réaliser. Le réel est le destin de l'essence. De l'autre côté se déploient les moments évanouissants ; la force s'épanche jusque dans l'infiniment petit ou se développe dans les quantités auxilliaires – de ce côté se donne donc l'exclusion des moments évanouissants en relation à la force ; cette exclusion est dans son résultat autre chose que la force, mais dans la mesure cet être autre s'ajoute à elle et la sollicite (97, 6). Il faut bien l'avouer : Hegel introduit le concept de sollicitation sans tous les raffinements leibniziens [1] et en particulier sans apparat mathématique. Dès lors que la force répond à la sollicitation, elle passe du côté des moments disparaissants ; elle existe comme le médium des matières développées, qui sont pour être niées dans l'unité. Avons-nous progressé ? En un sens il convient de répondre par l'affirmative, car le concept primaire de la force a été développé. Toutefois d'un autre côté il faut répondre négativement : dans son armature discursive la méditation n'a pas dépassé la dialectique de la perception (le « percevoir » et « l'être-perçu ») et nous n'avons aucune raison d'outrepasser les limites que trace Hegel.

Il faut donc approfondir le concept de force. Reprenons la définition déjà citée : « La force, telle qu'elle a été déterminée en étant représentée *comme telle* ou comme *réfléchie en soi,* est l'un des côtés de son concept » (L. 121). Il n'a pas été difficile à Hegel de poser comme le même le mouvement par lequel ensuite la force est comprise comme se réfléchissant en soi vers l'unité, et celui par lequel elle se donne comme s'épanchant dans les moments évanouissants. Ce doublement nous oblige à renoncer à la vision simpliste qui pose l'être sollicité comme extérieur au sollicité. Nous subissons ici en fait l'hégémonie de l'unité – mais dès que nous passons aux moments évanescents et posons l'autre comme essence, c'est du dedans que s'élève la sollicitation. Nous le comprendrons mieux si nous observons qu'il y a dans la force d'abord différence de contenu – d'un côté la force réfléchie, et de l'autre le médium des matières – et ensuite différence de forme – d'un côté l'un posé comme sollicitant, et de l'autre l'autre sollicité, ou encore actif et passif. D'après la différence de contenu les moments *sont*

1. M. Gueroult, *Dynamique et métaphysique leibniziennes*, Strasbourg, 1934.

purement et simplement. D'après la différence de la forme ils sont autonomes. Hegel énumère en les combinant toutes les relations, et trouve que l'actif est le passif. Certes, coupée des autres rapports, cette pensée serait absurde, mais nous savons depuis l'*Introduction* que le vrai est *résultat* et que par ailleurs le vrai est le *tout*, si bien qu'il n'est d'aucune conséquence qu'un enchaînement puisse paraître absurde dès lors qu'on le sépare du tout. Quant au terme de cette combinatoire, nous n'avons pas à nous en soucier : il viendra de lui-même, et nous pouvons déjà pressentir que les relations primaires entre l'unité et la diversité au niveau du percevoir sont en passe d'être dépassées. Il se trouve justement être le lieu de souligner combien Hegel a pu se nuire en développant des raisonnements dialectiques aussi complexes que Platon dans le *Théétète* sans que l'enjeu soit de même importance. Hegel, comme Platon, n'a pas hésité à se répéter (97, 8), se fondant moins sur la persistance de l'aporie, que sur la circularité des moments. Il est clair que ce chapitre avait une portée qui le dépassait : l'abîme de toujours entre Parménide et Héraclite se manifestant – sur un pic neigeux l'Unité parménidienne, dans le versant du fleuve le flux héraclitéen. On a dit, non sans raison, que le Verbe, fondement de la théologie spéculative, reposait sur la seigneurie (*Herrschaft*) de l'Un, tandis que le souci, qui entraîne Hegel vers le concret, participe de l'inconsistante richesse du devenir. Naturellement cette opposition aurait pu être dévoilée bien avant et dans sa richesse dès le niveau de la perception. C'est qu'il s'agit d'une opposition profonde, mais primaire et dont les termes sont simples.

§ 2 – Nous allons nous acheminer vers ce que l'on pourrait nommer une « ronde » de la force. Le dédoublement du concept de force nous oblige à dépasser le niveau d'une *simple* force; si la force doit être pensée, il faut qu'elle le soit selon la pluralité : « [...] le concept de force devient *effectif* par le doublement en deux forces » (99, 22) et nous devons montrer comment le concept devient tel. Hegel insiste : « Ces deux forces existent comme des essences étant pour soi, mais leur existence est un mouvement (*Bewegung*) réciproque (*gegeneiander*), ou encore leur existence est un pur *être-posé par un autre*, ce qui revient à dire, que leur être a plutôt la pure signification du *disparaître* » (99, 25-28). Le problème est d'abord leibnizien – l'être des substances est un rapport réciproque; les monades ne peuvent être pensées seules, comme un univers de points métaphysiques fermés sur soi – si elles sont, elles sont *gegeneiander.* Le problème est ensuite fichtéen; comment le rapport ne détruit-il pas les termes qu'il relie ? Car vient un stade où (comme on l'a vu) les termes deviennent des moments évanouissants, qui, à leur tour, s'évanouissent dans le pur « disparaître ». La W-L devient simple opération d'analyse[1]. Voilà pourquoi poursuivant sa critique des monades, Hegel écrit : « Ce ne sont

1. AP. LH, p. 214.

pas en tant qu'extrêmes quelque chose qui conserverait pour soi un terme solide (*etwas Festes*) et qui se contenterait d'insérer une propriété extérieure la où est leur milieu et leur point de contact »[1]. C'est une opération constante chez le jeune Fichte que de parvenir à la dislocation d'un concept jusqu'à finir par poser des jugements qui se contre-disent absolument et à empêcher leur destruction par l'insertion au milieu, au point de contact, d'un nouveau terme. Hegel pense qu'une meilleure définition permettrait de faire avancer la compréhension. Il nomme donc le moment de l'unité : « in sich Zurückgedrängte... », ou encore « das für sich Sein der Kraft » (l'être pour soi de la force) et il pose l'autre côté, l'extériorisation, comme l'acte de la sollicitation, aussi bien que l'être sollicité (99, 32 *sq.*). Ces déterminations ne sont pas des points métaphysiques, des étoiles ontologiques : « Leur essence consiste simplement en ce que celui-là est seulement (*nur*) par (*durch*) cet autre ». La proposition atteinte (d'ailleurs conforme à l'essence de la perception) est la suivante : la monadologie est une relation [2].Cette détermination est vite dramatisée. Les forces « n'ont, en effet, aucunes substances propres, qu'elles porteraient et conserveraient »[3]. La force n'est en son *effectivité* qu'en tant qu'*essence*. C'est seulement dans son extériorité que la force est effectivité, qu'elle s'est manifestée, réalisée, c'est-à-dire s'est abolie sans sombrer dans le néant, car le divers n'est pas encore οὐκ ον, mais seulement μή ὄν. A ce niveau nous pouvons pressentir que nous allons sauter de voie, car Hegel fait de la manifestation un moment de l'extériorisation et parle même de *manifestation extérieure* (100, 5 *sq.*). Il y a deux moments à définir et à mettre en rapport : l'extériorité et la relation. A un premier point de vue l'extériorité est prédicat et la relation substance – comme il se doit les concepts sont entre-croisés dans le développement.

Considérons donc la relation. Kant dans la *Critique de la raison pure* détermine la substance par son appartenance à la relation et explique que dans une relation à quatre termes, seule la relation, une quantité de forces f= 0, définit la substance qui demeure identique à travers ses transformations. Il faut donc poser que la force trouve sa vérité comme séparée des moments ou plutôt que sa vérité est d'un moment séparée. Cette vérité est pensée comme l'*Intérieur de la chose* et l'on peut tenter une première mise au point : ce rapport de la force à la force est général ou encore (d'après l'idée de système chez Kant) forme une communauté où tout s'entre-exprime (*nexus*) : c'est ce que Hegel nomme le premier universel comme étant le

1. Il est peu probable que Hegel évoque Maïmon auquel il ne fait même pas l'honneur d'une allusion dans *Foi et Savoir*.

2. Cette attaque violente fait du leibnizianisme un « fixisme » qui s'ignore et dont le simple contraire est la relation dynamique.

3. K. d. r. V (A, p. 182 *sq.*).

concept de l'entendement (100, 32), où la force n'est pas encore pour soi ; le ne-pas-être-pour-soi signifie l'être non-devenu et, en un sens imagé, le bouton avant la fleur. La force aura donc son essence (*Wesen*) dans le second universel lorsqu'elle sera devenue en soi et pour soi. Ou encore, en un sens imagé, le bouton s'ouvre sur un nouveau rapport de forces où les pétales signifient l'être devenu en soi pour soi, son essence. Mais l'image est d'une certaine manière trompeuse ; elle néglige le fait que l'entendement est au foyer[1] des déterminations, qu'il y a un centre des déterminations qui est Substance (en même temps qu'essence) et que la sub-stance est l'intérieur des forces en tant qu'intérieur. En d'autres termes, le vrai moment est l'Intérieur, et ce qui rend difficile le texte hégélien c'est la juxtaposition de la substance et de l'essence, conciliation du premier universel posé comme l'extérieur et du second posé – *par op-position* – comme intérieur vrai (essence des choses). Soit, en un langage kantien : ce qui conduit au noumène comme essence vraie, c'est la réflexion sur le phénomène[2]. Il y a donc deux extrêmes : d'une part le phénomène et d'autre part l'entendement qui réfléchit sur lui, visant le tout du rapport. Il est curieux que Hegel ne développe pas dès maintenant l'idée de *légalité* qui s'attache au jeu des forces et qui permet une bonne définition des phénomènes et de la loi intérieure qui les régule. Toutefois l'idée de loi surgira en son temps. Pour l'instant, Hegel s'attache à définir le premier niveau de l'objet de la loi, le phénomène. La distinction nécessaire, on l'a vu, est celle du « jeu des forces », ou encore la réflexion des choses et la réflexion de l'entendement. Selon cette distinction aussi du côté du « jeu des forces » il y a dédoublement entre le phénomène et le noumène, par rapport auquel le phénomène est un moment s'évanouissant, c'est-à-dire une *apparence*[3]. C'est aussi pourquoi se trouve déterminé aussi d'autre part le rapport du jeu des forces à la pensée (l'entendement). Le rapport est la transformation des « moments » « sans repos, ni être en leur contraire » (101, 8) (*in das Unwesentliche*). Le « jeu des forces » est le « négatif expliqué, ou plutôt la vérité de celui-ci est le positif, c'est-à-dire l'*universel*, l'Objet existant en tant qu'*en soi* (L. 122). L'être de celui-ci est *pour la conscience* par la médiation du mouvement du phénomène, en lequel la conscience se réfléchit comme en ce qu'elle tient pour vrai, mais la conscience fait de cet être vrai l'intérieur objectif. Cet intérieur se donne comme le Vrai et l'est en

1. Le vocabulaire est étrangement fichtéen.

2. *Leçons platoniciennes*, p. 271.

3. Comme *apparence* la force est semblable à la sensation comme index ; elle n'est là que pour être dépassée vers son *origine*, c'est-à-dire le noumène. La logique platonicienne ou théorie des Idées est alors la vérité de la pensée kantienne qui du côté objectif est conduite à une nouménologie dont les fondements (les apparences) sont inconsistants, et du côté subjectif se réduit à un regard.

effet, puisque dans cet Intérieur objectif il *se* reconnaît. La conscience, écrit Hegel « a en même temps la certitude de soi, ou le moment de son être pour soi » (101, 28). Tout ce développement est assez simple : A – L'écriture de Hegel est assez rustique et la complication ne naît que parce que, un peu inutilement, on dilate puis contracte un faisceau de relations, B – seul le concept du noumène procure une visée du réel susceptible de satisfaire aux exigences de l'entendement, en permettant l'élaboration d'un Intérieur objectif; mais la pensée ne pourra s'en tenir là : dans la K. d. r. V Kant pose les phénomènes comme constituant une chaîne dont chaque maillon forme en quelque sorte un moment à partir duquel peut être tirée une ligne conduisant à un point = X, qui constitue l'unité du faisceau (*focus imaginarius*). L'*intérieur* est d'abord posé comme unité réelle dans le texte de Hegel et de fait il est ce vers quoi tout converge; mais l'intérieur, voici la difficulté, *est posé* trois fois : d'une part comme moment réel; d'autre part comme simple illusion, enfin comme réflexion de l'imagination transcendantale comme pure essence et à ce titre fondement des phénomènes en leur légalité. Ce qui ne laisse pas de susciter l'embarras des commentateurs est le fait que, d'un côté Hegel supprime les moments les uns dans les autres (ainsi le moment réel se supprime dans la simple illusion), et que d'un autre côté, d'une part c'est la philosophie de Reinhold qui est en question et que d'autre part par là même se présente le concept de chose en soi, que Hegel veut écarter revenant à la philosophie leibnizienne fichtéenne, et à la négation de la chose en soi dont Reinhold avait eu l'imprudence de déclarer qu'il n'y a rien de plus facile à démontrer[1]. Alors les *bornes* se transformeront en limites. Mais ce chemin ne laisse pas d'être complexe : la disjonction du phénomène et du noumène, celle du noumène et de la chose en soi n'est nullement évidente. Avant d'aller plus loin, observons comment, dans la position du noumène, l'intérieur est dégagé pour la conscience comme concept. Le phénomène est *sensible* et pourrait se rattacher à la *perception* par ce côté, tandis que le noumène est *supra-sensible* et constitue un ordre de choses (une légalité), que la conscience ne penètre pas dans son essence[2], si bien qu'il est permis de dire que la conscience ne connaît pas encore la « nature du concept »[3]. Ce passage en dit long : c'est parce que le concept n'est encore *pour nous* que nature que la réflexion du sujet est encore factuelle et purement psychologique et que l'objet transcendantal = X n'est que simple *focus imaginarius* (*ens imaginarium* susceptible de se renverser en *nihil negativum*).

1. *Theorie des menschlichen Vorstellungsvermögens*, § 17, Prag & Iéna, 1791.
2. *L'Œuvre de Kant*, t. I, p. 130.
3. Die Natur des Begriffes.

Il faut donc décrasser cet objet transcendantal ou ce Vrai intérieur et le couper de ce qu'il y a en lui de sensible dans le phénomène fondateur. Il est bon de se référer à Kant, mais aussi à Platon qui lui aussi doit, comme il est manifeste dans la dialectique du beau, faire place à l'Idée du beau à partir du phénomène dit beau… La légalité du Vrai intérieur, le noumène, atteinte, on trouvera la monadologie comme relation des forces qui ont du rapport aux âmes. Pour cela l'objet transcendantal doit être « purifié de l'*opposition* de l'universel et du singulier » (101, 36 *sq.*). Cette idée est finalement conforme à la visée de la PHG : *abstrahere mentem a sensibus* pour effectuer la remontée à l'origine en partant d'une extériorité qui passe dans l'intériorité. Cette idée ne laisse pas d'être une visée mystique et c'est pourquoi dans l'ensemble Hegel est proche de Plotin. Feuerbach a bien vu que la théologie hégélienne d'une part était une théologie de l'érôs et d'autre part progressait selon tous les niveaux. Il est donc paradoxal, mais profond, de retrouver à la racine de la théologie hégélienne une théologie dont la critique est à faire, je veux dire celle implicitement posée par Kant qui croyait avoir – dans sa critique de Herder – limité l'effet des poisons par d'autres poisons, et garder l'anthropologie des élans de la *Schwärmerey.* Il lui suffisait d'être le *grammairien de l'Ethique.* D'une certaine manière, ici, Hegel, qui se garde bien de dévoiler ses intentions et qui pour cela attend que sa pensée soit solidement étayée, livre une ébauche de ce que la *Critique de la raison pure* aurait pu être. Il n'est pas exagéré de dire qu'à tous les niveaux de la PHG la conscience vise l'Absolu et nous en avons déjà un aperçu. C'est cette prétention qui s'effondre toujours, mais toujours aussi renaissante jusqu'au moment où tous les termes suivant la détermination fichtéenne du vrai forment un cercle en lequel ils sont réciproquement en connexion. Quant à transformer cette Critique de la tension vers l'absolu en existentialisme-athée-marxisant comme philosophie du désir, c'est tout simplement substituer l'être comme existant à Dieu et c'est, à notre sens, le contre-sens de Kojève.

Le dépassement de l'opposition de l'universel et du singulier est explicité par Hegel comme instauration du suprasensible affronté au sensible (101, 37 ; L. 125). Le sensible à son tour est défini : il est ce qui est opposé en tant que simple étant (*Diesseits*) à l'au-delà supra-sensible (*Jenseits*). Avec ce « Jenseits » sont données d'une part selon les néo-kantiens la pointe d'Absolu mystique et sa lumière totale et d'autre part, selon Hegel, aussi l'ens imaginarium, mais objectivé dans l'objet transcendantal. Or il y a bien de la différence entre ces deux sens. Saisie comme immédiate, la lumière mystique écrase notre lumière naturelle qui n'appréhende aucune *corrélation* avec la lumière totale, tandis que, comme je l'ai montré, l'objet transcendantal est en relation réciproque avec le « Je pense » comme véhicule des catégories. On dira alors que Hegel marche à rebours de ses intentions et qu'il saisit le « mauvais » *Jenseits*, mais c'est méconnaître comme I. Iljin (*Hegel Kontemplative Gotteslehre,* Bern, 1947) une des thèses les plus originales de Hegel : que la doctrine de la vérité n'est pas incompatible avec la mystique. Elle s'en accompagne d'une autre fort contraire aux idées cartésiennes : nous sommes ici en présence « d'un en soi, qui est la première manifestation de la raison et par conséquent par cela même la plus imparfaite » (101, 39-40). Cela est contraire aux idées cartésiennes, car la *lumen naturale* ne comprend pas de degrés, ni d'ailleurs la raison qui a pourtant des limites. Toutefois avoir des limites est une imperfection relative : limitée, la raison n'est pas encore fausse. De ce point de vue, comme le dit Kant en sa *Logique*, l'erreur est plus difficile à expliquer qu'on ne le croit : c'est le mouvement d'une essence contraire à ses lois. Quoi qu'il en soit, l'Intérieur comme « Jenseits » est l'extrême du syllogisme dont l'autre terme est l'entendement et le phénomène le moyen terme, ce à partir de quoi l'on conclut. Il est vrai que l'on ne peut pas dire qu'il y ait connaissance de cet intérieur vide, et Hegel reprend indirectement la critique de Jacobi. Il faut, en effet, d'abord retenir que ce « Jenseits » conclu par l'entendement à partir du phénomène, n'est que la manifestation niée par l'entendement qui la pose comme n'étant pas ce dont elle est manifestation, et c'est cet être nié qui constitue le « Jenseits » (L. 126). Alors pleine lumière ou pleine obscurité, c'est de même, et Consentino a fort bien expliqué ce passage. Sans ombre, la pleine lumière du Beau s'évanouit dans l'obscurité des ténèbres les plus profondes. Ici bien sûr se prépare la dialectique de la conscience malheureuse : « [...] le voyant voit aussi peu dans sa pure lumière que dans ses pures ténèbres » (102, 29). Ensuite on tiendra compte du fait que ce mouvement est un *syllogisme.* L'entendement conclut à l'Intérieur des choses par le moyen-terme constitué par le phénomène. Ce syllogisme n'est pas parfait, car se prenant pour extrême, l'entendement et non la raison, n'est pas pour soi comme Extrême. On pourrait dire que dès lors il ne recolle pas à soi si ce n'est dans l'Extrême qui résulte de la négation de la manifestation. Les résultats cependant ne sont pas entièrement négligeables : l'au-delà supra-sensible est né (103, 7 ; L. 125) et ce à partir de quoi il est né est le phénomène, qui comme tel d'une part est l'essence du supra-sensible, et d'autre part le supra-sensible est la réalisation de soi dans le phénomène ou encore la vérité du phénomène est d'être perçu. Ici encore on assiste, comme chez Fichte, à une réhabilitation de la doxa – le phénomène ne glisse plus dans l'apparence inconsistante. Il s'en libère bien plutôt, même si son coefficient de réalité est faible, et la doctrine des degrés de réalité chez Leibniz pourrait être reprise. Hegel s'empresse d'écarter le contre-sens qui pourrait être commis : ce n'est pas le simple phénomène qui est ici fondé; c'est le phénomène comme manifestation du supra-sensible qui a été nié. Le monde de la perception sensible immédiat a été aboli, et le phénomène en est l'expression (103, 24).

Hegel va à la ligne et écrit : « L'entendement, qui est notre objet... » (L. 127). C'est bien le signe qu'il faut s'abstenir de fouiller plus profondément la vérité de la perception et qu'il n'est pas nécessaire de développer la divergence des deux significations de la perception. L'entendement en est à ce point où l'Intérieur n'est d'abord advenu que comme « l'en soi universel non encore rempli ». Le jeu des forces va intervenir. Il a une seule signification négative : celle de ne pas être en soi – et une seule signification positive : celle d'être l'intermédiaire (*das Vermittelnde*), mais hors de l'entendement (103, 29). « Son rapport à l'Intérieur par la médiation se trouve être son mouvement par lequel comme Intérieur il se remplit pour lui » (103). Donc le jeu des forces a un rapport à l'Intérieur et comment n'en aurait-il pas d'ailleurs puisqu'il appartient au phénoménal et que tout le phénomène se rapporte à l'Intérieur ; mais alors il est la médiation par laquelle l'Intérieur se voit rempli : « Le mouvement des forces est immédiatement comme simple en général le vrai ». Ces prémisses posées, qui toutes tendent à limiter les prétentions du phénoménisme et à comprendre comme « Wirklichkeit » le jeu des forces, Hegel en rappelle la nature avec une simplicité désarmante : « Or nous avons vu, à propos de ce jeu des forces, qu'il est fait de telle manière que la force *sollicitée* par une autre force est tout aussi bien l'élément *sollicitant* pour cette autre force, laquelle ne devient qu'alors et de ce fait une force sollicitante » (103, 35 *sq.*). La définition du jeu des forces conduit à le poser, dans son *en soi,* comme « l'échange immédiat » ou « l'échange absolu de la *déterminité* » (103, 40) qui constitue le *contenu* propre soit du se présentant (*des Auftretenden*) médium, soit de l'unité négative. C'est-à-dire que le contenu dans le jeu des forces est le moment de l'épanchement, et que l'unité négative est le pur être refoulé en soi de la force en soi. Dans son épanchement, nécessairement déterminé, le contenu cesse d'être ce qu'il était, et surtout sollicite l'autre côté, qui, ce faisant s'extériorise ; cela signifie : il est immédiatement, ce que le premier terme (*die erste*) devait être (104, 5 *sq.* ; L. 129). Ces deux côtés, le *rapport* du sollicitant et le *rapport* du contenu déterminé qui y est opposé, sont *chacun pour soi* l'inversion et la confusion absolue. Ces deux rapports sont à leur tour une seule et même chose et I, leur *différence de forme* (savoir : être le sollicité et non le sollicitant) est la même chose que ce qu'est II, leur *différence de contenu* (le sollicité en tant que le médium passif, le sollicitant étant l'unité négative). *Par là* : le rapport des forces se multiplie à l'infini, tandis que disparaît l'idée de *forces particulières* – c'est-à-dire le concept de monades et que seule subsiste la *monadologie*. Les monades reposaient sur la particularité, qui permettait bien de développer *un rapport* parmi d'autres, mais dès que la particularité comme différence s'évanouit, il ne subsiste que le tissu de la force en général. Subsiste alors la différence dans son universalité : *la différence en tant que différence universelle* et en laquelle s'est réduite la pluralité (*die vielen Gegensätze*). Mais dans le jeu des forces le simple est encore la différence et sa vérité est *la loi de la force* (104, 29 ; L. 128).

§ 3 – « C'est cette *différence simple* qui est le phénomène absolument changeant qui devient par sa relation à la simplicité de l'Intérieur. » (104, 30 *sq.*). Comme on le voit, ce devenir est complexe. I. D'une part rapporté à l'Intérieur comme simple essence dans le syllogisme d'entendement, le phénomène devient phénomène en tant que phénomène. II. D'un autre côté, étant ce en quoi l'Intérieur s'épanche, le phénomène devient la manifestation de l'Essence et à ce titre encore il est essence. III. Par là le sensible est clairement scindé : d'un côté l'apparence, de l'autre la manifestation susceptible d'une loi. Enfin le changement, par la réflexion sur le phénomène, – ou encore le phénomène de la différence, est recueilli dans *l'Intérieur* et à *ce* niveau, on trouve une passerelle entre l'Un parménidien et le flot héraclitéen. C'est pourquoi (sous ces trois rapports) Hegel peut dire que « la négation est un moment essentiel de l'Universel » (104, 39-40). Hegel insiste surtout sur cet aspect de la négation comme moment de l'Universel, médiation universelle qui soumet *le phénomène instable* à l'Unité de l'Intérieur, qui devient *l'image constante* du phénomène instable (puisqu'il peut être réfléchi). Le monde supra-sensible se constitue comme un tranquille *royaume de lois.* A ce niveau nous apercevons mal comment Hegel peut se donner dans le royaume supra-sensible une pluralité de lois, à moins que, diffracté par le rayon de la négation, le phénomène ne se scinde dans le supra-sensible. Posons une pierre blanche : l'explication ne saurait tarder.

Ce royaume des lois est certes « la vérité de l'entendement », (105, 9) comme nous le pouvions supposer dès le syllogisme de l'entendement (§ 2) ; « paisible copie » écrit Hegel. Dans le syllogisme, l'entendement ne peut rien poser de plus que le divers de la manifestation, ramené à l'unité en fonction de l'essence calme de la différence, essence comprise comme loi, dès lors que le rapport de forme devient identique au rapport de contenu. Voilà pourquoi le royaume des lois est la vérité de l'entendement, laquelle a pour *contenu* la différence qui est dans la loi. Mais ce n'est que *la première vérité* et l'entendement ne remplit pas la manifestation (tout entière). Présente dans la manifestation, elle n'est pas sa présence tout entière. Il subsiste quelque chose d'autre, ce qui fait « que dans des circonstances toujours différentes », elle possède « une effectivité toujours différente » (*eine immer andere Wirklichkeit*) (105, 14). Hegel, ici, gagne sur le terrain de la diversité, même si celle-ci n'est plus saisie comme apparence doxologique, mais comme réalité (*Wirklichkeit=Dasein*, IIe catégorie de la modalité). Mais il perd dans la problématique de l'*unité* (*Notwendigkeit* = IIIe catégorie de la modalité). Il reste donc dans le phénomène un côté par où, non médiatisé par la loi, il demeure simple manifestation, dont l'essence n'a pas été posée, c'est-à-dire un moment par où encore elle n'est pas « *pour soi abolie* », absorbée dans *la loi*, quoique soumise à *une* loi. D'où d'une part la constitution du principe des indiscernables, mais en un sens un peu différent de celui voulu par Leibniz, et d'autre part, puisqu'une loi est toujours visée, l'affirmation de la loi de la continuité [1]. Le principe des indiscernables va dans le sens du réel, tandis que la continuité tend à l'idéalité dont elle est une forme suprême [2]. Qu'on se souvienne de ces gentilshommes que Leibniz envoyait dans les jardins à la recherche de deux feuilles d'arbre absolument identiques, on obtiendra la visée vers le réel (principe des indiscernables) et de la thèse soutenue dans une lettre à Varignon que « le réel ne laisse point de se gouverner par l'abstrait » (affirmation de la continuité), on s'approchera des idées de Hegel. L'être de la loi est responsable de cet être-insuffisant du phénomène. C'est parce que la loi paraît scindée en deux principes que la manifestation en son être, dépendant d'une essence à deux facettes, se donne comme essence. « Es bleibt dadurch der Erscheinung *für sich* eine Seite Welche nicht im Innern ist » (105, 15). Evidemment la faille bouchée sur ce point réapparaît dans un autre : non ne pouvons pas réunifier le phénomène sans poser dans l'Intérieur une dualité de principes, et d'ailleurs le principe des indiscernables par exemple n'est pas « une chose », mais une « idée » de la chose. Autant dès lors rapporter la dualité dans le phénomène et dans l'Intérieur dont il dépend. Mais alors le principe des indiscernables n'est plus *la loi*, mais « *une loi* » et la *pluralité des lois* n'exprime pas la *richesse* de l'Essence, mais se trouve plutôt être un manque (*ein Mangel*) (105, 24). Prenons avec Hegel un autre exemple : soit la loi de l'accélération de la chute des corps et la loi de la gravitation « selon laquelle les sphères célestes se meuvent », elles ont été « conçues comme loi *unique* », et dans leur diversité de fait, elles expriment plutôt l'idée de la loi. Hegel se rapproche fortement de Kant : la loi de la permanence des corps est en réalité *suivant la lettre kantienne* non pas un principe constitutif, mais un *principe régulateur*, et comme le veut Kant *l'entendement est le pouvoir des règles* (105 *sq.*). L'entendement dans la loi de la gravitation ne dévoile pas une loi qui exprimerait la réalité universelle, mais seulement un concept de la loi (*nur den Begriff des Gesetzes selbst*) (106, 5 *sq.* ; L. 129)

1. AP., *Le transcendantal et la pensée moderne.*
2. H. Cohen, *Geschichte der Infinitesimal Rechnung*, 1888.

qui a le grand avantage de se diriger contre la représentation (*das gedankenlose Vorstellen*) désordonnée de la sensibilité[1].

La loi de l'attraction universelle devient alors *la loi* ou le *pur concept de la loi* qui s'oppose aux lois déterminées (106, 14/15) (à ce niveau il est difficile de saisir pourquoi Hegel n'érige pas en règle suprême un *principe,* comme la loi de la continuité, mais une loi déterminée : celle de l'attraction). Si l'on pose, poursuit Hegel, la loi de l'attraction comme Essence ou encore comme *concept de la loi,* dans ces conditions la déterminité de la loi déterminée (c'est-à-dire la configuration mathématique d'une loi précise) n'est plus qu'un moment évanouissant, qui ne peut plus surgir comme essence (106, 25 ; L. 127), car seule la loi de l'attraction est existante comme le Vrai ; mais le concept de la loi est tourné contre la loi elle-même. L'essence de l'essence de l'Intérieur, devrait dire Hegel, est dirigée contre la loi de l'attraction, elle-même tournée contre la loi déterminée, qui se tourne contre la diversité des manifestations, dirigée contre la multiplicité sensible. La philosophie kantienne serait un simple maillon dans cette chaîne. Mais Hegel paraît entraîné par un autre train de pensées. La représentation actuelle souffre d'un défaut : elle s'étire entre les deux premières catégories de la Logique (l'Être – du côté de la loi – le Néant – du côté de la diversité) ; il faut donc pour la consolider dépasser la différentielle, dy, et la réintégrer dans l'Intérieur. Les différences doivent revenir d'elles-mêmes dans l'Unité simple comme Intérieur. – La loi est dès lors selon ces exigences doublée : d'une part selon qu'elle exprime les différences comme moments autonomes (*selbständige Momente*) (107, 1) ; c'est, en effet, sur fond de loi que les différences peuvent être *exprimées* comme simples moments disparaissants (pas d'ombre sans lumière) ; mais d'autre part l'Intérieur exprime le mouvement par lequel, se réfléchissant en soi, la manifestation se manifeste sous la loi et enfin sous le concept de la loi ; il y a là un mouvement de contraction, par où le concept se pose comme *force.*

Ici même commence la grande erreur de Hegel. Il va déterminer le moment où le mouvement de contraction est *simple* comme électricité positive à titre de force et le mouvement d'épanchement des moments disparaissants comme électricité négative, étant bien entendu que parler du simple est s'attacher au complexe, du positif au négatif, etc. Hegel, manifestement, prépare une mise au point en physique spéculative contre Schelling[2]. Ce n'est pas un bon chemin, parce que la chose, remplie d'obscurités, est folle – qu'est-ce qu'une physique sans équations ? – et que

1. [...] seine Grundsätze sind bloss Prinzipien der Exposition der Ercheinungen, und der stolze Name einer Ontologie...muss dem bescheidenen, einer blossen Analytik des reinen Verstanden Platz machen » (K. d. r. V, A, 247).

2. G. W. Hegel, *Jenaer Realphilosophie* (PHB, F. Meiner) p. 55 *sq.*

K. Fischer déjà a cherché en vain à justifier[1]. Le but que semble se fixer Hegel est triple. D'un côté critiquer la manière grossière dont s'exprime Schelling : « ... c'est pourquoi on a coutume de dire ... » (107, 27). D'un autre côté, montrer que ce qui est dit de l'électricité ne caractérise aucun moment particulier et c'est pourquoi il fait allusion à la pesanteur. Enfin il s'agit de ne laisser aucune chance à Schelling, même appuyé sur ce concept, alors si fameux, d'électricité. Sur le fond du problème, Hegel ne dit pas grand'chose ; il insiste toujours sur le doublement du concept de loi et sur sa relation à l'existence. Mais dans la mesure où cela ne fait qu'orienter autrement la physique spéculative, on reste dans l'erreur.

Hegel paraît corriger le tir en indiquant une autre manière de concevoir le rapport du concept et de l'être (108, 11). Soit la loi du mouvement, il est nécessaire que le mouvement se *divise* en temps et espace ou si l'on préfère en distance et vitesse. Or le mouvement n'est que le rapport (*Verhältnis*) des moments, ici l'*universel* est divisé *en soi* (108, 15 ; L. 131) ; maintenant ces parties (*Teile*[2]) n'expriment pas en elles-mêmes cette origine à partir d'une Unité et elles sont indifférentes les unes par rapport aux autres : l'espace est représenté sans le temps, le temps sans l'espace, la distance sans la vitesse –de la même façon que leurs grandeurs sont indifférentes les unes aux autres, et ces moments ne se relient pas les uns aux autres comme du *positif* et du *négatif* (anéantissement des thèses schellinghiennes), c'est-à-dire qu'ils ne se rapportent pas l'un à l'autre « par (*durch*) leur essence (*Wesen*) » (108, 27-28). Aussi bien si la nécessité de la division est ici bien existante, celle des parties dans leurs relations réciproques ne l'est pas. Et c'est pourquoi la première nécessité, celle de la division, ne l'est pas et se trouve purement simulée. Ayant dégagé cette relation Hegel écarte toutes les confusions possibles entre le « focus imaginarius » et l'objet transcendantal = X. Le « focus imaginarius » n'est qu'une nécessité simulée ; l'objet transcendantal, foyer de la visée de l'entendement pur comme pouvoir des règles, est le noumène comme gardien de l'expérience possible ou encore *hypothesis*. « Le mouvement, poursuit Hegel, n'est pas représenté lui-même comme quelque chose de *simple* ; *mais comme étant déjà divisé,* temps et espace sont ses parties *autonomes* ou des essences. » Ici se glisse une thèse hégélienne extrêmement intéressante. Comme le verra après lui Whewell, le problème de l'induction est un faux problème : nous ne pensons pas d'abord des données particulières, puis nous élevons à des essences par un processus d'abstraction et de généralisation dont Bergson a montré le caractère vicieux tout en donnant la clef de la sortie[3], – nous pensons directement les essences et cela, selon

1. K. Fischer, *Schelling's, Leben, Werke und Lehre,* Heidelberg, 1923, p. 445.

2. Jeu de mots possible avec *Urteil.*

3. AP., *Bergson ou de la philosophie comme science rigoureuse,* Ire partie.

Hegel, dès la représentation (*Vorstellen*) et comme, dans le cas qui nous intéresse, une détermination (le temps) peut être sans l'autre (l'espace), le mouvement peut se réduire à une liaison superficielle, sans être essence. Il faut toutefois quelque subtilité pour introduire organiquement cette thèse dans le chapitre que nous commentons. Disons qu'elle paraît impliquée dans l'écriture de Hegel.

Dans les deux cas la différence n'est pas une *différence en elle-même* « ou bien l'universel, la force, est indifférente par rapport à la division, qui est dans la loi » (108, 38-39). Cela signifie : ou bien : la loi qui règle la distribution de la force dans le processus de l'accélération paraît étrangère, indifférente à la manifestation, et forme une totalité indivise – ou bien : les différences, parties de la loi, le sont l'une par rapport à l'autre. L'entendement a cependant le concept de cette différence en soi, justement par ce qu'en ceci la loi d'un côté est l'Intérieur étant en soi, et en ce que cette différence est en *lui* en même temps le différencié, que la loi soit donc simple *force ou est comme concept de la différence et donc est une différence du concept.* Reprenons ces différents moments.

1) La différence n'est pas une différence en elle-même : dans la chute d'un corps, espace et temps sont regardés comme des moments distincts d'une totalité indivise [1]. A ce titre ils ne valent pas comme différences organiques.

2) La loi peut paraître indifférente à la réalité qu'elle exprime. Aussi a-t-elle vocation universelle abstraite. La loi de la chute des corps ne prétend pas valoir seulement pour certains objets.

3) L'indifférence peut paraître régner entre les moments : le temps peut être intuitionné sans l'espace.

4) Sous ces deux rapports on a accordé tout ce que l'on pouvait accorder à Schelling. Pour surmonter la différence, Schelling fera appel à l'*identité* et Hegel a dénoncé cette « méthode » dès la Préface.

5) L'entendement (pas la raison) comme pouvoir des règles trouve le concept de cette différence en soi… Rappelons seulement que c'est dans le traitement de la notion de manfestation que nous nous sommes élevés à l'idée d'une différence intérieure à l'Intérieur.

6) Nous venons de mentionner l'idée d'un supra-sensible Intérieur – univers de lois – soumis au concept de la loi. Puisque la différence est intérieure, nous pouvons dire que la loi est force *simple, ou une différence du concept.*

Résultat : tout le nexus des différences repose dans un mouvement rationnellement combiné sans que l'on doive avoir comme Schelling (*Eitelkeit*) recours à l'intuition divinatoire. Limite de la démonstration fournie : « Es ist also nur die eigne Notwendigkeit, was der Verstand

1. D'où l'erreur cartésienne.

ausspricht, einen Unterschied, den er also nur so macht, dass er es zugleich ausdrückt, dass der Unterschied kein Unterschied der Sache selbst sei ». A l'éloge de l'entendement dans la Préface comme négativité, surmontant la mort, succède sa limitation dialectique : il ne parvient qu'au concept de la force, non au mouvement de la force. Hegel va insister fortement sur cette limitation.

Regardons de plus près !

I *Définition de l'acte de l'entendement.* L'entendement exprime seulement la nécessité propre (chez Leibniz MV 2), c'est-à-dire une différence qu'il ne fait qu'en disant en même temps que la différence n'est pas *une différence de la chose.* Vaihinger a poussé dans ses dernières conséquences la notion kantienne de « als ob » (*Philosophie des als ob).* Celle-ci trouve son origine superficielle dans l'Introduction et la IIe partie de la *Critique de la faculté de juger.* Mais elle remonte plus haut : dans la théorie des principes de l'entendement pur *a priori*, qui renonçant, on l'a vu, à l'ontologie, substitue au *parce que* leibnizien le *comme si* kantien, et plus loin encore dans la Dissertation de 1770 au fameux paragraphe où Kant soulignant la subjectivité du temps et de l'espace affirmait néanmoins que notre connaissance était *verissima* [1].

II *L'opération de l'entendement.* « Cette nécessité qui réside uniquement (L. 132) dans le mot est par conséquent le récit qu'on débite des moments qui en constituent le cercle; certes, on différencie ces moments, mais en même temps on exprime leur différence, comme n'étant pas différence de la chose même, ce qui revient à l'abolir de nouveau tout aussitôt » (109, 22 *sq.*) La réflexion hégélienne vise ici simplement à décrire l'opération psychologique en laquelle s'accomplit le mouvement [2]. Ce dernier est *Erklärung* qui correspond à ex-plication avec des tonalités différentes. Expliquer une chose c'est la déployer tout en conservant présent à l'idée que l'Un ou le Tout des moments vaut seul comme vérité. Dans cette explicatio, que Hegel prend en considération, il y a l'idée que seul le décomposable est susceptible de vérité, au sens de l'entendement, et que plus est longue la décomposition, plus l'objet est difficile à expliquer [3].

III *Le bavardage de l'entendement* – L'entendement pose d'abord l'éclair comme manifestation ou phénomène, et bien que singulier en tant qu'il exprime une relation, c'est un universel (109, 23), dont on finit par trouver que l'essence en est la force ou que la force en est l'essence, et

1. D'où, selon Hegel, l'énorme contradiction de la philosophie kantienne qui d'une part prétend limiter nos jugements et d'autre part en assurer la véracité.

2. IPI, PHG, § 31 *sq.*

3. Sur l'émeraude et l'œil de mouche, cf. *Feurbach*, t. II.

dès lors l'universel dont on est parti devient identique à l'essence et l'on dit en réalité que la force est la force. Ou encore : la force est tellement *constituée*, que lorsqu'elle se manifeste, des électricités opposées surgissent, qui à leur tour disparaissent l'une dans l'autre, ce qui signifie : *la force est exactement constituée comme la loi,* et on affirme qu'on ne les saurait distinguer, si bien qu'en somme on dit qu'il n'y a rien à dire. La manifestation comme universel passe dans la loi qui n'a d'autre contenu que la force, et la différence comme différence de contenu et de la chose s'effondre dans la tranquille tautologie.

Dans cette tautologie le mouvement, si mouvement il y a, est dans l'entendement et non dans la chose : *ars circa materiam est.* Il en résulte bien sûr de lourdes conséquences pour le kantisme, qui apparaît replié sur la seule subjectivité dans l'explication. Ce qu'on rencontre dans l'entendement c'est une différence, qui pour nous n'est pas différence (de l'objet et du sujet), mais est plutôt une différence qui se supprime. N'est pas seulement existante la pure et simple unité, unité de la force, où aucune différence n'est posée, mais aussi ce MOUVEMENT, où certes *une différence est faite, mais où* parce qu'elle n'est pas « une », elle est de nouveau abolie (*wieder aufgehoben wird)* (110, 20) Avec l'explication, toute la mouvance et le changement, qui antérieurement n'étaient en dehors de l'Intérieur qu'au niveau du phénomène, ont donc pénétré dans le supra-sensible lui-même. L'entendement pose son mouvement (*ars circa*... etc.) comme simple contenu (l'explication) portant en soi la différence (du sujet et de l'objet / phénomène-manifestation, lois) qui, réfléchi, est simple subjectivité, en laquelle s'abîme notre conscience (110, 20 ; L. 133).

Hegel insiste sur l'apparence du changement. « Ce changement n'est pas encore un changement de la chose même » (110, 25) ; en d'autres termes il n'est pas dialectique. Voilà pourquoi le changement se présente « *als reiner Wechsel* » (110, 27), et dans la mesure où il est étranger à la chose comme une ride sur un étang, il est un pur changement et son contraire, le *contenu,* reste identique à soi. Puisque le concept, en tant que concept de l'entendement, est ce qu'est l'Intérieur des choses – souvenons-nous de toute la dialectique qui a conduit depuis la manifestation, jusqu'à un être calme des lois –, alors ce mouvement en tant que loi est devenu pour lui comme loi de l'Intérieur. Il apprend donc par l'*expérience* que c'est suivant *une loi du phénomène* que surgissent des différences qui ne sont pas des différences : elles se suppriment dans l'explication qui est étrangère à la chose elle-même et la fragmente en moments artificiellement distincts si bien que, les distinguant, la légalité se repousse en dehors de soi. *Une seconde loi* apparaît alors (110, 37) et son contenu est opposé à ce qui auparavant avait été nommé loi, je veux dire à la différence qui perdure dans l'identité constante à soi même; cette nouvelle loi exprime, en effet, « le *devenir non-identique* de *l'identique* et inversement le *devenir identique du non-identique* » (111, 1). Il est évident qu'ici Hegel poursuit Schelling qui n'a pas dépassé l'identité de l'identité et de la non-identité, tandis que l'auteur de la PHG double le rapport, si bien qu'*en fait* il y a deux lois, et Hegel prétend éclaircir ce passage un peu obscur par sa concision en renvoyant au jeu des forces. La force dans son épanchement paraît poser une totalité autonome, mais cette dernière, réfléchie, retourne dans l'unité absolue et c'est ce que Hegel appelle l'alternance et le passage absolu. Avec le recul du temps nous pouvons regarder ces développements anti-schellingiens, comme tout-à-fait intempestifs et procurant davantage d'obscurités que de lumières dans l'exposé hégélien. Ce qu'il y a de plus positif, c'est encore le développement méthodologique et la critique de la philosophie de l'entendement, qui passera, presqu'intégralement, dans la Préface (L. 134).

Nous pensons que la théorie des deux mondes est une nouvelle attaque contre Schelling, mais dirigée, cette fois, sur la physique de celui-ci. Dans un premier moment nous avons un calme monde des lois, qui est comme la copie (*Abbild*) du monde sensible, copie qui se constitue par l'abolition de la manifestation ou par sa réalisation comme phénomène en tant que phénomène. La loi était alors l'identité (*Gleichbleibende*), mais identique puisque la différence était présente dans la manifestation. Or nous venons de réfléchir sur le caractère philosophique des lois et nous avons vu que le devenir était l'identique à soi dans le non-identique, mais qu'il se repoussait de lui-même en reconnaissant la différence et devenait le monde supra-sensible inversé. *Ce n'est donc plus de la sage copie du monde, dont il est question,* mais du second monde *supra-sensible, qui est le monde inversé* (111, 30; L. 135). Et dans cette inversion, le moment négatif qui présidait à l'élaboration de la manifestation, accomplit « l'Intérieur par là comme phénomène » (111, 33). Ou encore : conséquent, Schelling aurait dû poser que l'essence développée est le phénomène et que par conséquent le monde ici-maintenant est, élevé à l'essence, le seul monde véritable et qu'en particulier il n'y a pas d'arrière-monde. Le rapport des deux mondes est l'inversion : ce qui est Pôle-Nord dans un monde est Pôle-Sud dans un autre et l'un renvoie à l'autre comme phénomène et essence (112, 12). Seul l'accomplissement de l'Intérieur comme manifestation ou phénomène offre un sûr abri contre les idées furieuses de Schelling. Toutefois Hegel a voulu se garder d'un « phénoménisme », ramenant sans réserves le phénomène à l'apparence. Il écrit explicitement que dans notre mouvement de compréhension des phénomènes nous ne devons pas nous contenter de l'opposition du phénoménal et de l'en soi (112, 33 *sq.*)[1]. Le crime permet à Hegel de clarifier sa pensée. Nous n'avons pas, lorsque nous jugeons du crime, à opposer l'externe et l'interne, vulgairement le phénoménal et le supra-sensible, « comme si c'était deux sortes d'effectivités » (11 3, 7-8). Mais selon la loi de la manifestation, l'immédiateté du crime se renverse dans l'intention mauvaise ou inversement. Ou inversement – parce que le déploiement de l'essence (en + ou en moins) est la révélation du phénomène. Le crime, comme manifestation, est l'essence inversée qui se donne « dans la peine effective » (113, 33 *sq.*) et inversement l'essence donne sens à la manifestation. Les thèses fondamentales de Hegel – dans ce climat anti-schellingien – apparaissent : la théorie des deux mondes[2] doit être surmontée dans un rapport de sens, où ce qui doit être pensé est la *contradiction* (*die Entgegensetzung*) (114, 10 *sq.*). Contradiction ? jugements contraires ? opposition formelle ? etc., nous ne pouvons distinguer ici. Mais il est clair que die *Entgegensetzung* constitue *ici* un foyer de convergence entre Hegel et Fichte, au moins d'un point de vue méthodique, car Hegel veut plus que Fichte, il veut *penser le Verbe* (reine, absolute *Entgegensetzung* = *Menschwerdung*). Par l'infinité (l'infinité du rapport) nous voyons, écrit Hegel, la loi achevée en elle-même en une nécessité et tous les moments du phénomène recueillis dans l'Intérieur (114, 28-29)[3]. Le simple de la loi est « l'infinité » signifie I – que c'est un identique à soi, mais qui est néanmoins la différence en soi, ou qu'il est l'identique (*Gleichnamiges*), c'est-à-dire qui se repousse de soi-même, ou se dédouble (114, 39). Ce qui était appelé la simple force se dédouble soi-même et est « par son infinité la loi ». Il est impossible dans une compréhension immédiate de ne pas faire intervenir dans l'infinité la réitération de l'opposition entre la manifestation et la loi, par où s'explique l'être redoublé du phénomène, II – Le scindé qui représente les parties, considérées sans la différence intérieure, est l'espace et le temps, ou l'éloignement et la vitesse, qui interviennent comme moments de la profondeur tout aussi indifférents et sans nécessité l'un pour l'autre que la pesanteur proprement dite simple l'est à leur égard, ou que l'électricité simple l'est à l'égard du positif et du négatif[4]. Hegel vise l'aspect des sciences exactes par lequel elles commencent par décomposer leur objet ; par exemple d'un côté la vitesse, de l'autre le trajet parcouru, etc. Il n'est pas sûr qu'en accrochant au wagon de la critique de la physique spéculative de Schelling, celui de la physique mathématique de

1. Les développements de Hegel sur le crime doivent être rapprochés de celles de Kant, *Rechtslehre,* Allgemeine Anmerkung A.

2. E. Lask, *Gesammelte Schriften,* Bd. III, 20.

3. Tonalité religieuse.

4. Il est clair que dans l'indifférence des moments Hegel retrouve sa critique de la mathématique immanente.

Newton, Hegel ait fait une très bonne affaire. Le contraire est plus vraisemblable. III – La physique spéculative est toutefois ramenée à son juste niveau : avec l'identité de l'identité et de la non-identité, elle pose une différence qui se supprime en soi et s'exprime comme n'étant pas une différence. C'est une différence entre ce qui a le même nom (115, 17). Si je dis la « feuille d'arbre » je dis la même chose que « la feuille d'arbre ». Je parle à la fois le langage de l'essence concrétisée dans le phénomène et le langage du phénomène réfléchi dans l'essence. Les deux choses subsistent en tant qu'elles sont l'opposé d'elles-mêmes (comme l'est, par exemple, le phénomène par rapport à l'essence), donc qu'elles portent en soi leur autre. Il serait artificiel, à notre sens, de faire de ces trois moments un syllogisme rigoureux : ils rassemblent déjà des éléments bien divers pour qu'on ne se mette pas en peine d'insister sur le formalisme hégélien.

C'est, ajoute Hegel s'appuyant sur des concepts stoïciens, dont il retient surtout les images, que l'infinité simple ou le concept absolu est « l'essence simple de la vie ». L'essence simple de la vie en est la manifestation abolie en tant que manifestation ou encore l'*Abbild* est l'essence immédiate et *simple* de la vie, l'*unité* immédiate de la vie, ou « l'âme du monde », principe de calme synthèse réfléchissante, « le sang universel », qui est contraire à toutes les différences (celles entre les lois elles-mêmes), qui dès lors bat en lui-même, c'est l'autotélie du réel (115, 16 *sq.*). Cette âme du monde est *identique à soi*, car elle s'oppose à des différences (trajet, vitesse, pesanteur) qui n'en sont pas – Schelling n'est pas loin, et en même temps il est séparé de Hegel par un abîme : l'unité est formelle chez Schelling ; elle est de contenu chez Hegel. C'est ce qui fait que cette essence identique à soi ne se réfère qu'à soi. – Il y a donc deux moments : dans la relation à elle-même, la conscience s'adresse à un *autre* et cet « autre » constitue le premier moment ; mais par ailleurs, la relation doit être considérée *en elle-même* et la relation à soi-même est plutôt la *scission, « ou encore cette identité à soi-même est précisément différence intérieure »* (115, 28). Le cœur est pulsations (115, 21 ; L. 138). Ces termes dédoublés sont ainsi *en soi* (la relation en elle-même en tant que relation) et *pour soi* (la relation dirigée vers un autre), « en sorte qu'en chacun l'autre se trouve déjà simultanément exprimé » (115, 30). Dès lors il ne s'agit pas seulement du *contraire d'un autre*, mais simplement du contraire pur (*das reine Gegenteil*/ 115, 32). Ou encore le cœur du monde n'est pas un pur contraire, car un pur contraire passe en son contraire, qui consiste à être depuis la manifestation posée en tant que manifestion « pure essence identique à soi » (115, 34-35). Hegel peut attendre beaucoup de cette dialectique et d'abord, à un niveau supérieur, dans le phénomène une réconciliation du point de vue parménidien et du point de vue héraclitéen. D'un autre côté on ne peut manquer l'apothéose de la différence. Dès lors que la conscience est l'*abstraction*, et que, ce faisant, elle se met de côté, elle pose l'autre moment comme son opposé et elle-même comme l'unité qui a en soi l'opposition. Il demeure que l'abstraction apparaît comme une opération visant à supprimer l'être-scindé, et qui, lorsqu'elle y parvient, fonde la calme unité à laquelle elle fait face. – Nous sommes ici encore en présence d'une réflexion à la fois philosophique et psychologique, et critique. Critique : Jacobi et Schelling sont visés, mais aussi Condillac et bien d'autres encore qui se sont fait des idées étroites des opérations mentales. Point de vue psychologique ensuite : Hegel s'attache à montrer les grandes structures dialectiques de l'abstraction; opposition se réfléchissant dans l'identité. Enfin réflexion philosophique : nous sommes en présence d'une figure de la *négativité* où se dessinent, selon nous, les grandes lignes du scepticisme. Hegel insiste sur le fait que, s'agissant du surgisssement de la pure essence identique à soi, c'est-à-dire l'être-pour-soi de l'abstraction, nous n'avons pas à retourner dans les anciennes tortures de la philosophie. La pure essence identique à soi semble tout d'abord ne pas pouvoir parvenir à l'être-scindé ; en d'autres termes la pensée comme telle semble murée dans l'identité – mais elle est *pour soi*, donc *a priori* scindée et ce pour soi tout en enveloppant sa scission retourne à son identité. On retrouve des dialectiques comparables chez le dernier Fichte. Le lecteur ne peut manquer d'avoir le sentiment que tous ces développements méthodologiques et de valeur psychologique sont plaqués sur un contenu qui, lui, ne varie guère et Hegel ne semble pas s'en tenir à sa promesse formelle d'engendrer la méthode et le contenu simultanément. Une liaison se produira bien : Hegel va mettre en parallèle la forme et le contenu, d'un côté le développement de l'abstraction – de l'autre côté le processus du jeu des forces (116, 5-26). C'est la tentation des grandes philosophies que de faire coïncider forme et contenu, logique et existence, et à la limite anthropologie et ontologie [1].

« L'infinité, ou cette inquiétude [2] absolue du pur « se mouvoir en soi » [3], qui veut que ce qui est déterminé d'une quelconque façon, par exemple, comme être (la manifestation comme épanchement de la force), soit bien plutôt le contraire de cette déterminité (par exemple l'être réfléchi de la force) [...] est seulement produite dans l'*Intérieur* [...] » (116, 27 36 ; L. 139). En d'autres termes : la pensée est mouvement et appréhende l'objet toujours selon une déterminité qui passe en son contraire ; Hegel sait bien que la pensée s'est déjà manifestée en ce sens au niveau de la perception, mais c'est seulement au niveau du phénomène, comme manifestation niée dans

1. Je dis *à la limite* parce que les termes *ontologie* et *anthropologie* sont galvaudés.
2. G. Gurvitch, *Fichte's System der konkreten Ethik*, Tübingen, 1924, p. 115.
3. Marietti, XII.

l'essence qui compose le monde supra-sensible, que se déploie l'*Un-Ruhe.* Cette pensée, ici, a une valeur ontologique ; elle se moule dans la nature des choses. Mais elle doit devenir conscience de soi (116, 30 *sq.*), savoir, et cela semble possible par le mouvement de l'*Ex-plicatio,* dont nous avons déjà perçu les limites et en particulier la superficialité. Au mieux, l'explication est d'abord l'opération de l'entendement qui concerne à décrire ce que la conscience de soi est – à dire par conséquent quelle est la nature de la force en tant que déposée dans la conscience de soi. « Il abolit les différences présentes dans la loi déjà devenues pures – abstraites /AP. –, mais encore indifférentes – le mouvement n'est pas la pesanteur, qui, elle-même, n'est pas la trajectoire – et les pose au sein d'une même unité, celle de la force »[1]. Le problème de l'entendement est le suivant : l'équation (*Gleichwerden*) (116, 40), et c'est aussi bien celui de la scission. D'un côté l'unité du mouvement – de l'autre mille différences : le trajet, la vitesse, la pesanteur, etc. Ce sont autant de différences valant comme contenus qui doivent être rétablies dans l'unité de l'essence, même si de par la réflexion elles sont séparées[2]. Dans l'infinité les choses se donnent ainsi : l'investissement de la première loi, ou encore le passage à la sphère supra-sensible fait que l'infinité devient objet de l'entendement. Cette appréhension est *pour nous*, ou est *conscience, et apparaît comme forme nouvelle de la conscience.* Dès lors que ce concept est un objet pour elle, elle est conscience de la différence comme quelque chose d'aboli ou de dépassé. Et en effet l'infinité comme loi réunit toute la diversité qui se donnait au niveau de la manifestation. Mais c'est la conscience, le « Je », qui est l'unité transcendantale ou encore l'unité de la conscience peut être posée comme la référence transcendantale réciprocable avec l'objet transcendantal. On dira ou bien que la chaîne des significations renvoie à la conscience de soi comme « Je pense », ou bien que la chaîne des phénomènes renvoie à l'unité de l'objet transcendantal et l'on peut se dispenser du thème « focus imaginarius », ce que Hegel exprime tout d'abord (118) en disant que « la conscience de la chose n'est possible que pour une conscience de soi », et ensuite en expliquant une dernière fois le thème : « les deux extrêmes, le premier, celui du pur Intérieur, et l'autre, celui de l'Intérieur qui regarde dans ce pur Intérieur ». Il y a réciprocité entre le noumène et le phénomène : « Il devient clair que derrière le prétendu rideau qui est censé cacher et couvrir l'intérieur, il n'y a rien à voir si nous n'allons pas nous-mêmes faire un tour derrière, à la fois pour qu'il y ait vision et pour qu'il y ait derrière quelque chose à voir » (118-119). Ici commence la critique de Reinhold. Elle finit aussi ironiquement ici.

1. La nature de l'*unité* n'est pas suffisamment déterminée. Ici c'est le réceptacle plus que le point de référence.

2. Toute cette dialectique assez obscure ne se comprend qu'opposée aux thèses de Schelling.

PHÉNOMÉNOLOGIE DE L'ESPRIT - IV

La verité de la certitude de soi-même (120)

Dans ses premières études et particulièrement dans *Glauben und Wissen*, Hegel, déduisant du Principe du Nord la triplicité organique des philosophies de Kant, Jacobi et Fichte, s'était montré, d'une manière inattendue, davantage organiciste dans le détail qu'on n'aurait pu s'y attendre. Il réédite ce tour de force dans le chapitre IVe de la *Phénoménologie de l'Esprit,* lui-même divisé en deux moments précédés par une introduction. Par rapport aux précédents développements, ces pages peuvent être considérées comme relevant de la philosophie *pratique* de Hegel, les autres dépendant de la philosophie *théorique.* Une telle explication ne saurait toutefois suffire. Dans la dialectique de la force (qui « a du rapport aux âmes ») l'entendement pour authentifier la chose en soi passait derrière le rideau tant pour qu'il y ait quelque chose à voir que quelqu'un pour voir. C'était la première forme du *Cogito*, à présent cette forme doit devenir pour soi et il faut s'élever à la vérité de cette certitude. C'est ce qu'entreprend Hegel dans ces pages préliminaires.

§ 1 – Très simplement, Hegel nous confie ce que la conscience peut juger comme insuffisant dans la dialectique théorique. Cette dernière saisit bien l'objet – le « ceci » sensible, la perception, la force – mais au moment où la conscience croit l'appréhender, il s'écroule dans sa non-vérité (120, 8 *sq.*). Ou encore : l'*en soi* se manifeste d'une manière telle qu'il est seulement pour un autre (les meilleurs exemples sont à chercher du côté de la perception). Il s'ensuit que le concept ou encore l'idée se suppriment au contact de l'objet effectif, ou que la première et immédiate représentation dans l'expérience et la certitude se perdent dans la vérité. La conscience première est déçue, et c'est une lecture classique dans la philosophie, de Platon à Descartes. Plus largement – mais nous ne pouvons traiter cette idée *ici* – la philosophie commence par la déception. Néamoins la conscience ne peut se limiter à cette borne. Une naissance s'est opérée : celle d'une certitude égale à sa vérité ; en effet la certitude est à soi-même son objet et la conscience – comme « Je pense » – est à soi-même le vrai (conclusion de la dialectique de l'entendement). Sans doute il y a là aussi un être autre, la conscience distingue en ceci, un moment, qui en même temps pour elle est aussi un non différencié. La conscience n'a pas renoncé et ne renoncera jamais à l'être autre. Si nous appelons concept le mouvement du savoir et quiète Unité l'objet comme savoir, ou en tant que Moi, nous voyons que ce n'est pas pour nous, mais pour le savoir que l'objet correspond au concept. Soit l'objet 7+ 5 = 12, c'est un moment où dans le savoir s'opère une synthèse mathématique, mais cette synthèse mathématique n'a aucune spécificité anthropologique; elle est en soi et pour soi et pour le moment, c'est un pur datum de l'expérience qui la rend signifiante pour l'homme. Par où l'on voit, dès les définitions nominales, que Kant s'est enfoncé en un pur subjectivisme en faisant de la conscience la condition de la synthèse (cf. *Logik*, Meiner, I, 36). – Ou alors, d'une autre manière, on peut appeler *concept* ce que l'objet est en soi et objet ce qu'il est en tant qu'*objet,* ou pour un autre, et ainsi il devient clair que l'être-en-soi et l'être pour un autre sont une seule et même chose. Ici est probablement visé Platon. L'être en soi de l'Idée est l'objet, et comme objet la même chose, mais pour un autre, le *phénomène*, et dans l'Idée l'être en soi et l'être pour un autre se réconcilient. Là encore la valeur anthropologique du rapport est nulle : on peut bien concevoir l'Idée sans l'homme, non l'homme sans l'idée. Hegel donne pourtant une traduction *psychologique* de ce rapport : « L'en soi est la conscience; et c'est tout aussi bien ce *pour quoi* une autre chose (l'en soi) est; et c'est pour elle, la conscience, que l'en soi de l'objet et son être pour autre chose sont la même chose : Le Moi est à la fois le contenu de la relation et l'acte de la relation » (120). Fichte est évidemment visé – mais Hegel ne s'intéresse qu'à la relation, qui égalant certitude et vérité est *purement logique* et ne préjuge en rien du concret de l'Idée, sans lequel pourtant, elle n'est point objet.

Cependant dans la conscience au moins nominale de cette relation nous nous sommes élevés à la conscience de soi, c'est-à-dire dans le royaume de la vérité et nous devons d'abord examiner comment la forme de la conscience de soi surgit en premier lieu (120; L. 114). Si nous comparons la nouvelle forme du savoir, le savoir de soi, en rapport à celui qui précède, au savoir d'un autre, nous voyons que celui-ci s'est bien évanoui; mais cependant ses moments se sont bien conservés et la perte consiste en ceci qu'ils sont bien existant comme ils sont en soi. L'*être* de la certitude sensible, la *singularité* et l'*universalité* de la perception, de même que *L'Intérieur vide* de l'entendement, ne sont rien d'autre que des essences, « mais en tant que moments de la conscience de soi, c'est-à-dire [comme] des abstractions ou des différences, qui ne sont rien en même temps pour la *conscience,* ou qui ne sont pas des différences et de purs moments évanouissants » (121, 6-12). Hegel donne ici la forme concrète de l'*Aufhebung*. Les moments indiqués sont supprimés en tant que présents et valent seulement pour des essences de la conscience de soi – mais dans l'opération où la conscience saisit par exemple un arbre, ces essences influentes ne sont pas conscientes et il faut parler seulement de « conscience ». Toutefois on ne parlera pas de perte, car la conscience de soi n'est que la réflexion à « partir du monde sensible et perçu ». Fondamentalement la conscience de soi est « le *retour* à partir de l'être-autre ». « [Ce retour] comme conscience de soi est mouvement, mais [comme] c'est seulement de soi-même qu'elle se distingue de soi-même, dès lors la différence est pour elle supprimée comme un être-autre. La différence n'est pas et il ne se trouve que la tautologie privée de jugement : Moi suis Moi » (121, 18 *sq.*). Hegel, comme on ne peut manquer de le voir, critique déjà Fichte. Ce qu'il lui reproche, c'est d'avoir oublié les essences transcendantales passées, en lesquelles se reflète l'*expérience* sous-jacente à la conscience de soi, et de lier dans la tautologie privée d'agilité Moi = Moi les moments de la différence ou Non-Moi. Hegel passe ensuite au second point de sa critique. « Avec le premier moment la conscience de soi est conservée comme *conscience* », « mais il y a aussi pour elle, comme *second* moment différencié, l'unité de soi-même et de cette différence » (121, 30) et « cette unité est ainsi pour elle un [être à soi – ein Bestehen] qui n'est que *phénomène* et n'a aucun être en soi. » C'est le concept du Non-Moi qui est en question. Hegel ne voit pas que dans la W-L de 94/95 d'une part on s'en tient au pur logique et d'autre part que le Non-Moi est construit parallèlement au Moi, mais isolément et que la critique du Moi ne l'affecte nullement ; d'autre part c'est chez Schelling (SW, Schröter, Bd. 1) que le Non-Moi est pour ainsi dire sous-coté et tombe dans le phénomène par opposition de l'Être du Moi. Pourquoi cette critique et à cette place ? Avec le concept de la vie, nous allons quitter le sol du pur dialectique, et il convient donc de formuler avec le plus d'exactitude possible les énoncés de l'*adaequatio intellectus et rei* – ce qui a été fait ; mais il convient de délimiter aussi les énoncés primaires qui prétendent dominer matériellement et non plus seulement formellement l'*adaequatio intellectus et rei*. Fichte, en réalité, pose son premier principe, la tautologie sans mouvement, comme la fondation du savoir humain. D'un côté donc le Moi en général positif, de l'autre côté le Non-Moi, phénomène en lequel s'écroulent les puissances de la conscience comme savoir. Est alors mûre la définition de la conscience pour le royaume de la *conscience de soi*. Aspirant à l'unité de l'effectivité et de l'essence, à la réduction de la diversité phénoménale, au dépassement du *phénoménal* qui n'a d'autre essence que sa vérité, *la conscience de soi est tout simplement désir* (121, 37). « La conscience a désormais, en tant que conscience de soi, un objet doublé ; l'un, l'immédiat, l'objet de la certitude sensible et du percevoir, mais qui *pour elle* est désigné par le *caractère du négatif*, et le second, savoir elle-même, qui est l'essence vraie, et d'abord seulement existant dans l'opposition au premier » (121-122). Ce résumé ou ce raccourci ou cette répétition s'imposait-il ? La question semble difficile à traiter. Par principe et par définition une répétition ne s'impose jamais. D'un autre côté, dire qu'en tant que conscience de soi nous avons un objet doublé pourrait conduire à des malentendus si nous songions par exemple qu'il s'agit de la pomme sensible et de son essence. L'objet doublé est seulement l'objet sensible (négatif) et sa compréhension comme manifestation réfléchie dans l'Intérieur supra-sensible.

L'objet qui pour la conscience est le *négatif* a toutefois accompli (dans la véritable *adaequatio intellectus et rei*) le même, mais inverse mouvement que la conscience dans la conscience de soi [1]. Suivent des définitions essentielles. *Pour nous,* c'est-à-dire *en soi* l'objet est devenu et par cette réflexion, il est devenu *vie. Secondement* : « Ce que la conscience distingue de soi comme existant, a non pas simplement la manière de la certitude sensible, mais c'est un existant réfléchi en soi et l'objet du désir immédiat [de l'unité] est quelque chose de vivant » (122, 15). Non seulement comme réflexion la conscience de soi est quelque chose de vivant, mais encore son objet est quelque chose de vivant. Autant dire que la vie est réflexion parce qu'elle se prend elle-même pour objet et devient réflexion concrète. Mais Hegel ne le dit pas encore et ne l'exprimera pas exactement sous cette forme. Néanmoins il en dit assez pour confirmer cette orientation. « L'*En-soi,* en effet, le résultat *universel* [la loi] du rapport de l'entendement à l'Intérieur des choses, est la distinction du non distinguable [application du principe des indiscernables], ou l'unité du discerné ». « Comme nous l'avons vu, cette unité est tout autant le repoussement de soi-même, et ce concept se scinde en l'opposition de la conscience de soi et de la vie » (122). La *philosophie concrète pratique* de Hegel s'enracine dans la vie : les conséquences seront incalculables. Posons comme pierre d'attente que « la conscience de soi qui est immédiatement pour soi et qui caractérise comme le négatif son objet, devra bien plutôt faire l'expérience de son indépendance » (122, 25-30).

« La détermination de la vie, telle qu'elle résulte du concept ou du résultat universel avec lequel nous pénétrons dans cette sphère, suffit pour la définir sans qu'il soit nécessaire de l'expliquer à partir de là ; et leur cercle se ferme dans les différents moments » (122, 31 *sq.* ; L. 144). La vérité est un cercle, un tout, comme nous le savons depuis la *Préface.* Bien que conscience de soi, la vie est phénoménologiquement un en soi pour nous ;

1. On voit ici s'éclairer sous un nouveau jour la critique de la tautologie sans mouvement de Fichte.

aussi la PHG ne se termine pas avec « die Bestimmung des Lebens ». « L'essence (*Wesen*) est l'infinité comme repos infini ou être supprimé de toutes les différences (par exemple la masse, la vitesse, etc.), le repos de ce mouvement lui-même en tant qu'infinité absolument inquiète ; puis *l'autonomie* proprement dite, en laquelle sont dissoutes les différences du mouvement ; puis l'essence du temps, qui a dans son identité à soi-même la pure et dense figure de l'espace » (122–123). Deux remarques doivent être présentées. D'une part – comme Schelling – Hegel cherche à dériver la vie du mouvement qui ne peut être dans son esprit que le mouvement de la matière. D'autre part il présente le temps comme ne pouvant être re-présenté que par l'espace. On sait les réserves de Bergson. En attendant des développements plus conséquents sa position est kantienne.

Le développement qui suit est nettement plus difficile. « Les différences sont bien là [...] en tant que différences (pesanteur, vitesse, etc.) chez ce médium *universel* simple ; car c'est seulement en tant que *Aufhebung* de ces différences qu'elle possède sa nature négative ; et elle ne peut supprimer les moments différenciés si celles-ci n'ont pas de préexistence ». Ici est atteinte la « détermination de la vie » comme « règne moral » [...] son cercle se clôt dans les moments suivants et le terme de *cercle* (*Kreis*) n'est pas indifférent : c'est la première figure du vrai. Le charbon ne peut entrer dans ce « Kreis ». Rejeté dans le faux royaume de la physique, ce n'est qu'un moment dans la *plaine* (Kant) des habitudes. En ce sens l'*Aufhebung* est plutôt *Vernichtung*. Mais les authentiques déterminations ne comprennent leur « negative Natur » que dans la mesure où elle est un *Aufheben* [par celle-ci/AP.]. Dès lors, dans ce mouvement des déterminations, la vie trouve son être qui est celui de cette simple substance fluide du pur mouvement en soi-même[1]. Nous ne sommes pas loin de Bergson et de certains mystiques : la vie s'organise du dedans (123). Hegel, partant de là, esquisse la « détermination de la vie » et est cohérent. L'essence [de la vie] est l'infinité (122, 35), comme être-dépassé de toutes les différences (« l'enfant est la mort des parents »), *le pur mouvement de rotation axiale* (j'engendre « ma mort »). Il faudrait ajouter : cette mort je la porte en moi. Voilà pourquoi Hegel dit que cette fluidité (L. 146) est aussi la substance (123, 8), sa préexistence et d'ailleurs la vie comme infinité ne saurait abolir des différences qui ne préexisteraient pas. Substance fluide, l'être n'est plus (certitude sensible) l'*abstraction de l'être, ni l'abstraction de l'universalité* (la perception) et n'était la proximité, il dirait qu'elle n'est pas non plus *l'abstraction de la force*. Il n'y a pas à chercher de moments intermédiaires : la *Flüssigkeit* suffit. Voici pourquoi aussi Hegel fait coïncider « être en soi » des moments et leur réflexion dans la vie, qui est tout aussi

1. Poser « substance » et « fluidité » comme moments dialectiques est très bergsonien.

bien leur dédoublement « dans les figures autonomes » (123, 19). Cette autonomie de la figure, son être en soi, fait de celle-ci « quelque chose de *déterminé* » (123, 25) – un individu. Cependant cette déterminité fait immédiatement de l'être en soi quelque chose pour *un autre*. Hegel en ce passage insiste beaucoup sur l'unité, qui, grossièrement regardée, réfléchie sur l'être en soi, porte en soi la division générale. C'est qu'il ne veut pas laisser au fini seul le bénéfice de la duplicité.

Si nous examinons les choses de plus près, nous voyons que nous avons comme *premier* moment la consistance des figures autonomes, ou encore « la répression de ce que l'opération de différentiation est en soi », je veux dire : « de ne pas être en soi et de ne pas avoir de préexistence » (123, 40). Le *second* moment est la dure soumission de cette préexistence à l'infinité de la différence (éternels, les enfants à naître sont la mort des parents, différences finies). Dans le premier moment, « la figure consistante [est le point central] ; en tant qu'être pour soi ou dans sa déterminité de substance infinie, en jeu face à la substance universelle, elle renie cette continuité fluide qu'elle a avec elle, et s'afffirme fortement comme n'étant pas dissoute dans cet universel, et comme se maintenant en se dissociant de cette nature sienne inorganique, et en la consommant » (123-124 ; L. 149). La phrase est très contractée. On la lira ainsi : face à la vie universelle, le sujet repousse la continuité fluide des moments qui le constituent et [le vivant] s'affirme fortement [comme un individu] face à la Vie, usant de ses forces et les consommant. Le sujet est conscience non thétique de soi [1]. De la Vie, comme fluidité universelle, où s'effectue la calme analyse des figures, on dira qu'elle devient le *procès* (124, 9). La simple fluidité universelle est l'en-soi et par conséquent les *autres*. « Mais du fait de cette différence, cette fluidité devient elle-même l'Autre ; car maintenant, *pour la différence* qui est en soi et pour soi et qui donc est le mouvement qui consomme, [...], ce tranquille médium est la vie en tant que *vivant* » (124, 10). L'idée semble être la suivante : la différence se « nourrit » de la substance universelle et devient par là infinie. Un renversement s'opère par rapport au premier moment – la Vie se soumet à l'infinité du vivant qui la dévore – en même temps le Vivant use de ses propres forces, qu'il considère comme n'étant pas soi, mais attachées à lui et il les dévore aussi. « La vie est donc la scission en figures [...] et dans le même temps la dissolution des différences, ou en même temps la décomposition universelle » (124, 23). Mais, en même temps, le dépassement de l'essence individuelle et ce dédoublement de la fluidité sans différences est précisément le « poser » de l'individualité. La simple substance de la vie est donc la dissolution préexistante en figures (*Gliedern*) ; et la dissolution de la dissolution des

1. Cette phrase serait absurde dans la terminologie sartrienne.

moments qui ont été différenciés. Ainsi tombent les deux côtés de la totalité du mouvement, qui avaient été distingués, savoir *d'une part* la configuration tranquillement décomposée en ses éléments dans le médium universel de la vie ; celui-ci est tout autant une configuration qu'il est le dépassement, et d'*autre part* il est le procès de la Vie. Il s'agit d'une Idée démoniaque : celle d'*évolution* qui médiatiserait les extrêmes, au niveau des concepts vulgaires. Il se contente au lieu de cela, semble-t-il, en soulignant l'interdépendance des moments, de définir la vie en opposition à Descartes. Mais justement en creusant ce point de vue on verra que chez Descartes la *vie* n'est jamais – espace replié sur soi – saisie que dans son extériorité, tandis que chez Hegel c'est son mouvement *intérieur,* le vécu de la vie, qui est vécu. Du point de vue de la *phénoménologie* ce thème est décisif : d'une part il nous entraîne dans les profondeurs vitales de l'*Ego cogito*, profondeurs oubliées chez Descartes qui manque l'*expérience du Soi*, d'autre part il dénonce le mécanisme qui demeure inhérent à la philosophie schellingienne. Enfin dans la dualité de la fluidité et de l'infinité la structure de la logique se fait sentir – le « Kreislauf » est dialectique ou il n'est pas. Ces valeurs dialectiques et vitales poussent des racines très profondément dans la pensée de Hegel qui anticipe les positions husserliennes [1]. Hegel adopte au demeurant une position originale : *dans la vie antéprédicative, logique et existence coïncident* comme coïncidence des opposés (Nicolas de Cues). – Hegel poursuit son exploration, en tenant toujours compte dans le résultat de son observation de l'observation elle-même. Ainsi l'unité du « Kreislauf » est autre que sa première dé-finition, dès lors que « cette unité réfléchie est une autre que la première » (125, 15-16). Il va presque de soi que nous nous acheminons vers la réflexion (thétique) du *Cogito.* Cependant Hegel ne veut rien perdre (L. 148) et entre la fluidité et l'infinité, il insère l'idée de *genre* (Aristote), « qui dans le mouvement de la vie même n'*existe* pas comme *ce simple* ». Vulgaire en un sens est l'idée développée par Hegel : le « genre » ou l'espèce ne sont pas conscience de soi, mais seulement à travers la singularité. Sans l'espèce le syllogisme conduisant à l'infinité ne serait pas cohérent. Le genre coordonne nécessairement infinité et fluidité. On voit dès lors ce qu'implique la conclusion du syllogisme *Tous les hommes sont mortels* (infinité), *or Socrate est un homme* (genre) – *donc Socrate est mortel* (unité simple).

Nous avons affirmé que le genre n'est conscience de soi qu'à travers la singularité. Comme tel, selon Hegel, le Soi, pour lequel existe l'espèce, n'est pas autrement qu'en étant essence simple des moments autonomes figurés et ne se possède qu'en ayant « le moi pur comme objet » (125-28). D'une part le Soi n'existe que comme infinité abolissant la fluidité (le

1. Husserl, *Erfahrung und Urteil.* v. Breda, 1948.

divers) des moments ; d'autre part le Soi ne se réalise (idéellement) qu'en prenant le « moi pur comme objet » (Fichte). Et, en conséquence, c'est en comprimant la fluidité, comme vie autonome (*als selbständiges Lebens*), qu'il se « pose » (*ponitur*). « Il est *désir* » (125, 36). On pourrait dire de manière anticipée que le désir est le Soi ou que le Soi est désir. Quoi qu'il en soit surgit une énorme notion dans le *Corpus* hégélien : le désir se manifeste dans un mouvement conflictuel depuis les profondeurs de la vie. Ou encore le Soi est l'Être et l'Être est désir – quant à ce désir, désir de tout, il n'est pas comparable au désir cartésien, satisfait en la Méditation IIIe. Il enserre aussi bien les valeurs nocturnes : le sang, la chair, le travail, la mort signifiante. C'est l'image de Faust qui doit nous hanter. Si à présent – en demeurant au niveau de la vie – nous considérons l'objet du désir satisfait, nous verrons que la satisfaction du Soi ne saurait permaner sans que perdure l'objet de l'abolition. « Dans cette satisfaction toutefois le Soi fait l'expérience de l'autonomie de son objet » (126, 3). Le désir et sa satisfaction dépendent de lui comme la certitude (*Gewissheit*) de son « être », car il est par la suppression de cet autre. On pourrait se croire dans une impasse, placé devant une régénération sans fin de l'« autre », condition de la subsistance du Soi, mais il n'est pas absurde de penser qu'en l'objet s'accomplisse une négation symétrique de la négation qu'opère par ailleurs le *Soi qui est « plus » que la simple conscience qui n'est pas pour soi.* C'est le moment capital de l'Anerkennung où de chaque côté s'opère la même négation, où une conscience de soi voit s'abolir comme libre sujet la conscience de soi qu'elle abolit de son côté (126, 15 *sq.*). *La conscience de soi ne parvient à sa satisfaction que dans une autre conscience de soi* (126, 28-29 ; L. 149). Nous pourrions plus simplement, mais moins scientifiquement que Hegel, caractériser le genre : il est, par exemple, le baiser qui unit les amants, dépassant leur relation à l'individualité et à l'infinité. Dans le baiser, comme le suggère Hegel, la conscience de soi se perd dans le genre ou plutôt s'identifie à lui, comme *essence du désir.*

Dans ces relations le concept de la conscience de soi est achevé – ce qui ne signifie pas que son concept est épuisé (126, 31 *sq.*). Premier moment : « Le pur Moi sans différences est son objet immédiat ». Il est évident que Hegel vise le Moi pur, premier objet de l'intuition intellectuelle dans la *Doctrine de la science* de 1794/1795. J'ai suffisamment montré ailleurs combien la lecture de Hegel, élaborée dès *Foi et Savoir*, était erronée. Je ne reprendrai pas mes critiques. Il s'agit ici de Hegel et non de Fichte, et je suivrai la lecture hégélienne. Hegel n'a pas l'habitude de reprendre une formule qui donne à penser à ses prédécesseurs, sans modifier le « background ». Or faire intervenir le « pur Moi » dans le contexte antéprédicatif de la vie est par rapport à la première *Doctrine de la science* une véritable révolution : c'est briser en mille miettes l'intellectualisme étriqué, les sottes philosophies de la réflexivité pour revenir à la richesse du vécu et, pour qui y regarde bien, c'est écarter l'idéalisme dévoyé issu de Platon. Second moment : cette immédiateté du Moi est absolue médiation (*absolute Vermittlung*). Hegel ne « se contredit pas ». Le fond de l'immédiateté est le *désir*, dont venant d'examiner l'essence nous avons vu qu'il était un rapport destructeur à autrui, et c'est pourquoi son objet devait sans cesse être régénéré. Kant dans *La critique de la raison pratique* écrit : « Devoir ! Mot sublime et grand... ». Hegel pourrait écrire : « Désir ! Mot sublime et grand... ». La satisfaction du désir est bien la réflexion de la conscience de soi en soi-même, ou la certitude devenue vérité : rassasiée la conscience se retourne sur soi – et la meilleure explication est encore la description psychologique. Troisième moment : nous avons vu la certitude devenir vérité. Quelle est la vérité de cette certitude ? Nous ne pouvions échapper plus haut à l'idée que l'objet du désir devait accomplir en soi le même mouvement que la conscience de soi sujet du désir. Dans le baiser les amants se perdent et la vérité est l'espèce ou le genre, donc « la vérité de cette certitude est bien plutôt la réflexion double » (126-127). Chaque conscience dans la satisfaction se réfléchit en soi et nous assistons « au redoublement de la conscience de soi ». La conscience de soi est un objet pour la conscience : je suis objet de moi-même en tant que réflexion correspondant à une réflexion. Précisons que cet objet est un objet pour la conscience, lequel pose en soi-même son être-autre – la réflexion née du désir satisfait –, c'est-à-dire pose la différence comme différence inexistante, et en cela est autonome. Hegel achève son développement en distinguant brièvement la figure animale et la figure consciente. Il ne cherche pas – comme Schelling – à s'écarter des chemins traditionnels : la figure animale n'est ce qu'elle est selon la différence qui singularise la fluidité organique [1] que *vivante*, et sombre dans le néant dès que cette différence est niée. Reste alors à conclure ces trois moments : on s'y appliquera en disant que le sujet du désir « est conscience de soi vivante » (127, 9).

Nous avons vu en analysant l'objet de la consience de soi vivante qu'il ne pouvait qu'être désir *si* la conscience de soi devait être vivante. Rassemblons toutes nos réflexions : seul *autrui* peut être cet objet vivant sans lequel la conscience ne saurait être conscience de soi, et ce sont les relations qui gouvernent les hommes qu'il convient de saisir dialectiquement. Depuis les profondeurs de la philosophie allemande explose comme un volcan le problème de l'intersubjectivité. Depuis les eaux vives de la *Monadologie*, en passant par la *Critique de la faculté de juger* de Kant, jusqu'à la première version de la *Doctrine de la science*, la question

1. Hegel parle de « l'inorganique nature » plus haut (126,25). Il ne s'agit pas de Newton, mais des attributs de l'être vivant.

théologique recule devant la question monadologique. Cette dernière, Hegel veut qu'elle soit inscrite dans les précipices de la spéculation, bien avant la *raison.* La fin de la *Phénoménologie* est écrite dès maintenant dans la vie en lettres d'or signifiant le jour de la présence : « Un Nous qui est un Moi, un Moi qui est un Nous ». C'est l'Idée de la réconciliation (*Versöhnung*) qui ne sera atteinte que par le savoir-devenant comme remontée depuis l'origine vers l'Intériorité[1].

A – Autonomie et non autonomie de la conscience de soi
Domination et servitude (127)

Le texte qui va suivre est un des plus célèbres de Hegel. Dans une note de la *Propédeutique philosophique,* après un raccourci qui défie l'imagination il écrit un mot si l'on ose dire « pancarte » : *Vendredi.* C'est d'une part faire allusion au roman de Defoë, d'autre part jeter une passerelle sur la philosophie pratique, enfin apporter une contribution aux problèmes que pose l'Etat de nature. Le ton pathétique de ces pages n'a pas peu fait pour en souligner l'éminente valeur. Pourtant l'introduction est abrupte et c'est, à notre sens, moins au style qu'aux valeurs visées qu'est due la résonance épique de la réflexion. Hegel commence par ce que l'on pourrait appeler le côté passif : « La conscience de soi est *en soi* et *pour soi,* tandis qu'elle est pour un autre en soi et pour soi, c'est-à-dire seulement comme quelque chose de reconnu » (L. 150). Hegel ne cache pas la difficulté de l'exposition. « Le concept de cette unité sienne dans son dédoublement, [le concept] de l'infinité se réalisant dans la conscience de soi est un entrecroisement de sens complexe et multivoque, ainsi fait que pour une part les moments qui le constituent doivent être rigoureusement tenus à distance les uns des autres et que pour une autre part ils doivent aussi, en même temps, être pris dans cette différenciation même comme n'étant pas différenciés, et reconnus comme n'étant pas différenciés ou toujours dans leur signification opposée » (128). « La duplicité de sens de ce qui est différent repose dans l'essence de la conscience de soi, qui est d'être infiniment ou immédiatement, le contraire de la déterminité dans laquelle elle est posée ». Ces relations peuvent paraître obscures ; mais c'est que nous changeons – par la force des choses – de registre ; jusqu'ici on pouvait

1. On regarde parfois la formule sur le Nous qui est un Moi et le Moi qui est un Nous comme une formule un peu placée là par hasard et destinée à évoquer vaguement la conclusion finale. Mais notre développement montre que cette formule repose sur la conception de la conscience de soi comme réalité vivante et de la vie issue. Elle est donc parfaitement à sa place.

dire que l'être primait sur le sens, à présent le sens prime sur l'être et c'est pourquoi la reconnaissance est le vrai constitué par des réseaux de sens. Par exemple la conscience servile, reconnue comme telle, peut sous un autre sens dominer la conscience triomphante asservie à ses désirs que seule la première peut satisfaire, dominant la domination par la servitude. Ces réseaux de sens s'interpénètrent, mais dans cette interpénétration s'interpénètrent en conservant leur ipséité. Le but est la reconnaissance (*Anerkennung*). Bien des choses peuvent être situées sous ce concept. Cependant puisque nous sommes loin de dépasser la *vie*, il est difficile d'évoquer le concept religieux de réconciliation. Il serait plus sensé – mais ce serait quand même outrepasser les limites de l'interprétation raisonnable – de songer à l'idée d'*égalité* dans la Révolution française où les consciences de soi, se croyant dégagées des liens de la domination et de la servitude prétendirent se re-connaître : au ministère de la guerre le « tutoiement » était de rigueur[1]. De toute manière il sera plus sage, à travers ces images, de soutenir que Hegel a essentiellement voulu déduire (au sens transcendantal) les relations primaires de l'intersubjectivité.

« Il y a pour la conscience de soi une autre conscience de soi ; elle est parvenue *hors d'elle-même* »(L. 150). Cela signifie : 1) qu'elle s'est perdue elle-même puisqu'elle se trouve comme étant une *autre* essence ; 2) qu'elle a par là même supprimé l'autre, puisqu'elle ne voit pas non plus l'autre comme essence, mais se voit elle-même dans l'autre. Dès que je saisis une conscience de soi hors de moi, je me supprime comme liberté, car la négativité se développe en dehors de moi – je me trouve comme une autre essence ; mais du même coup l'altérité de la négativité est la suppression de l'essence ; car c'est l'autre qui est saisi, mais comme essence il recule dans la région du sens et s'occulte. Hegel est plus facile lorsqu'il se donne pour tâche d'éclairer ce qui, en somme, n'est que définitions. La conscience de soi pour devenir elle-même comme étant l'essence doit abolir l'*autre* essence – elle n'y parviendra qu'en la réduisant à un *ustensile ;* par exemple une « montre sonnante ». Seule la conscience est autonome (*selbständig*) ; tout le reste est instrument ou automate. Cependant deuxièmement la conscience doit se supprimer elle-même. Comme Hegel le dira plus loin, même si la complexité est plus grande, nous nous trouvons devant une structure analogue à celle qui gouvernait le jeu des forces (129, 12). A notre sens la question se déplace : en quoi avançons-nous dans le chemin dialectique si une figure ne fait que reprendre, en plus complexe, les architectures d'une précédente structure et surtout, peut-on « plaquer » sur la dynamique – moment de la matière – l'intersubjectivité, moment de la conscience ?

1. AP. *La mort de Louis XVI.*

Une conscience de soi est pour une autre conscience et se trouve hors de soi ; elle est double sens – liberté en tant que pour soi, nature en tant qu'existence ; et la suppression de son être autre [qui est nécessaire si elle doit demeurer liberté] est celle de son double sens et, puisque jamais rien n'est perdu, la production [dans la conscience] d'un second double sens. *Premièrement* elle doit supprimer l'autre essence autonome pour parvenir par là même à la certitude. La conscience de soi doit se poser par la médiation d'autrui, qui, de manière générale, est son reflet. Le serviteur est nié dans sa liberté ou autonomie ; il agit non selon sa conscience, mais selon les ordres des autres. *Secondement* la conscience de soi se nie elle-même comme essence, puisque, jetée dans l'extériorité, elle se déploie comme une conscience [pour une autre conscience] et se trouve être un autre.

Cette suppression à double sens de l'être autre à double sens [puisque le serviteur est nature et liberté dès l'origine] est aussi bien un retour à double sens en soi-même, tandis que je me *trouve* comme conscience de soi et conscience d'univers, l'une englobant l'autre. En abolissant en premier lieu ma pure conscience comme autre [ou simple existence], je redeviens identique à moi, ou, si l'on préfère, seule la conscience de soi médiatisée peut affirmer Moi = Moi. Mais en second lieu, tandis que la conscience se réfléchit en soi, elle restitue à l'autre sa sphère (stoïcisme) : *Je suis maître de moi comme de l'Univers.* Hegel souligne la limitation du point de vue jusqu'ici exposé. C'est du point de vue *d'une* conscience que les relations ont été développées et dans ces relations on voyait normalement surgir la conscience de l'autre (128). Mais cette conscience, à son tour, est donnée et elle accomplit le même mouvement. Le « Toi » évolue, de son côté, comme le « Moi » : « Le mouvement est donc tout simplement le mouvement double de l'une et l'autre consciences de soi » (129, 13). L'activité est de manière indivisible tant celle de l'une que *celle de l'autre.* Par là Hegel n'entend pas décrire « en miroir » le mouvement des consciences de soi ; mais à l'action de l'une d'elles doit répondre une réaction chez l'autre. Il se trouve donc – point dont la difficulté a déjà été soulignée – une analogie avec le jeu des forces. Chaque conscience est pour soi, comme plus haut, l'élément médian, une essence qui n'est pour soi que par la médiation – le phénomène *réalisé* comme phénomène, c'est-à-dire supposant un noumène. C'est, pour ainsi dire, cette valeur que chaque conscience doit reconnaître en l'autre, et on s'exprimera plus justement en disant que « Les extrêmes se *reconnaissent* comme se *reconnaissant mutuellement* ». Ce faisant, rien n'est encore dit sur l'essence de la reconnaissance, mais il serait bien étonnant qu'il s'agisse du *plein* jour de la présence.

La précédente exposition était purement structurelle ou encore *statique.* Le mouvement dialectique doit devenir *dynamique* : « Il faut maintenant examiner ce pur concept de reconnaissance » (L. 152). La conscience est en premier lieu simple être pour soi. Elle est simple identité par exclusion de son essence de tout ce qui n'est pas elle et elle a pour essence et objet absolu le Moi[1]; tout le reste est objet inessentiel, marqué du caractère du négatif, ce qui ne signifie pas qu'il est sans valeur, mais qu'il n'a, par exemple, de valeur que par rapport au Moi. Toutefois l'autre est aussi une conscience de soi; *un individu* surgit face à un autre individu. Elles surgissent face à face dans la pure *immédiateté,* pures figures autonomes dans l'être de la vie. *Vendredi.* L'écriture de Hegel se condense comme s'il voulait nimber la *rencontre* de l'orage. Les consciences surgissent, mais elles doivent dans ce surgissement, pour demeurer des « Moi », effectuer l'une par rapport à l'autre *« l'abstraction absolue »* (130, 9). L'abstraction absolue consiste à supprimer tout être immédiat – depuis la pierre *utilisée* pour édifier un rempart jusqu'à l'autre homme réduit au rang de serviteur – en faveur de la conscience thétique de soi. Dans la rencontre chaque conscience de soi est bien certaine (*gewiss*) de soi, mais non de l'autre conscience (je l'aime, mais je ne sais si elle m'aime); c'est pourquoi sa certitude de soi n'a pas encore sa vérité. Il faudrait pour cela que son être pour soi se présente comme objet indépendant (*selbständig*) ou que l'autre (*Gegenstand* = autrui) se soit exposé comme cette pure certitude de soi[2]. Hegel précise que selon le concept de reconnaissance, la vérité ne peut être atteinte que si chacun « agissant pour l'autre comme l'autre agit pour lui, accomplit sur lui-même par sa propre activité, et à son tour par l'activité de l'autre, cette pure abstraction de l'être pour soi » (130, 20 *sq.*; L. 153) – les amants[3].

Hegel use d'un terme qui n'a pas son strict équivalent en français pour expliquer en quoi consiste le mouvement de l'abstraction absolue. C'est la *Darstellung* qui signifie exposition savante, présentation, exposition. Nous retiendrons le terme *exposition,* parce qu'il enveloppe le terme de *position.* Dans l'abstraction absolue, l'exposition de soi consiste à s'affranchir de toute déterminité singulière, à montrer qu'on n'est pas attaché à telle forme de vie et même « qu'on n'est pas attaché à la vie ». Ainsi l'amant prouvera son amour en ne redoutant pas d'affronter la mort. Cette exposition est une visée à laquelle l'autre *doit* répondre, parce qu'en ce monde l'indifférence même est une réponse : ne pas répondre est une forme de réponse. Toutefois de manière ultime c'est la mort de l'autre qui est visée. L'amant, par exemple, veut la mort de l'objet aimé en cherchant à nier sa liberté, son indépendance, son autonomie. Il faut qu'elle se donne et

1. Les enfants ont le goût de l'empire. Cf. *Rousseau et la pensée du malheur,* t. III.

2. Autrui est aussi bien l'objet de la conscience de soi qu'une conscience de soi qui de son côté opère l'abstraction absolue.

3. Je choisis l'image des amants (quitte à en changer par la suite) parce qu'elle illustre fort bien l'État de nature.

s'abandonne ... [1]. S'exposant à la mort, Rodrigue veut la mort de Chimène, comme *libre* conscience de soi [2]. Et ce dont il est question [torture] est une *Sinngebung* dans un combat à mort. Certes l'amour n'est pas l'unique *forme* de l'exposition ; cependant il enveloppe, à certains égards, une plus haute plasticité que l'affrontement brutal, par trop dépourvu d'*humanité*. Les consciences ne peuvent éviter ce duel. Il est inscrit dans l'essence de leur certitude de soi qui doit se réaliser. Vendredi s'oppose à Robinson Crusoë, car s'il veut continuer à jouir de sa pure identité Moi = Moi, comme insulaire des mers du Sud (Kant dixit), il doit triompher de l'homme du Nord menaçant. L'essence de l'État de nature est *le risque de sa mort dans l'exposition*. Hegel accomplit un remarquable progrès dans la définition de l'État de nature. Au lieu de le concevoir un peu confusément – comme tant d'autres avant lui – comme la synthèse des déterminations "matériales" du Sud, je veux dire la vie facile (les fruits) et chaude (aucune agression glacière), il le pense comme l'essence transcendantale, chiffrée en l'âme dont le verdict fonde par la mort les relations sociales (130 *sq.*). Qu'en est-il de l'individu qui n'a pas osé mettre sa vie en jeu ? Il est semblable au libertin de Pascal, qui disant : « Mais peut-être que je parie trop ? » n'obtiendra ni son salut, ni les couronnes de laurier du martyr. Il ne sera pas reconnu comme *personne*. Le dur destin de l'homme est que la vérité transite par la mort et inversement. Sans la mort la vérité ne peut fleurir, et sans la vie elle ne saurait advenir. C'est la raison pour laquelle, revenant sur la définition de l'État de nature, Hegel écrit « la vie est la position *naturelle* de la conscience, l'autonomie sans la négativité absolue » – puis ajoute : « [...] la mort en est la négation *naturelle*, la négation sans l'autonomie » [3]. La mort de l'amant n'est pas une mort pour la mort (*Viva la muerte !*), mais une mort pour la vie et inversement ; maintenant il est clair que cette audace n'est pas vécue d'une part par ceux qui n'ont pas encore franchi cette épreuve, ni par ceux qui l'ont déjà franchie. Aussi bien, comme dans les Limbes de Dante, erreront des âmes qui n'ont rien su faire de leur vie, et comme dans le Paradis des âmes qui ne regarderont plus en arrière. Le combat est donc une opération intime et interpersonnelle et il est permis de se demander si en ce passage – à demi-obscur – Hegel a beaucoup gagné en évoquant à nouveau le jeu des forces (L. 154).

Nous pénétrons à présent sur le terrain choisi par Hegel : la domination et la servitude. Le mot *Knecht*, par une confusion que nous nous expliquons mal, a été traduit par *esclave*. Il signifie : *serviteur* et correspond à

1. *Theologische Jugend-Schriften*, Nohl, p. 379.

2. Je me réfère à la version espagnole du drame.

3. On remarquera que Hegel procède à une inversion. Il écrit A l'autonomie sans la négation, puis B la négation sans l'autonomie.

une palette de significations, dont l'amour même n'est pas exclu, puisque, par exemple dans l'amour courtois, le chevalier – Lancelot du Lac – engage sa vie pour soutenir la pureté loyale de la reine, au moins Maîtresse de son âme. L'issue du combat, imaginé de la manière la plus vulgaire qui soit, procure, au moins d'un côté, une expérience fondamentale : « Dans cette expérience il advient à la conscience de soi que la vie lui est aussi essentielle que la pure conscience de soi » (132, 1 *sq.*). On jette son fusil et l'on fuit à l'abri du premier muret venu. La vie du lâche colle à sa conscience de soi. L'amant hésite, au dernier moment, à enlever sa bien-aimée ; il se dit (et peut-être avec raison) qu'il n'est pas « fait » pour entretenir une femme et élever des enfants. Dans la rigoureuse écriture de Hegel ces moments peuvent paraître très abstraits. Mais l'élucidation est aisée : l'unité simple d'un côté est le Moi (il demeure un sujet), et d'un autre côté on trouve une conscience *qui est,* ou encore attachée à la vie et à la simple existence, conscience qui est pour la première à laquelle elle s'est soumise. La conscience qui subsiste comme sujet est le maître, l'autre est le serviteur (L. 154).

Le maître est sujet, cependant il n'est pas un simple pour soi, une *monade ;* dans l'épreuve dont il est sorti victorieux le cadavre spirituel de l'autre lui a permis de se médiatiser, de se trouver, de se réaliser. Les relations se compliquent légèrement. Si le maître a hasardé sa vie, c'était aussi afin que par la puissance domestiquée de l'autre conscience, il pût atteindre l'objet de son désir (132, 19). A bien y regarder le maître ne se rapporte qu'à la choséité : d'une part à la chose objet de son désir, d'autre part à la conscience autre, objet ustensile (synthèse de l'être autonome avec la choséité en général). Surgissent les moments suivants. D'une part le maître est conscience de soi, dans la mesure où dans son mouvement il est idée de la conscience de soi. Il est soutenu par une Idée du sujet qui sert de principe et non d'une simple règle à son opération – moment de l'*être pour soi.* D'autre part il est *médiation ;* il n'est soi que *par un autre* et il se réfère d'un côté aux deux moments et d'un autre côté à ceux-ci par la médiation de l'autre. Hegel ne fait rien d'autre ici qu'énumérer les moments dans la relation générale du maître et du serviteur. C'est l'être quelconque permanent (*das selbständiges Sein*) qui est le moment moyennant lequel le Maître se rapporte au serviteur. « C'est la chaîne dont dans le combat le serviteur n'a pu faire abstraction » (132, 33 ; L. 155). Soumis à la chose, il se trouve soumis au maître. « Or le Maître est la force sur cet être ». Pour caractériser cette relation de supériorité, Hegel use du terme : *Schluss* (132, 40) qui signifie : raisonnement, conclusion – mais nullement *syllogisme* au premier sens, et pourtant Kojève est parti de là pour développer toute son argumentation inspirée par la Sybille. Il eût été plus sage, sans entrer dans un détail inexistant ou inessentiel, d'éviter de soulever le vieux débat :

Logique et Existence...De la même façon, mais *médiatement*, le Maître se rapporte à la chose par l'intermédiaire du domestique. Il ne cultive pas les fruits de son jardin, mais les consomme, et Hegel détermine la visée du Maître comme *jouissance* (133, 9 ; L. 155). Dans la conscience de soi du Maître, les régions de l'avoir ou de la possession sont délimitées par la puissance. Le Maître ne parvient à satis-faire son *désir* qu'en travaillant la chose par l'intermédiaire du domestique, qui, englué dans son *labeur, s'étant déjà soumis,* peut affronter la chose, même mortelle : les mines de sel par exemple. Le domestique se sait dépourvu d'essence à deux points de vue[1] : d'abord dans le travail sur la chose, qui est indépendante de lui : l'arbre à fruits qu'il faut tailler, émonder, arroser, etc. – ensuite dans son rapport au Maître comme à une conscience déterminée (*von einem bestimmten Dasein*) (133, 25-26 ; L. 155). Logiquement il s'agit des trois catégories de la relation : substance, causalité, communauté. Existentiellement cela signifie que le monde humain émerge d'un océan de désirs et que les Dieux sont issus de la Terre (Lucrèce X). Néanmoins, sans qu'il soit question dans le travail de la plus-value (Fichte : *L'État commercial fermé* – Marx, *Le capital)* cette dialectique possède une fin, car en rapport à la chose le serviteur finit par faire ce que le Maître aurait dû faire. Cependant il en va de même pour le rapport à soi du serviteur. Travaillant, il se discipline et fait par rapport à soi ce que le Maître aurait dû faire : « ...ce que le serviteur fait, en effet, est à proprement parler l'activité du Maître » (133, 26-28). Ainsi pour le serviteur on s'exprimera justement en disant qu'il est « le pur pouvoir négatif », ou même la négativité, tandis que le Maître est la « tautologie existentielle ». Ou encore : supprimant l'essence indépendante de la chose, le serviteur est fatalement, s'il est permis de s'exprimer ainsi, *en progrès* et la chose comme moment « résistant » en déclin. L'Esprit du monde est du côté du serviteur jusqu'au *Benedictus qui venit in nomine Domini.* La *Menschwerdung* est l'élément médian sur-essentiel. Progrès d'un côté, déclin de l'autre – par là est engendrée « une reconnaissance unilatérale et dissemblable » (133, 35). Nous n'en sommes pas là : l'égalité ici rencontrée est celle abstraite et dissemblable de la Révolution française, dont Jaurès déplorera le caractère formel dans son *Histoire socialiste de la Révolution française*. Il faut reconnaître le bien fondé de cette critique. Et il faut reconnaître aussi que Hegel n'a pas su ou voulu en ces pages s'appuyer sur une *philosophie de l'argent* qui fait cruellement défaut. De même l'important concept de classe sociale est évacué au profit de l'idée théâtrale de l'affrontement de deux consciences de soi. Enfin l'idée mère de *ruse* est tout simplement ignorée. Tout cela fait qu'un des textes les plus colorés de Hegel se manifeste à la réflexion comme un schéma squelettique. On

1. A. Kojève, *Introduction à la lecture de Hegel*, Gallimard, 1947.

pourrait défendre Hegel en limitant sa visée aux conditions de possibilité de l'État de nature. C'est même la seule issue : mais alors il est bien trop tôt pour déterminer le débat de l'anthropologie et de la théologie – prenons seulement un élément à verser dans le dossier : la volonté de l'homme peut-elle être légitime comme le croit Kant, fondant la théologie sur la morale ?

Il convient de déterminer plus précisément la conscience du serviteur. Nous l'avons défini *en tant que philosophes.* Il convient à présent de la fixer au point de vue du Maître. La conscience inessentielle – le serviteur – est donc la vérité de la conscience du Maître, ou encore : la vérité apparaît hors de soi. Et par là-même elle est pour la conscience triomphante méconnaissable. La vie ne se lit pas dans un cadavre, ni la liberté dans la servitude ; mais si la liberté ne se trouve pas dans la mort, de la mort surgit la conscience libre du serviteur qui accomplit le chemin inverse de la conscience du Maître et elle entrera comme conscience comme « repoussée en soi-même et se renversera en véritable autonomie » (134, 7 *sq.* ; L. 156).

Pour la servitude le Maître (l'aimé) est l'essence. La libre conscience pour soi est donc à ses yeux *la vérité,* mais la vérité POUR ELLE n'est pas encore chez elle, c'est-à-dire n'est pas vécue dans son intériorié dans l'expérience du vrai. Ce qu'elle a chez elle, c'est l'expérience du travail ou encore de la liberté comme *négativité* et de l'être pour soi ; c'est qu'elle a fait sur soi l'expérience de cette essence : la terre est basse. Il faut au demeurant généraliser ce rapport : dans l'affrontement, la conscience n'a pas craint de perdre une jambe ou une main ou un œil, mais de se perdre tout entier : la conscience de soi a eu peur de la mort « ce maître absolu » et se retrouve prête à tout : « Elle [...] a été dissoute intérieurement, parcourue de part en part *en elle-même* par ce *frisson,* et tout ce qui était fixe a tremblé ». La conscience de soi – et c'est ce qui fera l'essence du serviteur – voyant sous l'épée tout chanceler n'a plus trouvé de ferme assurance, ni en ce monde, ni en autrui. « Das absolute Flüssigwerden » (134, 30) est la nuit des valeurs que soutenait en son sein la conscience devenue serviteur. Plus rien ne compte, hormis les valeurs projetées par le Maître. Ce moment de l'être pour soi de la conscience domestique est POUR LA CONSCIENCE DU MAÎTRE *son objet,* et de plus elle n'est pas seulement dissolution *en général* en elle-même, mais elle accomplit en général celle-ci tandis que dans le service, fragment par fragment, elle supprime l'altérité du Maître et du monde. Le travail lui permet de s'arracher à sa condition naturelle.

« La crainte du Maître est le début de la sagesse » (135, 2 ; L. 157). La conscience vit ce sentiment, mais dans ce rapport « elle n'est pas l'être pour soi ». Elle y parviendra par le *travail.* Hegel cherche ici à distinguer la négativité qui s'est manifestée dans la volonté du Maître et celle qui caractérise le travail. Dans une approche superficielle, la négativité serait identique, mais en y regardant de plus près on verra que dans le premier cas la négativité est *directe,* tandis que dans le travail, le fruit tombant dans les mains du Maître par le travail, celui-ci est *négation et désir réfréné* (L. 158). L'objet dans le travail est façonné et ce ne serait pas trop de dire qu'il est humanisé : le bois de la table sur laquelle j'écris à été travaillé, *façonné ;* on voit qu'il a été raboté, verni... etc. Le travail, inhérent à la chose faite, est de manière générale *forme* et demeure en ceci *identique à soi. Forme,* le travail devient formation, évidemment pour celui qui travaille. D'une manière générale c'est le monde qui tout entier devient l'objet du serviteur qui en devient le maître. Comme serviteur la conscience de soi devient quelque chose *pour soi qui est* (135, 26), et dont le premier moment fut la *peur* et c'est pourquoi le travail, dans sa propre négativité, doit supprimer la forme comme être autre et lui arracher son indépendance, s'il doit devenir son objet. Plus simplement : le monde doit être posé comme émergeant de la conscience de soi, si bien qu'il est nié comme cette essence négative devant laquelle le serviteur a jadis tremblé. Le voici maintenant qui est *pour soi* un *pour soi.* On ne peut en dire autant du Maître. Dans sa personne, pour elle, l'être pour soi [la négativité] est un *autre,* ou encore elle n'est que *pour elle. Dans la peur* l'être pour soi est en la conscience de soi et par le travail formateur, l'être pour soi « parvient à la conscience d'être elle-même, en soi et pour soi » (135, 30 *sq.*). Abolie comme Pur Non-Moi, la forme est posée au dehors, comme objet, ce qui est sa vérité. Une des plus importantes notions de l'hégélianisme apparaît ici ; tandis que par la forme la conscience opère ses retrouvailles avec soi, l'objet devient un objet *sensé,* c'est-à-dire, d'un point de vue transcendantal, pleinement humain. Le monde est un tissu de significations et cesse, par là-même, d'être étranger (136, 2-3). Ainsi Hegel récupère-t-il la forme aristotélicienne, mais au lieu de la saisir, comme on le fait si souvent, comme une simple forme inerte, il en fait une *condition* (une *essence* comme étant ce qui rend possible) transcendantale (universelle) de la conscience de soi. Toutefois l'élément fondateur de ce monde qui n'est pas étranger à ma conscience comme « Ich denke » est originellement élémenté du dedans par la crainte ou la peur. C'est que, de manière ultime, le motif profond qui anime la conscience de soi au travail dans la formation du monde et la crainte sans l'activité formatrice demeurerait « interne et muette » (136, 15). Ni entêtement, liberté encore entravée en soi, ni habileté, activité parcellaire, la liberté absolue s'épanouit dans la domination du monde.

A. Kojève a fait subir au texte de Hegel un traitement déformant en l'appuyant sur une philosophie du désir, dont il y a bien des traces chez J. Boehme, mais qui n'est pas un moment évident et manifeste chez Hegel. De même la couleur existentialiste a été forcée dans son exposé, où il est heureux encore ne pas trouver d'héroïques dialectiques sur la « peur » et « l'angoisse ».

B – Liberté de la conscience de soi ; le stoïcisme, le scepticisme, et la conscience malheureuse (136)

(L. 159) Aux yeux de la conscience de soi indépendante, seule la pure abstraction du Moi comme sujet est son essence – mais d'autre part se développant, elle parvient à une essence objective qui est *en soi* (136). On ne peut donc pas dire que la conscience de soi se présente comme un Moi qui se distingue par sa simplicité, ou qui dans cette différenciation absolue (Moi = Moi) « reste identique à soi ». Il demeure que cette conscience est « reconduite » en soi (137, 1) dans la mesure où elle est donation de sens et travail et qu'elle aperçoit dans le Maître « l'être pour soi comme conscience ». Il en résulte que le « soi-même » comme objet autonome d'une part et l'être pour soi comme « essence » se disjoignent (137, 3 *sq.*), tandis que pour nous, philosophes, la *forme* et l'être pour soi sont la même chose. Ou encore : dans l'idée de la conscience indépendante l'être *en soi,* l'ustensile, est l'être conscient, je veux dire un être humain, la conscience, le côté de l'être en soi « ou de la choséité que la forme a acquise dans le travail », sans être « une autre substance que la conscience » et nous avons vu advenir une nouvelle *figure de la conscience de soi.* L'écriture de Hegel n'est pas assez serrée. On comprend bien que pour nous, philosophes, le Moi qui émerge en son autonomie ne saisisse pas immédiatement le *sens* du travail, et que l'essence pour soi lui apparaisse dans le Maître, alors que, toujours pour nous philosophes, le travail ou la forme soient du dedans identiques à l'être pour soi, sans que cela signifie la parousie (*keine andere Substanz*) d'une autre substance – mais Hegel ajoute que l'on voit advenir « une nouvelle figure de la conscience de soi ». C'est très déconcertant ; en principe les « figures » sont des figures de l'Esprit et non de la conscience de soi, et le passage qu'effectue Hegel n'est pas dialectique, mais seulement historique. Il faut donc renoncer à la déduction pour ne traiter que par juxtaposition. L'essence sera donc le libre mouvement de la conscience – c'est-à-dire *penser* (*denken*) – et la pensée ne se meut pas dans des représentations ou des figures, mais dans des *concepts, c'est-à-dire dans un royaume de choses différencié, qui n'est pas différencié d'elle.* Jusqu'à la page 137, 35 suivent une série de définitions nominales. Hegel veut à tout prix parvenir à une thèse quasi autonome : *Je suis libre* – libre non pas parce que ceci ou cela, mais libre originairement, sans médiation, sans l'efficace d'un autre et il songe moins, à la vérité au Moi = Moi de Fichte qu'à la sagesse stoïcienne. Là encore interviennent des définitions. La conscience est « conscience *pensante en général* ». Son objet est unité immédiate de l'être en soi et de l'être pour soi, etc.

(L. 160) Hegel écrit : « On sait que cette liberté de la conscience de soi, en surgissant dans l'histoire de l'Esprit (*Geist*) comme phénomène conscient de soi, s'est appelée *Stoïcisme.* » (138, 10). Le stoïcisme est peut-être dans l'histoire de l'humanité un des plus durables entre les mouvements philosophiques. De Chrysippe à Marc-Aurèle, huit siècles se sont écoulés. Sensible à la durée du stoïcisme, Hegel ne l'a pas été sur son principe : « Voici pourquoi le principe du stoïcisme en général est le suivant : « Il faut agir conformément à la *nature,* c'est-à-dire vivre conformément à la *vertu ;* car c'est à elle que te conduit la nature (raisonnable). C'est le souverain Bien, la fin suprême de toutes choses que de vivre conformément à la nature, c'est-à-dire de vivre raisonnablement. Mais nous voyons que par là nous ne faisons que nous mouvoir dans un cercle. Vivre conformément à la nature, voilà où nous mène la vertu ; et vivre conformément à la nature, c'est là la vertu. La pensée doit déterminer ce qui est conforme à la nature ; mais seul est conforme à la nature, ce qui est déterminé par le Logos. Rien de moins formel » (Hegel, SW, (Glockner) Bd. XVIII, 453). Le stoïcisme ne pouvait trouver un appui ni dans ses principes scientifiques, – le « mélange total » ou le syllogisme hypothétique – ni dans les fondements de son éthique, mais, en ces temps de fer, il soutenait la dignité de la personne humaine et s'était acquis des lettres de noblesse incomparables. Hegel ne l'a pas oublié. Aussi mentionne-t-il en commençant l'inter-action de l'opération comme travail et de l'autre de la conscience de soi comme un foisonnement, comme une diversité qui se multiplie. De cette activité multiple, dans un mouvement centripète le Moi se libère pour conquérir la seule différence qui mérite d'être estimée, non plus la différence *naturelle déterminée,* pas davantage le désir qui guidait le serviteur soumis au Maître, mais la différence Moi = Moi qui s'annule aussitôt en conscience thétique de soi. Face au rapport Maître-serviteur, cette conscience qui s'unifie en soi est *négative ;* elle est libre aussi bien « sur le trône que dans les chaînes » (L. 160). Il ne faut pas confondre la liberté qui est le propre de l'entendement et qui demeure telle à l'intérieur de la servitude, s'étant fixée à une singularité, et la liberté stoïcienne qui veut procéder de la pensée, du Logos. Et, souligne Hegel, seule une époque de crainte universelle et de servitude pouvait saluer l'essor de cette liberté que partagèrent princes et esclaves.

Hegel conçoit le mouvement stoïcien comme celui du Moi visant à conserver non pas l'essence comme un autre dans le monde, ni comme la pure abstraction du Moi, mais comme un Moi existant qui a en soi *l'être autre,* une différence pensée, la « liberté de la conscience de soi qui est *indifférente* à l'existence naturelle » (139, 10) et c'est pourquoi elle a tout abandonné, et l'existence des choses et l'existence naturelle. De ce point de vue aussi on peut dire qu'il s'agit d'une *réflexion double.* Il en résulte que la liberté est le [sentiment] de la pensée pure et nulle vie ne remplit cette vérité. Il s'ensuit qu'il faut parler du *concept* de liberté et non de la liberté concrète agissante. Le développement se dirige vers les conséquences de cette position de la pensée comme essence, comme forme en tant que telle (*das Denken ueberhaupt, das Wesen, die Form als solche*). Cependant le Moi s'appréhende comme une individualité et la pensée comme extension d'un genre doit être médiatisée, pour appréhender « le monde vivant comme un système de pensée » (139, 21). La médiation est ici un *contenu*, contenu de ce qui est *bon*, contenu de ce qui est *vrai*. Par rapport à ce contenu la conscience est vide : il faut que ce contenu *lui soit donné*. Il apparaît donc comme contenu comme *étranger*, mais en le saisissant, le Moi abolit bien son étrangeté, tant et si bien que l'étrangeté est en lui. Là surgissait une dialectique. Le stoïcien ne pouvait reconnaître un moment étranger comme étant le vrai et il en revenait à chercher le vrai dans l'adéquation à la raison ; « ...c'est pourquoi les grands mots universels, le vrai et le bien, la sagesse et la vertu, auxquels il est contraint d'en rester, incitent certes, en général, à l'élévation...mais...ils ont tôt fait de provoquer l'ennui » (140, 4 ; L. 161).

Le scepticisme est la réalisation de ce dont le stoïcisme n'est que le concept – en même temps il est l'expérience effective de ce qu'est la liberté (L. 161). Dans ses *Leçons sur l'histoire de la philosophie*, Hegel souligne que nous connaissons beaucoup de documents concernant Sextus Empiricus (médecin de son état) et que les opinions de Carnéade ne nous sont pas inconnues. Ce texte de la *Phénoménologie* est mieux étayé que celui sur le stoïcisme. La caractéristique de la pensée sceptique, c'est qu'elle est *en soi* le négatif, et elle doit s'exposer ainsi, devenir dans le monde l'essence de la négation. Si l'on tient compte de « la réflexion de la conscience de soi dans la pensée simple de soi-même », Moi = Moi, de l'infinité se dégage l'existence indépendante, et dans le scepticisme advient *pour la conscience* l'inessentialité et la non-indépendance du monde (140, 20). La pensée devient « le penser » comme penser niant l'être du monde multiplement déterminé et la négativité de la libre conscience de soi devient pour elle-même négativité réelle dans cette configuration (*Gestaltung*) si diverse de la vie. Le stoïcisme apparaissait comme la notion du *concept* de la conscience indépendante qui se donnait comme la relation de la domination et de la servitude. Le scepticisme correspond au moment du *travail* par lequel le serviteur transforme le monde ; il doute de l'essence obstinée des choses. Cette orientation polémique est présentée par Hegel comme concrète avec le scepticisme, mais il lui attache un sens romain plutôt qu'héraclitéen. C'est la grande pensée qui sur fond de liberté [comme travail] détruit la prétendue stabilité des essences. En même temps se précise la notion de différence. Dans le stoïcisme, dans l'abstraction pure des essences, celles-ci ne sont pas niées concrètement ; avec le scepticisme les différences sont intégrées à la conscience de soi : c'est elle qui voit la feuille d'arbre de rouge devenir jaune.

Ici se détermine l'activité de la conscience de soi sceptique et sa *modalité.* Son activité se manifeste d'abord comme *voir* (Heidegger). Le scepticisme a vu, donc mis en évidence le mouvement de la certitude sensible, de la perception, de l'entendement. Sa modalité n'est pas celle du jugement assertorique (comme dans le stoïcisme), mais la synthèse du jugement hypothétique (le possible) et du jugement apodictique (la nécessité) : la seule possibilité des choses est de changer. Ce rapport comprend bien des éléments éthiques (les ordres du Maître), mais ce sont des moments en lesquels la pensée sans contenu se dilate.

La *dialectique* comme mouvement négatif, apparaît d'abord à la conscience comme un tourbillon en lequel elle est entraînée et qui n'a pas son origine en elle. Comme *scepticisme* ce mouvement est moment de la conscience de soi ; il ne lui *arrive* pas que tel moment vienne à disparaître – sa liberté le *fait* disparaître, tandis qu'il se donne pour réel. La liberté est méta-essentielle, mais elle loge en soi son péril, capable de sombrer dans la *Sophisterei.* Le moment positif est que la conscience se procure non la raison de la liberté – c'est bien trop élevé – mais la *certitude de sa liberté* (141, 31). Sans cesse, c'est le défaut de la cuirasse de la certitude de la liberté, une différence abolie est remplacée par une autre différence et la différence n'a d'autre vérité que de disparaître pour la pensée (« Ich bin der Geist, der stets verneint ! Und das mit Recht ; denn alles, was entsteht, ist wert, dass es zugrunde geht ; »). La pensée est la vue (*Einsicht*) compréhensive de la détermination comme destinée à disparaître ; elle est l'essence négative en tant que simple. On le voit : Hegel élargit peu à peu ses considérations. Il passe du datum de l'expérience sceptique (certitude sensible, perception, entendement) à l'idée d'un monde. Mais le scepticisme ne peut atteindre que la certitude, non l'universel, et il demeure enfoncé dans le négatif et la conscience de soi singulière. « Le scepticisme est une paralysie de la conscience de soi » (SW, Glockner, Bd. XVIII, 539). Sa force vient de sa faiblesse : incapable de se fixer à un énoncé, il ne peut être réfuté (Sextus Empiricus, *Adv. Phys.* II, 77 *sq.*). De toute assertion on peut aussi produire une réfutation, puisqu'elle renferme une négation (SW, XVIII, 539) et Hegel remodèlera en sa logique la formule de Spinoza écrivant : *Omnis determinatio negatio est.* Il reste que la conscience sceptique fait « l'expérience de sa propre liberté » (142, 5), comme l'immuable et véritable certitude de son Soi et cette liberté, c'est elle-même qui se la donne comme cette ataraxie du se penser, comme cette tranquillité de la réflexion, sans prendre sa source d'une réalité étrangère « et d'où elle proviendrait comme un résultat qui aurait son devenir derrière lui ». Hegel écrit en soulignant : « [...] la conscience est *l'absolue inquiétude dialectique* » (142, 9). Toutefois au lieu d'être identique à soi, la conscience se découvre comme confusion, vertige (*Swindel*) qui toujours se reproduit et elle « fait profession d'être une conscience entièrement *contingente et singulière* ». Si nous nous reportons au passage cité de Sextus Empiricus, puisqu'il concerne le mouvement, nous verrons la gravité du Schwindel sceptique : il menace le cœur de la physique aristotélicienne. Hegel décrit le mouvement de la conscience sceptique : elle va de confusions en confusions, d'abîmes en abîmes, n'ayant jamais affaire qu'à du singulier. La conscience ne parvient jamais à se réconcilier : tantôt elle proclame l'essentialité de sa liberté, tantôt à un voyou comparable elle se complaît dans la singularité. Le long développement p. 142-143 (L. 163) ne témoigne pas en faveur de ceux qui veulent voir un Hegel « dialecticien » partout. Il confirme plutôt le souci d'être exhaustif et de ne rien négliger. Il reste que le scepticisme ne dépare pas entièrement dans la galerie philosophique de Hegel ; comme le stoïcisme ce fut à l'époque romaine sans doute un « bavardage » qui n'avait pas prise sur la réalité et cela jusqu'à Montaigne, mais qui procurait *a contrario* le sentiment de l'efficacité. Ces philosophies, à la différence de celle de Berkeley, selon Hegel, possèdent un arrière-fond historique et culturel qui les inclut dans le patrimoine de l'humanité.

Il serait insupportable d'en rester au scepticisme comme pure contradiction de la conscience libre et de la conscience dévergondée de par l'attachement à la singularité. Universalité apodictique et singularité hypothétique doivent s'unifier – comme modalités – dans une nouvelle figure qui est quelque chose qui « a pour soi la conscience double » : I – comme immuable et identique à soi qui se libère, II – et de soi comme ce qui absolument se renverse et sombre dans la confusion où elle est conscience de cette confusion sienne. Dans le stoïcisme, la conscience de soi est la liberté simple de soi-même – dans le scepticisme cette liberté se réalise et atteint l'autre côté, mais fréquentant l'autre côté elle se redouble (elle est liberté contre la singularité) et devient pour soi une dualité. Antérieurement le redoublement se partageait sur deux réalités singulières, le Maître et le serviteur ; maintenant il se pose dans l'unité. Cependant l'unité de ce redoublement n'est pas encore présente : l'unité de la conscience de soi n'est pas pour soi et *la conscience malheureuse*[1] est la conscience de soi-même comme essence double qui ne fait que contredire (146, 1-5). L'écriture de Hegel est fine ici : de ces rapports dialectiques qui engendrent la contradiction on pourrait attendre en conclusion « ein-sich-Widersprechen » et ce qui advient – consciemment, car il s'agit de la définition – c'est un « Widersprechen ». La conscience malheureuse se

1. J. Wahl, *La conscience malheureuse dans la philosophie de Hegel*, Paris, 1929.

ramène à un pur contredire. Elle n'est pas même, de prime abord, antithétique au sens de Fichte, chez lequel l'antithèse enveloppe une synthèse. Elle ne peut s'appuyer sur rien car elle le détruit.

Hegel commence simplement l'exposition – comme si l'objet était particulièrement ardu. La conscience *malheureuse* est *organiquement divisée en elle-même ;* cette conscience, sans doute, est à ses yeux *une seule et unique conscience,* mais pour nous, *philosophes,* elle est tout entière de chaque côté et par conséquent chaque fois qu'elle s'estimera parvenue « à la victoire et au repos de l'unité » (144, 6 ; L. 166), l'élément autre fera qu'elle sera reconduite à la frontière. En revanche, supposé qu'elle y parvienne « son véritable retour en soi-même » ou sa « réconciliation » (*Versöhnung*) avec soi exposera non pas le jour de l'Esprit devenu vivant, mais son concept. Et ceci parce que en tant que conscience indivise elle est quelque chose de double. Il y a un autre élément auquel Hegel, sans crainte d'être mécompris, ne peut immédiatement faire appel et c'est la douleur, la *souffrance* du négatif. Déjà en a-t-il trop dit en avançant l'idée de conscience *malheureuse.* Comment de pures pensées pourraient-elles être source de souffrances [1] ? De pures pensées dis-je ; car on entrevoit trop bien du côté de la confusion et du désordre mental, la menace et le malheur.

Hegel, après les définitions, expose les premiers moments de la conscience malheureuse. Ellé est *unité immédiate* des deux côtés, mais l'un et l'autre « ne sont pas la même chose » (144, 21). Le premier côté est celui de la conscience immuable, en tant qu'Essence, tandis que de l'autre côté, où il y a mouvement désordonné, la conscience vaut comme *l'inessentiel. Pour* la conscience malheureuse l'une et l'autre consciences sont regardées comme *étrangères.* La conscience malheureuse, étant conscience d'une contradiction, tourne du côté de l'inessentiel et elle doit « tendre dans le même temps à se libérer de l'inessentiel », c'est-à-dire d'elle-même. Hegel se répète : « [...] bien que *pour soi* elle ne soit que la conscience changeante » et que la conscience immuable soit pour elle quelque chose d'étranger, *elle est elle-même* conscience simple et donc immuable. En d'autres termes, la conscience qui saisit l'immuable (la conscience elle-même dans le stoïcisme ou dans le scepticisme) devient à son tour essence immuable, mais cette fois en relation au mouvant, de telle sorte que [l'essence] changeante, qui doit être supprimée est réengendrée en son contraire. Le nerf de la conscience malheureuse est de se ressourcer à travers les essences contradictoires (145, 5) – « Nous sommes ainsi en présence d'un combat contre un ennemi face auquel la victoire est bien plutôt une défaite » (145) et Hegel fait intervenir (L. 166) « la douleur » suscitée par la distorsion de l'immuable et de « la propre nullité » de la conscience, qui

1. AP. *La philosophie du malheur,* t. II.

surgit comme *singularité* dans l'Immuable, comme devant être anéanti. – Hegel poursuit : la conscience fait « l'expérience de ce surgissement de la singularité à MÊME l'immuable et de l'immuable à travers la singularité ». On a voulu dans ces lignes si abstraites découvrir les premiers linéaments de la pensée religieuse dans la *Phénoménologie de l'Esprit* et il n'est en effet pas douteux que l'Immuable passant dans la singularité ne soit une approche de la *Menschwerdung* (incarnation), *tandis* que l'élévation nous mène depuis la singularité humaine *jusqu'à la jouissance du divin*. N'oublions pas toutefois pour justifier et limiter ces pensées de souligner que la conscience ne possède que le concept et non le « jour » de la présence. Hegel développe selon les catégories de la modalité les moments. I. Jugement hypothétique (modalité de l'essence) : la singularité (être tel homme et non un autre) resurgit en tant qu'opposé (logique) à l'Essence immuable. (Le Père comme hypothesis – ce qui est au fondement de la thèse)[1] II. Jugement assertorique (modalité de l'existence) : l'immuable possède en lui la singularité, de telle sorte qu'elle est la figure de l'Immuable (*Gestalt des Unwandelbaren*). III. Jugement apodictique (modalité de la nécessité) – Réconciliation conceptuelle. Cette division retrace l'expérience que la conscience *divisée* fait dans son malheur. Hegel souligne que sa réflexion a été en réalité unilatérale. Du côté de la conscience il a suivi les relations déterminées selon la singularité telle qu'elle ressortait suivant la ligne sceptique. Tout ce qui a compté, dit-il, c'est que la singularité apparaisse et ne se supprime pas dans l'immuable. – Toutefois l'Absolu conserve, face à la conscience singulière, dans sa configuration le caractère et le principe de l'être divisé (146, 25 ; L. 167). S'incarnant, Dieu prend forme humaine et c'est pourquoi il est regardé comme historiquement contingent. C'est le drame de la pensée juive ; elle veut que le Messie soit homme et frappe de nullité historique (absence de nécessité) tout envoyé (humain) de Dieu. Cette remarque bien que nécessaire nous entraîne plus loin que nous ne l'aurions voulu. C'est qu'il est évident que Hegel entend briser le cercle juif, c'est-à-dire s'élever au-dessus de la contingence historique, et cela ne se peut qu'en comprenant le message signifiant de la mort du Christ. Il ne faut donc pas interroger la *Phénoménologie* comme une *chronologie,* mais comme une *formation* (*Bildung*) à la compréhension de l'origine de l'intériorité. Mais aussi bien ne peut-on éviter de poser la question du rôle assumé par Hegel dans cette affaire. Dans la mesure où il prétend qu'après lui des philosophes s'agiteront bien, sans rien apporter de signifiant, on peut estimer qu'à ses propres yeux, auteur du dernier livre signifiant, il est le *dernier* philosophe et le premier à avoir compris le sens du Logos. De ce point de vue, on

1. H. Cohen, *Religion der Vernunft*, Darmstatt, 1929.

aperçoit combien Hegel est différent de Kant ; ce dernier dicte les conditions de la révélation à l'intérieur des limites de la simple raison, tandis que celui-là fixe les conditions transcendantales de la conscience de soi religieuse. Mais nous aurons bien de la peine à dépasser la conscience juive où le fait « que l'immuable prenne la figure de la singularité est donc tout simplement un *événement*, une chose qui arrive » (146, 29). Souvenons-nous : pleine lumière = pleine obscurité – de même ici : pleine contingence= pleine nécessité. A la question de savoir qui, de Hegel ou de Kant, possède le plus le *sens* du sacré, il est moins facile de répondre qu'on ne le croit. Certes Hegel détient le secret du drame religieux, mais Kant détient l'idée de l'angoisse qui habite l'homme qui s'exprime sur les valeurs sacrées et le sens de la communauté éthique qui s'exprime dans le chant à l'unisson. Au demeurant on peut s'inquiéter de voir Hegel dériver l'esprit juif du conflit du stoïcisme et du scepticisme. Et surtout insister sur la contradiction, déjà soulignée, de l'immuable et de la figure singulière. La catégorie du judaïsme est l'espoir qui en demeure à l'espoir et se déssèche en attente. Le juif est d'abord serviteur et « se trouve comme désir et travail » (147, 33). Le syllogisme complet est : pure conscience soi – travail contre la réalité – conscience de son être-pour-soi. Il faut voir comment les moments s'ajustent.

Considérons tout d'abord la conscience comme *conscience pure* (147, 37) ; l'individu « immuable configuré », dès lors qu'il est *pour* la conscience pure, *semble être* posé tel qu'il est en soi et pour soi. Toutefois qu'il soit ainsi et pour soi c'est une chose, qui on l'a rappelé, n'est pas encore advenue [dans la conscience juive] (148, 1). « S'il devait être dans la conscience tel qu'il est en soi et pour soi, cela devrait procéder plutôt de lui que de la conscience, mais la présence à soi loin d'être parfaite et véritable ne serait ni parfaite, ni véritable ». Telle est la première figure discernée plus haut.

La seconde s'en laisse bien mal déduire et c'est pourtant le centre ; là où la conscience est « travail et désir » (seconde modalité d'être), elle va jusqu'au bout du travail et celui-ci est : la mort. Les chevaliers du Moyen-Age pour libérer Jérusalem (Torquato Tasso) et s'agenouiller devant le tombeau du Christ, déployaient toute leur *ferveur*. Là où la conscience *sponte sua* succombe sous le poids des armes, elle est ferveur, c'est-à-dire que sa pensée « demeure le bourdonnement vague des cloches, une espèce de brouillard envahissant et chaud, une pensée musicale qui ne parvient pas au concept qui serait l'unique modalité objective existante [...]. On a ainsi affaire ici au mouvement intérieur du pur sens *intime* » (148, 30 *sq.* ; L. 169). L'essentiel ne réside pas dans cette description psychologique célèbre, ni même dans l'émergence du concept de *nostalgie* sans fin (149, 3) (Jacobi) qui résume assez bien le second moment ; on le trouvera plus loin en ce que les pierres du tombeau du Fils de l'homme qui n'ont jamais parlé et ne parleront jamais signifient d'une part qu'il n'y a aucun sens à vouloir entendre des pierres, et d'autre part donnent à comprendre de la manière la plus plastique le sens formel de l'assertion fondamentale : « Mon royaume n'est pas de ce monde ». Le véritable *cogito* humain est ici et si d'un côté il atteste de manière inébranlable la démarche de la *Phénoménologie* vers l'esprit religieux, d'un autre côté elle se donne comme une paideia, une Bildung des mouvements les plus secrets et sacrés du cœur. Il y a bien une difficulté d'ordre technique. Généralement le second moment est chez Hegel celui du négatif et dans tous les cas représente quelque chose d'important. Or il n'y a rien de tel au ras du texte hégélien, exception faite de la possibilité de déduire la sentence « Mon royaume n'est pas de ce monde ». Nous devons cependant à défaut de lire à ras, lire en creux. Le moment n'est pas quelconque : il s'agit historiquement des croisades qui dans leur double échec (militaire et religieux) signifièrent un retournement dans la concentration de l'essence et de l'Europe. Retournement de l'essence : le sens n'est plus à chercher dans la *chose* morte [1], mais en lui-même. La preuve ontologique est le *fait* qu'il y ait du sens et « il y a quelque chose » coïncide avec « il y a du sens ». Avec cela Luther est possible, car pour le célèbre moine tout ce qui est matière, même les œuvres, ne compte pas, et c'est *sola fide* qu'on approche du salut. Du même coup la définition du sacré se transforme. L'esprit n'étant pas des reliques, des os – conséquence de la substitution du « Es gibt Sinn » au « Es gibt [Seyn] – » –, mais des *pensées*, le sacré est délimité par le champ du sens. Le retournement du sacré signifia le retournement vers l'Europe, ses écoles philosophiques, en un mot la scolastique sur laquelle Hegel s'est longtemps attardé dans ses leçons sur l'histoire de la philosophie. Nous voyons ici particulièrement nettement histoire, sens et philosophie se mouvoir de concert dans la *Phénoménologie de l'Esprit.* L'Esprit comme sens s'étant arraché au sol, c'est une pensée particulièrement « barbare » que celle du désir d'une troisième Rome, conçue dans le cycle de la culture phénoménologiquement considérée. Il demeure que l'émergence du Sinn comme réconciliation au cœur de l'Être détermine à la lettre le *primat de la raison pratique* sur la *Critique de la raison pure* spéculative en ses plus bas niveaux (certitude sensible, perception, entendement), et que c'est sur cette racine que se développe le primat de la raison pratique.

Mais, en un sens, le primat de la raison pratique que complète le postulat de l'immortalité de l'âme, établit une relation de l'âme fervente à la transcendance impliquée dans l'idée d'une raison pratique se voulant infaillible, si bien que la conscience se divise en une relation avec la réalité

1. C'est ce que fait pourtant Kant ne cherchant pas dans sa critique de la preuve ontologique à spécifier l'Être dans la preuve : substance inanimée ou substance divine.

effective ou être pour soi et en un être en soi. Le premier moment est la conscience du serviteur travaillant la réalité du monde ou opération *singulière* sur elle-même et une relation à la transcendance, même entendue comme Devoir, mais toutefois posée comme universelle. Mais alors le moment transcendant devient la figure de Dieu ou encore la réalité effective est figure de Dieu et le rapport mutuel de l'une et de l'autre est d'abord construit selon le schéma du jeu des forces. Il s'agit du pur sentiment (*das reine Gemüt*) (150, 3) (comme il s'agissait de la certitude sensible), c'est-à-dire de la conscience pieuse. C'est ce qui se manifeste dans le retour en soi de la réalité effective qui n'est qu'humiliation dans la mesure où elle reconnaît que seul Dieu lui a prêté la force (ce qui s'apelle grâce) pour œuvrer : *Labor et fides*. Cette position est luthérienne (?) et ne tient pas vraiment compte du christianisme des croisades, plein de naïveté et de candeur. Quand Hegel écrit que « la conscience ne peut se trouver que *désirant et travaillant* » (Augustin) (150, 14-15), il entend signifier que c'est seulement sous la lumière de la grâce que le Moi peut travailler le monde et par là se travailler lui-même et s'atteindre. Mais ce faisant est donné le deuxième rapport. Le monde n'est plus pour cette conscience « *quelque chose* de nul en soi », mais quelque chose du même genre que ce qu'elle est elle-même, une effectivité brisée en deux qui n'est nulle en soi (le cadavre du Christ ou la singularité) que pour la conscience pieuse ou plutôt un moment disparaissant, et de l'autre côté elle est un univers sanctifié.

Hegel va résumer dans un second rapport l'ensemble de ces déterminations : nous trouvons tout d'abord la conscience au travail et elle est devenue réflexion en soi, jouissant du sentiment de son autonomie (150, 36 *sq.*), parce que ce serait elle qui supprimerait la réalité. Mais comme il s'agit ici du monde, de la figure de l'Immuable, elle ne peut par elle-même le supprimer. Il faut donc, puisqu'il y a jouissance et pour qu'il y ait jouissance, que l'Immuable abandonne sa figure, soit dans la crucifixion, soit dans la communion [Eucharistie] commémorative. La conscience est l'être pour soi et l'Immuable l'être en soi. Cependant il faut considérer l'autre terme du rapport. Hegel reprend de manière générale les grandes lignes de son exposé. D'une part il définit la conscience pieuse en rapport à l'effectivité comme opération transformatrice [Verändern] et d'autre part conserve ce qui a été de l'au-delà immuable, qui, ne pouvant par définition être changé, demeure l'en soi (151, 1-16 ; L. 170).

Pourquoi le cacher ? Hegel est mal à l'aise : l'un des termes du mouvement dialectique est, pour ainsi dire, rigide. L'Immuable sous sa figure pénètre bien la singularité, mais pris pour soi l'Immuable demeure l'Immuable et ne se prête pas au retournement dialectique ; tout ce qui vient de la conscience finie peut bien passer dans son opposé ; mais l'Immuable

(*Unwandelbar*) ne peut être que l'Immuable ; cela signifie qu'il subsiste encore pour ainsi dire un fragment de chose en soi, ou de non-sens, et que, muettes, les pierres sont là. Quand il écrit que la conscience « se tient d'un côté comme l'ici-bas actif, tandis que lui fait face l'effectivité passive » (151, 19), on peut se demander si, parlant d'effectivité (*Wirklichkeit*), Hegel ne va pas trop loin, mais surtout s'agit-il de jugements contraires ou contradictoires ? Hegel essaye de contourner la difficulté, en reprenant de plus haut et en situant *dans* l'immuable l'universel (la figure du monde) et la conscience comme singularité. Si la conscience était pour soi conscience autonome, reprend Hegel, et si pour elle la réalité en soi et pour soi était nulle, elle parviendrait dans le travail au sentiment de son autonomie, mais alors le « jour spirituel de la présence » serait donné ; mais ce jour est encore loin ; loin est le jour en lequel l'homme n'aura plus à rendre grâce pour avoir mené à son terme telle partie de son travail. Le malaise de Hegel a donc un sens profond ; la pierre d'achoppement est la *nécessité de la prière.* La prière est un double abandon : est présupposé le Dieu s'abandonnant d'une part et d'autre part l'homme renonçant à la jouissance de son travail. En ce sens toute prière est une nouménologie (151) qui s'enracine dans la disjonction du travail et de la jouissance… Pour caractériser le travail, l'activité pour soi en soi, Hegel emploie un mot très simple et très fort sous sa plume : « die Macht », la force, la puissance. C'est cette force qui doit renoncer dans la prière à jouir du sentiment issu du travail. – C'est en revenant sur l'opération de la conscience que Hegel tentera, et nous avec lui, encore une fois d'éclaircir le rapport : « L'opération de la conscience » est d'abord le rapport de deux extrêmes ; d'une part l'ici-bas actif et s'y opposant la réalité passive, l'une par rapport à l'autre, mais d'autre part tous deux retournés dans l'immuable, et se maintenant liés en soi. C'est la raison pour laquelle des deux ne se détache seulement qu'une surface, qui vient faire face à l'autre dans le jeu du mouvement ». – L'extrême de la réalité est aboli par la conscience active ; mais elle de son côté ne peut être abolie que parce que son essence immuable l'abolit[1], se repousse d'elle (Luther) et abandonne à l'activité ce qu'elle a ainsi rejeté. La conscience, comme forme active, apparaît comme la *puissance* en laquelle la réalité effective du monde se dissout ; mais c'est pour cela que pour cette conscience en la manière dont elle surgit dans son activité et en qui l'*en soi* ou l'essence est autre chose qu'elle, est l'au-delà d'elle-même. Le mouvement tout entier se reflète donc non seulement au sein du désir, du travail et de la jouissance effectifs, mais au sein même du remerciement ou c'est le contraire qui semble se produire, dans *l'extrême de la singularité.* –

1. C'est seulement parce qu'elle n'est que conscience de soi dépendant de Dieu (l'essence immuable) que la réalité active peut être supprimée.

Ainsi est advenu le *troisième rapport* du mouvement de la conscience, qui procède du second en tant que conscience qui a fait par son travail l'épreuve de soi comme d'une libre réalité. Dans le premier rapport la conscience n'était que *concept,* elle était le *sentiment intime* intérieur qui n'est pas encore effectif dans l'activité et la jouissance; le second rapport est la jouissance et l'activité réalisées. Mais la conscience est torturée : dans l'action de grâce et le remerciement elle se supprime et s'abolit elle-même comme énergie. Le troisième rapport débute par le savoir de la conscience comme d'un *nul* – c'est Dieu qui fait tout en toutes choses [... alles in allem wirkt]. La conscience n'est plus qu'une singularité animale ou du moins dans toute activité de la conscience le nul est l'objet de la conscience ramenée aux fonctions animales. C'est alors que ces dernières doivent à leur tour être combattues dans la *mortification ;* pointe extrême de la lutte de la conscience contre la jouissance. Mais on n'en a jamais fini avec la jouissance et l'activité : la jouissance se renouvelle sans cesse et au lieu de triompher de l'élément en lequel elle s'est pratiquement salie, la conscience s'y enlise. C'est la conscience du moine que décrit Hegel, la peignant comme sans cesse s'abolissant. « La destruction immédiate qu'elle a de son être réel est, en effet, intermédiée par la pensée de l'Immuable, et advient dans cette relation ».

Cette relation conduit à un syllogisme. Il y a d'une part la conscience inessentielle, d'autre part la conscience de l'Immuable et comme terme médian l'activité. Dans ce syllogisme, l'Immuable est, en un sens, le serviteur : il procure à la conscience finie un monde fini en lequel elle peut s'accomplir; mais dans le mouvement de son abolition, la conscience inessentielle est à son tour le serviteur de l'Immuable et le résultat (155, 5; L. 175). A quoi bon cette reprise en laquelle, concluant par le « jeûne et la mortification » Hegel en vient à montrer dans la figure du moine, l'idée d'une conscience sans cesse s'abolissant, jusqu'à se regarder comme *propriété extérieure ?* C'est que la conscience doit obtenir « la certitude de s'être en vérité dépossédée de son Moi et d'avoir fait de sa conscience de soi immédiate une *chose »* (155, 11 *sq.*). C'est seulement dans l'opération du sacrifice, effective, que la conscience peut s'assurer d'avoir procuré à sa propre abolition une sincérité, de toute fraude éloignée. Dans le sacrifice en plus le moine abandonne sa volonté à l'Immuable, et Hegel parle non plus de *désir,* mais de *volonté.* Hegel considère d'ailleurs que, s'élevant par le sacrifice du désir à la volonté, c'est à la positivité du Soi que s'attache la conscience. Le mouvement de l'abolition se révèle à partir du sacrifice comme simple [grammaticale] négation, non moins creuse que son objet.

La théorie de la conscience malheureuse ne peut se comprendre que sur un fond de pensées religieuses. C'est à la fois ce qui fait sa force et sa faiblesse. Sa force d'abord : elle intériorise de grandes figures. Songeant à ce que Hegel dit du sacrifice, on ne peut manquer de penser à Abraham, ou s'agissant du jeûne et de la mortification, à Luther. Mais c'est là aussi sa faiblesse : ces grandes figures sont vidées de leur sang par le discours abstrait et technique. Trop souvent Hegel semble survoler l'histoire et sous l'idée de culture la confondre avec la psychologie et la logique. Mais là où il semble le plus faible, c'est lorsque développant les trois rapports, il paraît vouloir dégager la morale de son contexte éthique (ex : le moine). On remonte aux premières idées de Hegel et nous n'ouvrirons pas le dossier jamais clos des *Theologische Jugenschriften.* Il demeure que les pages consacrées à la conscience malheureuse sont d'essence religieuse, que Hegel croit que par la médiation du travail on peut aller de la religion à la morale, et que Kant croit directement l'inverse. Ne revenant nullement au Dieu de l'*Aufklärung,* bienfaisant et bienheureux – chez Lessing – Hegel prépare la conception romantique de Dieu dans la pensée allemande ; mais d'aucuns diront qu'il n'en est rien, et que représentant la conscience malheureuse sous l'Immuable, Hegel, puisqu'il donnait à ce mouvement une allure dialectique, annonçait la vision marxiste de Dieu, née de l'agonie du malheur.

PHÉNOMÉNOLOGIE DE L'ESPRIT – V

CERTITUDE ET VÉRITÉ DE LA RAISON (157)

A partir de ce moment Hegel va employer une grande partie de son temps à la critique des sciences anthropologiques de son temps. Il produira par exemple une critique des sciences sociales et morales chez Rousseau, mais aussi de la phrénologie de Gall. Tantôt il arrive – comme c'est le cas avec le plaisir sexuel regardé du point de vue individuel – qu'il ne se trouve pas de doctrine précise; il prend alors sur lui de décrire le phénomène – tantôt au contraire il trouve des lois (dans la sphère juridique) dont il s'agit de fournir la définition précise, enfin il y a tout un détail subtilement agencé. Peut-être est-ce la partie de la *Phaenomenologie,* qui la plus riche, se trouve être aussi la plus vieillie : que signifie *pour nous* la phrénologie de Gall – la bosse des maths – et ses critiques? La seconde partie de la Phénoménologie ressemble à la physique de Descartes dont on a pu dire que c'était un roman. La philosophie rencontre généralement ce type de déviance lorsqu'elle se mêle de la science qui lui est contemporaine [1]. Généralement – car en ceci il n'y a pas d'orientations précises – c'est la science qui, faute de se comprendre, entraîne la philosophie dans l'erreur. Mais quand le mal est fait, il est fait.

A. Le développement de Hegel est composé d'une préface que nous allons étudier, d'une part, et de trois développements qui se scindent chacun en trois mouvements d'autre part. A son tour pris dans son ensemble le mouvement général semble refléter le plan intégral de la *Phaenomenologie des Geistes* [2]. La déduction est moins serrée que chez Fichte : il faut faire entrer dans le compte des synthèses imaginaires : celle, par exemple du passage à la *Wissenschaft der Logik.* Et le terme de Logik est le premier qui suppose une explication. Lorsque l'on entreprit (G. Noel) d'étudier « la logique » de Hegel on avait recours au terme courant, tel qu'on en usait à Port Royal; c'était l'étude des syllogismes, de leurs

1. H. Poincaré, *La science et l'hypothèse,* Paris, Flammarion.
2. En ajoutant le passage à la logique.

rapports, des jugements etc. Et de fait Hegel parle bien dans sa Logik des jugements d'identité, contradictoires. Mais ce n'est qu'un aspect de sa recherche. Car en grec Logos a deux sens. Il signifie d'abord le Verbe au sens de l'Evangile selon st. Jean. Ensuite il signifie la raison comme ratiocinante, embrouillée dans ses raisonnements, ses inférences et ses syllogismes. Schopenhauer a relevé les analogies linguistiques évidentes ; elles sont nombreuses dans les langues du Sud. Il est à peu près sûr que Hegel dans ses notes – non dans ses *Hauptwerke* – a songé à cette coïncidence et l'aurore de la raison deviendra le midi du Geist.

Cependant cette explication générale est précédée par quelques considérations liminaires en lesquelles, semblable au marin reprenant sa barre, Hegel cherche à faire le point. –Nous sommes partis de la conscience qui a accompli un trajet la conduisant à la pensée. Elle [a saisi le chemin], suivant lequel la conscience singulière donc non universelle [elle a le monde comme son autre] rentre en soi et est essence absolue. L'important à notre sens consiste à souligner d'une part que ce mouvement est un retour (*zurück*), et deuxièmement d'autre part que de toute manière ce mouvement est intérieur à la conscience. C'est ce qu'exprime Hegel disant que pour la conscience malheureuse, l'être-en-soi est l'au-delà de son soi. Plus précisément, cette conscience singulière (elle a aussi la singularité posée en elle puisqu'elle est opposée à l'Immuable) transite par l'élément religieux dont elle puise le dynamisme dans la ferveur jusqu'à la mortification. Hegel insiste fortement sur le développement de la conscience singulière. I – Le mouvement « a eu cet effet sur elle qu'elle a posé la singularité qui est *conscience effective,* comme le négatif de soi-même », c'est-à-dire comme l'extrême objectif, II – ou encore qu'elle a « arraché de soi son être pour soi et en a fait l'être ». Par là encore s'est produite son unité avec l'universel que nous comprenons mieux en passant par l'élément religieux. Dans le travail comme négativité (l'élément fondant la médiation), l'Immuable cesse d'être un Extrême pour la simple conscience, mais se réconcilie avec lui en sorte que la conscience est pour elle-même la certitude d'être vérité. – Nous aurons bien le temps de revenir sur cette idée. Esquissons-en brièvement le contenu. Dans son travail sur le monde, la conscience s'est formée en le formant ; en le rendant de ce fait rationnel, elle s'est rendue *en soi* rationnelle. Il lui reste, mais c'est un très long chemin, à devenir rationnelle pour soi rationnelle. Ce dont il s'agit est l'autopénétration du sens à l'origine du Logos qui s'accomplit par phases successives. Ce qui demeure donc de subjectif dans le développement de la *Phénoménologie* est tout ce qui se passe sous la rubrique de la certitude, la certitude objective et la certitude subjective, ou encore la certitude théorique (sens, perception, entendement) et la certitude pratique (la conscience malheureuse). On voit combien nous avions raison de couper entre la certitude (réservée au monde fini de la conscience finie) et l'esprit (*spiritus sanctus*). Hegel aurait pu commencer son ouvrage ici même. Ce n'est d'ailleurs pas l'homme des demi-mesures ; mais il a sans doute cru qu'une propédeutique s'imposait. Il s'est en ceci sensiblement écarté de Fichte qui a voulu séparer d'une part ce diamant noir qu'est la première W-L et d'autre part cet élément préparatoire qu'est l'écrit programmatique. Remarquons en passant que, comme nous l'avons vu, la position de Hegel a été très fluctuante envers tout ce qui est préface, introduction. A dire la vérité, il ne faudrait pas exagérer la scission qui se produit dans la *Phénoménologie de l'Esprit.* D'un côté le cap est maintenu : il s'agit de pénétrer le Verbe. D'un autre côté la méthode est conservée : c'est la voie dialectique. Enfin l'enseignement des précédents développements est approfondi.

Ce qui change d'abord, c'est, semble-t-il, l'attitude de la conscience par rapport au monde : « Par le fait que la conscience de soi est raison, son rapport jusque là *négatif* à l'*autre* se renverse en un rapport positif ». C'est une manière de dire que la corrélation affective de l'intentionalité qui vise le monde s'est transformée : auparavant elle ne se préoccupait de sa liberté que pour *se sauver,* mais devenue raison, elle est devenue certaine d'elle-même (157, 30). Théoriquement et pratiquement, cela signifie que « sa pensée est elle-même immédiatement la réalité et qu'elle se conduit envers elle comme Idéalisme ». L'idéalisme est ici une catégorie existentielle, un comportement envers le monde ; la conscience se relie au monde comme si celui-ci lui apparaissait pour la première fois. La co-naissance est connaissance. Avant ce moment la conscience se « retirait de lui en elle-même » et, par exemple dans l'extrême de la mortification le détruisait en lui-même se détruisant elle-même (puisque pas d'objet, pas de sujet) et le monde est détruit en tant qu'essence. Il y a bien un point plus dramatique : c'est celui où le monde révèle sa *nullité* comme sens du tombeau du Christ (« la tombe de sa vérité » (158, 6)), si bien que la conscience se retrouve, face à l'Immuable, comme conscience singulière, qui découvre le monde comme étant *son* monde, qui, durant, possède pour elle de l'intérêt ; c'est que sa préexistence devient pour elle vérité et présence.

« La raison est la certitude qu'a la conscience d'être toute réalité ; c'est ainsi que l'idéalisme formule le concept de la raison » (158, 13-14 ; L. 178). De même que cette certitude clôt immédiatement ce débat et entre ainsi en scène, de même l'idéalisme l'énonce immédiatement : Moi = Moi en ce sens que Moi, qui est objet pour moi, n'est pas comme dans la conscience de soi en général, ni non plus comme dans la conscience de soi libre, ici simple objet *vide* en général, et là simplement objet qui se retire des autres qui ont encore validité à côté de lui, mais est objet avec la conscience du non-être de tout autre que ce soit, est unique objet, « est toute réalité et présence ». La première chose à relever dans la tonalité affective de l'intentionalité est son caractère immédiat et cela est vrai de tout le rationalisme moderne : *esse est percipi.* Partout manque la médiation. C'est moins le contenu qui fait le défaut de Descartes que ses démarches, qui le conduisent (sans qu'il le voie) à reprendre la méthode de la scolastique [1]. La seconde définition est celle de l'objet. Quand Malebranche dit que l'œil d'une mouche est plus précieux qu'une émeraude au point de vue de l'entendement, il a entièrement raison : l'émeraude comparée à l'œil de la mouche est un phénomène primaire ; le monde précartésien est dévalorisé. Toutefois, engagés dans une théorie de la conscience, nous ne pouvons nous élever à l'idée de l'objet transcendantal = X, qui est vaguement visé. Enfin Hegel revient sur le parcours de la conscience tel qu'il a été décrit depuis le début de la *Phénoménologie ;* cela constitue un chemin et une expérience que la conscience a *oubliés.* Deux moments se sont successivement présentés : « l'un ou l'*essence,* c'est-à-dire le vrai avait pour la conscience la déterminité de l'être ; l'autre où elle n'avait la déterminité de n'être que pour elle ». Comme le montre le contenu du chemin oublié, l'idéalisme n'est aucunement une position de la conscience par rapport au réel dont elle assurerait ou non le bien-fondé. Il ne s'agit pas de savoir si l'être est ou n'est pas, mais si la conscience peut prendre fructueusment une position hostile (ustensile) par rapport à lui ou si elle ne le peut pas. C'est ainsi que l'ensemble des outils unifie la conscience comme idéalisme. On peut envisager la position inverse : le sentiment du poids du monde chez Descartes vieillissant [2] et il faut parler alors de *réalisme.* Idéalisme et réalisme ont ceci de commun : ils sont *pour* la conscience ; ce qui est pour elle, est aussi *en soi.*

Tant que la conscience oublie son chemin, elle ne peut démontrer qu'elle est raison, mais seulement assurer qu'elle est raison, et c'est le motif pour lequel elle peut seulement avoir ou présenter la certitude qu'elle est. Aussi, partant des tables erronnées de Locke, elle devait entrer en crise dans l'antithétique de la Raison pure. Cette idée va très loin. Il s'agit « de la *Gewissheit* der Vernunft » (159, 24). D'abord on peut produire autant d'assurances qu'il est possible d'énoncer d'affirmations. Au fond la philosophie « réaliste » de Locke n'est qu'un tableau général des assurances de la raison. Ensuite la « Gewissheit » est facile sinon à comprendre du moins à émettre. Confiante dans le langage elle confond *ratio* et *oratio.* En creusant cette notion, on trouverait la nécessité d'une « Critique de la critique ». Le sol sur lequel s'opère l'élaboration de l'idéalisme transcendantal est celui de l'*allgemeine gesunde reine Vernunft.* Le sol que toutes les philosophies depuis Descartes jusqu'à Kant inclus, en passant par

1. Ainsi dans la querelle avec Port-Royal, l'idée de « matière subtile ».

2. F. Alquié, *La découverte métaphysique de l'homme chez Descartes.*

Diderot et d'Alembert, ont foulé. On verrait ici mieux qu'ailleurs qu'Hegel ne se veut pas original, surtout si l'on entend par là excentrique. Son développement épouse étroitement la réalité historique; certes il se borne parfois à une indication mais il n'empêche : la *Phénoménologie* est une histoire et une logique de la philosophie. Sur ce point il avait des prédécesseurs et pour n'en citer que deux : Condillac (*Traité des systèmes)* et Fichte (*Doctrine de la science*). Là encore il est raisonnable de souligner que Hegel n'a pas sorti son système comme un magicien son lapin de son chapeau. Pour Hegel la philosophie n'est pas nécessairement l'autre de la banalité.

Hegel poursuit par ce que nous pourrions appeler « un décrochage logique et psychologique ». « La raison s'en remet à la conscience de soi de la conscience d'un chacun : Moi est Moi, Moi je suis mon essence et ma vérité et personne ne viendra contredire [cet énoncé]. Mais tandis que la raison s'en remet à cette référence, elle sanctionne la vérité de l'autre certitude, je veux dire : il y a de l'*Autre pour moi*, de l'autre que moi m'est objet et essence, je ne le suis qu'en ce que je me dégage de l'autre en général et prend place à côté comme une effectivité » (159, 19 *sq.*). Fichte dans la première version de la W-L avait repris la formule de Jacobi : « Pas de Toi, pas de Moi – pas de Moi pas de Toi » ; puisqu'ainsi on passait de la subjectivité à l'intersubjectivité, fondement de la raison théorique pratique, on opérait un décrochage logique et psychologique. Hegel suit sans tirer tout-à-fait les mêmes conséquences. Il admet comme Fichte la connexion de la conscience de soi et de l'intersubjectivité. Cependant le passage à la raison est celui de la certitude à la *mens :* « C'est uniquement dès lors que la raison, en tant que *réflexion,* s'extrait de cette certitude opposée que se présente l'affirmation de soi, non pas seulement comme certitude et assurance, mais comme *vérité ; non pas à côté d'autres vérités,* mais comme l'unique. » La *présentation immédiate* est l'abstraction de son *existence*, dont l'essence et *l'en-soi* est le concept absolu, c'est-à-dire *le mouvement de son être devenu.* La conscience déterminera sa relation à l'être autre ou à son objet de différentes manières, suivant le degré de l'esprit du monde (*Weltgeistes*) devenant conscient de soi. De même qu'avec son objet elle se trouve à chaque fois et se détermine, ou comme [il] est pour *pour soi*, cela dépend de ce qu'elle est déjà devenue ou de ce qu'elle est en soi.

B. Passage à la critique de l'idéalisme transcendantal. Deux choses s'expriment dans l'idéalisme transcendantal et s'interpénètrent. D'une part, comme en font foi les *Préfaces*, quelles que soient les intentions Kant s'appuie sur les sciences et plus précisément sur les sciences mathématiques. Toutefois l'angle de sa visée est énigmatique à première vue. Il veut que les objets des sciences soient conçus comme *tournant autour du sujet du savoir,* sans jamais se demander quel est le trajet suivi par le *sujet philosophant*. De là un malaise qui ne se dissipera que chez Fichte et Hegel où c'est la raison qui, tournant autour d'elle-même, fait son autocritique. Toutefois des kantiens comme Maïmon se sont figés dans l'opposition du sujet et de l'objet, distinguant, d'après celle-ci, les orientations possibles et de là est née aussi l'idée suivant laquelle (subjectivisme) chez Kant la « conscience » absorberait le monde. Mais d'autre part il y a bien un subjectivisme chez Kant qui, méconnaissant les pleins droits de l'imagination transcendantale, en méconnaît aussi (dans la copule) la puissance ontologique. Hegel commente : « La catégorie qui autrefois avait la signification d'être de manière indéterminée l'essence de l'étant en général ou de l'étant par opposition à la conscience, est à présent l'essence ou l'unité simple de l'étant, mais seulement comme réalité pensante, toutefois elle n'est telle que si conscience de soi et être sont la même chose, mais non en termes comparatifs, mais en soi et pour soi. » (160, 7 *sq.* ; L. 180). La catégorie ou manière de juger les choses était chez Aristote la fonction du pouvoir de juger et le jugement portait de manière indéterminée sur les choses ou substances regardées tantôt *suivant* la quantité, tantôt selon la qualité, etc. Le bon idéalisme transcendantal consiste donc à constituer les choses en partant de la catégorie comme essence des choses. « Seul le mauvais idéalisme unilatéral fait réapparaître d'un côté cette unité comme conscience et par ailleurs un *en soi* face à elle ». L'interprétation de *Foi et savoir* est intégralement maintenue. Selon Hegel, Kant retombe dans un idéalisme d'entendement qui pose les choses d'un côté et finit par les unifier dans l'objet transcendantal = X et qui d'autre part contracte le « Je pense » dans un point d'égoïté qui leur est opposé et dont les catégories ne sont plus que les formes d'appréhension des phénomènes émanant de l'objet transcendantal = X. Mais de façon plus générale, à cette difficulté de principe s'en ajoute une autre. Kant avait loué Aristote, un esprit digne et pénétrant, d'avoir entrepris de recenser les catégories, mais avait souligné son échec dû au fait qu'il ne distinguait pas les intuitions et les concepts. Or Kant faire pire, si l'on ose dire, dans la mesure où, coupées du Moi transcendantal en lequel elles devraient s'ancrer, elles le sont aussi de l'expérience, si bien que leur diversité est inconcevable. La diversité des catégories est le témoignage que le niveau épistémologique atteint ne dépasse pas celui de la pure assurance, mais aussi que la diversité en tant que telle, c'est-à-dire l'autre de la conscience de soi, est intérieure à l'Intérieur comme conscience de soi. Dès lors, le reproche adressé à Aristote par Kant : à savoir que les catégories dans leur diversité seraient quelque chose de *trouvé*, se retourne contre Kant lui-même [1], et Hegel met en cause

1. Hegel pourrait ajouter que le sujet connaissant est lui-même quelque chose de trouvé par le sujet philosophant. Fichte a vu la difficulté et tenté d'y répondre.

la déduction métaphysique – où les catégories sont dérivées de la table des jugements (le jugement étant, selon Kant, l'acte qui résume toute la pensée). C'est là, précise Hegel, une injure faite à la science (160-161). Fichte échappera à ce reproche dans la mesure même où il présentera à partir du Moi une déduction génétique des catégories. Cependant, savoir si Hegel a repéré cette dérivation génétique, c'est une tout autre affaire et les *Leçons* sur *L'histoire de la philosophie* ne sont guère encourageantes. Car il faut poursuivre la critique. Si la diversité ne peut être déduite, il ne peut être question de « choses » ; « c'est-à-dire de quelque chose qui serait pour la conscience uniquement le négatif d'elle-même » (161, 7). Le texte est peu clair – non pas que Hegel écrive confusément, mais il semble hésiter à tirer la conséquence qui est au moins le *nihilisme* au sens de Jacobi : la raison n'est qu'un gouffre qui s'engloutit lui-même. Il poursuit donc : « Les catégories dans leur multiplicité sont des *espèces* de la pure catégorie signifie par conséquent : elle est encore leur genre ou *essence* et ne leur est pas opposée ». La multiplicité ne sombre pas dans le néant parce que la conscience de soi se rapporte à ses catégories comme à sa diversité dont elle est le genre.

Toutefois ces catégories sont déjà la dualité (*Zweideutige*) qui en même temps a en soi l'être-autre par rapport à la pure catégorie dans sa diversité. Dire « les catégories » c'est affirmer la pluralité contre l'unité. Hegel souligne : « Elles la contredisent par cette pluralité en fait et la pure unité doit les abolir en soi, par où elle se constitue comme *unité négative* des différences. Mais en tant qu'unité *négative* elle exclut aussi bien de soi la *différence* ». Le Moi transcendantal abolit en soi donc les différences en tant que première immédiate et pure unité, et la conscience de soi se pose comme *singularité* [par opposition à la pluralité] – « nouvelle catégorie qui est conscience excluante ; je veux dire savoir qu'un autre est pour elle. Cette singularité est son passage à une réalité *extérieure ;* le *schème* pur, lequel est tout aussi bien conscience qu'il est aussi par le fait même qu'il est singularité, l'unité exclusive, le renvoi à autre chose » (161, 14). Dans la mesure où c'est l'idéalisme transcendantal de Kant qui est visé, l'introduction de la notion de schème, comme résultat de la définition de la catégorie d'une part et des catégories d'autre part, doit retenir l'attention : elle caractérise non seulement la couleur de l'intentionalité en tant qu'ouverture à l'étant, mais encore le principe de l'*ontologie*. Car si l'ontologie est bien la science de l'étant en tant qu'être et non la *Prima ontologia*, Hegel discute *ici* du statut de l'ontologie et nous dit qu'en somme son statut est celui du réalisme vulgaire [pendant effectif de l'idéalisme transcendantal] quelles que soient les corrections qu'on y puisse apporter. Nous sommes aux antipodes de la pensée de Heidegger. Seulement Hegel ajoute une précision : les relations *pure essentialité* et *pure essence* sont des catégories méta-catégoriales qui permettent de penser les catégories, qui relèvent de la science de la logique, en laquelle se trouve dès lors déjà résolu l'irritant problème du sujet philosophique issu de Kant. Cependant Hegel se refuse à aller plus loin. Anticiper sur les démonstrations lui a toujours paru de mauvaise méthode, et mathématiquement parlant Hegel n'est pas l'homme de l'analyse (qui consiste à considérer le problème comme résolu et à se demander ensuite à quelles conditions il peut l'être), mais plutôt celui de la synthèse (au sens cartésien). Il ne consent qu'à affirmer que la logique méta-catégoriale suit le même chemin que la logique catégoriale : c'est un défilé des notions où la première envisagée se réfléchit dans la dernière examinée qui l'abolit.

Pourtant, même si l'on ne rentre pas dans le détail catégorial, on peut observer que « nous voyons ici la conscience pure posée d'une double façon : une première fois comme le *va-et-vient* inquiet qui parcourt tous ses moments, et voit planer en eux un fantôme d'être-autre qui s'abolit quand on l'attrape (L. 181) ; et ensuite, au contraire comme la *tranquille unité* certaine de sa vérité » (161, ad fin). *Unruhig – Ruhig*. Tel est le double aspect sous lequel apparaît la conscience pure. Donc d'un côté la conscience de soi active, qui « parcourt tous les moments » (162, 2) et voit les phénomènes s'échapper tels des fantômes, qui se dérobent quand on les attrape – et par là l'idéalisme transcendantal rejoint l'idéalisme formel ; et de l'autre côté le Moi pur en sa tranquillité (repos) qui plane identique à lui-même sur le fleuve compact de tout ce qui forme la différence, mais là encore, perdant ce que Fichte nommera son « agilité », pure forme vide, le Moi sans différence s'abîme du transcendantal dans le formel. Hegel exprime ainsi cette figure : « Pour cette unité chaque mouvement est *l'autre* ». Donc d'une part la conscience est le « chercher » allant de-ci de-là, et d'autre part elle est la catégorie simple et l'objet est le mouvement des différences. « Mais la conscience en tant qu'essence (*Wesen*) est cet écoulement lui-même tout entier, dans lequel elle passe de soi, comme catégorie simple, dans la singularité et l'objet et contemple chez celui-ci ce parcours, l'abolit en ce qu'il est distinct, et se l'*approprie*, et s'énonce comme cette certitude d'être toute réalité, d'être aussi bien elle-même que son objet » (162, 11 *sq.*). Il ne faut pas négliger cette réflexion : il y a une véritable lecture du mouvement transcendantal : celle où le mouvement [des phénomènes] est intégré à l'identité du Moi pur qui dans sa réflexion sur l'objet se l'approprie, si bien qu'être et mouvement coïncident.

Il demeure « que la première assertion de la raison » est celle d'être tout : simple mot abstrait et vide. En effet « la certitude d'être toute réalité est seulement la pure catégorie ». Cette première raison se reconnaissant dans l'objet exprime l'idéalisme vide, qui n'appréhende la raison que telle qu'elle est d'abord à ses propre yeux et s'imagine qu'en montrant dans tout être ce pur *Mien* de la conscience, et énonçant les choses comme des sensations et des représentations, il l'a désigné comme une réalité achevée. Pure catégorie – par un « renversement dialectique » elle fonde un empirisme absolu, seul capable de lui donner un contenu. En effet pour l'*accomplissement du Mien vide,* la raison a besoin d'une impulsion étrangère (l'*Anstoss* chez Fichte selon la lecture hégélienne) en laquelle résiderait seule la multiplicité du sentir. C'est pourquoi – comme on le voit dans la *Bestimmung des Menschen* – cet idéalisme devient un double sens qui se contredit tout autant que le scepticisme – avec cette différence que lui s'exprime positivement, tandis que le scepticisme le fait négativement –, sans parvenir mieux que lui à rassembler ses pensées contradictoires concernant d'une part la conscience pure comme étant toute réalité et d'autre part l'impulsion étrangère et ce qui en suit, et se balance de l'une à l'autre, finissant dans la mauvaise infinité où chaque moment s'efface dans le précédent (162). « Dès lors que la raison est toute réalité dans la signification du *Mien* abstrait [la relation est considérée selon la logique de l'avoir] et que pour celui-ci l'*autre* est quelque chose d'*étranger et indifférent,* le savoir que la raison possède d'un autre qui y est posé est précisément celui qui se présentait comme *le point de vue intime, le percevoir* et comme l'*entendement* apréhendant l'estimé et le perçu » (163). « De ce genre de savoir le concept de cet idéalisme [1] lui-même affirme qu'il n'est pas un vrai savoir, car seule l'unité de l'aperception est un vrai savoir (Moi = Moi) ». La raison pure de cet idéalisme, pour parvenir à cet *autre* qui lui est essentiel, c'est-à-dire qui est l'En-soi, mais qu'elle ne possède pas en elle-même, est donc renvoyée par elle-même à ce genre de savoir qui n'est pas savoir du vrai ; elle se condamne donc délibérément et volontairement à un savoir non vrai. La conscience « se trouve dans la contradiction immédiate [non dialectique] qui consiste à affirmer comme étant l'essence quelque chose qui est double [pas les jugements portés sur elle] et tout bonnement antagonique, c'est-à-dire à affirmer d'une part l'*unité de l'aperception* et à affirmer tout aussi bien la chose, qui, quel que soit le nom qu'on lui donne, *impulsion étrangère* (L. 182), essence *empirique*, ou *sensibilité,* ou encore *chose en soi*, demeure dans son concept la même chose étrangère à cette unité » (163). Tout ceci centré sur l'idée d'impulsion étrangère montre que dans le fond Hegel n'enregistre aucun progrès de Kant à Fichte.

Cet idéalisme, dit en conclusion Hegel, se trouve en contradiction parce qu'il affirme comme étant le vrai le *concept abstrait* de la raison, et alors que la raison est censée être toute réalité, il lui faut pour concrétiser ce « toute réalité » faire appel à un autre issu d'une impulsion étrangère. Mais enfin la raison a défini sa tâche : remplir ce *Mien abstrait* par où elle entend se posséder.

1. Allusion possible à l'écrit de Fichte, *Ueber den Begriff der Wissenschaftslehre.*

PHÉNOMÉNOLOGIE DE L'ESPRIT - VI

LA RAISON OBSERVANTE (164)

Nous allons pénétrer dans la partie la plus vieillie de la *Phénoménologie de l'Esprit* comme théorie de la culture. Nous y rencontrerons par exemple la physiognomonie de « Lavater », la phrénologie de « Gall », qui ne sont pas des disciplines à nos yeux, mais des fantaisies fanées dont on trouve cependant la critique dans cette section de l'œuvre de Hegel. L'introduction est peu satisfaisante : « Cette conscience, pour laquelle l'*être* a la signification du *mien,* nous la voyons retourner dans l'opiner (*in das Meinen*) et dans le percevoir (*Wahrnehmen*) ». Du « Soi » nous repassons au « Mien » ou de la « substance » à ses attributs. De même Descartes : « Mais, moi qui suis, que suis-je ? » Plus nettement exprimé : si le ***« Soi »*** était jusqu'à présent certitude de soi, il devient depuis son cheminement, certitude « de son être autre », je veux dire de son mien comme certitude de ce qui lui appartient. La nature est devenue un attribut, non en un sens cartésien certes – mais dans un rapport d'appartenance. Ce rapport était méconnu jusqu'à présent, mais avec la raison, ayant vu s'abolir les différentes relations – la certitude sensible, la perception et ses illusions, etc.) – le champ du Moi s'étend à la nature et dans le « *Sien »,* qui dépasse les étapes précédentes, il va découvrir sa vérité en un sens plus élevé. Les différents moments jusque là approfondis subiront de nouveau une analyse en profondeur et pour montrer l'étendue de l'enquête, à la conscience malheureuse succédera l'étude du « cours du monde » et des lois.

« La conscience observe » ; elle scrute son horizon – elle veut se trouver, s'avoir elle-même (164, 37 ; L. 184) ; elle veut se posséder comme cet objet qui « est » et cela « de manière *effective, sous la forme sensible* ». Ce n'est pas d'elle-même que cette raison prétend faire l'expérience, mais au contraire de *l'essence des choses en tant que chose* (165, 1-3). La conscience pro-pose une objection. Le « Soi » dit cela parce qu'il EST raison, mais que la raison n'est pas pour elle encore un objet. Ici débutent les litanies de Hegel destinées à nous faire sentir combien long est le chemin : « Si la raison savait qu'elle est la même essence des choses et de soi-même [...] si elle savait que cette raison ne peut avoir de présence que dans la conscience, *elle descendrait alors dans ses propres profondeurs et la chercherait là plutôt que dans les choses* ». Si elle l'y avait trouvée, celle-ci en serait renvoyée dans l'effectivité là plutôt que dans les choses afin d'y contempler son expression sensible, mais la prendrait essentiellement comme *concept*. Mais la conscience d'être toute réalité entraîne la conscience dans d'infinis dédales : qu'on en juge en son début : la conscience – qui a oublié son chemin – prend sa réalité au sens de l'*immédiateté* de l'être. De même le *Cogito* cartésien juxtapose plus qu'il ne synthétise l'être et la pensée, si bien que les moments *Être* et *Je* sont méconnus. Deux remarques seront les bienvenues. Il y a *culture* parce que dans l'amphibologie de la rationalité (reconnaître comme concept ce qui n'est que sensible) qui va jusqu'à transformer la pensée en pensée (l'*ego* en *vous*), la conscience suit son chemin. Mais dans ce chemin il advient que le « Soi » reconnaisse en sa vérité la chose, tandis que *nous* le reconnaissons comme *connaissance*. Dans une brève phrase Hegel indique le mouvement de la démarche. Le but du philosophe est l'observation de la raison observante en acte ; sont considérées la sphère de la nature – puis celle de l'esprit, enfin leur entrelacement.

A – L'OBSERVATION DE LA NATURE (166)

Lorsque la conscience vide dit que l'observation et l'expérimentation sont les sources de la vérité, on croirait entendre dire qu'il s'agit seulement du goût, de l'odorat, du toucher, etc. Seulement on voit bien que cela ne suffit pas. Les objets sont quotidiens, *sans sens authentique* et nous n'y prêtons pas attention. Que ce canif se trouve à côté de cette tabatière n'a aucune *importance*. Cependant dans son *contexte* l'assemblage de ces fleurs forme un universel, ces tournesols de Van Gogh. En d'autres termes « le perçu doit avoir au moins l'importance et la signification d'un *universel* et non d'un *ceci sensible* » (166, 15 ; L. 185).

En opposition au *ceci sensible*, l'universel possède d'abord la qualité d'être *ce qui reste identique à soi* (L. 185). Le plus souvent on lit cette identité à travers la structure de l'objet esthétique qui est un *sens* opposé à la dérive sensible de l'odorat par exemple. Cependant ce qui s'esquisse dans l'unité universelle, c'est bien plutôt l'Idée platonicienne[1], visée comme sens (*Sinn*). D'emblée nous voici réinsérés dans la problématique

1. AP. *Leçons platoniciennes* (théorie de la réminiscence).

de la *Phénoménologie de l'Esprit* comme *unité* de l'*être* et du *sens* [1]. L'Idée reste identique à soi, elle est l'identique retour de l'acte et c'est à la conscience de prendre sur soi ce mouvement propre (166, 21). Pour obscure qu'elle puisse paraître, appuyée sur l'histoire de la philosophie, la pensée de Hegel est correcte. Les Anciens voyaient dans le mouvement circulaire, éternel retour à soi, le mouvement par excellence, et l'Idée se donnait ainsi à la conscience qui la soutenait. Hegel précise : si la conscience n'est pas encore l'entendement *(der Verstand)* de cet universel, du moins doit-elle en être la mémoire (*Gedächtniss*), l'anamnésis. Faut-il aller plus loin ? Certes, mais en s'écartant des Anciens. Qu'a donc fait la raison observante ? Elle s'est immédiatement affranchie du *ceci sensible,* puis s'est déliée de l'Idée qui demeure Forme abstraite et transcendante. Il s'ensuit qu'il ne faut pas seulement chercher le mouvement dans la pensée, mais dans son mouvement effectif. Toutefois l'observation ne connaît pas de limites : du métal que constitue l'or, elle va à l'argent, au cuivre et à l'étain dont l'alliage donne le bronze et mille particularités chimiques. Interviennent alors les principes régulateurs de *genre* et d'*espèce.* La raison ressemble à un instinct toujours sur la brêche (L. 186) et un horizon infini (167, 11) s'ouvre à l'observation. Hegel se montre soudainement fort prudent. Cet horizon infini pourrait bien être *die Schranke der Natur* (Comparez, Enc. d. ph. *Wissenschaften*, 256) (167, 16). Ce qui, par exemple, semble une connexion s'avère être une coïncidence. Et sans doute la visée de la conscience consiste-t-elle à séparer l'*essentiel* et l'*inessentiel*, cependant dans son opération abstraction et connexion passent l'une dans l'autre, si bien que ce qui est nécessaire pour l'esprit ne l'est pas pour les choses (167, 35). Au moins dans ce tourbillon dialectique un moment semble-t-il stable : « [...] ce qui fait l'individu, c'est que, dans le rapport à autre chose, il se conserve. Ce qui n'est pas capable de conservation se dissout ».

Il y a des systèmes où les éléments demeurent universellement identiques à soi. L'identité est présente dans le connu et dans la connaissance. Hegel décrit longuement ce processus, sa seule fin étant de montrer comment la simple observation peut être déstabilisée. Nul doute que le développement ne vise Schelling qui aboutit à des confusions que ménagent de hardies transitions. Nul doute aussi que Hegel ne soit embarrassé par la méthodologie des sciences de la nature. Nul doute enfin qu'il ne s'agisse de la plaie béante par où le système, affronté à la borne de la nature, a fini par se désagréger. On ne manquera pas d'observer que dès ces premières pages, Hegel agit comme si l'on pouvait *de son temps* négliger l'intervention des mathématiques transcendantes dans les sciences de la nature. Nous avons développé dans le précédent volume la critique

1. L'esprit est « sens », mais le diabolique ?

hégélienne des sciences mathématiques immanentes en vue de produire cette prise de position. Et, en effet, rien n'autorise à découvrir en ces pages le fondement de la physique mathématique. Hegel avait bien débuté : *on n'observe pas n'importe quoi*. L'objet de l'observation est l'*universel*, mais qu'est l'universel ? Hegel sans s'expliquer davantage juxtapose *genre* et *loi*. Or les genres sont avant tout des déterminités de la vie, tandis que les *lois* sont des structures mathématiques[1]. Pour la conscience observante, selon Hegel, il y a d'un côté les genres (spécifiés par des caractères distinctifs, la griffe du lion) et, de l'autre, les lois, qui fusionnent dans le *concept*, lequel (168) d'un autre côté soulève une question : « à savoir si ce qui est l'essentiel et le nécessaire pour la *connaissance*, l'est aussi *dans les choses* ». Hegel cherche à éclairer sa pensée en soulignant des relations que dévoile la raison comme instinct, et qui presque toutes relèvent du monde animal et végétal. Ici se dégage une perspective à demi intéressante pour la *Phénoménologie de l'Esprit* (L. 190). Les objets de la raison « *observante* » seraient les moments essentiels de la réalité organique comme nous avons coutume de le dire (170), du monde organisé. De ce point de vue, le texte de Hegel gagne en cohérence : il y a, au fond, les lois mathématiques dont il ne parle pas, puis le végétal qui émerge dans la sphère de l'individualité (168, 27), ensuite l'animal et enfin l'homme. Rien de plus commun – ici toutefois apparaît le souci encyclopédique de la Phénoménologie qui conduit Hegel à approfondir et à reprendre les déterminations en les élargissant, mais aussi – inévitablement – en perdant en profondeur. Dès lors on peut se poser la question de savoir si ce souci encyclopédique ne trouble pas la belle ordonnance du discours philosophique. Hegel répondrait que son but est de faire surgir le « *Vernunftinstinkt* », de déterminer plus précisément qu'il ne l'a fait jusqu'ici la raison en la montrant à présent *observant le monde* comme un être avisé le peut faire. Aussi « *aux yeux de la conscience observante* la vérité de la loi *est dans l'expérience* […] ». Cependant, si la loi n'a pas sa vérité dans le concept, elle est quelque chose de contingent. Il s'agit de la doctrine kantienne : la synthèse (loi) doit trouver sa vérité dans l'expérience, mais si elle ne se rapporte pas en même temps au concept (au « Je pense »), elle est quelque chose de contingent. L'intervention (discrète) de la doctrine kantienne fonde des strates d'objectivité où la certitude de la raison d'être toute réalité se *réalise* effectivement, tandis que le monde s'élabore : « […] la raison est précisément cette certitude d'avoir de la réalité, et ce qui n'a pas pour la conscience le statut d'étant-propre (*Selbstwesen*), c'est-à-dire, ce qui

1. La raison peut avoir *raison* contre l'expérience comme le montra l'expérience de la Tour de Pise. Plus ou moins freinés par la résistance de l'air, les corps ne tombent pas à la même vitesse ainsi qu'il en irait s'ils tombaient dans le vide.

n'apparaît pas, n'est rien du tout pour elle » (170, 29-31). Il demeure étonnant que Hegel ait conservé l'ancienne tradition suivant laquelle la conscience était le sommet d'une hiérarchie des êtres, déterminée par la plus ou moins grande complication des organes, et ordonné le réel selon le rapport du simple élémentaire et du complexe déterminé. Plus énigmatique encore demeure le fait que Hegel ait cru concevable une *physique sans équations*. Certes il définit correctement l'*analogie* et la *probabilité ;* cette dernière, par exemple, anticipe bien la loi ou le concept en son universalité – mais mille probabilités ne font pas encore une loi, ce que fait « *une seule expérience conduite avec succès* » tandis que la probabilité la plus persuasive n'est « rien à l'égard de la vérité » (171, 16). Mais cette pensée est simplement de bon sens. Whewell sera plus pénétrant dans sa résolution du problème de l'induction. Plus obscurs sont les propos de Hegel sur la *pesanteur*. Certains ont voulu y voir un retour aux *qualités occultes*. Ce qui est vrai, c'est que Hegel, guidé par l'instinct rationnel, considérant que la loi [...] *des choses* est en soi concept (*Begriff*), pense que l'esprit, sans le savoir, procède à la purification de la loi et de ses moments pour les élever à la forme conceptuelle. Cependant encore une fois le travail de l'esprit n'est pas mathématique et l'on se trouve devant l'alternative : *chimie ou alchimie – essais ou (expérimentations)* traduit J. Hyppolite. Les exemples choisis par Hegel, à moins qu'ils ne servent d'éléments pour éclairer sa démarche, doivent être jetés avec pertes et fracas par la fenêtre. Disons seulement que ces moments ne sont « trouvés [...] que comme universels; et c'est la raison pour laquelle en fonction de cette autonomie, on leur donne le nom de *matières* [...] et on se garde bien d'appeler corps l'oxygène, la chaleur, etc. » (173, 1-3 ; L. 192). Il ne reste qu'à donner la définition de la matière « (qui) n'est pas une chose *existante*, mais l'être en tant qu'*universel, ou sur le* mode du concept. La raison qui est encore instinct fait cette différence juste, sans la conscience que, en expérimentant la loi sur tout l'être sensible, elle abolit par là même précisément l'être seulement sensible de la loi, et qu'en appréhendant ses moments comme *matières*, leur essentialité est devenue pour la loi l'universel et est énoncée dans cette expression comme un sensible, non sensible, comme un être incorporel et cependant objectif » (173, 4 *sq.*).

Le texte de Hegel est ambigü. Pris en lui-même il peut suggérer aussi bien une critique de la *materia prima* sur laquelle viennent *sans nécessité* se « coller » les prédicats, qu'une thèse suivant laquelle la physique est perdue avant d'avoir débuté, nulle connexion synthétique ne pouvant être dégagée. C'est, en effet, ce qui vide de toute pertinence la physique aristotélicienne : non seulement elle confond pour nous genres et lois, mais encore n'établit aucune relation synthétique : ainsi l'œuf (substance) est jaune parce qu'il est jaune. Il est possible que Hegel n'ait pas voulu insister sur ce point en raison des polémiques farouches sur le statut de la matière. Il a repris la définition de la matière : c'est la substance invisible qui est sous les prédicats et en ce sens elle est concept. Mais il a distingué la réalité organique qu'il en fait surgir par une dialectique assez verbale (173). Il va de soi que les éléments de physique spéculative (l'acide par exemple) chez Hegel ne possèdent aucune pertinence. Il n'est pas facile de dégager une vérité d'une erreur, et le concept de *réalité organique* est affecté par le précédent concept. Hegel le définit en ces termes : « L'*organique* est un objet de ce genre, qui a chez soi le procès dans la simplicité du concept » (173, 28 *sq.*). Tandis que « l'instinct rationnel » (*Vernunftinstinkt*) considère les moments *partes extra partes,* il regarde « l'absolue fluidité » de l'organisme qui lui interdit de se figer dans une déterminité. Ces pages où Hegel justifie le fait que des « animaux terrestres [...] ont les caractères essentiels d'un oiseau » (175, 20) montrent qu'il adhérait encore dans une certaine mesure au dogme de la constance des espèces : on peut tenir un discours *a priori* sur le monde animal. Il faudra attendre – dans un autre domaine – Michelet pour que le philosophe apprenne à regarder dans un microscope.

Hegel pour son bonheur et le nôtre n'a pas mélangé les choses et fait de la réalité organique le modèle de l'État. Hölderlin, Fichte, Schelling ne se sont que trop avancés. Hegel au moins a évité l'analogie directe et pauvre. Il va même plus loin : « L'organique ne produit pas quelque chose, mais *ne fait que conserver*, ou encore, ce qui est produit est tout aussi déjà présent que produit. » (175, 39). Tous ces rapports, toutes ces relations sont l'objet d'une *Aufhebung*. Mais Hegel, il faut bien le dire, en accolant ces deux mots que Bergson séparera : *instinct* et *raison*, introduit une doctrine unitaire qui méritait d'être revue. Il a senti le danger (176 ; L. 177), mais ne possédait pas les armes scientifiques (pas même la *Philosophie zoologique* de Lamarck, 1808) capables de constituer une parade digne de ce nom. Cependant à ce problème *interne* (l'idée de la raison) s'en sur-imposait un autre qui pour ainsi dire le teintait de sang, je veux dire la relation de la « Natur » et du « Geist ». C'est ici que Feuerbach et Marx ont cru pouvoir trancher, comme si l'on pouvait établir à tous les niveaux une connexion entre la nature et le Logos. Et si l'on rapproche *raison* et *logos*, pour quelle raison négligera-t-on de borner les exigences du dualisme ? Le nom de *Schelling* danse devant nos yeux, et c'est tout dire.

Hegel a tenté de sauver la conscience de soi. « L'instinct de l'animal cherche et consomme la nourriture, mais n'en sort rien d'autre que soi-même [1] ». L'instinct assouvi se reproduit ; « l'instinct de raison ne trouve dans sa recherche que la raison elle-même ». Si l'on ne progresse pas, on ne

1. C'est la reproduction ordinaire au sens de Blumenbach.

rétrograde pas non plus. Hegel affine son concept (177, 1 *sq.*), mais d'une part, chose étrange, il ne s'élève pas à un progrès des êtres, et d'autre part ne semble pas voir les progrès des *Kritische Schriften,* dont l'antique « *Triplizität* » des pythagoriciens. Dans le fond si les passages concernant l'organisme sont si décevants, cela tient en partie à ce qu'il se place dans une analyse conceptuelle achevée – qui dépose l'un en dehors de l'autre les moments finalisés – et en partie aussi dans le fait qu'il demeure un théologien regardant toutes choses *sub specie aeternitatis.* Dans le paragraphe suivant (177, 13 *sq.*), Hegel introduit une thèse à première vue étrange : « Tout aussi bien c'est chose nécessaire pour la raison d'intuitionner son propre concept comme tombant en dehors d'elle, c'est-à-dire comme chose ». On sortira de la difficulté en disant que la raison ne peut se saisir que dans ses œuvres. A une condition cependant : que les tâches ne soient pas seulement matérielles, mais spirituelles. Replacé dans son siècle, Hegel nous apparaît comme un théologien de première force. Il suffit de comparer sa démarche à celle de Mendelssohn, pour en saisir la profondeur. Sans doute comme tous les autres il utilise le concept de finalité pour réconcilier la « Natur » et le « Geist ». Mais l'esprit de la démarche est rigoureusement transcendantal et porte sur des essences comme conditions de possibilité.

« Ce qui de ce point de vue, revient à l'organique proprement dit, c'est l'activité qui coupe la position médiane interne entre son premier et son dernier moment, dans la msure où elle a chez elle le caractère de singularité » (177). Si nous outrepassons la pensée de Hegel, nous dirons que l'organisme est une totalité de la tête à la queue et aussi de la première respiration au dernier souffle. Il y avait bien un obstacle interdisant d'élaborer une théologie organique spéculative. Et c'était la totalité organique elle-même prise certes dans la chaîne – presqu'au sens de Pope – mais signifiant par son être en soi pour soi une béance dans le mouvement de la nature comprise dialectiquement. Hegel n'a pas exploité les avantages que lui procurait son concept de fin, et trop souvent l'ombre de Schelling semble planer sur le débat. Pour lester son propos, Hegel reprend sans y changer vraiment quoi que ce soit les définitions comprises dans le *Handbuch der Naturgeschichte* de Blumenbach. Il souligne la dualité de la reproduction ou bien extra-ordinaire (cicatrisation) ou bien ordinaire (reproduction proprement dite) (180, 29 *sq.*). On remarquera bien comment dans ses trois moments (sensibilité, irritabilité, reproduction), l'individu demeure ouvert sur l'espèce. Ainsi dans la reproduction ordinaire, l'acte de l'espèce est l'acte de l'individu et il y a là une constante, qui est supposée par le pur phénomène biologique, sans qu'il soit indispensable pour la découvrir de recourir à des doctrines évolutives. Ce qui ne laisse pas d'être gênant ici est le fait que Hegel répète des choses que tout le monde sait (à commencer par Kant) dans un langage inutilement compliqué, et de plus on ne voit pas dans une *Critique de la culture* la nécessité des énoncés de base de la philosophie biologique. Mais Hegel veut quand même apporter un élément nouveau : les moments de l'organisme sont des *lois – nullement des morceaux épars et coagulés par on ne sait quel miracle.* « Les lois caractéristiques de l'organique concernent en conséquence un rapport des moments organiques dans leur double signification, d'un côté comme partie de la configuration organique, de l'autre comme fluidité universelle qui traverse tous ces systèmes » (181, 17). « Les lois caractéristiques de l'organique [donc] concernent en conséquence le rapport des moments organiques dans leur double signication selon laquelle ils sont, premièrement une *partie* de la *configuration* organique et, deuxièmement, détermination *finale universelle* qui traverse tous ces systèmes » (181, 16 *sq.*). Soit, par exemple, la blessure au doigt, en voie de guérison, est la mobilisation de tous les moments de l'organisation (*eine bestimmte Sensibilität als Moment des ganzen Organismus).* – Hegel fait intervenir les notions d'extérieur et d'intérieur, mais toujours préoccupé par Schelling, il déclare que « la notion de lois de cette espèce s'avère n'avoir point de vérité » (179-181 *sq.*). La difficulté dans cette section de l'œuvre de Hegel relève du fait qu'il trace une limite indécise entre *morphologie* et *anatomie.* Parfois il y a interpénétration ; le doigt brûlé tend à retrouver sa configuration (*Gestaltung*) – parfois aussi il n'y a aucun rapport. Hegel convient que la source des rapports de qualitative peut devenir quantitative : « sensibilité et irritabilité sont en grandeur inversement proportionnelles ». Convenons-en : ces pages de Hegel ont énormément vieilli. Il n'y a pas grand'chose à sauver (L. 195). Par exemple les strates que Hegel discerne dans l'organique (la conscience s'élève à la loi, puis au concept de la loi, et trouve ce concept comme un nouveau genre d'objets, allant ainsi d'une simple loi à un rapport de déterminités), dépendent plutôt de la logique générale que transcendantale. Il y a même des trivialités auxquelles Hegel ne nous avait pas habitués : l'organique est ce qui « se conserve par soi-même ».

Dans la course à une physique pure, Schelling et Hegel se sont séparés : le premier, par la théorie des puissances, remaniement des travaux de Kielmeyer, introduisait le *nombre* et s'inspirait de la doctrine aristotélicienne – Hegel, en revanche, sans se démarquer franchement d'Aristote, tendait vers une physique *qualitative.* Il regardait le moment quantitatif comme arbitraire : « La même chose que tel prend pour une sensibilié élevée, tel autre pourra la considérer comme irritabilité élevée et comme irritabilité *de même niveau* » (182, 36 ; L. 199). Nous retrouvons la critique de la mathématique immanente développée dans la Préface. Ni l'une, ni l'autre de ces deux orientations ne devait subsister. Hegel a développé longuement la critique de Schelling, sans doute à tort : il n'a pas fait confiance au seul mouvement de la raison pour que s'écroule ce monument d'insanités. Il a relevé notamment des propositions tautologiques : « De même que le trou et ce qui le remplit et qu'on retire sont qualitativement opposés, mais sont, comme la réalité de ces deux termes et comme la grandeur déterminée de celle-ci dans chacun d'eux, une seule et même chose, et que leur opposition vide de signification débouche sur une tautologie, et que pareillement l'augmentation de la grandeur et la diminution de la petitesse sont la même chose, de même les moments organiques sont-ils également inséparables dans leur existence réelle et dans leur grandeur, qui est celle de cette existence réelle » (183).

En un sens Hegel a raison, mais il n'en a pas conscience. L'intelligence, selon Bergson, au langage (et à la mathématique) liée, ne peut parvenir qu'à une expression tautologique de la réalité, qu'elle entreprend de *saisir* dans des formules qui expriment la quantité de la chose, non sa qualité. On voit quels bénéfices Hegel pourrait tirer de cette critique. Mais d'un point de vue *méthodique* en histoire de la philosophie une telle perspective ne saurait être reçue. Hegel est embarrassé moins par Schelling peut-être que par Kant. C'est que, dans la IIe partie de la *Critique de la faculté de juger*, Kant, avec raison, a moins voulu établir des *lois téléologiques* que décrire les structures de l'organisme et il a accompli l'essentiel du travail positif que M. Merleau-Ponty reprendra dans *La structure du comportement*. J. Hyppolite a cru pouvoir résoudre le problème en écrivant : « La finalité est bien l'essence de l'organique, mais la raison observante ne peut saisir cette finalité immanente ; elle s'engage alors dans une distinction qui n'en est pas une et sépare la *finalité même* de l'*être organique réel.* » (I, 217). Les lois, en fait, nous donnent à connaître la grande influence (du milieu), et il en résulte qu'on ne sait pas ce qui appartient proprement à cette influence et ce qui ne lui appartient pas. Hegel poursuit ces pages qui ont dû beaucoup lui coûter. Il convient d'entrevoir le principe de sa dialectique pour en mesurer l'ambiguïté. Si nous choisissons de nous en tenir au niveau de la déduction transcendantale de l'organisme dans la *Critique de la faculté de juger* (§ 64-65), nous trouverons la plante qui, susceptible d'être universellement greffée, a pour limites idéales l'individu et le genre. Dans la *Ienaer-Realphilosophie*, Hegel, examinant l'organisme, écrit : « Die Planze [...] ist die individuelle Gattung » (PHB, Bd. 67, 123). Il n'y a pas lieu de se moquer, mais il est clair que la philosophie biologique de Hegel repose sur des postulats qui ne sont plus reçus. Nous disons (comme avant) : la plante est un individu qui *représente* l'espèce. Mais si comme le voudrait en un sens Hegel à propos de la plante, l'individu est bien l'espèce, alors le concept de vie est entièrement donné et épuise toutes ses déterminations. La difficulté pour Hegel est moins d'élargir (comme Schelling) le concept de vie que de le restreindre. Et c'est la raison pour laquelle (entre autres) il pourchasse les propositions tautologiques. On fera observer que le dépouillant des énoncés tautologiques, Hegel cerne peu à peu le concept de vie. Il ferait remarquer au demeurant que ce mouvement est le seul compatible avec l'idée d'une *raison observante en mouvement*, si bien que sa faiblesse se trouve être sa force et réciproquement. Dans la *Phénoménologie de l'Esprit*, sans parvenir à se dégager du mouvement de la *Jenaer Realphilosophie*, il atteint à propos des notions de sensibilité, d'irritabilité, de reproduction même la notion de *limite*. Naturellement de graves difficultés attendent Hegel : combien faut-il d'exemples de tautologies ? comment distinguer la tautologie scientifique de celle qui est commune ? « Que l'animal ait des muscles puissants, c'est une chose que l'*entendement* peut exprimer aussi en disant que l'animal possède une grande force *musculaire* – de même qu'une grande faiblesse peut être exprimée comme une *force minime* ». Plus profondément : faut-il réfuter Kant ? Hegel n'aime pas réfuter pour réfuter et s'en tenant à la finalité réfléchissante, il modère son propos. Un jeu de mots lui suffit pour Schelling parfois : il dit que le mot est traduit « en latin – mais en mauvais latin » (189, 30-31). Kant affectionnait les expressions latines puisées dans le langage de la scolastique – mais au moins, à défaut d'être élégant, était-ce correct ; Schelling maniait « un mauvais latin » et Hegel un bon allemand. Mais le problème de la réfutation de la philosophie kantienne n'est pas résolu par là. Il faut croire que cette théorie subira une « Aufhebung » lui permettant d'être dépassée à un niveau plus élevé.

Si l'on ajoute (189) à ces tautologies *directes* les tautologies *indirectes*, – nées des croisements qui conduisent, par exemple, la sensibilité à se recouvrir avec l'irritabilité, – il est clair qu'on ne fera que multiplier les tautologies. Ne pourrait-on s'exprimer (directement ou non, consciemment ou non) en disant qu'ici Hegel est fidèle à l'idéal kantien du jugement synthétique *a priori ?* On répliquera que la vie apparaît comme un concept synthétique dès les *Theologische Jugendschriften,* (347) qu'elle est de soi synthétique (comme l'amour) et que toute la difficulté consiste à séparer synthèse et tautologie. C'est, en effet, que rien ne ressemble davantage à une tautologie complexe qu'une simple synthèse. On sait aussi combien dans l'éthique le concept (synthétique) de législation est cher à Kant, mais tout en l'évoquant (189, 21), Hegel ne centre pas le débat sur lui.

Hegel, après quelques précisions et quelques rappels (« wie wir oben sahen », 191) entreprend de définir l'organisme. Celui-ci est d'abord rapport « à la nature inorganique » (*Realphilosohie,* 125 *sq.*). D'où l'exigence de distinguer autant qu'il se peut mécanisme et organisme. L'organisme est donc orienté vers la matière. Cependant on le trouve « réfléchi *pour soi* ». L'organisme apparaît alors comme la connexion de l'être pour soi et de la nature, dès lors posée comme un extérieur. L'extrême de la conscience de soi[1] est un infini qui reprend en soi – qui réorganise les moments de la vie, le sans-contenu qui par ce processus devient contenu. Dans cet extrême *comme négativité pure,* l'organique (*Das Organische*) possède sa liberté absolue « par quoi il est, vis-à-vis de l'être pour autre chose (*Sein für Anderes*) et vis-à-vis de la déterminité des moments de la figure, à la fois indifférent et prémuni ». Il est très probable que Hegel ait ici en vue le processus d'assimilation. « Cette liberté est en même temps liberté des moments eux-mêmes, elle est leur possibilité d'apparaître et d'être appréhendés comme *existants*, et de même qu'à l'égard d'une chose extérieure, ils y sont aussi libérés et indifférents les uns à l'égard des autres, car la *simplicité* de cette liberté est l'*être* ou leur substance simple ». La phrase de Hegel est un peu complexe. Il est toujours question de l'*organique* pensé comme organisme. Ce dernier possède des moments – dans le processus d'assimilation ceux-ci (par exemple les dents) *apparaissent* [leur possibilité d'apparaître]. La difficulté tient à ce que l'on ne sait pas si Hegel connecte dialectiquement organique, organisation, fleuve de vie – ou s'il fusionne ces différents moments. Les notions d'*extérieur* et d'*intérieur* pourraient en un sens nous aider. « L'extérieur *considéré pour soi, c'est le processus de configuration* en général, le « système de la vie » qui s'articule dans l'*élément de l'être* (dans la *Realphilosophie* Hegel décrit le mouvement de la plante, depuis la graine enfouie dans la terre jusqu'au moment de la ré-surrection). *La loi est alors une loi de développement*, et non plus une loi d'échange comme dans la dynamique. Hegel passe très vite sur l'*intérieur*, dont il a déjà caractérisé l'essence – non les modalités – dans le chapitre troisième de la *Phénoménologie de l'Esprit.* Il semble alors que Hegel parle moins de l'*organique* que de l'*organisation* et qu'il s'agit de manière générale de l'*organisation* comme *loi* d'une *figure* de l'Esprit. Leibniz n'est pas mort ! Examinant les deux côtés – l'extérieur et l'intérieur – et conférant une priorité ontologique à l'intérieur comme singularité[2] – Hegel étudiant « l'essence de la vie » (191, 40) fait de l'extérieur l'expression à « sa manière » de l'intérieur. C'est dire que la monade, simple source de vie, se manifeste dans ses attributs, par exemple la couleur. Ces indications sont précieuses ; elles montrent que Hegel ne dépasse pas la philosophie zoologique, sans toutefois, grâce au processus de l'*Aufhebung*, céder aux facilités de l'explication du supérieur par l'inférieur.

Cette explication est d'autant plus limitée qu'il faut, cette fois en se plaçant au point de vue de l'*intérieur,* comparer les deux côtés du « tout organique » (*des organischen Ganzen*). Hegel reprend de manière abrupte la

1. Sur l'intérieur comme extrême, cf. ici PHG, III.

2. Cette remarque ne peut conduire bien loin, puisque dans la dialectique hégélienne le propre des moments est de passer les uns dans les autres.

définition de l'intérieur : il s'agit du « concept, en tant qu'inquiétude de *l'abstraction » ;* tandis que le moment de l'extériorité « a pour intérieur l'universalité au repos » (192, 13 *sq.*). Nous apercevons dans cette perspective comment Hegel « traite » son objet. C'est comme un diamant que l'on pourrait tourner sous toutes ses faces et même voir du dedans : « Une revue si complète ... ». Mais Hegel nous surprend quelque peu en ne trouvant pas des lois des deux côtés. Il est vrai que cela se laisse comprendre du côté de l'inorganique. Bien considéré, celui-ci se dispose de manière totalement contingente, et pour commencer la terre en laquelle le grain tombe. La truite rejette des millions d'œufs, pour quelques alevins – mais comme l'ont dit les Anciens : *Natura non contristatur.* Il est insensé de parler d'une *économie de la nature*, et nous dirions volontiers que, plus on s'avancera dans la *Phénoménologie de l'Esprit,* plus le concept de loi subira de transformations. Ainsi donc le nombre nie la loi, mais regardé d'un autre côté la produit : « C'est lui qui est l'élément médian de la figure qui rattache la vie indétermine [le milieu] à la vie réelle effective, simple comme la première et déterminé comme la seconde ». Ce qui chez la première, l'*intérieur,* serait comme nombre, multiforme, est dans la vie qualités, couleur, etc. *Chez Hegel*, dans ces pages, la biologie se ramène à la zoologie. Bien malin serait celui qui pourrait déduire la *couleur* comme le poids. A dire la vérité on pourrait soutenir que Hegel se place en retrait de la biologie et de la zoologie dans la mesure où il fait intervenir « l'individu universel, la terre » (198). Ne redoutons pas de le dire : ces pages de Hegel appartiennent au passé de l'esprit. L'auteur de la *Phénoménologie* a cru possible un discours essentiel et *a priori* sur la vie, qui précisément y échappe. Or si l'on peut bien – sur fond d'expériences – définir, ainsi que le fit Bergson, des *orientations* dans une certaine mesure *a priori,* on ne peut déterminer les structures essentielles de la Vie. Au demeurant il y a une difficulté considérable : la Vie n'est jamais conscience de soi ; c'est dans l'*individu* seulement qu'elle atteint la conscience de soi. Pourquoi le syllogisme inverse ne serait-il pas constitutif ? (215). De plus quel rôle jouerait l'espèce (Art) entre la Vie et l'individu ? (L. 215). Là encore Hegel repère un syllogisme ; mais aucun syllogisme ne lui donnera le mouvement. Certes on peut bien, considérant le syllogisme, parler d'un mouvement des différences. Toutefois ce mouvement suppose l'action d'un individu qui n'appartient pas immédiatement à la Vie, considérée en son ensemble, et c'est la Terre. Quoi qu'on dise et quoi qu'on fasse, Hegel semble avoir fait fausse route dans la *Phénoménologie de l'Esprit.*

Quand on insinue qu'un grand philosophe paraît s'être trompé, encore faut-il délimiter le champ de ses erreurs et la raison de ses fautes. Aussi bien remarquera-t-on tout d'abord que Hegel cherche moins une définition de la vie qu'une préfiguration en celle-ci de la structure du Verbe telle qu'elle se donne aux mortels. Sans doute les mortels sont là ; mais dans la balance de la réflexion, les mortels et la Mort pèsent infiniment moins que les vivants et la Vie. Si donc malentendu il y a, il s'enracine dans la *mystique* hégélienne. Il interprète des données qui ne sont mystiques que dans leur opposition au mécanisme qu'il estime avoir dépassé. On verrait alors s'esquisser le rôle central de la dynamique : ses concepts (l'« intérieur » et l'« extérieur ») formeraient la trame du tissu composé par la Vie. Derechef la Vie trouvera son but fondamental. Et ce qui a entraîné Hegel dans cette *via dolorosa* est bien en partie le souci de réfuter Schelling, mais bien davantage l'aspiration mystique, indéracinable et à toute critique supérieure. Il demeure que la vie a sa logique comme vie universelle et que cette logique s'oppose à celle de la terre. Certes cette dernière incite le genre à se développer – non à se transformer, la terre est l'aiguillon de la Vie, mais rien de plus, rien de moins non plus et tout se passe comme si la terre était le berceau de l'Esprit. Aussi bien est-ce là ce que la raison observante ne peut dépasser : la raison en tant que vie en général. Elle n'est pas totalement systématique – le microscope qui nous révèle de la vie et non le système de la vie – mais assez pour délimiter les grandes frontières de l'*histoire naturelle* (« histoire naturelle » désignait encore au temps de Hegel les sciences dites « naturelles »). Les différents moments « zones et climats » (L. 217) ont pour ce regard biologique « une grande influence »[1]. Quelques lignes ironiques (217) achèvent ce développement[2].

B – L'observation de la conscience de soi dans sa pureté et dans sa relation à la réalité effective extérieure

Lois logiques et lois psychologiques (203)

L'observation de la nature « trouve » le concept réalisé dans la nature inorganique (*findet den Begriff*). En fait Hegel, si l'on tient compte du développement dans son ensemble, a cherché à résoudre non le problème, mais la forme de celui-ci en s'attaquant à l'idée de système et d'organisme. Hegel ne dit rien de bien nouveau et paraît avoir en vue le développement de Kant, qui déploie successivement l'idée de système comme présupposition (*Critique de la faculté de juger* Introduction V) et les trois moments de

1. Soit dit en passant Hegel semble se contredire. Ce n'est pas en dialecticien qu'il paraît critiquer tout ce qui dépend de la « grande influence », mais en fidèle adepte de l'idéal analytique.

2. A partir d'ici, je vais suivre la pagination de Lefevre dont les suggstions linguistiques sont très heureuses à ce niveau.

l'organisme (§ 63)[1]. L'essentiel selon Hegel est que la raison dans ce buisson de lois s'y retrouve, ou plus exactement pose les lois comme des êtres. On voit l'importance de ces rapports pour le phénoménologue ; d'une part il y a une sphère de pensées réelles (les lois de la classification), et d'autre part les fonctions de l'organisme. J. Hyppolite estimait à première vue paradoxal que l'intérieur (ces lois systématiques) fût pensé comme extérieur; mais il se corrigeait aussitôt en soulignant que le but de la phénoménologie était moins l'objet que la manière dont la raison le trouve.

Ainsi ces pages de la phénoménologie, si dépassées en leur teneur, retrouvent leur valeur, partiellement du moins, si l'accent est mis sur l'activité de la raison. On le voit en un passage où la vie, compte-tenu des règles anatomiques, qui autorisent la classification, se caractérise par la reproduction, que Hegel suivant Blumenbach (*Handbuch der Naturgeschichte*, 1781) distingue en reproduction extraordinaire (cicatrisation) et ordinaire (procréation) : « La reproduction, écrit Hegel, est l'action de cet organisme total réfléchi en soi-même, est son activité comme but, ou genre, activité dans laquelle donc l'individu se repousse soi-même de soi ou bien les reproduit en engendrant ses parties organiques, ou bien reproduit l'individu tout entier ». Nous ne sommes pas loin de la théorie schopenhauerienne du « génie de l'espèce ». Ce qui paraîtra plus problématique, c'est l'usage (ou le non-usage) des notions. A l'opposé de la reproduction il y a l'idée de système comme unité des espèces, telle leur organisation squelettique[2], mais Hegel n'en fait aucun usage. La notion de loi présente une sérieuse ambiguité : nous avions observé plus haut que Hegel distinguait confusément les lois et les genres. Il ne semble pas avoir conçu leur opposition comme celle de la quantité et de la qualité, et à l'opposé de la vie dans la nature il a voulu substituer l'autotélie du savoir connaissant, c'est-à-dire la vie spéculative de la connaissance dans son acte. Même si ces pages sont bien courtes et finalement énigmatiques, Hegel ne pouvait manquer de les insérer dans son ouvrage, car la Vie qu'il revendique pour l'Absolu doit pouvoir s'enraciner dans les couches les plus inférieures de l'être tel que le conçoivent Kant et Schelling. Plus généralement, en opposition avec Kant disant qu'il n'y a de connaissance qu'autant qu'il y a de mathématique dans le savoir, Hegel plaidait pour une philosophie transmathématique, et c'est moins le sens de la vie que celui des mathématiques qui se trouvait en question. Que l'Absolu fût vivant, Hegel le soutenait avec ardeur ; que la mathématique fût « geistlos », il le prétendait avec non moins de fougue –. Qu'il ait senti combien cette position était

1. Il faudrait aussi tenir compte des trois fonctions (sensibilité, irritabilité, reproduction) distinguées par Kielmeyer et Schelling.

2. Ou encore l'extrême qualifié de la classification.

ruineuse est moins sûr. Après la philosophie de l'inorganique, c'est celle de l'organique qui, chez Hegel, est morte. Au fond s'il y a un « chemin » conduisant de l'inorganique au Verbe, le véritable obstacle est l'homme, et ce sont les déchirements conceptuels qui l'emportent sur la continuité tout imaginaire[1]. Dès lors – en lieu et place de la dialectique – ce sont les mathématiques (et la catégorie générale de quantité) qu'il faut rejeter. Plus personne n'adhère à la cosmogonie de Descartes, mais on la lit encore ; plus personne n'adhère aux thèses hégéliennes sur la « biologie » (Lamarck), mais on les lit encore. Au fond c'est d'une question d'érudition en histoire de la philosophie dont il s'agit[2]. La vraie question est celle qui consiste à savoir comment nouer les premiers fils du développement de la biologie et surtout de l'anthropologie. Hegel nous apparaît situé entre deux périodes ; d'une part celle qui s'achève avec l'œuvre de Buffon et d'autre part l'évolutionisme. Il écrit significativement : « La nature organique n'a pas d'histoire » (L. 216) ; c'est une formule qui, fondée sur le dogme de la constance des espèces, pourrait conduire à un providentialisme. On atteindrait ainsi par un biais hasardeux la grande pensée qui anime secrètement l'idéalisme hégélien : la nature n'est pas (ou est opposée à) l'histoire ; et les efforts de Hegel assez nombreux pour justifier cette longue dialectique seraient une tentative pour procurer une médiation conférant à son œuvre une base unitaire. La philosophie a tranché : l'opposition avouée de la nature et de l'histoire est l'irrémédiable faille du système. Certes l'on pourrait tricher et dire que la nécessité du regard phénoménologique, dans sa critique de la nature, réintègre la nature organique dans le système, exactement dans la mesure où la critique est nécessaire : si l'on ne sait pas ce qu'il en est de la nature organique, on ne saura pas ce qu'il en est de l'histoire. Mais on voit aisément que ce sentier est celui de la fraude : en le suivant on pourrait – mais non ostensivement – rattacher la nature organique à l'ensemble du système et particulièrement à la critique de Schelling.

Que veut-on dire lorsqu'on parle de l'histoire ? On vient de traiter des lois logiques et on a vu que la vie connaissait des limites ; en particulier elle ne dépassait pas la triade : genre, espèce, singularité. Or la singularité est apparue bornée (L. 216). Mais l'individualité sur laquelle nous aurons à revenir, peut tranformer son monde, en changer les lois (Napoléon), tandis que la singularité ne peut briser les barrières qui s'opposent à sa structure – le lion peut saisir le daim, il ne peut depuis sa singularité en soi changer quoi que ce soit à l'individu universel qui l'enveloppe (la terre), ni au genre

1. J. Hyppolite, *op. cit.* t. I, p. 242.

2. On peut la préciser en notant comment Hegel s'est opposé à Schelling, faisant intervenir une schématisation (sommaire) et quantitative dans la théorie des puissances.

auquel il appartient. On sent bien qu'ici s'opère un double renversement : de la physique (individu inorganique) à la vie, de la nature à l'histoire. Hegel n'a pas été plus loin ; il a moins craint de présenter la philosophie de Schelling comme une pure propédeutique à la sienne comme philosophe de l'histoire que de couper tous les liens entre l'histoire et la vie quoiqu'il regarde l'essence de cette dernière comme un intérieur reproductif, je veux dire répétitif, et on le voit par la place éminente qu'il accorde à la reproduction en opposition à la production de l'individu historique. De là un texte difficile à suivre : Hegel mêle critiques, intentions on ne peut plus diverses, développements de structures qui lui paraissent mal comprises. Mais quoi que son texte ne le donne à croire, son dessein n'est pas de confondre vie et logique et de déterminer sur cette alliance le concept d'histoire. Il n'a jamais, à notre sens, eu en vue l'idée de dériver les catégories logiques des structures de la vie, comme l'a cherché Bergson dans *Matière et mémoire*. La logique n'est pas par essence naturelle, et nous ne savons pas très bien ce qu'il faut entendre par *logische Gesetze*. D'un côté sans doute on trouve les grandes divisions de la logique générale comprises dans l'Organon – mais d'un autre côté on discerne les grandes opérations de l'esprit puisque de l'observation de la simple nature il en vient, par exemple, à l'expérimentation. Ni l'histoire, ni le discours sur la vie ne sont méta-logiques et le fondement de la logique est peut-être la grande lacune de la *Phénoménologie de l'esprit*.

Dans le prolongement des lois « logiques » Hegel aborde la question des lois « psychologiques » par où il faut entendre d'une part la théorie des relations de Hume, d'autre part le catalogue des facultés de l'homme et de l'âme, et enfin toutes sortes d'abstractions vides, ainsi que les idées générales et abstraites, guidées dans l'association par la contiguité et le constraste. La critique générale de Hegel est bien ironique : on devrait admirer que l'esprit puisse – tel un « sac » – contenir des choses aussi diverses et contraires (L. 220) et en si grand nombre. Par là Hegel dénonce – après Fichte – l'abus qui se fait de l'idée de synthèse. Toute liaison n'est pas une synthèse où chaque terme doit déterminer l'autre, et l'entendement confondant liaison et synthèse fait plutôt la preuve de sa finitude bornée que de son infinité. Enfin il faut remarquer, appuyé sur cette idée, qu'on n'a pas affaire à autre chose qu'à un entendement humain et que c'est en fin de compte un simple parallélisme verbal qui permet d'accoler les « lois logiques » et les lois psychologiques. Hegel porte ici un coup de botte dans l'*Anthropologie au point de vue pragmatique* de Kant. Il n'a pas été le premier à agir de la sorte : Fichte avait exprimé un jugement non moins sévère en disant que l'*Anthropologie au point de vue pragmatique* n'apportait rien à l'œuvre du maître de Königsberg et même l'entraînait dans des sentiers perdus. – Hegel a cherché à conférer une structure aux critiques qui pouvaient pleuvoir : d'un côté il a ramené tout l'universel, par exemple la mémoire, et de l'autre il a posé la monade, sujet de ces « attributs », l'individualité qui élève la connexion singulière au point d'égoité, nous reconduisant schématiquement à la dialectique de l'attribut et du substrat intuitionnée dans la perception. Mais il semble que cela ne suffise pas ; aux lois psychologiques, il faut ajouter l'influence du milieu qui leur donne consistance et qui est, selon une formule utilisée plus loin par Hegel, tel l'extérieur de l'intérieur ou l'intérieur de l'extérieur (L. 220-221). Il viendra à chacun à l'esprit que la conclusion de cette démarche est comprise dans la formule (dépassable) métaphysique : Individuum est ineffabile, et que la connaissance de soi n'est pas un fruit immédiat. Ce dont tout le monde conviendra c'est que les lois psychologiques, bien entendues, composent, pour ainsi dire, une spirale au fond inaccessible et c'est pourquoi le monde est ou bien « monde et situation étant en soi [...] ou bien monde de l'individu » (L. 223). De là Hegel tire d'importantes conclusions. La plus essentielle est que l'individualité est une sphère ou un cercle inachevé. Cette conclusion ne saurait nous surprendre : célébrant le « jour de la présence », Hegel dévoilait le concept religieux et pathétique de la communauté en laquelle le « Moi » et le « Nous » devaient s'unir, dans une perspective méta-psychologique. Mais Hegel pense que la fleur de la communauté doit davantage s'épanouir et que bien d'autres rapports doivent être soumis à l'étude phénoménologique.

C – Lavater et Gall (206-216)

Un philosophe est toujours prisonnier de son temps, en ce sens qu'il est amené à valoriser non pas la teneur de certains courants intellectuels de son époque, mais leur influence. C'est ainsi que Hegel consacra de longues pages à ces formes de charlatanerie que furent la physiognomonie de Lavater et la phrénologie de Gall. D'ailleurs son plan semblait l'y obliger. Il avait traité de la vie comme matière organique (par opposition à la matière non-organique), puis de là s'était élevé jusqu'à la singularité, puis à l'individualité – il lui restait dans sa démarche critique à examiner l'homme et le centre de celui-ci : la tête. Le schéma était bien monté, mais d'une certaine manière touffu ; on n'évoque pas les erreurs d'une époque sans se perdre dans des chemins obscurs et discuter des pensées oiseuses. On peut toujours croire qu'à force de remuer la vase on en fera jaillir l'épée de la vérité. Il serait hasardeux de soutenir que tel fut le résultat de Hegel. Les choses se présentèrent à peu près de la même manière avec la physiognomonie de Lavater et la phrénologie de Gall qui traînaient dans les rues avec succès.

Présentons rapidement les sciences pratiques de Lavater et de Gall. – On a vu l'échec (relatif) de la loi logique et psychologique de l'individualité ; l'individualité ne pourrait-elle pas s'expliquer par la médiation de la nature, c'est-à-dire d'abord de son corps qui présentait son extériorité ? C'est ainsi que sur de vieilles cartes à jouer on peut voir sur un côté une tête de mouton et entée sur elle une tête d'homme, aux cheveux bouclées, aux yeux globuleux, au nez un peu large et épais – qu'en déduirions-nous en ce qui touche l'individualité ? Nous attribuerions à l'homme en raison de la ressemblance ce que nous croyons savoir du mouton : fragile, obstiné, boucles abondantes, mais idées courtes...etc. In summa nous aurions l'homme-mouton, individualité émergeant de la nature. Il n'est pas besoin d'être hégélien pour saisir les vices de cette connaissance pseudo-scientifique. Sans doute il y a bien une physiognomonie ordinaire comme lorsqu'on dit d'un homme qu'on sait courageux qu'il a une tête léonine, mais la notion de ressemblance n'est ni thématisée ni l'objet d'une synthèse, dont l'unité serait transparente. A ces questions Lavater répondait par la valeur évidente des faits. Cependant il ne disait ni ce qui est fait ni ce qui est évidence. En réalité, il voulait qu'on se rendît à la force de l'impression immédiate. C'était pour le moins confondre la science et l'art. De plus les planches de Lavater étaient souvent tronquées ; elles représentaient de préférence la face, « la figure », mais évidemment pas le corps. L'idée de totalité était manquée. Hegel a pris le soin de récapituler les données et les présuppositions de l'individualité agissante, cherchant à dégager la conscience de la nature comme négativité (la libre activité de l'individu). D'un côté il énumère les conditions générales et particulières qui contribuent à la constitution de la face ; de l'autre côté il développe les conditions qui font que l'individu reconnaît comme siennes les relations d'être : être et avoir s'impliquent[1]. Il demeure que Hegel formule son premier grand reproche : c'est au fond avec des données générales que l'individualité est visée et la recherche est stérile. Au demeurant, puisque toutes les informations ne sont pas réunies, non seulement l'individualité échappe, mais encore l'explication devrait se limiter et ne pas sombrer dans la simple opinion. Il faut ici dire deux choses. D'une certaine manière Lavater a raison – il existe une physiognomonie vulgaire et doxologique. Et Hegel qui ne s'en occupe absolument pas – en fait il ne s'occupe jamais des données doxologiques dans les exposés phénoménologiques – le concéderait volontiers. En revanche il barre la route aux prétentions scientifiques de la physiognomonie qui voudrait déterminer l'individu à partir de

1. Manque ici dans l'exposé hégélien la théorie du masque.

données aussi vagues que soumises à l'opinion. La critique de Hegel est longue. Il traverse toutes les couches à chaque moment et on le voit bien dans son analyse de la chiromancie. Et en effet la main ne semble pas être pour le destin quelque chose d'extérieur (comme la figure). On sait que même des grands hommes d'État « se font lire les lignes de la main », comme si, dans les replis de la paume, les lignes du futur étaient tracées. Les chiromanciens pour connaître l'intérieur usent ainsi « d'un procédé plus rapide que Solon [1] » qui estimait ne pouvoir se prononcer qu'au terme de la vie (L. 226). Hegel traduit : les chiromanciens prétendent d'un regard furtif découvrir à partir d'un moment la totalité de la vie dans son en-soi, dans son noyau dur. Solon examinait chaque acte, chaque action, en un mot : les phénomènes en attendant de se prononcer. Hegel raille les chiromanciens, mais c'est pour enfoncer davantage le clou qui cloue au pilori les disciples de Lavater. Toutefois il est des chiromanciens qui s'ignorent : les Académiciens avant d'ouvrir leurs portes examinent les simples traits de la main « et pareillement le timbre et le volume de la voix, en tant que déterminité individuelle du langage – et ce langage à son tour, tel qu'il acquiert par la main une existence plus assurée que par la voix, l'écriture, dans sa particularité manuscrite – tout ceci est expression de l'intérieur et de telle matière que cette expression, en tant que l'extériorité multiple de l'action et du destin, se comporte face à eux comme un intérieur » (L. 227). Et en effet la physiognomonie s'embarrasse dans d'incroyables difficultés. Est-il sûr que l'expression reflète toujours l'impression ou l'émotion intérieures ? Que si l'on se contente de cette question on verra d'abord – point essentiel – que l'homme par un jeu de physionomie peut cacher son intérieur. Cette mimique – comme bien d'autres, relevant de la « physiognomonie naturelle » (L. 2 40) – signe nos incertitudes devant une synthèse sans unité, en laquelle l'esprit passif porte, en réalité, un jugement sur son être. Dans une analyse cohérente, soucieuse de l'essence (Intérieur) et de l'existence (Extérieur), c'est le moment du « sien » qui devrait être déjà évoqué : l'individualité s'entre-détermine avec son milieu ; elle le regarde comme sien ; l'Intérieur forme l'essence comme déterminante déterminée, et l'existence soutient le rapport inverse. Même la physiognomonie naturelle n'échappe pas à ces apories. Soit la suivante : on voit à l'expression qui se peint sur un visage si la personne agissante est déterminée et appliquée et attache, pour elle-même, du prix à son opération. Par là l'Intérieur est déterminé au moins comme rapport à une extériorité sans que pour autant il soit encore possible de parler d'une « loi de l'individualité ». Cependant, à l'inverse, ce qui est censé être expression de l'intérieur, « est en même temps une expression

1. Première citation de personne dans la *Phénoménologie*.

qui est, et retombe soi-même par là dans la détermination de l'être qui est absolument contingent pour l'essence consciente de soi » (L, 228). Trois idées doivent être retenues. Premièrement l'ambition de la physiognomonie est de rendre visible un intérieur invisible. Entreprise insensée et qui conduira Hegel à soutenir que l'homme est tout entier dans son acte. Secondement cet intérieur correspond à la conception vulgaire de la monade où, un moment changé, le tout doit être à nouveau pensé. C'est le point que souligne énergiquement Hegel parce qu'il indique l'auréole de contingence qui enveloppe la monade. Hegel cite Lichtenberg. Un lacet de botte mal noué et voilà la belle totalité qui trébuche et tombe à terre (César). En troisième lieu, conscients de notre impuissance, nous transformons les données fuyantes en signes, sans pour autant être capables de constituer un système de signes. On voit par ceci la raison qui conduit Hegel à cette discussion détaillée : non seulement il combat une opinion, mais encore il dénonce le faux rapport à l'œuvre ; la pseudo-individualité s'étale inerte et contingente face à la volonté et à l'acte. Plus loin (L. 229) Hegel donnera toute sa force à cette opposition : « [...] quant à la forme [...] il s'agit de l'opposition du pratique et du théorique ». Dès lors la question se pose de savoir quel côté préfère la conscience : si c'est le sentiment intime sur son action ou l'action elle-même. Selon Hegel – et ici l'ego sum, ego existo joue un rôle inactuel – c'est le sentiment réputé vrai qui l'emportera dans le choix et ainsi toute la pyramide de la conscience (Nature, Vie, Singularité, Individualité) s'effondrera.

Hegel, du point de vue de la raison observante, poursuit son examen. La physiognomonie n'est pas comme l'astronomie une relation entre deux termes extérieurs (comme les pseudo-sciences apparentées – dont la chiromancie). Elle est la relation entre un moment interne et un terme extérieur. Hegel parle aussi d'une phygiognomonie naturelle (L. 229). Son idée se concrétise dans l'opinion courante et aussi dans le théâtre populaire où certains traits sont accentués ; par exemple il y a une « silhouette » de Tartuffe contre laquelle on ne saurait aller sans se figer dans le contre-sens et décevoir l'attente du spectateur. La physiognomonie naturelle vise son objet comme étant autre chose qu'un « être-réfléchi en soi immédiat sensible simplement » et dès lors la matière de la question hégélienne, « c'est la visibilité en tant que visible de l'invisible qui est objet de l'observation ». A notre sens la question est plus vaste et plus large : c'est depuis l'illusion jusqu'au sublime, la problématique du Beau comme Esthétique générale qui s'ouvre, car le Beau ne saurait se concevoir sans expressivité. Avec son tact inné Hegel a renversé la démarche en se réfugiant dans la future réfutation de Lombroso : ce que livre la physiognomonie naturelle, s'agissant d'un être, c'est moins son acte criminel que sa disposition à l'accomplir. Sinon il serait possible de condamner sur des virtualités. C'est dans le contexte de cette discussion que Hegel énonce son théorème fondamental : « L'être vrai de l'homme est bien plutôt son acte » (L. 231).

Ce théorème trouvera une application de plus en plus précise chez Hegel, mais – en attendant – il se prolonge dans une définition de l'individualité qui se présente dans l'action comme l'essence négative qui n'est qu'en abolissant de l'être. De là suit premièrement que l'individualité est un néant qui tranche sur l'égalité de l'être, et qu'elle s'affirme comme négativité réfléchie en soi. On voit ce faisant combien Karl Marx s'est écarté de Hegel en abandonnant l'individualité et comment ce dernier était loin de la négliger. En second lieu Hegel trouve ici la parade à l'argument scolatisque : Individuum est ineffabile : l'acte abolit « l'inénonciabilité » (L. 231) de l'opinion en regard de l'individualité consciente de soi – l'acte est susceptible d'être dit meurtre ou acte de bravoure, peu importe : il est et la conscience peut (ou non) s'identifier à lui. Ainsi en troisième lieu l'individualité peut se poser dans son œuvre qui peut être modifiée ou pervertie. Pourtant Hegel n'adhère qu'à demi à ces théorèmes contredits dès le début de la *Phénoménologie de l'Esprit* et nous nous souvenons trop bien de la dialectique du « ceci » – il apparaît alors que l'individualité appartient aux problèmes majeurs de l'œuvre. Pour l'instant tout se passe comme si, dans le commentaire de la physiognomonie, prévalait l'idée que l'être vrai de l'homme est dans son acte, et peut s'intuitionner dans son acte. Le commentaire devient difficile à partir de là, car Hegel s'engage dans une discussion critique des organes dont il n'a pas une meilleure connaissance à tout prendre que celle de Platon – d'ailleurs cité (L. 233) – exposée dans le *Timée*. Ce que dit Hegel du système nerveux appartient aux limbes de la science.

Cependant, comme toujours, même dans les pires moments, Hegel se propose deux buts très raisonnables. D'abord, discutant la fonction des organes, Hegel affirme qu'aucun d'entre eux, dans la fonction d'expression, ne l'emporte sur un autre. Ensuite, il vise plus précisément la phrénologie de Gall. Pour les amateurs d'érudition ces pages sont obscures, car Gall n'avait pas publié de traité, tandis que Hegel écrivait. La théorie consistant à lire sur les difformités ou protubérances du crâne les caractères spécifiques d'un individu, constituait la phrénologie, fondée sur la croyance que l'os plus ou moins dur comprimait ou laissait se dilater telle ou telle partie du cerveau et organisait de la sorte les dispositions. La phrénologie connut un succès extraordinaire, descendant jusque dans le langage vulgaire : de certains individus on disait qu'ils avaient « la bosse des maths ». Contrairement à ce que l'on imagine les théories simplistes ne sont pas toujours les plus faciles à réfuter, et Gall ne se soucia pas beaucoup de déterminer la règle causale suivant laquelle d'une part l'esprit agissait sur les organes et d'autre part les organes sur les organes (L. 235). Ce fut à ce premier point que Hegel attacha sa critique, montrant que, pour le phrénologue, l'objet étant là, il était indifférent de se lier à un sens de la relation causale, plutôt qu'à un autre. Il souligna, ainsi que dans la physiognomonie, l'ambiguïté de la notion de signe et déclara que chez Gall tout se passait comme si la forme des raisins déterminait et soulignait le goût du vin (L. 236). Il y a là une remarque digne d'intérêt : si l'on demande si Saturne a une influence sur le destin d'un homme, il faut répondre affirmativement ; mais cette influence est liée à une infinité d'autres et disparaît comme déterminante ; de même la forme du raisin a sans doute une influence sur le goût du vin, mais celle-ci se trouve être si mince qu'elle disparaît comme déterminante. Examinées de ce point de vue, les pratiques de Gall sont de simples fantaisies[1].Que dira-t-on si, contre la phrénologie, on soutient qu'un moment spirituel, plus ou moins « devrait, soit [...] posséder un organe cérébral plus exposé, soit[...] un organe plus contracté » ? Que vise au juste – confusément – la conscience observante ? Ce n'est pas le cerveau comme partie animale, « mais ce même cerveau comme être de l'individualité consciente de soi ». Pour la conscience observante l'homme compte en tant qu'il est une chose : « l'effectivité et l'existence de l'homme est son os crânien » (L. 237). Il va de soi que la dialectique hégélienne, comme on pouvait le pressentir, en développant des relations causales, approche la si pénible question des relations du corps et de l'esprit et réduit à néant les principes dogmatiques de Gall : l'enseignement que procure l'analyse de la phrénologie, c'est de montrer la fragilité du matérialisme, qui de simple paraît confus et contradictoire.

Ainsi, dans la *Phénoménologie de l'Esprit*, vers la fin de l'examen des sciences humaines, la philosophie, comme science, redécouvre son destin ; et si l'on y réfléchit un peu, on voit que Hegel a choisi la voie la plus directe et en même temps la plus pointilleuse ; il y mêlera même l'humour : « L'esprit est un os ! ». Et de fait le cerveau est contenu dans la « boîte crânienne ». Toutefois une boîte, même crânienne, ne fait rien ; et c'est la main qui saisit le poignard, instrument de l'assassinat, qui tue (L. 237). Hegel insiste : la boîte crânienne est un étant qui n'a même pas la valeur d'un signe (L. 237). Les pages défilent et nécessaire du point de vue de la totalité, le développement devient fastidieux. Il était bien entendu nécessaire à la science d'observer que l'assassin n'avait pas seulement pour signes une protubérance et un enfoncement, mais une multiplicité d'autres qui auraient pu tout aussi bien le qualifier comme tel, si bien que la visée de l'individualité s'avère, d'un point de vue matérialiste, radicalement impossible. Hegel poursuit sa démonstration en passant par la femme adultère.

1. Cf. Lefevre p. 239.

Que de bosses ! Que de protubérances ! En somme on part d'un postulat et d'une comparaison. Postulat : l'extérieur exprime l'intérieur – comparaison : les crânes d'animaux expriment d'irrécusables tendances : la machoire d'un tigre n'illustre pas la bénignité et la zoologie vient au secours (confus) de la biologie (L. 240-241). Hegel n'aime pas aller contre les évidences. Comme il existe des indices d'une physiognomonie naturelle, il existe une phénoménologie naturelle ; un front bas et étroit ne nous conduit pas à conclure à l'aménité et à l'ouverture. Décidé à nous faire sourire dans les choses les plus sérieuses, Hegel nous entretient de la pluie et de la lessive. L'une et l'autre devraient suivre des théorèmes résultant de la phrénologie selon la causalité dont il a été question plus haut. Mais voilà : la pluie ne tombe pas. L'ensemble est alors réservé sous le titre de disposition – expression on ne peut plus vague. Il est bien préférable de soutenir que l'être-vrai de l'homme est dans son acte. Ici même, avec son incroyable sagacité Hegel jette les fondements de son implacable critique de la philosophie pratique kantienne. Car en quoi une philosophie qui se réfugie dans les intentions, donc dans le virtuel, se distingue-t-elle d'une pseudo-science qui en vient à négliger l'acte ? « Sous cet angle, explique Hegel, il faut regarder comme un complet reniement de la raison qu'on fasse passer un os pour l'existence effective de la conscience ; et c'est bien pour cela qu'on le fait passer en le considérant comme l'extérieur de l'esprit, car l'extérieur est précisément l'effectivité qui est [...] l'extérieur et n'est pas l'intérieur proprement dit, mais seulement son expression ». Vouloir maintenant remonter de l'expression au sens n'est pas une opération philosophique, mais une ambition mystique, si bien que tout considéré on va d'un abîme de la Schwärmerey à l'autre. « L'instinct brut de la raison consciente de soi rejettera sans même la regarder ce genre de science phrénologique... » (L. 242). C'est l'occasion pour Hegel d'énoncer quelques préceptes : ainsi plus une science est naïve, moins on remarque précisément ce qui la rend mauvaise. Il y a beaucoup de fausses évidences et par conséquent aussi beaucoup de fausses sciences et une foule de « phrénoménologies ». Evidemment aussi physiognomonie et phrénologie, issues de la fausse évidence, étaient immorales ; par le dehors elles prétendaient pénétrer un intérieur[1] – elles étaient pour le moins indiscrètes. Plus forte était encore l'indiscrétion, tandis que coupant l'individu de son milieu, elles prétendaient en connaître la nature intime, abandonnant l'acte en un éther dépourvu d'orientations. Physiognomonie et phrénologie visaient l'individu comme totalité, chose en soi ou idée.

Hegel récapitule (L. 243). Il part de la nature inorganique et résumant en quelques lignes le long chemin, il aboutit à ce résultat : « l'effectivité

1. J. Hyppolite, *op. cit.* t. 1, p. 258.

extérieure et immédiate de l'esprit est une chose morte ». L'extrême de l'extériorité n'est ni organe, ni langage, ni signe, mais seulement une réalité inerte, le contraire de l'activité. Deux moments sont à retenir dans cette récapitulation. D'une part, ainsi que le laissait entendre la physiognomonie, l'Esprit incarné dans l'histoire n'est nullement une figure animale. Le Geist n'est pas susceptible, en dépit de sa pure douceur, d'être figuré par le mouton. De même d'autre part, contre la phrénologie, le crâne, objet mort, ne dit rien sur l'individualité vivante. De la sorte nature et histoire tombent en dehors du Christ, qui, si nous pouvons le concevoir, est individualité universelle – en un sens : un pour chacun. Dans la quête du Verbe comme instant signifiant l'examen déterminé par la phénoménologie gagne sur le terrain des fausses évidences ; il devient authentiquement *Scheinlehre*. En même temps la solution paraît difficile à concevoir – au moins du point de vue de l'entendement : qu'est-ce qu'une universalité concrète ? On parle volontiers à propos de la philosophie de Hegel de l'universel concret – nous voyons à présent, au moins négativement, ce qu'il faut entendre par là : l'espèce (*Gattung*) est le reflet de l'universel et l'individualité, loin d'être une chose morte, est l'incarnation de la volonté. Deux nouvelles étapes sont franchies dans la quête de Hegel. Ce qui trouble le lecteur est souvent l'opposition de la complication du retour à Dieu et de la simplicité de l'Iliade des hommes, comme si la Phénoménologie devait être complexe à rebours de la simplicité brutale de la crucifixion. Ici une chasse éperdue aux contradictions les plus subtiles, et là des coups de marteau à la simplicité sonore. Mais là encore on succombe à la logique de l'entendement qui sépare l'universel et le concret, faisant seulement de la phrénologie un cas exemplaire de la physiognomonie. Davantage : on donne les mains au matérialisme le plus décidé ; car enfin comment ce crâne sur la table posé pourrait-il nous enseigner sur l'esprit censé avoir habité cette « boîte crânienne » ? Si jamais Hegel paraît s'être opposé au matérialisme c'est bien en ce point, et la leçon demeure valable de nos jours.

Philosophiquement et architectoniquement le terrain paraît moins clair. On se souvient du mouvement de la conscience malheureuse et comment pour s'assurer elle s'est « battue pour tirer son être pour soi vers le statut de chose » (L. 245). « Ce faisant elle est retournée de la conscience de soi jusque dans la conscience ». Nous examinerons la suite plus loin, car cette phrase nous paraît bien étrange. Au début la conscience se trouve comme de l'être, puis échelon par échelon elle s'élève comme une pyramide jusqu'à l'individualité, chaque moment comprenant l'Aufhebung des précédents. Comment dans ces conditions concevoir une réflexion du savoir en lui-même qui le reconduise à sa saisie originelle ? Hegel cherche à résoudre la difficulté de deux manières. L'une en exploitant le scandale du matérialisme. Ce dernier consiste moins à prétendre saisir quelque réalité transcendante, sous la forme de l'être, qu'à souligner la déterminité de l'être : le matérialisme dit : l'esprit est un os (L. 245). Plus profondément ensuite, et c'est le segment de phrase que nous examinons, puisque l'être et la chose coïncident, « c'est seulement de la conscience pour qui l'objet s'est déterminé comme la catégorie que l'on peut dire qu'elle a raison ». Nous voyons ce qui manquait à la conscience pour que la pyramide fût achevée et c'était l'auto-réflexion, par où, tous ses moments illuminés, elle devenait translucide à soi. Cette exigence de clarté, de translucidité est irréductible dans la démarche de Hegel et nous paraît être l'héritage de Descartes et surtout de Fichte. Il ne s'agit pas, comme le veut l'Aufklärung, de parvenir à des idées claires et distinctes, mais à une vue claire et distincte de l'objet. De la sorte on voit que quelques idées claires et distinctes suffisent à délimiter le champ des futures analyses. Donnons un exemple : la Résurrection – l'unique fait de la Dogmatique écrit Karl Barth – n'est plus la transmutation d'une chair saignante, os mis à nu, en quelque substance radieuse et éthérée, mais l'interpénétration de l'Universel et de l'individualité. Voilà comment la dialectique hégélienne circonscrit un problème en préparant très à l'avance la sublimation de ses moments. Les questions religieuses supposent des réponses religieuses. Cependant la conscience ainsi saisie n'est pas encore « le savoir de ce qu'est la raison » (L. 245). Ce savoir s'exprime dans le jugement infini[1] pour lequel le Soi est une chose et l'esprit un os. Ce jugement s'abolit de lui-même dans la mesure où il fait ressortir l'insignifiance des moments. La catégorie, par exemple « dans la forme de l'être [...] est l'objet [...] simplement là » et se trouve soumise à la dialectique de la sensation – du même coup la conscience est un « objet encore non intermédié ». Ces jugements sur la théorie (à partir de la théorie) ne sont pas eux-même théoriques, mais spéculatifs et c'est ce qui amène d'une part la conscience (théorie) à se boucler, et d'autre part la conscience pratique à s'ouvrir. D'autres médiations semblaient plausibles ; le matérialisme du XVIIIe siècle français aurait pu aussi bien – et peut-être même mieux – servir que la phrénologie de Gall, et J. Hyppolite avouait quelque gêne à retenir une ligne d'exposition plutôt qu'une autre. Mais il n'avait pas tort de souligner certains moments comme cruciaux. D'une part il est vrai que Hegel annonce sa prochaine analyse par la substitution du mot Esprit au mot de conscience, et par une extrapolation discutable passe des questions théoriques aux problèmes de morale et de religion. Comment ne pas voir que toute l'analyse de Gall dessine en creux l'obligation pour l'individualité de se réaliser pratiquement comme telle, c'est-à-dire esprit ? On peut disculper Hegel en observant que la Phénoménologie à beaucoup d'égards est un cours où l'on passe d'un sujet à un autre et du même coup

1. Kant, K. d. r. V, A, 71 *sq.* Hyppolite, *op. cit.* p. 254-255.

on justifiera les nombreuses redites et répétitions. Mais ainsi il est difficile de dire quand un mot reçoit sa signification la plus pertinente. Ne craignons pas de le souligner encore une fois : pédagogie et métaphysique s'épousent dans le torrent hégélien. On observera cependant qu'il y a des lacunes : nier une chose (le crâne) comme exposition de l'esprit n'est pas encore donner une quelconque peinture de ce dernier, et comme la négation peut être multiple, divers chemins s'ouvrent vers l'Esprit : et le texte hégélien semble surchargé de négations, sans que l'unité synthétique de la visée paraisse établie. Au moins les visées de Hegel et son refus de développer le « Geist » en sa positivité sont-ils organiquement élaborés. Il n'écrit jamais : l'Esprit n'est pas un os, donc il est ceci… Tout au plus pourrait-on avancer l'idée que Hegel s'intéresse moins à l'individualité concrète, à l'homme agissant et parlant, qu'aux structures de la conscience qui, émergeant peu à peu, livrent les premières lueurs de l'esprit. Ce qui rend difficile le texte de Hegel c'est qu'il obéit simultanément aux deux branches de la logique des significations – d'un côté l'ordre des raisons, de l'autre côté l'ordre des choses ; tout ce qu'il dit de la conscience de soi est de l'ordre des raisons et les segments sont connectés par des significations – par exemple la définition de l'observation (L. 244) – et inversement tout ce qu'il dit du crâne comme être-là relève de la logique des choses. Tout cela finit par composer un texte touffu.

Nous devons remarquer une difficulté supplémentaire : la terminologie de Hegel est équivoque : par exemple l'expression : « das Innere » ne signifie pas la même chose dans la dialectique concernant l'entendement et dans la dialectique concernant la phrénologie. Dans le premier cas il s'agit d'un monde d'essences opposé au monde phénoménal – dans le second cas il s'agit d'un monde psychologique, d'un ensemble d'événements spirituels, dont l'unité seule est psychique en opposition à la matière. Ces significations ne se superposent pas exactement parce que, comme il est bien clair, le physique est plus large que le psychique. On peut bien hasarder une médiation et dire que la colère dépend de l'irascibilité visée comme essence. Toutefois, au mieux, on donnerait dans la tautologie. Et ce n'est sûrement pas ce que Hegel a voulu, tout en le voulant : il rencontre, en effet, certains énoncés qui se ramènent à des tautologies et il ne se prive pas de les détailler.

Ce développement sur la physiognomonie et sur la phrénologie prouve l'existence probable de l'esprit, qui est autre chose que la matière (ou ce que nous avons coutume de penser par là) et constitue l'assise critique de la *Phénoménologie de l'Esprit*. Il prouve la réalité spirituelle de la catégorie dans le jugement infini : « […] l'esprit est un os », par où, en fait, sont juxtaposés des termes incommensurables. Il faut donc modifier l'énoncé de base : « la raison est à ses yeux la certitude d'être toute chose »[1], et écrire : la raison est « elle-même et le contraire d'elle-même » (L. 247); réalité psychique et réalité matérielle, ou plutôt essence de la réalité psychique et physique. – Ici se clôt en fait la critique hégélienne de la science dans la Phénoménologie. Elle a au moins trois aspects. Premier aspect, elle ne descend jamais dans le détail, mais se limite toujours aux principes. Par exemple le calcul différentiel, simple, mais essentiel instrument de la dynamique, n'est pas étudié. D'importantes considérations sont supprimées. Il n'y a rien sur l'astronomie en laquelle dans sa dissertation latine Hegel avait prétendu corriger Newton. On voudra excuser Hegel en soutenant et en prenant seulement pour objet de son analyse ce qui dans les sciences intéresse l'homme. Mais comment ne pas souligner qu'il se trouve là un anthropomorphisme décidé ? Dans la théorie du savoir Hegel ne peut pas même emprunter la voie de Fichte qui consiste, les fondements établis, à remettre son lecteur, pour le détail, aux mains de Kant; Hegel est au moins à ses propres yeux un adversaire de la philosophie scientifique de Kant… C'est donc, plus que la mode, l'anthropomorphisme qui s'est trouvé au principe de l'avancée épistémologique de Hegel et, on ne le répétera jamais assez, à la source du grand retour à Kant illustré par l'École de Marbourg. – Toutefois une question inspirée par une réflexion kantienne se pose. Comment un esprit aussi profond que Hegel a-t-il pu se tromper ? Nous avons remarqué que « l'erreur » de Hegel coïncidait avec son anthropomorphisme. Cela revient à dire que la Critique de la culture à laquelle on assimile volontiers la *Phénoménologie de l'Esprit* est en son essence une critique de l'homme, à laquelle rien ne peut résister.

B – *L'effectivation par elle-même de la conscience de soi raisonnable* (233)

La conscience de soi se découvrit comme certitude d'être toute réalité – de là procéda l'émergence de l'idéalisme allemand, du « Je » comme catégorie simple de l'étant, et le savoir naissant chercha en dehors de soi – donc d'un point de vue *théorique*, gouverné plus par l'entendement que par la raison – *sa* réalité. Il la chercha dans son opposition à la nature organique – là s'enracine la critique de Schelling –, puis dans la vie et ses différents moments. Insatisfaite par le terme de cette dialectique qui, s'élevant sans doute à la singularité, n'en demeurait pas moins aboutissement d'un syllogisme abstrait, la conscience se réalisant davantage en raison chercha son *être* d'abord dans la physiognomonie, puis dans la phrénologie : elle visait l'*individualité précise*. Mais l'on sait ce qu'il advint : en somme assimilant l'esprit à *cet* os, la conscience fut saisie de dégoût. Et il était

1. L = « la raison est à ses yeux *toute chosité* ».

logique que, basculant d'un extrême à l'autre, elle cherchât sa vérité tout entière dans la *liberté* qu'on oppose souvent avec bonheur à la spontanéité naturelle donnée plus que véritablement voulue.

Or, dans cette période de la philosophie allemande, le concept de liberté était confus et ce qui le prouve le mieux, c'est que les grands philosophes bien qu'opposés entre eux se réclamaient de Kant. Ecartons donc du concert les petits philosophes – Eschenmeyer, Kiesewetter, Schulze – il ne subsiste que Fichte, Schelling et Hegel qui défendent l'un la liberté *morale*, l'autre la liberté *métaphysique* et le dernier la liberté *spéculative*. La détermination semble fort simple et se trouve en réalité fort complexe. C'est qu'il ne s'agit pas seulement de prendre *Fichte tout fait,* sans réserves, tel qu'il traîne depuis Victor Cousin dans les manuels de philosophie. Détachée de son substrat politique et historique, la philosophie de Fichte se ramène au devenir infini formel de la conscience assimilée à un « Je » tendant à « absorber » le monde. Or cette compréhension absurde avait été accréditée par Hegel lui-même dans la *Differenzschrift* et c'est ainsi que Hegel veut saisir le système de Fichte et, son autorité grandissante, il tentera de l'imposer. Cependant notre tâche est confuse : elle ne saurait consister à critiquer cette approche dans un travail consacré à l'œuvre de Hegel. Passe encore pour la philosophie mathématique – avec Fichte nous sommes au cœur de la dialectique. Au demeurant même en réduisant (caricaturalement) le fichtéanisme [1] à une conception abstraite de la réalité, Schelling dans son écrit *Vom Ich* et dans ses *Lettres sur le dogmatisme et le criticisme* (rédigés et publiés selon les caprices de l'histoire avant la *Grundlage der gesammten Wissenschaftslehre* dont il connaissait – la rumeur publique – les grandes lignes) avait tout compliqué. Au Moi sujet abstrait individuel il avait, en effet, substitué une totalité ontologique *unifiée* et soutenue par l'intuition intellectuelle et il n'expliquait le passage à la réalité phénoménale (au sens kantien) – ou encore *antithèse* – que par une chute du Moi dans le Non-Moi. Devenu dans sa chute moi limité et abstrait ou encore *moi pratique,* le sujet s'efforçait de restaurer le Moi originaire. C'était, on le voit, une conception à la fois rêveuse et métaphysique. Hegel la fit, dans l'ensemble, en opposition à l'idéalisme de la *Phénoménologie de l'Esprit,* coïncider avec la philosophie morale du monde se réservant de reprendre dans une autre section l'examen des postulats de la raison pratique chez Kant.

Hegel ne va pas – passant à la raison active – se livrer à une stratégie directe comme dans la *Differenzschrift* où il faisait s'affronter devant son tribunal les philosophies de Fichte et de Schelling, remportant une facile

1. Dans *Glauben und Wissen* Hegel écrit quarante-sept fois l'expression : « idéalisme formel » à propos de Fichte.

victoire par cela seul qu'il s'érigeait en juge. Dans une stratégie indirecte, il va détruire peu à peu les ambitions qui percent sous le couvert des manifestations de la liberté. Liberté – c'est-à-dire à ce niveau liberté qui reste tendue vers l'individualité, mais ne fait que renfermer en soi l'universalité : elle n'est pas la vérité devenue certaine d'être elle-même. Le résultat des précédentes dialectiques montre, en effet, que le monde est encore *son* monde et non celui de la raison comme *Versöhnung*. Encore faut-il s'employer à esquisser le terrain de ces manifestations et déterminer la carte de la dialectique. « Ce que seront les sections générales de cette effectivité nous est déjà désigné en général par la comparaison avec l'itinéraire parcouru jusque là. De même, en effet, que la raison observante dans l'élément de la catégorie répétait le mouvement de la *conscience* – la certitude sensible, la perception, l'entendement – elle parcourt de nouveau également le double mouvement de la *conscience de soi* et passera de l'état de l'autonomie[1] dans celui de sa liberté. Dans un premier temps, cette raison active n'est consciente d'elle-même que comme d'un individu, et doit, en tant que telle, requérir et reproduire l'effectivité de celui-ci dans l'autre – mais ensuite, dès lors que sa conscience s'élève à l'universalité, l'individu devient raison *universelle* et est conscient de soi, en tant que raison, comme quelque chose qui est déjà en soi et pour soi reconnu, qui réunit dans sa conscience pure toute conscience de soi ; il est l'essence spirituelle simple qui, en parvenant simultanément à la conscience, est la *substance réelle* en laquelle les formes antérieures font retour comme en leur fondement, de telle manière que face à ce fondement elles ne sont que des moments singuliers de son devenir, qui certes se décrochent et apparaissent comme autant de figures propres, mais qui en fait n'ont, portés par lui, une *existence* et une *effectivité,* car elles n'ont leur *vérité* que dans la mesure où elles sont et demeurent en ce fondement. » (L. 248). Nous avons cité ce paragraphe en son intégralité, car, au moins jusqu'à présent, c'est celui qui présente une vue panoramique quasi complète de la *Phénoménologie.* Dans le domaine de la *certitude* trois étapes *théoriques* ont inauguré l'analyse philosophique. Ces trois étapes ont été doublées par des étapes *pratiques* (jusqu'à la conscience malheureuses). Dans le domaine de la *raison* plusieurs étapes théoriques (par exemple : la vie) ont culminé jusqu'à l'échec de la phrénologie, tandis que tout le long la relation intérieur / extérieur se modelait. A travers de nouvelles épreuves apparaîtront de nouvelles formes diversement reliées à la liberté (l'essence du *Geist)* comme autant de fulgurations, qui ne sont que dans la mesure où elles sont et demeurent (*sind und bleiben*)[2] en ce fondement. Hegel n'indique pas ici

1. C'est-à-dire : de son rapport négatif à la chose.

2. Formule qui a une teneur religieuse.

les différentes étapes que nous aimerions voir énoncées. On peut se livrer à beaucoup de supputations. L'une serait d'ordre rhétorique : Hegel aurait voulu à travers le corset rigide des synthèses triadiques pythagoriciennes conserver une part de spontanéité à son développement. L'autre serait plus subtile : Hegel aurait voulu affirmer le primat du contenu sur la forme de l'exposé, et a préféré Aristote à Platon.

Hegel procure un exemple : si nous admettons que la « conscience de soi reconnue (*das anerkannte Selbstbewusstsein*), c'est-à-dire qui possède dans l'autre conscience libre la certitude de son soi, et en cela précisément sa vérité – ou si nous relevons cet esprit encore intérieur comme la substance qui a déjà grandi et prospéré jusqu'à son existence, nous voyons s'ouvrir dans ce concept *le royaume de l'éthique* ». L'Ethique, comme l'expliquait déjà Hegel à la fin de l'exposé de la pensée de Jacobi dans *Foi et savoir,* est la cohérence d'un peuple avec ses mœurs, sa destination, le nexus de ses coutumes qui dicte des obligations immédiates[1]. Il est clair que par là on s'avance très loin dans l'unité des invidus, liés à la totalité par un souci *éthique*, sans pour autant atteindre le jour spirituel de la présence. « Ce souci éthique n'est en effet pas autre chose que l'unité spirituelle absolue de l'essence des individus au sein de leur *effectivité* autonome d'individus. Il s'agit de la vie d'un peuple (*ethos)* où l'on assiste à un entrecroisement. La vie d'un peuple consiste à contempler dans l'autonomie *de l'autre* [...\de l'individu] l'*unité* complète avec lui, ou encore à avoir pour objet, comme *mon* propre être pour *moi,* cette libre *choséité* (*freie Dingheit*), et qui est le négatif de mon propre être (*meiner selbst*), [c'est-à-dire d'avoir pour moi l'Être comme objet – et que ce concept a donc sa réalité accomplie. » A ce niveau « la raison est présente comme la *substance* fluide universelle, comme l'immuable *choséité* simple, qui explose tout aussi bien en une pluralité d'essences parfaitement autonomes, de même que la lumière éclate en étoiles comme autant de points innombrables luisant pour soi, qui dans leur être pour soi absolu non seulement sont dissoutes *en soi* dans la substance autonome simple, mais le sont aussi *pour soi-même...* » (L. 249). Le sens de la comparaison est assez facile à établir, bien que les sources qui l'alimentent soient diverses. L'Esprit se donne comme substance et chaque individu peut être regardé comme un attribut. Puisque la vie le parcourt, on peut dire que l'Esprit est semblable au nexus qui constitue un arbre, ou encore à l'*État* en un sens primaire : sa fluidité est attestée morphologiquement (les branches tombent et sont remplacées par d'autres) et physiologiquement (la sève anime tout l'arbre). Kant avait dans le § 64 de la *Critique de la faculté de juger* déjà usé de cette métaphore pour illustrer l'organisation politique. Cependant le

1. G. W. F. Hegel, *Hauptwerke,* Bd. I, p. 381-382.

terme de *substance* est malheureux : il occulte celui de *fonction* qui sera systématiquement utilisé par E. Cassirer. Hegel est un penseur substantialiste dont les efforts pour s'arracher à la logique aristotélicienne auront été vains, tandis qu'il pressentait le Logos comme substance. – Les métaphores suivantes (*Sterne als unzählige für sich leuchtende Punkte*) sont leibniziennes. L'État est donc une substance infinie au sens de Leibniz ; une source de production infinie de libres monades.

Hegel considère plus attentivement que Kant l'activité purement *singulière de l'individu* et trouve qu'en tant « qu'être naturel », c'est-à-dire en tant que *singularité qui est* elle se raporte à ses besoins : « Les faits et gestes *purement singuliers de l'individu se rapportent aux besoins qu'il a en tant qu'être naturel, c'est-à-dire en tant que singularité qui est.* » (L. 249). Au plus bas niveau de la raison agissante s'esquisse le tout de l'État, mais la vie de l'individu ne dépasse pas sensiblement la satisfaction des besoins, qui le maintiennent dans la substance : c'est pourquoi il n'est que singularité. On voit ici un exemple de la méthode hégélienne : elle est recollection des *faits* et ne dissocie pas ceux-ci de leur genèse. Les faits sont des raisons. Aussi bien d'une part : que même ces fonctions communes qui sont celles de la singularité ne sombrent pas dans le néant, mais aient une effectivité (se sustenter avec tout ce que cela implique) est l'œuvre du pouvoir [...] du peuple tout entier. On conçoit que cette intégration constitue comme nexus une forme déterminée. Mais le contenu est aussi d'une certaine manière entrecroisé « dans l'activité de tous » (le pêcheur et le boulanger) et le *travail* de l'individu pour la satisfaction de ses besoins est aussi celui appelé par la satisfaction des besoins des autres : telle est la forme. La déficience dans ce niveau de l'esprit est que la dimension *universelle* du travail demeure *inconsciente* et que seule l'activité singulière émerge dans la conscience de l'individu. Cependant, en revanche, l'individu reçoit en retour « le travail universel comme son propre conscient » (L. 250). Cela signifie que l'individu reçoit son objet général (« sa » ville, ses « vignes ») comme le produit sien. Le « tout », la [...] patrie est ce à quoi il accepte de *se sacrifier*. L'État est véritablement un nexus en lequel est signifiée la *totalité* éthique, première idée nécessaire de la *liberté spéculative*, ignorée par les concepts de liberté morale formelle et de liberté métaphysique. – Il n'est rien ici qui ne soit *réciproque*, commente Hegel, et dans ce mouvement de l'être pour soi et de l'être pour un autre le peuple comme substance universelle, c'est-à-dire close et fondée en elle-même, « parle son *langage universel* », universel en ce sens où il est le bien de tous, dont nul n'est exclu. Universel aussi parce que les coutumes constituent autant de langages, et que dans l'habileté d'un peuple à construire, par exemple des navires, nous pouvons lire son ethos. Dans cet acte de reconnaissance du peuple, du tout, l'individu se reconnaît aussi lui-même :

c'est « sa » ville, « sa » langue. La formule qui consacre ce nexus est : « Je les vois comme Moi, et Me vois Moi comme Eux ». On voit bien qu'il ne s'agit pas de la plus haute forme de l'État : Hegel s'abstient de parler du « jour de la présence ». En revanche il semble penser à la cité antique et à Athènes. Il précise : « C'est pourquoi dans un peuple libre la raison est en vérité réalisée ; elle est esprit vivant présent dans lequel l'individu non seulement trouve sa *détermination* [...] mais a également atteint sa *destination* ». « C'est pourquoi les hommes les plus sages de l'Antiquité ont énoncé cette sentence : *que la sagesse et la vertu consistent à vivre conformément aux us et coutumes de son peuple* » (Diogène Laerce). Quatre brèves lignes indiquent pourquoi, d'un point de vue spéculatif, et non seulement psychologique, ce stade de l'Esprit devait être dépassé : « La conscience de soi, qui d'abord n'est esprit qu'*immédiatement* et *selon le concept, est sortie de ce bonheur* d'avoir atteint sa destination et de vivre en elle, *ou encore :* elle n'a pas encore atteint ce bonheur ». Le point gênant est l'idée du bonheur. Ou encore *Glück*. Il va de soi que ce bonheur substantiel ne se confond pas avec la « plate définition » du bonheur chez Kant. Le bonheur, on ne sait pourquoi, si ce n'est par une contradiction, est dépassé chez Hegel : « Il faut que la raison sorte de *ce bonheur ;* car c'est seulement *en soi* ou *immédiatement* que la vie d'un peuple libre est réellement *souci de bonnes mœurs et de coutumes* ». Manque la médiation, ici comprise comme réflexivité, l'être pour soi qui acquiert l'universalité (L. 251) – de plus la cité antique ne saisit son être que dans ses besoins, non dans la connaissance de soi. On résume la difficulté apparente en écrivant : « la limitation absolue consiste précisément en ce que l'esprit est dans la forme de l'*être* ».

Tentons de fixer les moments : I – A ce qui vient d'être énoncé s'ajoute « la conscience singulière, *telle qu'elle a immédiatement son existence* dans le souci réel des bonnes mœurs et de la coutume, ou dans le peuple, est une confiance solide et pure, pour lequel l'esprit ne s'est pas dissous en ses moments *abstraits*, et qui ne se sait pas non plus comme *étant pour soi pure singularité* ». II – [Parvenue jusqu'à cette notion [la conscience singulière], il se trouve que cette unité immédiate avec l'esprit est perdue ; l'essence est la conscience *isolée.* « Certes, le *moment de cette singularité de la conscience de soi* est bien dans l'esprit universel lui-même, mais uniquement comme une grandeur évanouissante, qui [...] se dissout tout aussi immédiatement, et n'accède à la conscience que comme conscience. III – Ainsi « l'individu est venu se placer face aux lois et aux mœurs et coutumes ; celles-ci ne sont qu'une pensée sans essentialité absolue, une théorie abstraite sans effectivité ; tandis que lui, en ce qu'il est tel sujet qui dit *Moi,* est à ses propres yeux sa réalité vivante ». C'est à partir de cette position égoïste que la conscience devra retrouver son bonheur au sein de la totalité éthique ressaisie comme concrète. Les relations entre la *Phénoménologie* et la *Philosophie de l'histoire* seront nombreuses. Toutefois par un jeu de bascule les difficultés rencontrées dans le champ de la physique trouveront leur pendant dans les problèmes de cette histoire finalisée à l'extrême, et dans tous les cas Hegel ne parviendra jamais au point de vue philosophique unissant la nature et l'histoire.

La conscience de soi donc se pose comme un Moi – « ou alors [...] elle *n'a pas encore atteint ce bonheur* d'être substance éthique, d'être l'esprit d'un peuple ». Car « revenu de l'observation »[1], l'esprit n'est pas encore rendu effectif par lui-même : il ne sait que dire : « l'esprit est un os ». Ou encore il est d'abord seulement *immédiat*, mais, étant immédiat, il est *singulier ;* Hegel en donne la définition : il est la « conscience pratique qui s'avance à grands pas dans le monde tel qu'elle l'a trouvé avec pour but de se redoubler dans cette déterminité d'individu singulier », concevant son progrès comme répétition de soi dans le différent, donc de « s'engendrer en tant que celui-ci comme sa contre-image qui est et de prendre conscience de cette unité de son effectivité avec l'essence objective. » En d'autres termes, puisqu'il s'agit de la condition heureuse dans une totalité éthique on peut concevoir celle-ci comme donnée (Diogène Laerce) *ou alors* comme fin d'un progrès qui consiste dans une genèse de la substance par répétition. J. Hyppolite attachait beaucoup d'importance à ce progrès où la partie agit sur le tout et réciproquement (GS I, 268-269). Mais il gâchait cette vue perspicace en utilisant des concepts non-hégéliens comme la « volonté de puissance » (expression qui résulte d'une faute de traduction). Il en résulte une unité dont la conscience pratique a la *certitude* : l'harmonie d'elle-même et de la choséité « est déjà donnée, *présente* » – il reste qu'elle n'a plus qu'à advenir pour la conscience pratique, et que faire cette unité, c'est aussi bien *la* trouver. « Dès lors que cette unité s'appelle *bonheur,* cet individu est donc envoyé par son esprit dans le vaste monde pour y *trouver* son *bonheur* » (L. 252). Le Non-Moi doit être assimilé au Moi (pratique). En un sens un peu spécial on pourrait dire que la conscience pratique est un explorateur.

Il convient donc de définir les savoirs. La *vérité* de cette conscience de soi douée de raison est *pour nous* la substance éthique. Philosophes, nous savons que ce qui est premier c'est la totalité. La philosophie du droit est donc le complément nécessaire de la *Phénoménologie de l'Esprit.* La conscience pratique ne le sait pas et imagine que la totalité est à venir, à promouvoir, et ce qui est premier pour elle est l'individualité. Dans un cas, les individus (consciences de soi pratiques) « sont le devenir de la substance éthique et la précèdent » ; dans l'autre, elles la [connaissance philo-

1. Sur l'observation voir le chapitre précédent.

sophique de la totalité] suivent et résolvent la question de sa détermination pour la conscience de soi. Suivant le mouvement phénoménologique, l'itinéraire de la conscience pratique tend vers la *moralité* et puisqu'il n'est pas montré comment la moralité, dépend de la substance, il sera préférable de choisir la voie où se manifeste *l'individualité,* qui se découvre « après que la conscience a perdu sa vie éthique » (L. 253). Concluant, Hegel indique les grandes étapes de l'individualité : le plaisir – le cœur, la vertu. Arrachée à la substance éthique – qui s'est, pour ainsi dire volatilisée, puisqu'elle n'a été atteinte que dans la forme de l'être et non pour soi, si bien que l'esprit est à reconquérir à travers l'expérience – la conscience pratique découvrira que la choséité est l'être pour soi de l'esprit lui-même.

A – *Le plaisir et la nécessité* (240)

Se réaliser ! Tel est l'impératif de la conscience de soi. Cela suppose un mouvement d'expansion qui soit aussi une réflexion en soi, une dilatation de l'être qui soit aussi unc concentration en soi. Tel est le *plaisir.* A titre d'expansion, il saisit la chose, le fruit et se l'approprie. Tout plaisir suppose une préhension originaire, une dilatation du Soi qui raye l'objet saisi de la sphère des objets étant pour soi : ce fruit dans ma main devient *ma* noix et non plus seulement *une* noix. On se souviendra ici de la dialectique des forces. Cependant je brise la noix, j'en absorbe les fragments et je suis conscient de sa saveur, tandis qu'en fait c'est mon acte que j'éprouve, abolissant mes autres possibilités *momentanément.* Que la conscience « absorbe le monde » (V. Cousin) n'est que l'expression philosophique sublimée de la concentration – non nécessairement volontaire – du soi éprouvée dans le plaisir : *Je jouis.* Et en même temps je *m'éprouve* comme *ce* Dasein.

Hegel n'a pas trouvé d'expression plus appropriée pour décrire cette première forme de l'individualisme que le *plaisir* ou encore *Lust.* « Lust » possède un sens animal et nous sommes renvoyés par là au tout début de la *Phénoménologie,* à l'ineffable du ceci. Dans le plaisir, la conscience fait l'expérience de l'indicible et cela d'autant plus fortement que l'objet favorise la certitude de soi. A s'en tenir au texte de la *Phénoménologie,* dans le plaisir l'autre n'est que pour un autre et l'on voit déjà par là que l'expérience du plaisir n'est pas l'expérience ultime. Puisqu'il s'agit, au sujet du plaisir et en son domaine de l'expérience radicale (qui a des racines), d'un mouvement initié par la conscience de soi, il est possible de concevoir qu'*un* objet se dérobera. Cependant, universel, s'étendant comme recherche de l'étant dans le sensible à tout ce qui est – de même que la certitude sensible – le plaisir, *animé par le désir de se réaliser,* son impératif, trouvera toujours des bras pour s'ouvrir.

Le désir – importante relation avec la conscience malheureuse – cherche bien, en vue du plaisir qui est son telos, à nier l'autre comme pur obstacle, simple chair distincte, à le dominer – à ramener l'être autre à l'être pour soi et pour cela

Il méprise entendement et métaphysique
Les talents suprêmes de l'homme ;
Il s'est abandonné au Diable,
Et doit périr.

Ces vers (légèrement modifiés) de Goethe sont souvent mal compris. Pour l'essentiel on lit avec le poète *Vernunft* (raison), là où Hegel a écrit *Verstand* (entendement). Mépriser la raison est chose *inconcevable*. En revanche mépriser l'entendement est chose relative – comme lui. Perdu pour l'entendement, l'homme ne l'est pas nécessairement pour la raison (la grâce : *Credo quia absurdum)*, ou, comme nous l'avons dit, expérience radicale, le plaisir n'est pas encore expérience ultime. On demandera plus précisément ce que l'homme méprise : à ce niveau il méprise tout en faveur de la femme en laquelle il veut découvrir et conquérir (explorateur) son être autre et d'abord les sciences : « Pâle est la théorie ». L'*existence vivante* est la médiation précise en laquelle l'homme et la femme vivent en se donnant l'un à l'autre et subissant dans l'orgasme leur négativité *innée* au sein d'une réalisation de soi positive. Il est vrai qu'atteignant sa fin, la conscience se déçoit. Sans doute elle se trouve engagée dans l'existence vivante, mais sans l'autre son engagement n'est rien et réciproquement. Existence vivante : sans les pécheurs le Christ n'est rien et réciproquement. Boiteuse, la comparaison souligne l'insuffisance de la conscience de soi à ce niveau et en même temps la possibilité infinie de l'horizon de son rachat.

Le « plaisir consommé dans la jouissance a certes la signification positive qu'on est devenu pour *soi-même* une conscience de soi objective, mais il a tout autant cette signification qu'on s'est soi-même supprimé » (L. 255). Dans la possession, dans l'orgasme, poussant en dehors du langage des cris inarticulés, la conscience de soi s'échappe à soi-même, et dans « l'effectivité ainsi atteinte de sa singularité se voit anéantie par l'*essence* négative ». Le R. P. Gauvin a soigneusement décrit cette descente aux Enfers[1] où Kojève voyait la dégradation du plaisir humain en jouissance animale. Cela n'a rien à voir avec le péché originel, ni avec la manducation de la pomme, car n'en déplaise à Byron il n'est pas question de pomme dans la dialectique de la faute originelle, qui ne consiste qu'en la désobéissance. Ce qui ressort clairement de ce conflit confus des interprétations, c'est l'élucidation de l'essence de l'homme. Fichte avait écrit dans

1. *Plaisir et nécessité*, in Archives de philosophie, 1965.

le *Fondement du droit naturel* que « tout animal est ce qu'il est, tandis qu'originairement l'homme n'est rien ». Crevant le ciel du plaisir, l'homme peut descendre en dessous de celui-ci – son essence au fond – et sombrer dans le néant de l'extase où l'autre quoique aboli se dresse, inefficace et vide, mais néanmoins comme essence dévastatrice et dévorante. – Plus encore qu'ailleurs nous n'avons pas cherché à respecter la terminologie de Hegel nécessairement inadéquate dans la mesure où elle doit affronter *le mouvement du sensible.* Réfléchissant sur l'individualité en soi Hegel souligne qu'il s'agit de « la figure la plus pauvre de l'esprit qui s'effective [...] son essence n'est donc que la catégorie *abstraite* ». Voici notre excuse. Par rapport à la substance éthique cette fois, on parlera plus proprement de la « figure la plus pauvre de l'esprit qui s'effective... ». La différence avec la vie est donnée dans le fait que la conscience de soi pratique *sait* – sans y croire comme on le verra – que la rencontre avec l'autre conscience est un *processus* conscient : le fruit vient se poser dans la main qui se tend. La vie est ce même processus, mais inconscient. Le moment le plus important dans cette dialectique est peut-être le suivant : en dominant le Soi de l'autre, la conscience se réfléchit en soi et se pose comme Soi, et de même que la certitude sensible s'abîmait dans l'Universel du mot, la conscience de soi pratique se saisissant comme individualité supprimée dans l'orgasme extatique se dévoile comme unité et communauté des sujets, c'est-à-dire Universel et elle exprime cette liaison comme fatum et destin.

Ne rougissons pas d'énoncer des banalités. Dans un cours profond dispensé à la Sorbonne en 1953 J. Hyppolite énonçait ainsi le fatum ou le destin ou encore la *nécessité* : « On se marie jeune à vingt ans et, sans que l'on sache comment on s'y est pris ou plutôt mal pris, on attend un enfant, puis deux et même trois. Le mari fume, la femme fait la vaisselle. Les jours tournent à l'envers. » Dans leur auto-suppression les consciences subissent le poids de l'Universel. Si la tension vers la substance éthique – le vouloir de soi pour l'instant englué dans le fatum ne peut que se répéter en un cercle générateur de nouvelles essentialités vides – ne demeurait présente, à l'intériorité du Verbe se substituerait l'extériorité sexuelle. Et sans doute, rétorquera-t-on, Hegel ne fait que réfuter l'hédonisme historique en soulignant sa pire contradiction : la stérilité éthique. Jusqu'où va cette contradiction ? L'unité de la conscience de soi pratique et de son autre – cette unité sans laquelle le destin serait inconcevable – est elle-même pour la conscience un naufrage ; la conscience de soi pratique n'est pas neutre : elle verse dans le pessimisme et le chagrin. Toute science lui apparaissait grise tandis qu'elle s'élançait dans la quête de son essence vivante. Elle a bien « pris la vie, mais, ce faisant, ce qu'elle saisissait, c'est bien plutôt la mort ». L'enfant, comme essence indépendante, est la mort des parents. Dès lors la conscience apparaît immédiatement à ses yeux comme le principe destructeur ; elle est le début et la fin du processus, c'est à dire une *énigme* pour soi. Dans le second Faust, on peut lire : « Le présent seul (*die Gegenwart allein*) – est notre joie ». Cependant comment construire une *demeure* entre Parménide et Héraclite ? Plus simplement la jouissance est-elle exprimable ? Et que dire lorsque les « conséquences de ses actes ne sont pas ses actes ? » (L. 257). L'existentialisme n'est pas un humanisme, et en témoigne le fait que ce qui arrive à la conscience de soi pratique n'est pas logiquement intérieur à son essence en soi qui ne permet de reconnaître la nécessité abstraite que comme la puissance insaisissable de l'Universalité « contre laquelle *l'individualité* est fracassée ».

Le passage à une autre figure de l'Esprit serait inconcevable, [...] depuis « la pensée de soi-même comme d'une essence absolument *étrangère* à soi », si la conscience de soi n'avait survécu, *en soi,* à cette perte ; mais elle continue de parler ; sans la comprendre elle demeure rattachée à la substance éthique par mille *liens* plus solides que ceux qui retiennent les navires.

B – *La loi du cœur, et la folie de l'infatuation* (244)

Hegel n'a pas facilité la tâche à son lecteur ; dans la nouvelle figure qu'il s'apprête à décrire, il écrit tantôt « singularité », tantôt « individualité ». A défaut d'une longue explication, dont le résultat serait incertain, on regardera les termes comme synonymes d'autant plus que partout ou presque « individualité » convient. Dans tous les cas – même si l'on considère la singularité comme le substratum biologique – c'est l'individualité qui va être contestée.

La nécessité est quelque chose de déterminé, et cet être est ce qu'elle est vraiment pour la nouvelle figure de cette conscience de soi. La conscience se sait comme le nécessaire : elle sait qu'elle initie le processus et le conduit à son terme. Elle a donc *en elle-même* l'Universel ou la Loi, et, puisque ce rapport est sans médiation dans l'être pour soi de la conscience, elle est dite *Loi du cœur.* Il s'agit de la sexualité dépassée par le sentiment. J. Hyppolite parle de subjectivisme sentimental, incarné par des écrivains comme Goethe, Rousseau, Schiller. Ce sont les écrivains qu'on a coutume de citer ici et notamment les *Brigands* de Schiller – remarquons que ce n'est pas à notre sentiment la pièce la plus dramatique de Schiller, et que nous préférons *Marie Stuart.* Quoi qu'il en soit, il s'agit d'« opposants » au nom de la loi. Hegel souligne qu'en tout état de cause la conscience de soi pratique est « plus riche » (L. 258) que la figure précédente, car la conscience trouve son être pour soi comme lui étant nécessaire ou universel. Puisque le cœur possède une loi et la loi un cœur, la tâche de la conscience (individuelle) consistera à rendre effective cette loi dans l'extériorité, et cette dialectique ressemblerait à toutes les précédentes si elle n'était strictement humaine. A la conscience possédée intérieurement par la loi du cœur s'oppose primairement « la violence d'un ordre du monde » (L. 258). Naturellement, si l'on ose dire, la conscience ignore son passé transcendantal ou encore l'origine de la loi comme intériorité ; elle la saisit donc comme un Absolu. Au nom de celui-ci, elle va entreprendre le renversement de cet ordre du monde, qui, pour elle, n'est pas un ordre. Ce qu'il faut c'est que l'*unité* qui règne au sein de son cœur entre l'individualité et le nécessaire règne en dehors d'elle. Ou encore il faut que la loi ne soit pas différente de la loi de son cœur. Comment les autres qui ne peuvent que porter en leur sein la loi du cœur parviennent-ils à vivre la souffrance engendrée par l'opposition entre la loi du cœur et la violence du monde ? Pour la conscience de soi pratique, il y a là un profond mystère et déjà, au moins en sa source sentimentale, s'annonce le projet de l'*Aufklärung*. Les « autres hommes » que la conscience de soi pratique trouve vivant dans le déchirement ne connaissent pas la félicité d'avoir *trouvé* dans l'harmonie des deux termes leur essence, et cela quand bien même par *hasard* la loi du cœur coïnciderait avec l'ordre du monde. Le fait de se *trouver* est riche de significations, et en particulier se lie à l'ipséité. Celle-ci est satisfaite – c'est un *ego* et la loi du cœur ne va pas sans égoïsme.

Mais – ici commence la transition – la loi qui s'oppose à la loi du cœur est séparée du mouvement du cœur libre et pour soi. Le schème est kantien : l'obéissance à la loi prive la conscience de la jouissance de soi. Certes ce n'est pas le sacrifice de la jouissance qui est visé, mais la séparation de l'ordre divin en même temps qu'humain (Rousseau et le pressentiment de la Révolution) qui règne. Hegel insiste : un accord est possible par hasard. La loi du cœur semble une *apparence* qui perd son opposition à la violence et qui lui fait grâce, mais il ne s'agit pas d'une simple conformité à la loi en général, car si « le contenu de la nécessité universelle n'est pas en accord avec le cœur, celle-ci n'est rien en soi, y compris selon son contenu, et doit céder à la loi du cœur » (L. 259).

C'est un fait : « L'individu *accomplit* [...] la loi de son cœur; par exemple il veut la *transparence* ». Elle « devient l'ordre *universel* ». Mais, selon Hegel, dans cette effectivation, la loi s'est échappée de lui. Par exemple à Clarens le jardin surnommé l'Elysée semble ne rien devoir à la main de l'homme, alors que sans elle il ne serait rien[1]. De par son effectuation la loi du cœur cesse d'être loi du cœur. C'est qu'elle y gagne la forme de l'*être* et devient un pouvoir *universel*. Pouvoir universel : cela signifie que tel cœur ou tel autre lui est soumis ne trouvant plus cet ordre qui est le sien. Le problème, au sens grec, est pour l'individu de « s'impliquer dans l'ordre effectif ». Il y a là une philosophie du partage et de

1. *Rousseau et la philosophie du malheur*, t. II.

l'union. Hegel cherche à pousser plus loin cette dialectique : c'est *l'individu* qui pose l'effectivité qui est. L'individu, si nous anticipons, est une force qui se retourne dans l'effectuation contre elle-même. Cependant, transcendant la loi du cœur, l'individu est affranchi de lui-même : ce n'est plus la loi de son cœur qui commande et ce n'est pas non plus lui-même. Songeant peut-être à Rousseau, Hegel ne veut pas manquer la singulière loi du cœur qui s'empare de la conscience aliénée : l'individu continue de croître pour soi en tant qu'universalité et se débarrasse de la singularité. C'est qu'il « n'entend reconnaître l'universel que dans la forme de son être pour soi immédiat, ne se reconnaît donc pas dans cette universalité libre, [l'universalité opposée à la loi du cœur], alors qu'en même temps il lui ressortit, puisqu'elle est son activité » (L. 260). Très vulgairement, on dirait que l'individu est déchiré entre deux législations. Dès lors l'activité qui se développe du côté de la nécessité *contredit* celle issue du cœur. – « Ce faisant l'individu a déterminé par *le concept de son activité* la façon plus précise dont l'universalité effective [...] se tourne contre lui ». Comme effectivité son acte ressortit à l'universel. Il n'y a aucune loi déterminée qu'il serait question d'établir, mais c'est l'unité immédiate du cœur singulier et de l'universalité qui est la pensée [...] selon laquelle *tout cœur* (*jedes Herz*) doit se reconnaître dans ce qui est loi. Cette dialectique sans être unique est exemplaire : elle montre le cœur tantôt patient, tantôt actif, enfin l'un et l'autre et se perdant lorsqu'il croit s'atteindre – le cœur est fragile. Encore Hegel ne détermine-t-il pas à ce moment le *contenu* du cœur : ou plutôt le contenu de la loi du cœur est-il ou doit-il être le même dans *tous les cœurs ;* et toujours restant dans l'indéterminé, Hegel souligne que de l'unicité de la loi découle la proposition suivante : « c'est le contenu *particulier* du cœur *en tant que tel* qui est censé avoir valeur universelle ». Les noms de Rousseau, mais aussi de Jacobi nous viennent en mémoire... On remarquera que ce mouvement aboutit logiquement à faire de chaque cœur la loi de tous les autres, d'où une diversité de lois et l'individu les juge abominables, puisque, lois des cœurs, elles s'opposent à son excellence.

La singularité est dès lors parvenue à un haut niveau; elle ne se reconnaît pas dans la nécessité abstraite et morte, mais dans la nécessité en tant qu'elle est vivifiée par l'individualité universelle [la cité et ses mœurs]. Il demeure que la singularité ne peut tout-à-fait, donc pas du tout, se reconnaître. Elle ne se sait pas comme *origine* de la loi qui lui apparaît comme une essence étrangère. Hegel consacre tout un paragraphe à montrer que *pour nous* la dualité de la loi – loi de tous, loi d'un cœur –, pourtant issue de la même source, détermine une contradiction dans la conscience. D'une certaine manière il y a là une critique de l'idéalisme formel pratique de Fichte : conscient de son excellence et de sa loi intérieure, le Moi voudrait nier les lois (le monde) qui n'expriment pas son propre cœur et substituer sa loi à celles des autres ; d'où un trouble intérieur. La déduction hégélienne est un peu différente. Il montre comment la loi du cœur et l'universalité (« l'ordre universel » : les coutumes) entrent en conflit, par le fait seul que l'une et l'autre aspirent à l'hégémonie et que se soumettant à telle législation qui vaut pour elle comme *essence* et *effectivité propre,* la conscience de soi pratique rejette l'autre législation (L. 261). – « En énonçant ce moment de sa folie consciente comme le résultat de son expérience, la conscience de soi se montre comme ce renversement intérieur ... ». L'expression « folie consciente » exprime, selon nous, l'idée que la conscience croit que son destin est d'être renvoyée d'un ordre à l'autre ; il ne s'agit pas d'une angoisse [ni d'une peur] trouvant ses racines indicibles dans le néant – les termes de cette dialectique sont parfaitement clairs et le trouble naît de leur affrontement, d'où « l'essence sort inversée et l'effectivité ineffectivité » (L. 261). Hegel tient à bien spécifier le type de folie dont il s'agit. On entend ordinairement par folie un rapport où l'objet et son essence sont inversés. Là le rapport est différent. La loi du cœur, en effet, d'une part et l'effectivité d'autre part sont présentes et suscitent dans la conscience un trouble qui va jusque dans ses profondeurs les plus intimes.

De même que la conscience pratique ou le Moi fini (en général), le Soi aime la loi de son cœur et, ce faisant, le juge *supérieur* à l'humanité, [qu'il entreprend de sauver]. En même temps la conscience est saisie par la fureur ; projetant en dehors de soi le *renversement* qu'elle est elle-même, elle déploie bien des efforts pour se conserver. Elle veut voir l'ordre universel comme une inversion de la loi du cœur, inventée par des prêtres fanatiques, et tous leurs séides qui travaillent à « l'indicible malheur d'une humanité abusée » (L. 262). Hegel n'a pas attendu Nietzsche pour traiter du renversement des valeurs d'un point de vue formel. J. Hyppolite, si nous l'entendons bien, a cru pouvoir ici même dénoncer la puérilité de la conscience de soi pratique *révolutionnaire* croyant qu'une *seule individualité* pouvait imposer un ordre, tandis que ce dernier résulte du *jeu* des individualités (GS, I, 278). Il s'est appuyé sur une lecture de Schiller qui n'est plus reçue. En fait c'est bien *l'individu* – et cela compte – et non quelque terme médian (le jeu des individualités) – qui s'élève contre l'universel [dévié]. Cependant l'individualité s'affirme comme forme, même s'il est nécessaire de modifier le contenu. Le révolutionnaire est seul sur la terre : « Me voici sur la terre... ». De plus s'ancre ici le délire de la *présomption* ; l'individu croit envers et contre tout en l'excellence de son âme. En un sens le révolutionnaire a raison de s'élever contre la totalité : celle-ci ne s'impose que par la médiation de l'individualité qui l'infecte par son propre renversement. Nous sommes déjà en présence du « cours du monde ». Hegel a bien conscience que la *Phénoménologie* se divise pour une lecture rapide. Le *bourgeois* et le *révolutionnaire* fourbissent leurs armes. Le bourgeois veut la consolidation des valeurs et le révolutionnaire veut leur inversion, l'un et l'autre dominés par le concept de la loi, dont le premier ne veut que l'affermissement, tandis que le second n'en veut que la destruction. De la sorte au point de vue de la conscience de soi pratique, voulant renverser les valeurs, on peut parler de *délire* et de *présomption* puisqu'à l'ordre résultant du *mouvement des individualités* elle veut imposer la loi-de-son- cœur effective. Par delà ou en deçà de Schiller une seule issue demeure cohérente. La cohérence de la communauté que les brigands rompent de la manière la plus affreuse – le viol – se retrouve dans le mouvement infini de la grâce, le troisième chemin que Moor semble seul capable de suivre en tant *qu'homme.*

Mais nous pouvons concevoir « que l'individualité immédiatement universelle est ce qui inverse les cœurs et ce qui est inversé, et cet ordre universel, comme il est la *loi de tous les cœurs*, c'est-à-dire comme ce qui est inversé, n'est pas moins en soi l'inversé, ainsi que le déclarait la folie déchaînée ». Il se manifeste une première fois dans la résistance que la loi d'un cœur rencontre chez les autres individualités singulières, comme étant la loi de tous les cœurs. Le vogage de Louis XVI à Cherbourg en 1786 fut une véritable fête populaire. Hegel explique cet événement singulier par le fait que les lois sont encore solides, loin d'être une nécessité vide, morte et inconsciente, de telle sorte que « chez elles les hommes ont leur effectivité, ont leur vie d'individus, sont conscients d'eux-mêmes ». Il se trouve néanmoins qu'au jeu des individualités va se substituer un nouvel ordre. La Cour au temps de Louis XVI était brillante, animée – un « bon mot » valait comme un coup de poignard. Lentement dans le pays germaient des cœurs obstinés, voulant défendre la morale et le droit. Les privilégiés, lorsque le jeu des individualités est suspendu, par sa progressive inversion, agissent comme si tout leur était ôté et deviennent odieux par leur luxe (Calonne).

Inversé, le jeu des individualités devient la lutte de la vertu (257).

Celle-ci d'abord n'est que le passage d'une loi de tous les cœurs à un ordre public (L. 264) où chacun « tire à soi la couverture » sans *sincérité*, tandis que l'ordre n'est que le « cours du monde ». Il ne manque plus à la sincérité qu'à se prendre au sérieux pour qu'elle engage une lutte vaine contre le cours du monde. Elle sera vaincue bientôt et bien sûr. Car, lutte contre l'ordre public, elle s'opposera à ce qui en est de manière ultime la racine : l'individualité. Mais ensuite, à force de colmater les brèches, dans le jeu des individualités elle l'amènera à n'être qu'un moment illusoire. C'est la période pré-révolutionnaire qui s'engage et ne s'accomplira que dans la Terreur, tandis que l'opposition deviendra de plus en plus concrète.

C – *La vertu et le cours du monde* (251)

Dans la seconde figure « les deux parties de l'opposition avaient chacune chez elle les *deux* moments : la loi et l'individualité ; mais l'une d'elles, le cœur, était leur unité immédiate, tandis que l'autre était leur opposition » (L. 264). Il en va autrement dans le rapport de la vertu et du cours du monde. Chaque élément de cette dualité comprend les deux moments. Par exemple pour la conscience de la vertu, d'une part la *loi* est l'*essentiel*, tandis que d'autre part l'individualité est ce qu'il faut abolir. C'est donc sous la relation d'opposition que les moments sont compris ; on parlera donc de la *vertu* et du *cours du monde*. Pour la conscience de la vertu l'individualité propre doit passer sous la discipline – Hegel insiste : il s'agit du « sacrifice de la personnalité tout entière » (L. 265). Dans ce sacrifice singulier à la vertu l'individualité est en même temps anéantie dans le *cours du monde*, car elle est moment commun au cours du monde et à la vertu. – Dans ce cours du monde l'individualité se comporte de manière inversée ; elle consiste à se déterminer comme essence et à se soumettre le vrai et le bien *en soi*. De même le cours du monde, pour la conscience, n'est pas seulement cet universel *inversé par l'individualité*, mais l'*ordre absolu* n'est pas aussi présent pour la conscience comme *effectivité qui est,* mais est son *essence intérieure*. C'est la raison pour laquelle ce n'est pas à la vertu de produire cet ordre absolu, car la production, en tant qu'*activité* suppose la conscience de l'individualité. Cette abolition fait place à l'*en soi* du cours du monde, afin qu'il accède en soi et pour soi-même à l'existence.

Cette position du problème est sensiblement compliquée d'une part parce que Hegel raisonne sur quatre termes : d'une part le cœur et son autre ; d'autre part la vertu et son autre. D'autre part l'ordre universel doit atteindre l'ordre absolu, c'est seulement écraser partout l'individualité qui l'inverse et au fond il s'agit d'inverser l'inversion : on voit par là qu'il s'agit d'agir sur le monde. Au point de départ il y a le cours du monde, le « Weltlauf » et c'est lui que la vertu va tenter de redresser. Mais comment si ce n'est en s'y op-posant – comme va le faire la vertu ?

Hegel nous présente bien le « chevalier de la vertu ». On ne peut, en effet, ne pas songer à Don Quichotte. Et il y aura toujours quelques individus fanatiques pour prétendre *refaire* le monde. En octobre 1812, à Moscou, Napoléon s'applique à une nouvelle fondation des statuts de la Comédie française. Cet exemple fameux pose bien le problème de l'individualité : que peut-elle faire ? Don Quichotte nous indique la limite inférieure – sa réalité s'effondre dans le verbiage. Napoléon, auquel Hegel a déjà consacré quelques lignes au niveau de la vie, a su, en dépit de son individualité, réformer en partie le code pénal. C'est, à l'évidence, le niveau supérieur : l'individu réel. Hegel ne traite pas la question : on peut soutenir qu'il estime ne pas avoir toutes les cartes en main pour se prononcer sur elle. Toutefois ce serait mépriser à la fois la modération et l'esprit critique de Hegel. L'épopée napoléonienne, même si elle s'est finalement traduite par un désastre, fut une « époque » au sens de Bossuet; Napoléon a inauguré les temps modernes et coupé toutes les branches qui auraient pu permettre à l'ancien régime de s'enraciner à nouveau. Les révolutionnaires russes vers la fin du XIXe siècle partagaient ces vues. Hegel a peut-être subi, comme tant de ses contemporains, les effets du prestige de Napoléon. Mais voici la modération de Hegel : un tel *énergumène* est rare. Bien plus souvent on a affaire au café du commerce où l'on rêve à ce qui se passera après la chute du tyran[1]. Evidemment les choses sont un peu moins simples. D'abord remontons à l'origine. L'individualité s'est perdue tandis que dans le plaisir elle cherchait à jouir de soi. Ensuite par réaction il y eut le passage interne externe (Don Quichotte / Dulcinée) à la vertu, dressant l'individualité contre la loi, néanmoins comme la loi n'est plus une nécessité morte et creuse mais existante dans la conscience et directement branchée sur l'effectivité, elle est par là même renversée et inversée. Les habitués du café du commerce dans ces conditions ne peuvent travailler ; ils rêvent à haute voix. Le Soi plongé dans le plaisir ne travaillait pas – la vertu est la loi superficielle du travail et les sacrifices qu'elle s'impose (par exemple laisser parler les autres) sont autant de minuscules encoches faites sur le tronc de la cité. Toutefois cela finit par former un embryon de société. Les tyrans savent bien que la « parlotte » est grosse de dangers. Hegel veut mesurer les armes, tandis que la vertu affronte le cours du monde : « ...ces armes ne sont rien d'autre que l'*essence* des combattants eux-mêmes, laquelle ne surgit que pour eux réciproquement ». Hegel ne complique pas immédiatement les rapports, tant il est vrai que le combat est complexe et même confus. Les armes de la vertu sont tout ce qui résulte de la parole (pamphlets, libelles, ouvrages fabriqués sans autorisation). On ne savait pas lire, mais on publiait beaucoup[2]. Une dialectique plus profonde animait les individualités : dans la mesure où elles voulaient combattre le cours du monde, c'était pour réaliser un ordre nouveau ; la conscience de soi pratique visait bien à la fois une juste loi et la cessation de son *activité*. En cette perspective la conscience ne nie que pour affirmer : elle *croit* à la loi en général. Inversement le moment du cours du monde dont les armes ne sont pas négligeables (la censure) agit parce qu'il croit en la loi sienne. Que l'on supprime cette imagerie, au demeurant contradictoire, on verra que sa grande leçon est que le combat est illusoire en son issue car ni la vertu, ni le cours du monde ne parviennent à l'*effectivité* solide des antiques lois

1. P. Benichou, *Le temps des prophètes*. Gallimard.
2. *La mort de Louis XVI*.

grecques. Le combat devient indécis : « Dès lors que cet universel, est, de la même façon, aux ordres de la conscience de la vertu et à ceux du cours du monde, on ne peut pas prévoir si la vertu, équipée de la sorte, vaincra le vice » (L. 267). Les armes sont au fond les mêmes (la parole) et dirigées contre l'effectivité ; les uns combattent d'utopiques menaces et les autres un réel acculé davantage à se défendre qu'à s'épanouir.

Hegel ridiculise le « chevalier de la vertu ». Ses *faits* et *gestes* ressemblent au maniement (qu'on sait inefficace) d'un sabre en fer-blanc (L. 267) ; sa vertu lui interdit de prendre ce qu'il fait et par conséquent ce qu'il est au sérieux, et loin de défendre le Bien et de l'exposer à un risque, il le soustrait aux aléas du combat. Ici commence la critique de Rousseau dont Hegel dénonce la mauvaise foi et l'hypocrisie. En réalité le chevalier de la vertu, croyant que le Bien existe, n'a pas besoin de le réaliser par le combat. Cette critique n'était pas originale – pour beaucoup Rousseau accusait l'humanité de vices et de maux imaginaires au nom d'un idéal de santé mentale existant (*Le devin du village*). On lui reprochait aussi de mettre son grand talent d'écrivain au service de condamnations générales fondées dans des fantaisies (l'État de nature). On dira que Rousseau était le seul « chevalier de la vertu ». Ce serait ne pas compter sur le « grand Fichte » comme dit Nietzsche, qui précisément dans sa condamnation de Rousseau (Ve *Conférence sur la destination du savant,* 1794) avait repris le sabre en fer blanc. Il reviendrait à Kierkegaard d'élargir la notion en parlant du « chevalier de la foi ». Hegel, comme on le verra, ne dénonce pas seulement l'hypocrisie du chevalier de la vertu qui frappe par derrière, repoussant ainsi le Bien qu'il prétend défendre parmi les valeurs négatives, mais encore sa grandiloquence (qui ne fait défaut ni à Rousseau, ni à Fichte)… De la lutte, comme il fallait s'y attendre d'une unité synthétique de significations, surgit selon l'ordre des choses le côté abstrait des opposés, la vertu et le cours du monde, en même temps que selon l'ordre des raisons « le bien est posé dans les deux mondes ». Dans un texte un peu compliqué Hegel insiste sur le fait qu'il ne peut pas même y avoir de combat. La vertu sera vaincue par le cours du monde parce que, tout bien considéré, ses armes ne sont que des mots. Le cours du monde triomphe de Rousseau, chantre de la vertu : « Le cours du monde triomphe donc de ce qui constitue la vertu par opposition à lui ; il triomphe d'elle, pour qui l'abstraction sans essence est l'essence. Cependant, il ne triomphe pas de quelque chose de réel, mais de la création de différences qui n'en sont pas, il triomphe de ces discours pompeux sur le plus grand bien de l'humanité, et sur l'oppression qu'elle subit, le sacrifice pour le bien et tous ces talents gâchés : ce genre d'essence et de fins idéales s'effondrent comme autant de paroles vides qui élèvent le cœur et laissent la raison vide[1]; qui exaltent certes, mais pour ne rien construire; toutes déclamations qui n'ont pour contenu précis que la très haute estime de l'excellente essence en laquelle doit tenir l'individu qui se dit agir en vue de ces nobles fins et profère ces excellentes formules, tient sa propre personne. – Emphase qui s'enfle la tête et l'enfle aux autres, mais aux proportions d'une insignifiante enflure. – *La vertu antique avait sa signification sûre et déterminée, car elle avait en la substance du peuple un fondement riche de contenu et avait pour fin un bien effectif déjà existant ; c'est pourquoi aussi elle n'était pas dirigée contre l'effectivité en tant qu'inversion essentielle, ni contre un cours du monde.* Mais la vertu que nous examinons est sortie de la substance, est une vertu sans essence, une vertu issue de la seule représentation et de paroles dépourvues de tout ce contenu. – Ce vide de l'éloquence en lutte avec le cours du monde se découvrirait aussitôt, s'il fallait dire ce que ces formules signifient – c'est pourquoi on les *présuppose connues* ». Le chevalier de la vertu (Rousseau), à moins de susciter à propos de sa personne une polémique, tourne selon Hegel son sabre de fer blanc contre lui : il suscite l'ennui, véritable mer sur laquelle rien ne peut se construire. Il en allait autrement de la vertu antique : la Cité était le sol nourricier en lequel s'enracinait fermement la vertu de Créon et le respect dû aux morts était le nerf de la solide vertu d'Antigone.

Le résultat actuel est que « la conscience laisse tomber comme on laisse choir à ses pieds un manteau vide, la représentation d'un bien *en soi* qui n'aurait pas encore d'effectivité » (L. 270). La vertu nourrie d'utopies se fracasse et constate que le présent n'était pas si mauvais, puisque l'effectivité du cours du monde est l'effectivité de l'universel. Il est clair qu'ici Hegel condamne la Révolution française, œuvre de petits bourgeois aveuglés par l'utopie (*Morelly :* la Basiliade). Un peuple entier est tombé dans la fureur de légiférer, nourrie par les Constitutions de Rousseau. Les plus étranges doctrines voyaient le jour dans le monde de l'éducation (Basedow). Et cependant on méprisait les plus fécondes inventions (Parmentier). Enfin le sens réel de l'individualité devrait être dévoilé; en *réalisant* le Bien elle contribue à sa négation comme en soi ou fin visée et fait de lui quelque chose d'*effectif* : « le mouvement de l'individualité est la réalité de l'universel ». Tout se trouve par là réconcilié. En effet le cours du monde cesse de s'opposer à la liberté, et on ne peut plus considérer comme deux essences étrangères la vertu et le cours du monde. Certes, intérieurement, l'individualité se dit bien qu'elle agit égoïstement, mais elle est moins mauvaise qu'elle ne le pense : elle ne sait pas tout simplement ce qu'elle fait. En ceci Hegel se rapproche de Kant et en particulier de *L'Idée d'une histoire universelle au point de vue cosmopolitique* où l'auteur de la

1. Comparez avec le jugement de Fichte sur Rousseau.

Critique déclare que les hommes agissent inconsciemment pour le bien (?) des générations futures. Hegel souligne fortement ce point : « Les hommes, dans leur totalité, n'ont pas conscience de ce que c'est qu'agir » (L. 271). On peut se demander si Hegel a le droit d'énoncer ce théorème. Il semble étrange que la *Phénoménologie de l'esprit* puisse au niveau des hommes et *dans l'analyse de la conscience* abriter le concept d'*inconscient.* C'est une difficulté que rencontrent les grands penseurs et par exemple L. Tolstoï dans son explication des moments de la retraite de la Grande Armée en 1812 dissocie les concepts de l'« agir » et de la « conscience ». Évoquer Tolstoï qui regarde Hegel comme un penseur faible, c'est se préparer à considérer l'axe fondamental de l'hégélianisme dans sa philosophie de l'histoire.

C – L'individualité qui est à ses yeux réelle en soi et pour soi-même (259)

Introduction : « La conscience de soi a maintenant saisi le concept d'elle-même qui d'abord était notre concept d'elle, savoir, d'être dans la *certitude* d'elle-même toute réalité, et sa finalité et essence est pour elle désormais l'interpénétration en mouvement de l'universel – et de l'individualité ». Les fins extérieures à la réconciliation ont disparu comme autant d'abstractions et de chimères dans l'*en soi* qui relèvent de ces premières figures sans relief de la conscience de soi *spirituelle* et n'ont leur vérité que dans l'être présumé du cœur, de la présomption et des beaux discours et non *dans la raison* ...Cependant la détermination de la conscience de soi *comme pour soi* ou *négative,* détermination dans laquelle la raison surgissait était la suivante : « une telle conscience de soi trouvait devant elle une *réalité effective* qui devait être le négatif d'elle-même » (tr. Hyppolite, I, 322). Cette opposition se nie tandis que, résultat de la dernière dialectique, l'individu se réalise lui-même, ayant pour objet de sa conscience la catégorie même. Normalement nous devrions entendre par là le « Je pense » qui avait pour détermination d'être la catégorie simple de l'étant. Mais nous devons compter simultanément sur la rigueur et la spontanéité de l'écriture de Hegel. Toutefois Hegel semble compliquer les choses à plaisir ; il écrit : « la vérité ne se sépare plus de la certitude » (L. 272). Ne pourrait-on, ne serait-ce que du point de vue de l'entendement – au moins car c'est lui qui instaure le sens de la catégorie, de la manière dont le monde est jugé – considérer la Phénoménologie comme achevée ? Hypothèse à peine soutenable ; en dépit des plans initiaux, Hegel nous donne une phénoménologie de l'Esprit et non une psychologie de l'entendement.

Mais peut-être ne serait-il pas insensé de voir en ce segment la véritable inflexion de la dialectique contrainte pour être complète de commencer par creuser des galeries souterraines qui, comme le mouvement des forces, constituent le sous-sol de l'Esprit. En un sens rien n'est changé : la carte de l'Esprit est nettement dessinée. Seulement tout ce qui a été vu, *rencontré,* ne s'offre plus comme un monde obscur mais composé de moments transparents, qui n'ont qu'un défaut, celui de ne point s'assembler. Par là est fixée la fin de la conscience : elle doit rassembler et résumer dans son unité simple de l'être d'une part et du Soi-même d'autre part – qui est son *genre – les moments qui s'offrent.* Si l'on admet que la psychologie d'un côté (le savoir du sujet comme individualité) et l'ontologie de l'autre (le savoir comme catégorie) fusionnent, l'ordre des raisons enveloppant l'ordre des choses qui le soutient, la philosophie de Hegel se définira comme une *psycho-ontologie phénoménologique.*

Hegel peint d'abord le sujet, condition de toute vie. La conscience comme la Vénus de Botticelli « surgit vive et fraîche d'elle-même » et ne « s'engage pas vers autre chose, mais *vers elle-même* ». Dès lors que l'individualité est chez elle-même l'effectivité, la matière de l'efficience et la fin visée par l'activité sont l'activité elle-même. Hegel compare la conscience à un cercle et ne la détermine même pas comme connaissance, mais comme « translation de n'être pas vu » à la condition d'être vu. La lecture esthétique n'est peut-être pas la meilleure et il en faut restreindre la portée, tout en reconnaissant qu'Hegel y invite en se servant d'images.

a – *La faune de l'esprit animal et la tromperie ou la chose même* (261)

Le titre de cette section est très difficile à traduire. Considérant qu'il s'agit, en gros, des écrivains, le R. P. Tilliette propose : *la faune de l'esprit animal*, expression par laquelle on désigne non pas une réalité *organisée*, mais comme un bouillon de culture où il est bon de briller. C'est alors qu'on voit les éléments de ce bouillon et d'abord l'*individualité* en tant qu'individualité *singulière* et *déterminée*, qui se sait être la *réalité universelle abstraite.* Le théorème est repris : la conscience est la raison devenue certitude d'être toute réalité, – mais universelle, cette réalité est abstraite et *creuse, et sa pensée une pensée vide*. Comment ce concept de l'individualité se développe-t-il ?

Le concept de l'individualité, dans la mesure où elle est pour soi toute réalité, est d'abord un *résultat.* Les articulations du concept qui composent son mouvement et sa réalité n'ont pas encore été exposées et elle est ici posée *immédiatement comme simple être en soi.* « Or la négativité qui est la même chose que ce qui apparaît comme mouvement, est chez l'*en soi simple* comme *déterminité*; et l'être, ou l'en soi simple, devient un périmètre déterminé » (L. 273). « *L'individualité survient comme nature déterminée originelle* – comme nature *originelle, car elle est en soi,* comme nature *originellement – déterminée, car le négatif est à elle-même l'en soi, en sorte que celui-ci est une qualité* ». L'en soi ne peut être saisi car il est une possibilité, une qualité – une pure virtualité. Mais si l'être est ainsi limité, l'activité ne l'est pas, car celle-ci est ici une référence à soi-même achevée. Ces relations compliquées signifient deux choses : d'une part la conscience prétend exposer sa nature ou qualité que le monde ne peut lui arracher ; d'autre part lorsqu'elle considère avec une certaine hauteur son activité, elle est contrainte de prétendre qu'elle ne fait qu'apporter une contribution. Tout tourne, comme l'a bien vu J. Hyppolite, autour du concept de raison, qui ici ne représente pas le Verbe, mais une manière, un mode de la conscience de soi, dans son adaptation au monde. Et dans ce monde – qui n'est plus la « chose en soi » – la conscience se cherche. Cherchons à évaluer les moments que Hegel présente en fait deux fois, comme il arrive chez lui lorsqu'il prend conscience de la difficulté de son texte. Nous avons vu la première présentation ; nous laisserons de côté la seconde qui commence par ces mots : « Cette *nature* » et se termine par ceux-ci : « [...] ou au moyen » (L. 274).

« *En premier* lieu, donc, la nature originellement déterminée de l'individualité, son essence immédiate, n'est pas encore posée comme agissante – et se nomme ainsi aptitude *particulière*, talent, caractère » : on voit qu'un homme est apte à se battre. Cette aptitude caractéristique de l'esprit doit être regardée comme l'unique contenu de la fin elle-même, et comme étant, elle seule, la réalité. L'individualité ou monade est ce en quoi toutes les qualités psychiques, physiologiques, physiques conspirent dans le nexus d'aptitude à la lutte. Si l'on posait la monade comme opposée à cette fin « on se la représenterait comme un *néant* travaillant dans la direction du *néant* ». – *En outre* cette essence originaire (*ursprüngliche*) de la conscience n'est pas seulement le contenu de la fin visée, mais est *en soi* aussi l'*effectivité,* qui apparaît par ailleurs comme matière donnée de l'activité *trouvée là* et à conformer dans une activité. Le terme important est l'expression : *trouvée là.* Selon ses talents elle transformera le *donné* – trouvé-là, comme simple forme de l'être ou *point d'interrogation,* en être représenté. L'être donné devient intérieur à la conscience dans la mesure où c'est elle qui l'a produit (L. 275) : « La différence d'une chose qui n'est *pour* la conscience qu'à l'*intérieur* d'elle, et d'une effectivité qui est en soi à l'extérieur d'elle, est tombée. » – « L'être vrai de l'homme, écrivait Hegel, est son acte. ». L'activité synthétise ou est la synthèse des deux moments. L'action possède aussi trois moments auxquels on se réfère : au *début,* au *moyen,* à la *fin.* C'est la vénérable définition aristotélicienne. Hegel montrant les cercles logiques présupposés par là travaille à saisir l'action comme une totalité, et Bergson sera plus proche de lui qu'on ne le croit. L'action n'est pas bavardage, mais, par opposition, réalisation silencieuse d'une effectivité qu'on croyait *trouvée*, et qui est en soi « la propre nature originelle ». Hegel insiste sur certains moments : il distingue deux moments : la négativité dans l'être (*determinatio est negatio)*[1] et la négativité dans l'opération même qui est universelle. Il alourdit son texte, mais non sans raison, car il faut bien que tous les éléments soient définis pour appréhender la notion d'*œuvre* (L. 276).

« Avec l'*œuvre* semble intervenir la différence des natures individuelles ; l'œuvre est comme la nature originelle qu'elle exprime, quelque chose de *déterminé* [...] ». L'œuvre destinée a être consommée s'enracine dans un talent spécifique, mais Hegel ne laisse pas tomber de côté l'essence de l'activité, qui comme telle se comporte face à l'étant en tant que négativité en général. L'aptitude-au-travail remplie et se remplissant est dans la mesure où elle devient actuelle *déterminité* (L. 276) et elle peut ainsi se connaître dans le talent conduit à se réaliser en tant qu'activité en général. Plus précisément encore : les moments compénétrés dans l'*agir* concrétisent l'aptitude et produisent l'œuvre, qui, maintenant peut être comparée à d'autres œuvres et par là à d'autres individus. Il nous semble que Hegel noue un peu facilement ici activité et biographie, comme s'il y avait une réciprocité entre l'œuvre et la nature de l'individu. Mais il se reprend aussitôt : façon plus puissante dans l'œuvre, ou : plus forte énergie du vouloir ou : nature plus riche : ce sont là *des différences privées d'essence de grandeur* (L. 276-277). Par delà ces différences (Lavater, Kiesewetter, Fichte, Schulze, Maimon, Enésidème, Beck, Reinhold, etc.) on pourrait bien avancer celle du *bien* et du *mal,* mais elle ne saurait s'imposer ici. En effet la pensée comparative, si elle doit être fidèle à son essence, d'une part verserait dans une analyse infinie et d'autre part ne saurait pas dépasser – par la pensée de je ne sais quoi – le donné de l'œuvre. C'est là chez Hegel parmi ses nombreuses attaques la plus cruelle envers Kant et Fichte. Philosophes de l'intention, ils abandonnent l'être ou l'œuvre et se perdent dans le brouillard des velléités, et par une conséquence toute logique plus rien n'est *bon* ni *mal.* – C'est « pourquoi, à ce niveau, on ne constate ni *élévation,* ni *plainte*, ni remords ; car ce genre de choses provient toujours de la pensée qui s'imagine un autre *contenu* et un autre *en soi,* que ce que sont la nature originelle de l'individu et l'accomplissement constatable de celle-ci dans la réalité effective ». On comprendrait mieux Hegel en le reliant à Spinoza qui écarte lui aussi les jugements dits de valeur en montrant qu'ils s'enracinent dans l'imagination. Chez Hegel, par exemple, il n'y a pas de place entre ce qui *fut fait* et ce qui *aurait dû être*

1. La formule latine est de Spinoza. Hegel dans sa *Logique* a ajouté *omnis.*

fait. Aussi bien parle-t-il du *jour de la présence* et souligne qu'en profondeur « l'individu [...] ne peut *éprouver que de la joie* ». Que je sois et que ma joie demeure.

Tel est donc le concept que se fait d'elle-même la conscience comme interpénétration de l'individualité et de l'être. Une nouvelle définition de l'œuvre est introduite : « L'œuvre est la réalité que la conscience se donne » (L. 278). C'est dans l'œuvre que l'individualité se réalise au cours de l'expérience. Cela n'est pas toujours évident dans le *cours du monde.* Zola méconnaît l'*œuvre* de Cézanne[1] et Cézanne du même coup. Esthétique, la querelle devint éthique, car Zola avait intitulé son écrit critique : *L'œuvre.* Aussi bien c'est « dans l'œuvre que l'individu est pour la conscience ce qu'il est en soi ». Dans l'œuvre, la conscience s'est exposée au jugement du public, dans l'élément de l'universalité, dans l'espace ou l'éther privé de déterminité de l'être – sans négativité. Cependant en se retirant de son œuvre – par exemple en l'échangeant contre de l'argent – la conscience devient dans cette *opposition* la *négativité absolue* en regard de son œuvre, qui, objectivée *est* la conscience déterminée. De la sorte la conscience se dépasse soi-même comme œuvre, et elle-même est l'éther privé de détermination (L. 278 m) qui ne se trouve pas rempli par son œuvre. Ici se creuse entre l'œuvre et la conscience un nouvel abîme. La conscience sait bien que l'œuvre par le marchandage cesse d'être son bien propre, sa possession. Particulièrement la crise survient à propos d'une œuvre, qui on ne sait pourquoi, est l'authentique miroir du Soi – les autres n'étant que des répétitions, finalement des rayons de prostitution. Ne se reconnaissant plus prouver la gloire et sa gloire, la conscience est toujours davantage conduite à passer de l'œuvre au public offerte à sa négativité comme *opération.* Cependant quelle est l'orientation des autres individualités ? Même si l'individualité apprécie justement l'œuvre, elle ne peut faire que celle-ci soit *sienne*. Son intérêt (*inter est)* est un *autre que l'intérêt proprement dit caractéristique* de cette œuvre, qui dès lors est transformée « en quelque chose d'autre ». L'œuvre est donc de manière générale quelque chose de périssable...(L. 279). Nous avons limité la dialectique de l'œuvre au champ esthétique – le plus propre à illustrer le propos de Hegel. Mais une bataille comme celle des Thermopyles pourrait aussi convenir. Hegel rejoint les peintres moralistes du XVIIe siècle au sujet de l'œuvre glorifiante. Il appartient à l'œuvre de choir dans la catégorie de l'*avoir* et de déposséder pour toujours le créateur comme individualité, et puisque tous les hommes sont des auteurs d'œuvres périssables, mortels ils sont tous nuls.

« Dans son œuvre la conscience voit donc naître l'opposition de l'être et du faire (dans les précédents chapitres, AP.), qui dans les figures antérieures

1. E. Zola, Correspondance, Paris, Éditions du CNRS, IX, p. 95.

de la conscience était en même temps le *commencement* de l'activité, et ici n'est que résultat » (L. 279). Pour Hegel cette opposition s'est déjà évanouie, dès que la conscience comme individualité se développait dans le faire (en général dont découle l'être déterminé). En effet l'action présupposait comme son en soi, *la nature originelle déterminée* et le pur accomplissement pour l'accomplissement (le refuge de la conscience dans le faire AP.) avait cette nature pour *contenu. On pourrait dire : la véritable nature de l'artiste, c'est l'artiste, il est à lui-même son contenu.* Dès lors tandis « que la pure activité est *la forme identique à soi-même* » (non au sens de Fichte, mais de Platon : l'unité jointe à elle-même dans l'unicité de la forme), la *déterminité* de la nature originelle est celle du contenu. Hegel souligne qu'il est indifférent de nommer un moment ou un autre le *concept* ou *la réalité.* Dans la bonne tradition de la philosophie idéaliste allemande, il nommera *la nature originelle* « l'être » et le « faire » « *le concept* ». Entre la nature originelle d'une part et l'action de la conscience d'autre part, surgit *une inadéquation* dont la conscience fait l'expérience dans son œuvre. Il ne serait pas insensé de dire qu'elle appréhende *sa* vérité, devenant donc « pour soi-même telle qu'elle est en vérité, et le concept vide qu'elle avait d'elle-même disparaît ».

Dans cette contradiction fondamentale de l'œuvre qui est la vérité de cette individualité à soi-même réelle en soi, *tous les côtés de cette individualité entrent donc en scène.* Cela nous fait souvenir du théorème de la *Préface* : la vérité est le *Taumel* bacchique de tous les moments et le vrai est résultat. Toutefois une distinction capitale doit être apportée. Nous parlons de l'individualité; cela implique que nous parlions d'inter-subjectivité. Evidemment l'être d'autrui en tant que tel fragilise l'individualité en apportant une dimension contingente interne. Bien plus importante est la transcendance d'autrui qui rend contingente par *essence* l'opération et le faire de l'ego. J. Hyppolite va trop loin lorsque, considérant les relations inter-subjectives et l'instauration de l'universelle contingence originée par toutes les remarques précédentes, il écrit : « Il y a là un primat de l'existence sur l'essence » (GS. I. 291). Ce qu'il est, en revanche, bien nécessaire de souligner, c'est comment la monadologie fichtéenne (du moins en 1794-1795 : déduction du temps – 1801-1802 : déduction des éléments), identifiée et vivifiée par la permanence synthétique de la forme, ne peut *valoir* comme contenu que fondée *en droit* transcendantalement, tandis que Hegel semble ne faire cette observation que d'un point de vue psychologique –. Après ces explications Hegel s'applique à mieux définir ce en quoi se déposent l'œuvre et ses moments. Il choisit un terme très commun : *die Sache* qui le plus souvent signifie l'affaire contingente d'un individu (L. 281, note 1), mais aussi un objet banal (dont on parle beaucoup – début de la *Préface* de la *Phénoménologie*).

La chose est l'affaire de tous ; chacun se définit par son œuvre et par ses moments. Entre l'œuvre d'une part et ses moments d'autre part, de même qu'au point de vue de l'individualité et à celui de l'effectivité, la chose se détermine comme essence supprimant les moments qui tendraient à valoir pour soi. Hegel dédouble de même l'activité qui, parce qu'elle est activité générale et pure, peut être aussi activité de tel individu. Et enfin elle est une *effectivité pour la conscience*. On remarque un certain embarras dans la conclusion de cette période ; d'une part vaut la Chose, comme cause, comme affaire de quelqu'un, d'autre part vaut la chose ordinaire de la certitude sensible et de la perception. Dans la Chose, la conscience doit parcourir un mouvement correspondant à la certitude sensible et à la perception (L. 281). – Absorbant les moments isolés, la *Chose même* parvient à la conscience de sa substance et puisqu'elle vient d'émerger, elle est donc *immédiate*. Dans cette conscience immédiate d'elle-même la *Chose même* a tous ses moments distincts, mais à son tour est indifférente à eux, en tant que moments déterminés. Ici Hegel fait jouer les relations dialectiques qui gouvernaient la perception, par exemple les idées de multiplicité et d'unité. Partout la nécessité de la *Chose même* doit s'incarner dans la contingence de la fin visée, des moyens, et l'œuvre doit voir la multiplicité disparaître, en sorte qu'on assiste à une disparition de la disparition, l'œuvre ne s'évanouissant plus dans ses moments (L. 282).

On assiste alors (L. 282, *sq.*) à une dialectique qui aura pour aboutissement la *tromperie*. Au point de départ il y a l'individualité qui prétend avoir voulu choisir les bons moyens et, même si elle a échoué, avoir cherché à atteindre la bonne fin. Que si dans l'attention portée à un moyen, la conscience se trompe, elle « a sa conscience pour soi ». – « Quelle que soit la façon dont les choses tournent, elle a toujours accompli et atteint la *Chose même*, car celle-ci, étant le genre *universel* de ces moments, est le prédicat de tous » (Tr. J. Hyppolite, I, 337). – Le grand reproche que l'on pourrait faire à la conscience de la Chose, c'est d'avoir renoncé à la réalité effective, faisant de la pure opération quelque chose qui n'opère rien. C'est le reproche injustifié que fera Zola à Cézanne. L'artiste peut exhiber des esquisses et poser qu'il a *fait* un but de la Chose en sorte qu'il n'est pas nul. Que se passe-t-il ? La métaphore de Hegel est complexe. Il dit qu'il s'agit en ceci d'un mauvais garçon qui se réjouit d'une gifle – cela pourrait signifier que le mauvais garçon serait, au fond, satisfait qu'on s'intéresse à lui. On peut aussi supposer que la conscience n'ait rien fait du tout *lato sensu* et pour le cacher elle va d'un moment à l'autre, ou *stricto sensu* n'a fait que différer l'action. J. Hyppolite considérant la différence entre « Sache » et « Ding » pense que nous sommes en présence de la contradiction que recherche la *Phénoménologie. Au centre* la conscience, sujet de la vision, à la *périphérie* les autres consciences qui voient une individualité, qui juge *son* regard central. L'œuvre est monadologique, une unité entre la Chose même et la conscience de soi pratique, à ceci près et c'est une restriction de taille, qu'il n'y a pas pour l'individu de monade centrale (c'est-à-dire : Dieu). Cette « lacune » est capitale. Si l'homme ne peut, sans malhonnêteté, s'élever à l'œuvre authentique, alors il n'a plus d'autre issue par delà l'entendement, la raison, que le Verbe pour assurer son salut. Cela suggère une autre approche. Augustin, on le sait, voulait concilier dans l'espérance la foi et les œuvres. Luther s'opposa à la synthèse augustinienne et ne retint que la foi. Détruisant le côté humain de l'œuvre, en sorte que ne subsiste que la foi, Hegel penche – quoi d'étonnant ? – vers le luthéranisme. L'auteur de la *Phénoménologie* tourne et retourne inlassablement cette dialectique. Son nerf est énoncé par l'égalité entre l'œuvre et l'absence d'œuvre. Ou encore à la place de la réalité effective il y a seulement le fait d'avoir voulu – mais qui garantit la pureté et la réalité de l'intention ? Peut-être Hegel va-t-il trop loin en finissant par démanteler l'œuvre humaine. Si l'on écrit : « Cependant la vérité de cette honnêteté c'est de ne pas être aussi honnête qu'elle le semble » (L. 283), il n'y a plus de secours. Il est vrai que nous ne sommes qu'au niveau de l'individualité, et que désirant célébrer la totalité éthique, Hegel avait tout intérêt à détruire l'œuvre humaine finie valable même comme intention. En même temps il prépare sa critique de Kant et de Fichte.

b – *La raison législatrice* (277)

« L'essence spirituelle est dans son être simple à la fois *pure conscience* et *telle* conscience de *soi*. La *nature* originellement déterminée de l'individu a perdu sa signification positive, d'être *en soi* l'élément et la fin de son activité ; elle est seulement un moment supprimé, et l'individu est un Soi, comme Soi universel ». Hegel commence son chapitre par ces lignes pleines de sens. Cela signifie que le spirituel est devenu substance et que la nature a disparu. « Inversement, l'œuvre formelle elle-même s'accomplit dans l'individualité agissante et se différenciant en soi. Ce sont en effet les différences de celle-ci qui constituent le *contenu* de cet universel. La catégorie, comme universel de la *conscience pure* est *en soi* ; et elle est tout aussi bien *pour soi,* car le *Soi-même* de la conscience est tout aussi bien son moment. Elle est *être* absolu, car cette universalité est la simple *identité à soi-même de l'être.* » (L. 287). En réalité il y a trois termes : l'individu ou conscience, – ce dont elle est conscience ou la Chose absolue, – enfin la Substance ; la « Chose même » n'étant que la substance pour la dimension éthique. Dans les conclusions de la précédente dialectique, l'opération surmontait les oppositions : certitude et vérité, universel et singulier, réalité effective et opération de la conscience. Le dépassement de ces oppositions procurait bien l'idée de la *Chose même,* mais celle-ci n'était en fait que que « la conscience de… » et voici la notion qui oblige à regarder la Chose absolue comme abstraite. La réconciliation des moments donnera naissance à la *substance* spirituelle, à la pure identité avec soi-même (Fichte). Cependant au niveau où nous sommes – la tromperie universelle – la conscience ne peut qu'être un mouvement (une intention) formel et le « Je pense », la catégorie ne peut qu'être l'en soi de cette intentionalité, de telle sorte que ce qui vaut comme objet à la conscience a la signification d'être le *vrai.* La catégorie : le *Je pense éthique* (le *Sollen),* simple identité à soi-même, en soi de la conscience, est l'absolu pour cette conscience et nous sommes passés (depuis le plaisir) du *Ich denke* au Devoir-être. C'est pourquoi, et Hegel s'en explique longuement, les oppositions tombent. La vérité ne va plus sans le valoir. On pourrait tenter de définir la *Chose absolue* par cette identité, et dans la mesure où elle finira par être dépassée, le Soi se pénétrera spéculativement, si bien que la séquence est : intellection – intention éthique – spéculation. La conscience au niveau de l'intention éthique considère l'unité du Vrai et du Bien comme l'unité insurmontable qui est « tout être et toute puissance ». Nous ne suivrons pas cette dialectique pas à pas : disons seulement que d'une part le Soi (*Sichselbstgleichheit des Seins*) se trouve scindé en masses « qui sont les lois *déterminées de l'essence* ». On se trouve ici devant une lacune irrémédiable de la *Phénoménologie* : il s'agit de l'*économie politique,* dont cependant Hegel avait tâté dans la *Jenaer Realphilosophie.* Cruelle lacune : elle nous montre la phénoménologie sans bases concrètes. Au lieu de cela il livrera une critique de la « fureur de légiférer » (Mirabeau l'Aîné) en morale immédiatement.

En principe « ces lois[…] de la substance éthique sont reconnues immédiatement ». Ce sont des lois en ce sens qu'on ne peut s'interroger sur leur origine, ni sur leur justification. De là au niveau de la loi un certain caporalisme chez Hegel. On ne peut se mettre en quête d'autre chose, car cet « autre » serait la conscience elle-même. Il s'ensuit que l'*allgemeine gesetztgebende Vernunft sait immédiatement ce qui est juste et bien.*

Ce savoir éthique immédiat, pris dans la forme de maximes, peut être regardé comme constituant les lois éthiques abstraites. Ainsi :

Chacun doit dire la vérité. On concédera ce moment avec une importante restriction : chacun doit dire la vérité, *s'il la sait* – ou encore selon *la connaissance et la persuasion qu'il en a.* La saine raison, « cette conscience éthique », l'entendement selon Mendelssohn, qui sait précisément immédiatement ce qui est juste et bon (*Philosophische Schriften, V. Brasch,* Berlin 1888) « expliquera […] que cette condition était à ce point liée à sa maxime universelle qu'elle avait *entendu* ce commandement en *ce sens* ». De ce point de vue Kant ne se sépare pas de Mendelssohn.

« Mais en fait elle reconnaît par là qu'en l'énonçant, bien au contraire, elle l'enfreint déjà immédiatement » ; c'est qu'elle a quelque chose d'autre en tête et le *fait* d'énoncer la maxime montre par lui-même que la maxime est fragile. *Il n'est ni bon, ni sain de formuler dans une maxime ce qui vaut tellement par soi que son intériorité pure suffit.* Il en résulte que la conscience éthique *parlait autrement qu'elle ne pensait intimement*... « Mais par là même, l'*universellement nécessaire,* qui vaut *en soi*, que la proposition voulait exprimer, s'est retourné au contraire dans une parfaite *contingence* ». Il en résulte qu'il n'y a plus de vérité : je dis *comme ça* ce qui me passe par la tête, à moins que ce ne soit son contraire. « *Cette contingence du contenu* n'a *l'universalité* qu'en la *forme d'une proposition* dans laquelle elle est énoncée ». Kant dans la première note de la *Critique de la raison pratique* se louait d'avoir élaboré les principes de la formalisation et Feuerbach dans son *Pierre Bayle* l'avait surnommé le « grammairien » de l'éthique. On voit le désastre qu'entraîne selon Hegel cette grammaire de l'éthique. C'est le premier coup porté contre l'éthique kantienne, et Hegel par une dérivation sophistique des concepts – justifiée *parce qu'on l'a rendue possible* – établit une maxime : *la conscience éthique devrait savoir la vérité, c'est-à-dire être capable de l'énoncer correctement, mais ne le peut* et cette maxime dit exactement le contraire de celle dont on est parti (L. 289).

Autre commandement célèbre : Tu aimeras ton prochain, comme toi-même.

Ce commandement (*Gebot*) pourrait bien nous réserver des surprises. Afin de saisir la position de Hegel, situons le débat. – Quand on dit : tu aimeras ton prochain comme toi-même, on suppose qu'il y a un *amour raisonnable* du Moi par le Moi. Or Luther dans la conclusion de la *Römerbrief Vorlesung* dit expressement que seul l'amour de Dieu est légitime, s'opposant ainsi à la synthèse augustinienne. Pascal achevant les pensées (si l'on ose dire) s'exclame : *N'aimer que Dieu /et ne Hayr que soi.* C'est dire que la charité (comme vertu théologale) est impratiquable et pourtant elle est « la substance de Dieu ». Le commandement, écrit Hegel, « est adressé à l'individu singulier dans son rapport aux individus singuliers, et *affirme ce rapport* COMME *un rapport de l'individu à l'individu* ou comme un rapport de sentiment ». Il poursuit : « L'amour actif – car un amour inactif n'a pas d'être et c'est pour cela qu'on ne pense pas à lui – consiste à écarter un mal (*Uebel*) d'un homme et à lui faire du bien ».

A cette fin il faut distinguer ce qui chez lui est le mal [...], c'est à dire que je dois l'aimer avec *entendement* (c'est le contraire de la thèse luthérienne). MAIS *mon* bienfait n'est rien sans l'activité universelle de l'État, comparé à laquelle il n'est rien. Si donc je veux agir contre les lois intellectuelles de l'État, c'est un *crime* [...]. Il ne reste au bienfait qui est sentiment que le sens qui s'attache à une activité contingente. Dans la qualification de l'action, c'est le hasard qui domine, qui constitue l'action en tant qu'*œuvre* ou la retourne en un mal. Hegel insiste fortement sur le fait que seul l'État en définitive imprime son *visa* à l'action. Le hasard – et c'est là que voulait en venir Hegel –, fait qu'il ne s'agit pas de *lois,* mais de *commandements.* Ou encore : la loi concerne une chose, le commandement une personne, et faute de bien distinguer, on confond l'intelligence physique et la conscience éthique. Que résulte-t-il de ces confusions : Ce qui reste à la pratique légiférante, c'est donc la *pure forme* de *l'universalité*, ou, en fait, la *tautologie* de la conscience qui vient faire face au contenu, et qui est un *savoir* non du *contenu qui est,* ou du contenu proprement dit, mais de *l'essence* ou de l'identité à soi du contenu. – Si bien que l'essence éthique n'est pas elle-même immédiatement un contenu, mais seulement un critère de référence permettant d'évaluer si un contenu est capable d'être ou non une loi, dès lors qu'il ne se contredit pas lui-même. La raison *légiférante* est rabaissée au rang de raison simplement *examinatrice* (L. 291).

c – *La raison examinatrice des lois* (281)

Une différence dans la substance éthique simple est une contingence que l'on a vu surgir, selon Hegel, dans le commandement déterminé comme contingence a) du savoir, b) de l'effectivité et enfin c) de l'activité. C'est à *nous* que la *comparaison de cet être simple* et de la déterminité qui ne lui correspond pas est échue. La substance éthique simple s'est donnée comme « universalité formelle » (ou *pure* conscience), qui libre de contenu, vient lui faire face et est un *savoir* de celui-ci. Tout semble nous conduire à aligner ces termes sur les précédents. Pourtant le rapport du contenu à l'universel est bien différent : il s'agit de l'universalité *formelle* dont le contenu est capable et non plus de sa détermination *matériale.* Quoi que l'on puisse penser de la critique de Kant, cachée dans l'exemple du dépôt, le grand mérite de Hegel aura été de distinguer différents niveaux dans le formalisme en éthique, ce que n'a pas fait Bergson si proche de lui[1]. Toutefois cette critique repose, comme nous le verrons, sur la pensée de la Cité grecque, et nous aurons les pires peines à concilier cet Idéal et la théologie hégélienne.

On connaît la fameuse affaire du dépôt. Soit un dépôt nous dit Kant – dont le propriétaire est mort – je ne puis considérer que cet « avoir » m'appartient, *car autrement il ne s'agirait plus d'un dépôt.* Et caetera. Ici même intervient la critique hégélienne. Ce pourrait bien ne plus être si *je changeais* mon point de vue sur le dépôt et considérais qu'il est *res nullius.*

1. AP. *Bergson,* IVe partie.

Et, *changer de point de vue* n'est pas une faute de logique, ni une faute de morale (L. 296). La critique de Hegel, fondée sur ces notions – et reprise par Bergson d'une manière semble-t-il tout-à-fait indépendante –, est tellement connue que nous nous contenterons d'en montrer les faiblesses.

1) Kant demande qu'on érige la maxime d'une action de sa déterminité particulière à la déterminité d'une loi universelle de la nature, et si au niveau de la détermination universelle contradiction il y a, l'action gouvernée par la détermination particulière doit être rejetée. C'est le moment *synthétique* dans l'éthique formelle kantienne.

2) Cet examen suppose le donné de la bonne volonté. Sans bonne volonté on ne voit pas comment cette réflexion serait possible. Pour examiner sa maxime et chercher sa valeur et sa cohérence logique, il faut d'*abord* être de bonne volonté. Les voleurs ne se préoccupent pas de la valeur universelle de leurs actions, mais seulement des moyens. C'est le moment *analytique* de l'éthique formelle kantienne : position analytique (A=A) de la bonne volonté.

3) Si la vue synthétique et la vue analytique coïncident c'est parce que – fait pur de l'expérience morale – *le donné éthique n'est pas toujours clair.* Par exemple au temps de Kant les avis touchant la vaccination étaient très partagés. Dans la mesure où elle est capable de dicter *(dictamen)* la conduite, liaison du synthétique et de l'analytique, ce moment de l'éthique est *thétique.*

4) La contre épreuve de la justesse de cette conception est la (dé)monstration que l'impératif catégorique est tel qu'aucune *intuition* (pas même le remords) ne correspond à son concept, comme le répète sans cesse Kant dans la *Critique de la raison pratique*. Il s'agit du moment anti-thétique de l'éthique formelle.

La facilité de cette réfutation des positions hégéliennes annonce une véritable faillite des énoncés hégéliens sous l'angle kantien, et achevant cette première partie de la *Phénoménologie de l'Esprit*, Hegel nous semble briser sa canne.

PHÉNOMÉNOLOGIE DE L'ESPRIT – VII

A – L'Esprit (288)

Nous avons d'abord appris, en examinant par exemple le scepticisme, que la pensée et par conséquent la culture, la substance éthique, possédaient une histoire, celle du Geist, souvent assimilée à la raison comme retour infini en soi. Rien n'est plus décisif que de comprendre que le Geist est substance, de même que la culture et l'histoire. Et, sans doute, Hegel ne prétend pas instaurer une histoire continue, semblable à un long fleuve tranquille. Il se trouve des déserts de sens – des ruines colossales qui suscitent la mélancolie. Bien que cela semble inconcevable, il y a eu des peuples sans esprit, des égarés sans guide. Kant l'avait déjà vu : certains peuples sont tombés en dehors de la culture (K. d. Ur. § 63). On peut mettre l'accent sur ces différentes tendances et même en choisir une au détriment des autres. J. Hyppolite semblait se rallier à une solution très raisonnable : celle où intervenait de manière prépondérante la notion de culture. Mais il est difficile de s'en tenir à une approche. Vers la fin de ses jours J. Hyppolite considérait comme très sensées les options heideggeriennes, pourtant opposées à celles de Hegel. – Et puis, il y a des penseurs morts et qui avaient en leur époque contribué à l'élaboration du Geist : Bourdaloue, Bossuet, Massillon, les vrais théoriciens de la monarchie absolue. Il est très probable que Hegel ne les a pas lus. Maintenant, de même qu'il n'est pas interdit d'esquiver un coup, de même, touchant le concept de royauté, rapprocher Hegel et Bossuet, auteur d'une nouménologie, n'est pas défendu (cf. mes différentes notices sur Bossuet dans les récents dictionnaires de philosophie politique de langue française). Hegel nous invite dans les sentiers du monde humain et, en bon capitaine, s'efforce de dresser un relevé cartographique de la route jusqu'ici suivie.

« La raison est esprit dès lors que la certitude d'être toute réalité est élevée à la vérité, et qu'elle est conscience d'elle-même comme de son monde et du monde comme d'elle-même ». Voilà où nous en sommes. Vérité et raison sont des termes réciproques. Cela fut un dur chemin où l'objet de la conscience, la pure catégorie, s'élevait au concept de la raison.

L'objet devenait sens et ce fut l'émergence de l'idéalisme allemand. Nous nous élevâmes à la raison observante ou cette unité de l'être et du moi, du sens et de la conscience, « de l'être en soi et de l'être pour soi ». La raison observante se saisissait de cette unité comme l'en-soi, et la conscience de la raison qui la trouve. Toutefois le destin de l'observation est, au contraire, le dépassement de cet instinct « découvreur » immédiat, de cette existence sans conscience qui est la sienne. La catégorie donnée à l'intuition – comment des jugements synthétiques a priori sont-ils possibles ? – la chose trouvée pénètre désormais dans la conscience de soi, par delà l'opposition stérile du réalisme et de l'idéalisme. La catégorie en vient donc à être déterminée pour la conscience comme elle est dans sa vérité universelle, c'est-à-dire comme essence étant en soi et pour soi. Dès lors la grande question n'est plus : Pourquoi y a-t-il de l'être ? – mais : Pourquoi y a-t-il du sens ?, et la question subsidiaire : pourquoi du néant devient-il et non pas de l'absurde ? Toute la recherche (culturelle et philosophique) nous a préparés à examiner les relations significatives entre l'en soi et le pour soi et la conscience de ce sentier comme chemin vers la conscience du sens nous montre que « la Chose même n'est en premier lieu que l'essence spirituelle, et la conscience d'une telle essence qu'un savoir formel de celle-ci » (289 ; L. 300). – Hegel exprime encore ce rapport en utilisant les schèmes leibniziens. D'un côté « l'esprit est l'effectivité éthique ». Il est le Soi-même de la conscience effective, le miroir où chacun tend à se voir : les monades con-vergent et l'être d'une monade, c'est le sens qu'elle a pour une autre. On peut ajouter que cette synergie de « toutes les consciences de soi » fait qu'on peut dire de la substance qu'elle est l'œuvre de tous ; ainsi elle dépasse chaque individu, en demeurant monadologie. Ou encore sous le premier point de vue, en tant qu'il est substance l'esprit est une lumière juste et fidèle, et sous le second rapport, permettant aux individus d'agir, il est « l'essence du Bien qui se sacrifie ». J. Hyppolite attachait la plus haute importance à cette dialectique : [les individus étant œuvrés] par la substance, la substance devient à son tour l'œuvre des individus (tr. Hyppolite, II, 11).

§ 1 – Toutes les figures antérieures de la conscience sont des abstractions de cet esprit. En réalité il y a plusieurs points de vue sur la Phénoménologie et Hegel donne un nouveau résumé. Définissons l'idée de figure. Par exemple, la dynamique comme science de la nature gouvernée par l'entendement. On peut la considérer comme un moment isolé et comme une inflexion arbitraire. Mais en réalité elle est intégrée à l'Esprit, son caractère abstrait ne dépendant que du processus au terme duquel, ainsi que grandeur évanouissante, il trouve sa résolution. Bref : une figure est une différentielle de la substance spirituelle. On peut alors décrire l'intégration. En premier lieu l'esprit est conscience en général : certitude sensible, perception, entendement. « Il retient et fixe le moment selon lequel il est à soi-même une effectivité objective dans l'élément de l'être et fait abstraction de ce que cette effectivité est son propre être pour soi ». En second lieu s'il fixe l'autre moment de l'analyse selon lequel son objet est son être pour soi, alors il est conscience de soi, il est la conscience qui possède la raison (*das Vernunft hat*) ; et en troisième lieu ce verbe « avoir », signifie que l'objet « n'a pas encore la valeur de la catégorie » (L. 301). Enfin en conclusion la raison est effective dans le Soi, qui est esprit ou essence éthique effective.

Dans la mesure où il est la vérité immédiate, le Geist est la vie éthique d'un peuple, sa vie soucieuse des bonnes mœurs et de la coutume.

Le « monde éthique vivant » est l'esprit dans sa vérité. C'est le monde de la Cité grecque antique. Aussitôt que le Geist parvient au savoir abstrait de son essence, l'ordre éthique décline dans l'universalité formelle du droit. Rome est l'idée du déclin (*untergehen*) de l'éthique concrète dans l'abîme du formalisme juridique. J. M. Varaut a écrit que le Corpus iuris civilis était la « seconde Bible de l'Occident ». – Hegel dit exactement le contraire. On attend le Q. E. D… Émergeant de ce dépassement, Hegel unit dans une phase conclusive deux mondes nés de la scission entre le substantialisme et le formalisme : d'une part le monde de la culture – de Rome jusqu'à nous à travers les dures épreuves de la féodalité et de la révolution – et d'autre part le monde de la foi, le royaume de l'essence. Le monde vivant éthique correspond à la logique de l'être, le monde de la foi à la logique de l'essence. Reste une troisième phase dominée par la conscience de soi dans la « Moralität ». Si la moralité est la corolle de la religion (liée à l'État), tout se tient dans la théorie de l'Idée. Hegel termine cette introduction en parlant du monde éthique, du monde déchiré et de la vision morale du monde. La triplicité est respectée. Cependant à quel prix ! Nous le verrons.

Le monde vrai (291)

L'Éthique

§ 2 – Dans sa vérité simple, l'esprit est conscience et dévoile tous ses moments. L'action le sépare en substance et en conscience de celle-ci. L'action divise tout aussi bien la substance que la conscience. La substance comme essence et fin visée, fait contraste à soi-même comme effectivité singularisée : le milieu infini est la conscience de soi qui, en soi unité de soi-même et de la substance, le devient maintenant pour soi, réunit l'essence universelle et son effectivité singulière, élève la seconde au niveau de la première et agit de manière soucieuse de l'éthique – et rabaisse la première au niveau de la seconde, réalisant la fin visée, la substance seulement pensée; elle produit l'unité de son Soi-même et de la substance comme son œuvre, et ainsi comme effectivité l'unité de son Soi et de la substance. – Ainsi la substance est d'abord le contenu non développé du monde vrai et c'est l'action qui sépare et promeut l'effectivité singulière. La conscience de soi est le moyen terme entre les extrêmes; alors l'action (l'éthique) trouve sa dimension d'universalité (pour-soi) et la substance son existence.

§ 3 – Hegel ajoute à ces lignes introductives une remarque dont la luminosité n'est pas la vertu décisive: « Dans cette analyse [de soi] la substance simple [originaire] a pour une part conservé l'opposition à la conscience de soi [car la substance n'est pas sujet] et pour une autre part, dans cette mesure même [puisque les opérations sont réciproques] expose en elle la nature de la conscience, qui consiste à se différencier soi-même en ses lois (*Massen*). Elle se scinde (*Spaltung*) en un être (*Wesen*) éthique différencié, en une loi humaine et une loi divine. » – « De la même façon [c'est-à-dire dialectiquement] la conscience de soi qui vient faire face [à l'être éthique différencié, qui n'est plus la substance simple] s'attache, selon son essence, à l'une de ses puissances, et se scinde en savoir dans le non-savoir de ce qu'elle fait [et n'a donc pas dépassé tout à fait, nous le disions, la simplicité originaire]. » – « [La conscience de soi] découvre dans son acte tout aussi bien [d'une part] la contradiction des puissances [l'homme et la femme] en lesquelles la substance se divisait, et leur destruction réciproque, et [d'autre part] la contradiction de son savoir du caractère éthique de son action avec ce qui est éthique en soi et pour soi et trouve son déclin ». « Cependant en fait, la substance éthique est devenue par ce mouvement conscience de soi effective, ou encore, ce Soi-même-ci est devenu un Soi-même en soi et pour soi, mais en cela précisément l'éthique (*Sittlichkeit*) a sombré corps et biens » (292. 5. L. 302).

LE MONDE ÉTHIQUE (292)

La loi humaine et la loi divine
L'homme et la femme

§ 4 – La substance simple de l'esprit se partage en tant que conscience : – de même la conscience de l'être abstrait, de l'être sensible, de l'ineffable passe dans la conscience percevante. Cette dialectique se renouvelle au niveau de la certitude immédiate de l'être éthique réel. La dialectique d'un point de vue formel ne progresse pas. La méthode demeure identique et mutatis mutandis ses résultats aussi. La pluralité éthique double la pluralité sensible. On obtient donc « la dualité d'une loi de la singularité et d'une loi de l'universalité » (292. 24. L. 303). Toutefois – ici joue la médiation – « chacune de ces mesures de la substance demeure l'esprit tout entier » : en un sens l'esprit ne se divise pas.

La singularité possède dans l'essence examinée [dans la Sittlichkeit] la signification de la conscience de soi en général. De ce point de vue, la substance éthique est la substance effective, « l'esprit absolu réalisé dans la pluralité de la conscience existante » (293. L. 303). Nous rencontrons – sous forme de contenu – l'esprit absolu pour la première fois. Jeu de mots – « Das Gemeinwesen » signifie aussi bien l'essence commune qui était pour nous la communauté. On peut donc lire ainsi le texte : la subjectivité est opposée à l'inter-subjectivité. Cette opposition logique et dialectique est lourde de menaces. La communauté est l'esprit qui est pour soi, quand il se conserve lui-même dans sa réflexion dans les individus. Comme substance effective, l'esprit est un peuple, en tant que conscience effective, il est citoyen de ce peuple (les premiers éléments de la lecture de la tragédie sont avancés). Le citoyen possède dans le peuple entier son essence (sa condition de possibilité), c'est-à-dire dans un esprit qui a son existence.

On peut donner à cet esprit le nom de loi humaine. Le peuple est plus qu'intersubjectivité; il est interpersonnalité. Le mot *loi* doit retenir notre attention : le peuple condamne ce qui s'oppose à la Sittlichkeit. Hegel divise en deux moments l'idée de la loi humaine. D'une part dans la forme de la singularité, il est la certitude effective de soi-même dans l'individu de manière générale, et [il est] en tant que gouvernement (*Regierung*), comme individualité simple; sa vérité est la valeur manifeste; une existence (*Existenz*) qui pour la certitude immédiate se donne dans la forme de l'existence (*Dasein*) affranchie. Soit d'une part le citoyen, d'autre part l'essence du peuple : le gouvernement, qui soit en affirmant les lois, soit en s'affirmant, ce faisant, soi-même, impose l'ordre humain.

« Cependant à cette puissance éthique s'oppose une autre puissance », la loi divine. En effet le pouvoir d'État soucieux de l'éthique, dans la mesure où il est le mouvement de l'activité consciente de soi, trouve en l'essence simple et immédiate du souci éthique son opposé; en tant qu'universalité effective, il est une violence (*Gewalt*) exercée contre l'être pour soi individuel, et en tant qu'effectivité tout court, il a encore en l'essence intérieure un autre que ce qu'il est. Hegel souligne à nouveau que l'esprit ne se divise pas si bien que chacun des modes d'existence opposés de la substance la contient tout entière (296. 38. L. 304). Si donc la communauté est cette substance [...] l'autre côté a la forme de la substance immédiate. Développé, ce moment fait apparaître une communauté éthique naturelle, c'est la famille. Celle-ci est un concept sans conscience (L. 304). Hegel ne peut caractériser le peuple comme « conscience effective » (L. 303) et l'opposer à la famille sans faire pénétrer celle-ci dans l'élément éthique bien qu'il la dise : naturelle. Ces passages ne sont possibles que parce que Hegel se fonde sur des jugements subcontraires. S'il usait de jugements contradictoires, tous ces prolégomènes à la tragédie dans l'éthique (ἔθος) deviendraient des conditions de la guerre. Le concept qui arrache la famille à la simple condition naturelle, c'est sa fin. « La fin positive qui caractérise la famille, c'est l'individu singulier en tant que tel ». Toutefois voici un jugement subcontraire parmi tant d'autres. Comme singularité accomplie, l'individu ne descend pas tout nu sur la scène, par l'effet d'une contingence (L. 305) et le contenu de l'action doit être universel, relever de la gens. Un conflit sera bien possible, non une guerre – en ce sens il n'y a pas de tragédie universelle, et la preuve est la suivante : ni l'individu soutenu par la famille, ni le citoyen ne sont des catégories polémologiques. Il ne faudrait pas cependant établir des distinctions trop tranchées ; comme nous l'avons vu, la ligne de la pensée hégélienne va de l'identité à la diversité, de la diversité à l'opposition, de celle-ci aux jugements subcontraires et enfin à la contradiction. Ces moments sont liés et connectés par la négativité et la mort ; ainsi l'universalité à laquelle parvient l'individu, en tant que tel, est l'être pur, la mort ; c'est l'état passif naturel et immédiat de ce qui est devenu, et non l'activité d'une conscience (L. 306). L'ici-maintenant est le « devenu ». La mort est l'analyse du Soi *partes extra partes* : la pure contradiction (*Ausseinandergeseztsein*). Le devoir de la famille est que ce dernier être universel s'abolisse de la simple nature dans l'activité d'une conscience : *Purpureos spargam flores*... La mort mérite cet honneur parce qu'elle est le travail suprême que l'individu prend en charge pour la communauté éthique. Dans l'honneur, le mort apparaît comme chose en soi délivrée de l'ombre des phénomènes. De là la nécessité de la mise en terre (298. L. 307) et le caractère abominable de la profanation. Les bêtes immondes et les oiseaux de proie menacent le cadavre et à leur activité dépourvue de raison, « la famille substitue la sienne [en mariant le parent] aux entrailles de la terre » : telle est la loi divine. Hegel poursuit : « C'est donc cet ultime devoir qui constitue l'achèvement parfait de la loi divine ou encore l'action éthique positive à l'égard de l'individu singulier » (298. L. 307). L'opération qui sera l'un des ressorts d'Antigone est tendue. Néanmoins ce moment n'est pas le fait exceptionnel et bizarre d'une pièce de théâtre exceptionnelle elle-même. La question des funérailles est capitale dans l'*Iliade* par exemple.

Il arrive que la loi humaine contredise la loi divine. Troie refusa à Patrocle les honneurs funèbres. Il ne pouvait y avoir pire insulte – même envers un ennemi désormais impuissant. Priam, pour racheter le cadavre d'Hector (II, XXIV, 440 *sq.*) déposera aux pieds d'Achille l'honneur de sa cité. Ce qui justifie Priam c'est la contradiction – la guerre. Mais dans Antigone, où le drame est suspendu à une contradiction à l'intérieur de la Cité, réelle la contradiction est absurde comme est absurde un vautour, être vivant qui se nourrit de chair morte (cf. Nietzsche, *An die Melancholia*). C'est chose « bien connue » ; Créon refuse à Antigone de confier son parent aux entrailles de la terre. – Hegel se propose de soumettre à un examen les « puissances » qui dérivent de ces lois (humaine et divine). Significativement il commence son analyse par le gouvernement. Il y a un primat de la *Regierung*, qui fait écho au primat de la raison pratique chez Kant. Le gouvernement est l'esprit réfléchi en soi, le Soi-même de la substance éthique tout entière et c'est pourquoi la plus grave des peines est peut-être l'exil. Le gouvernement est à concevoir, en sa légitimité, comme une force simple, qui maintient la cohérence des parties. Ici s'esquisse la théorie hégélienne de la monarchie absolue. Ainsi l'esprit a-t-il sa réalité. Hegel a promis des passages (L. 308). L'élément de la réalité de l'État est la famille. Comme le pouvait laisser penser la dynamique hégélienne, le gouvernement exerce aussi une action négative qui permet d'enrayer le mouvement centrifuge de ces éléments [ou de ces entités] qui tendent à l'autonomie, et Hegel évoque la nécessité de la guerre qui exerce un mouvement centripète, rassemble les éléments, infuse une cohérence revivifiée dans le corps social. Il est inutile de souligner combien cette théorie morale de la guerre a soulevé de vives protestations (L. 308). Il ne plane aucune équivoque sur le texte : « La communauté trouve donc la vérité et le renforcement de son pouvoir dans l'essence de la loi divine et dans le royaume souterrain ». « La mort à laquelle la communauté expose l'individu est donc le point de rencontre des deux lois, puisque la loi divine a pour essence le culte des morts » (tr. Hyppolite, II, 23).

A) Hegel va engager l'analyse de la tragédie grecque et en particulier d'Antigone de Sophocle. Cette analyse est demeurée célèbre chez les philosophes et cela peut-être parce qu'Antigone était une scène à plusieurs entrées – en tous les cas plus que d'autres pièces – où chacun peut investir ce qui lui est cher : c'est cela qu'on appelle « le grand théâtre », avec ses possibilités du dire et du non-dire. Généralement dans ce conflit qui porte sur les « funérailles » du frère d'Antigone, interdites par Créon, le tyran de la Cité, on représente ce dernier comme un roitelet farouche et capricieux – en tous les cas peu sympathique. Cette version domine la plupart des innombrables lectures de la tragédie de Sophocle. Mais c'est tout le contraire qui pourrait être vrai au point de vue hégélien – car Créon est, selon son essence, la loi humaine et le représentant du droit de l'État. Antigone, selon son essence, est au contraire, le droit naturel et refusant de se plier aux ordres de l'État, elle est la représentante du droit divin comme principe de résistance ; et quand Hegel dans son Histoire de la philosophie (SW, Glockner, Bd. XVIII) parle de la figure céleste d'Antigone (*himmlische Gestalt*), il ne veut nullement l'assimiler à la Vierge, mais exprimer son appartenance au monde divin, souterrain et qui peut exiger, nous l'avons vu avec Priam, le rejet de l'honneur d'une Cité. Il y a au fond deux questions : d'une part quelle est la valeur de l'État? d'autre part que vaut l'autorité de l'État? A la première question Hegel répond en instituant une relation métaphysique. Délimitant les relations humaines – les époux, l'enfant, les parents – il montre que ces relations ne reposent que sur le droit des morts, fondement solide, pure exigence dans les « funérailles ». Ces relations humaines comme les entrailles de la terre qui recueillent les cendres, divinisées dans les flammes, sont *stricto sensu* physiques. On ne croit pas si bien dire en évoquant la féminité de la terre – son « sein maternel », sa « fécondité ». Quant à l'État, gouvernant les hommes, faisant, par exemple comme Périclès, taire le parti des dévots, il est *stricto sensu* méta-physique et étranger à toutes les catégories physiques. Il faut un crime très grave pour que l'État intervienne dans le droit humain, pouvant, s'il s'agit, par exemple, du crime considérer que lésant avant tout la totalité éthique, il est susceptible de sanction. Cependant deux crimes abominables ébranlent la sphère physique : l'inceste et la profanation. De cette dernière Hegel ne dit rien – il est vrai qu'il s'occupe de bien pire s'il se peut, de Créon refusant les honneurs ultimes à Polynice. Cependant la profanation – peu de choses en réalité : une dalle déplacée, de pauvres fleurs éparpillées – nous paraît si horrible que la justice, l'un des sommets de la méta-physique, doit être rendue. Dans leur « sommeil » physique les morts demandent réparation. Comment ce qui n'est plus peut-il demander quelque chose? La profanation met en question le sens du monde. Le second crime est l'inceste. Il s'agit toujours d'un rapport sexuel entre membres d'une même famille (époux-enfant; enfant-enfant). Antigone est-elle – ou était-elle? amoureuse de Polynice pour s'enferrer dans le refus obstiné de se soumettre à la volonté méta-physique de Créon? La question relève du non-dit et cela Hegel l'a très bien vu. Il se contente de condamner l'inceste, sans justifier cet interdit qui appartient aux lois non-écrites. Il y aura donc des lois écrites (métaphysiques), émanant de l'État, et des lois non-écrites, relevant de la physique.

B) Il faut maintenant répondre à la seconde question qui intéresse l'autorité de l'État. Nous l'avons dite méta-physique en deux sens. Tout d'abord nous avons voulu signifier par là la transcendance de l'État, le Léviathan, qui est au moins celle du général au particulier. L'individu dans le droit naturel est toujours affecté par une particularité qui se détermine par la physique et que seul l'État surmonte. Nous l'avons dite aussi méta-physique au sens classique, reçu par Kant : qui vient après la physique. Et en effet tout se passe comme si l'État introduisait l'éthique dans la nature. Selon Cicéron, telle est la définition de la philosophie (*Tusc*. V. 5).

Néanmoins cette perfusion de l'ordre s'introduit dans une ambiguïté. En langue allemande, régner se dit « walten » et la violence est « Gewalt ». Allant d'une signification à l'autre, Hegel a pu justifier d'une part les deux sens de la métaphysique, et d'autre part lever toutes les limites du pouvoir souverain. Seuls la pierre et le monarque sont innocents. Rien ne limite, comme le voulait W. v. Humboldt, l'autorité de l'État. En ce point Hegel rejoint Bossuet. Ce dernier en sa *Politique tirée de l'Écriture sainte* liait à l'omnipotence la responsabilité totale, et voyait dans le monarque le plus malheureux des hommes (Fénelon aussi); Hegel, du moins dans la *Phénoménologie*, ne s'est pas encore élevé à ce niveau. Il est vrai que le cadre de l'analyse – la mythologie grecque – ne se prêtait pas à une vaste réflexion politique, jaugeant par exemple les vertus de l'aristocratie.

On se représente mal la situation morale de Hegel tandis qu'il rédige la *Phénoménologie*. Il assiste alors à la provisoire destruction de la Prusse par les forces napoléoniennes, au flottement des monarchies électives fondées au XVIIIe siècle et qui ne peuvent se prévaloir d'une riche tradition. Certes, la monarchie française avec son impressionnante cohorte de rois de droit divin semblait faire exception; mais avec l'exécution dans les formes de Louis XVI, la famille de saint Louis s'effondra. Sans doute demeurait debout sur ce monde navré Napoléon. Mais une secrète réserve tourmentait Hegel et fut bien exprimée par Biélinski limitant l'Empereur à n'être que le *Zeitgeist*, l'esprit du temps. L'échiquier européen n'était pas clair non plus. La France cherchait à se concilier les pays germaniques et « l'ennemi héréditaire » (et destiné à le demeurer longtemps) était la Grande-Bretagne. Dans ces conditions dramatiques, c'était plutôt l'autorité de l'État qui infusait le monarque que l'inverse. On n'étonnera personne en soulignant que Hegel a voulu renverser la vapeur et se libérer du cadre à la fois grandiose et étriqué de la mythologie grecque.

Le point sensible était celui de la justice. Une cité juste est un tranquille équilibre de toutes les parties (Fichte en convient). « Certes, cet équilibre ne peut être vivant que par le surgissement en lui de l'inégalité et l'intervention de la Justice qui ramène celle-ci à l'égalité » (L. 312). Comme nous pouvions le pressentir, la *diké* joue non seulement une fonction suprême, mais encore centrale; elle assure de nouveau l'équilibre de l'ensemble en garantissant (le « gouvernement ») le droit divin (la famille) par le droit humain (le politique), et ce n'est pas sans raisons que Platon en fait la première des vertus. Mais chez Platon déjà on assiste à un rétrécissement de la justice qui, par delà le sacré et le profane, devient le simple équilibre moral. Hegel retrouve le sens ancien : c'est le primat du politique. Les choses sont plus compliquées ici qu'on ne le pense. Disant dans la *République* que ce qui ne pouvait se lire qu'en petites lettres dans l'âme pouvait être aisément déchiffré en grandes lettres dans l'État, Platon d'une part affirmait que l'État est l'essence de l'âme et d'autre part faisait de la justice une valeur cosmique. Néanmoins Hegel a vu l'essentiel : la sphère du droit divin (la famille) devait dans la profanation voir réparer l'outrage par le droit humain, et à l'intersection des deux sphères se situait l'individu, le déterminable, dont le sang seul avait valeur rédemptrice (303. L. 313). Le sang est rédempteur parce qu'il transforme l'effet contingent de la passion en œuvre. L'injustice (*adikia*) consiste en ceci que quelque chose arrive à l'individu – mais la justice clarifie ce rapport en l'élevant au rang d'un voulu. Et de ce voulu il faut répondre comme d'un rapport essentiel. L'éthique s'auto-pénètre dans la responsabilité, qui conduit à l'esprit pratique. On est tenté non seulement de reprendre le texte d'Antigone (encore que les philologues l'aient labouré en tout sens), mais surtout de le relire sous l'angle précis de la responsabilité. C'est que par la médiation de la responsabilité active « le royaume éthique est [...] un monde immaculé que ne souille aucune scission ». On irait bien loin en s'écriant : « *Felix culpa !* ». Toutefois il est vrai que par la responsabilité et le sang parvient à l'air libre la belle totalité éthique. D'un autre côté, il faut souligner que l'éthique (et non la morale suspendue au *deus ex machina* de l'impératif catégorique) reçoit une fondation historico-existentielle. Au demeurant l'injustice est proche de la guerre – comme la foudre elle dynamise la totalité éthique, l'arrachant aux eaux stagnantes du calme pacifiant ; mais la justice rétablit ou assure le rétablissement de ce cours tranquille en lequel baigne l'État.

§ 6 – Les plus grandes questions métaphysiques se posent ici. Tout d'abord doit-on, considérant le droit humain, conserver la sombre image du tyran (le neuvième et dernier rang dans la hiérarchie des vies) que présente Platon ? Ne faudrait-il pas prendre au sérieux Aristote parlant de Pisistrate, dans la Constitution d'Athènes, comme du bon tyran ? Ce qui est en jeu est la légalité du droit humain – ou encore la légitimité dans l'exercice du pouvoir. Mais de là on verse dans la question métaphysique plus sobre, mais plus scolaire – cela ne veut pas dire plus claire – qui consise à savoir si l'homme peut vivre en-dehors-de-la-justice. Il ne suffit pas de répondre avec J. Hyppolite en distinguant la responsabilité au sens grec et au sens moderne. Il faut voir qu'accompagnant l'idée de destin, cette notion fait corps – comme la tangente – avec le cercle déterminé par les précédents concepts, de telle sorte que toutes les questions fusionnent dans la détermination et le primat de la politique (au siècle de Platon et à celui de Hegel). En revanche on peut considérer la question de l'individualisation du droit comme un accident. Elle échoit à la femme (qui d'ailleurs peut choisir – Ismène) sans autre nécessité que celle du fait, que cependant Hegel cherche à déduire, c'est-à-dire à justifier (par souci d'équilibre rhétorique).

Mais il n'y a pas d'autre raison que, faite pour engendrer la vie, la femme n'est point conçue comme pouvant l'ôter dans les formes (*formale Hinrichtung*). Il s'ensuit que dans sa détermination pure, la femme n'est pas un être métaphysique. Elle peut bien tuer (le plus souvent par ruse), mais elle ne saurait arracher la vie au nom de la Cité. Inversement, on ne voit pas ce qui interdit à l'homme d'exercer les prérogatives du droit divin, alors même qu'il sacrifie au droit humain. Hegel a cependant tenté de réduire cette inégalité, disant que le royaume nocturne sans conscience s'élève au royaume conscient. Cependant la femme en Grèce était tenue en un tel mépris que sa participation non au meurtre, mais à l'œuvre de justice était inconcevable. L'impuissance de la femme comme justicière est à la racine de la tragédie. Elle peut dire – ne serait-ce que dans ses cris – l'injustice et c'est ce que fait essentiellement Antigone ; mais dans le monde gréco-romain elle ne saurait dire le droit ; si Hegel en avait le concept, il dirait qu'elle est le refoulé.

Insistons enfin sur ce point : Hegel n'avait pas trop le choix en entreprenant d'étudier Antigone. Prisonnier du « classicisme de Weimar » (Goethe et surtout Schiller), il devait apercevoir la belle totalité éthique grecque jusque dans les oppositions tragiques de la pièce de Sophocle. Le déchaînement des puissances infernales, canalisé par le droit humain, ne niait pas l'équilibre – essentiel – de la totalité éthique. Il va de soi que l'Antigone de Sophocle était regardée comme un compromis entre les origines et le sommet de l'art tragique. Racine de même imitait Euripide, mais admirait Sophocle.

B – L'ACTION ÉTHIQUE (304)

Le savoir humain et le savoir divin
La faute et le destin

§ 1 – Compte tenu de la conformation de l'opposition dans ce royaume éthique, écrit Hegel, la conscience de soi « n'est pas encore entrée en scène dans son droit ». Son individualité n'est pas concrète, mais abstraite ; elle vaut comme représentante d'un droit, non pour soi. Ainsi tel individu ne vaut que comme image de la volonté générale [1] et cet autre que comme reflet du sang de la famille. De ces images on ne peut attendre l'action, pas plus que des icônes la souffrance réelle : « Aucun acte n'a encore été commis ; or c'est de l'acte que procède le Soi-même effectif ». Dans l'ordre éthique l'être est constitué par le « faire ». Or on en est resté au projet comme intention, sans que le contradicteur du règne éthique s'incarne décidément.

1. Ce concept de volonté générale n'est nullement grec.

Seule l'émergence du Soi en lui-même trouble « le mouvement calme du monde éthique ». Ce qui constitue l'harmonie de ses deux essences, dont « l'une confirme et achève l'autre », l'humain garantissant le divin et le divin prêtant sa force à l'humain, s'effondre dans « l'éternelle nécessité » d'un destin effroyable, [...] qui engloutit dans l'abîme (*Abgrund*) de sa simplicité la loi divine et la loi humaine. Deux remarques sont ici à présenter. D'une part on peut enfin définir le mot éthique. Constituent l'éthique chez Hegel les relations interpersonnelles concrètes, les us et coutumes de l'éther (substance) en lequel se déroulent les actions. On a beaucoup parlé du « caporalisme » hégélien et de son goût décidé pour l'ordre bourgeois qui n'est pas encore l'ordre moral du monde. En effet tandis que l'ordre bourgeois finit par être municipal et conservateur, dans une certaine mesure immédiat, l'ordre du monde (selon Fichte par exemple) peut être non seulement totalisateur, mais encore novateur et révolutionnaire. C'est ainsi que l'École de Marbourg longtemps embarrassée, voulant comme A. Comte réussir la synthèse dorée de l'ordre et du progrès, a fini par magnifier la théorie de l'État chez Kant, tout en prétendant maintenir le formalisme. Mais elle demeurait aussi sensible à la critique feuerbachienne dénonçant le vide du formalisme. D'où le titre du second grand livre de H. Cohen : *Kant – Begründung der Ethik*. D'autre part le destin, en tant que sanction de la faute, est un abîme lisse. Soumise au dur destin, la conscience ne sait plus où se rattraper, la richesse de la Cité ou de l'État s'est envolée. Nulle branche à laquelle se retenir – le monde est froid, le monde est gris. La simple conscience (loi divine, Antigone) et la conscience de soi (loi humaine, Créon) ne sont plus que les moments qui s'entre-croisent indifféremment, perdant dans l'abstraction jusqu'à leur identité propre, c'est-à-dire se trouvant réduites à la nullité. La mort n'est pas la plus grande privation, car, à beaucoup d'égards, elle est consolatrice. Seul l'ostracisme qui laisse la conscience de soi en proie non seulement à ses remords, mais encore à ses regrets est l'atroce salaire (de *salarium* = le sel) de la mauvaise action.

§ 2 – Hegel entreprend dès lors de récupérer les éléments qui font du règne éthique un règne attrayant. Le règne éthique ne doit pas valoir comme un seul élément conservateur. Conscience et conscience de soi alternent, et le principe (*Grund*) sur lequel ce mouvement se déploie est le royaume de l'éthique (305. L. 315). En tant que conscience de soi éthique, elle est « la simple et pure orientation dans la direction de l'essentialité éthique, ou encore elle est le devoir ». Hegel ajoute immédiatement une phrase sévère : « Il n'y a pas en elle d'arbitraire, et tout de même, point de lutte, ni d'indécision, dès lors que sont abandonnées la pratique légiférante et celle de l'examen vérificateur des lois ». Le « Reich der Sittlichkeit » est au contraire pour la conscience « l'immédiat, l'inflexible, le non-contradictoire ». Des lois on peut seulement dire, nous le savons : « elles sont » et le devoir est toujours « ein lebendiges Dieses ». On pourra présenter deux observations. D'un côté Hegel repousse le spectacle affligeant et comique du prétendu conflit de devoirs : l'embarras cornélien le fait rire – il n'y a pas de « situation cornélienne ». D'un autre côté, dans le monde éthique par conséquent règne la simple immédiateté ; pour qu'il en soit autrement il faudrait qu'existent des situations cornéliennes, opposant deux purs motifs ; mais cela n'arrive jamais. Et le devoir n'est pas non plus dérivé de la loi morale ; c'est plutôt celui-ci qui fonderait celle-là. Voilà pourquoi, au niveau de l'éthique développé, une dialectique entraînant dans son mouvement le « ceci éthique » semble impossible. Je n'ai pas à discuter, à ergoter sur le devoir qu'impose la loi éthique. Ce qui est vrai, c'est qu'il y a deux lois, l'une divine, l'autre humaine et « la conscience éthique sait ce qu'elle à faire, et elle est bien décidée à appartenir à une loi, que ce soit la loi divine ou la loi humaine ». La seule vertu qui ne souffre aucune contestation (humain, on peut contester les vertus qui découlent de la loi divine) c'est la fermeté. Le contenu éthique vers lequel on se dirige peut, suivant la lettre de Hegel, être divers, néanmoins, choisi, on doit s'y attacher avec détermination, décision, courage – fermeté. Certes la nature semble choisir avant l'individu : elle voue le sexe faible à la loi divine (Antigone), et dirige l'homme vers la loi humaine (Créon) ; de là l'apparence d'immédiateté dans l'éthique – toutefois l'orientation retenue par la nature ne serait rien avec mollesse. « Fille intraitable d'un père intraitable », Antigone, orientée vers les lois divines, ne varie pas d'un pouce dans sa détermination qui l'entraîne vers l'abstraction absolue, c'est-à-dire la mort. Il serait préférable de dire que la nature pré-dispose (immédiateté) et que seul l'homme choisit (liberté). C'est la raison profonde qui conduit Hegel a promouvoir une éthique de la fidélité.

§ 3 – Les lois éthiques ne sont pas nombreuses et le caractère immédiatement décidé couronnant tous les choix, il se fait pour la conscience que « seule l'une des lois est l'essence » – par ailleurs les puissances éthiques sont effectives dans le Soi-même de la conscience et « il leur revient cette signification de s'exclure et d'être opposées les unes aux autres » (306. L. 315). Hegel nous semble – pour la première fois – hésiter. Il veut conserver l'immédiateté éthique et le choix entre des valeurs éthiques. Il a recours, ainsi qu'on vient de le voir, à la notion de caractère. Dans la scolastique – Schopenhauer s'en souviendra après Kant – le caractère est l'essence qui développe ses attributs. *Operari sequitur esse* ; nous sommes concernés par le sens métaphysique de l'être et ainsi s'établirait en deçà de l'existence le champ de la détermination du Soi-même. Néanmoins, même si le concret ne se gouverne que par l'abstrait, le choix par le caractère, il demeure que dans la démarche anagogique, tirée de l'écriture d'Antigone, on va du concret à l'abstrait, et que la légitimité de l'opposition n'apparaît pas : le conflit d'Antigone et de Créon outrepasse les bornes de l'expérience, qui ne constituent jamais qu'un simple *datum* pour s'élever à un rapport d'exclusion essentiel qui chasse dans le Soi-même le droit divin quand règne le droit humain et inversement, ce qui élémente du dedans un *Factum*. Hegel prend la peine de dégager la relation de psychologie morale ou phénoménologique qui gouverne ce rapport : « La conscience éthique en tant que conscience de soi, est dans cette opposition, et, en tant que telle, elle tend dans le même temps à soumettre par la violence cette effectivité, contraire à la loi à laquelle elle appartient, ou à la circonvenir. Dès lors qu'elle ne voit le droit que d'un côté, tandis qu'elle voit le non-droit de l'autre, le tort, celle des deux qui appartient à la loi divine aperçoit, de l'autre côté, violence humaine et contingente » (306. 8. L. 316). « Tout ceci fait naître chez la conscience l'opposition de ce qui est su et de ce qui n'est pas su, de même que cela fait naître, dans la substance, celle du conscient et de l'inconscient ; et le droit absolu de la conscience de soi éthique entre en conflit avec le droit divin de l'essence ». Ces textes ont souvent été commentés. On a souligné avec raison le dualisme hégélien et voulu le généraliser. L'idée sombre de Hegel est que le tragique ne peut être évité et il n'aperçoit pas de réconciliation entre les puissances ; la conscience de soi pratique qui, rentrant en soi, s'élève au droit humain, se heurte nécessairement à l'aveugle tyrannie de la substance éthique qui, ne tolérant rien qu'elle ne sache, prétend exclure tout individualisme. « La conscience de soi éthique est la conscience de la substance, c'est pourquoi l'objet en tant qu'il est opposé à la conscience de soi a complètement perdu la signification d'avoir pour soi une essence ». Pour détruire l'individualisme la substance éthique n'a qu'une issue : se lier à ce qui est la vérité reconnue. Mais, corrigeons, il arrive que l'individualité l'emporte : « Et pourtant, elle tourne ! ». La fulguration d'une nouvelle semence de vérité dissout un monde éthique, même si, à première vue, il semble triompher. On sait en quel sol naquirent les hésitations cartésiennes.

§ 4 – Il est vrai qu'il n'en va pas toujours ainsi ; l'individualité peut être frivole et s'opposer arbitrairement à la substance éthique comme s'opposa au cours du monde la vertu. La plupart des interprètes ont bien vu le bon individualisme (Galilée) mais n'ont insisté que sur le mauvais (Don Quichotte). Par là s'explique cependant le dynamisme moral chez Hegel, affrontant « le droit absolu de la conscience de soi éthique [et] le droit divin de l'essence » comme nous venons de le voir. Cependant Hegel se refuse à sombrer dans un moralisme étroit et use de l'expression significative : « die sittlichen Mächte » (305, 40). Aussi, conscience de la substance, la conscience de soi éthique n'est plus opposée à l'effectivité; elle n'est plus un Pour-soi qui aurait une fin propre, auquel l'objet serait étranger. – Il est clair que Hegel n'est pas satisfait de ses définitions et il le prouve en les reprenant : « L'essence éthique, écrit-il, s'est fragmentée » en deux lois (Créon et Antigone) et la conscience, prenant une attitude simple et indivisée envers la loi (Créon s'attache simplement et sans réserves au pouvoir) n'appartient qu'à une seule (Créon n'appartient qu'à la loi de l'État). Le cas d'Antigone est symétrique. La conscience simple insiste sur le droit absolu que l'essence, telle qu'elle est en soi, se soit manifestée à elle en tant que conscience éthique, de même cette essence [la sphère éthique] s'en tient au droit de sa réalité, ou encore au fait d'être double (Antigone et Créon). Soit Antigone revendique le droit absolu selon lequel la sphère éthique [l'essence] lui apparaît, et Créon opère l'acte inverse. Mais le moment veut être le tout. De là procède la tragédie, mais aussi la faute [inévitable] qui est la partialité. Il semble que Hegel ait commis une erreur en dégageant les principes de l'éthique à partir de la seule Antigone. D'une part il s'est enfermé, en dépit de son dynamisme, dans une dialectique sans souplesse (thèse : le droit divin – antithèse : le droit humain – synthèse : la sphère éthique en sa duplicité ; alors que l'opposition de l'un et du divers eût été préférable), d'autre part la simplicité de la réflexion exclut des valeurs comme la pitié (Feuerbach, Schopenhauer) du champ éthique. Il n'est pas jusqu'à l'innocence qui ne soit nécessairement perdue : la conscience s'oppose sans pouvoir l'éviter à l'autre droit [moment qui prétend être le tout par exemple] – de toute manière le droit divin, par exemple, est l'autre du droit humain et coupable d'exister. Cette altérité doit être bien entendue. Dans la logique hégélienne, elle signifie la contradiction ; c'est pourquoi personne n'est innocent, pas même l'enfant (308. L. 318) – seule la pierre est innocente, mais c'est parce qu'elle est inactive et le vers de Goethe doit être retranscrit : « Au début était l'action » doit s'écrire « Au début était la faute ». La faute est la division non pas ontologique (car la pierre est innocente), cependant phénoménologique. Toutefois et plus profondément, c'est l'espérance, vertu théologale, qui est touchée. Exister signifie choisir et choisir, selon Hegel, adhérer à l'une des deux faces de l'essence, donc sombrer dans le royaume de la faute, dont dérive le crime qui selon la logique de la contradiction ne saurait se réduire. On voit à présent pourquoi Hegel s'est engagé dans *Antigone*. Cette tragédie lui permettait une concentration des essences, appelant une rédemption radicale. Pourtant Hegel qu'on accuse de manquer de tact logique, non sans raisons, semble avoir hésité là où on l'eût attendu ferme, si bien que sa lecture est une dialectique de la dialectique. « Il va de soi, écrit-il, que ce n'est pas tel individu singulier qui agit » (L. 318). L'individu, précise-t-il, « est purement et simplement le moment formel de l'agir », dont le contenu est constitué par les déterminations éthiques qui sont les lois et les mœurs « et plus précisément pour l'individu singulier celles de son état social ». Faut-il alors condamner Antigone et Créon à n'être que l'ombre irréelle (*unwirkliche Schatten*) (308, 31) ? La lettre de Hegel est formelle et comme ombre (produit de l'imagination ou phantasme) Antigone n'est pas seulement celle qui se dessine sur les parois de la caverne où à la lumière des torches se déroule dans les ombres sacrées la tragédie. Elle est la projection fantastique du droit réel divin, comme ombre innocente et pure, mais chargée d'une violence, qui supporte l'affront fait au droit humain du point de vue de la signification. Quant au conflit, selon l'ordre des choses, il est nécessaire : le droit humain ne peut prendre de portée qu'en refoulant le droit divin et inversement. Dans l'ordre des significations le droit divin, par exemple, rend seul possible la concrétisation du Soi-même. Mais la logique générale des significations est un mouvement vivant : de chaque chemin monte un appel à l'autre : « Cependant comme [les lois] sont conjointes dans l'essence, l'accomplissement de l'une suscite l'autre et la suscite comme une essence offensée, donc désormais hostile et réclamant vengeance, ce à quoi la contraint l'opération. » (308. L. 318). Un seul côté est évident (*klar*) pour l'action, celui de la décision en général. En revanche cette décision est en soi le négatif qui pose en face d'elle quelque chose qui lui est étranger (*fremd*), alors qu'elle est le savoir. En d'autres termes seul est évident pour la conscience le moment qu'elle veut promouvoir – l'autre côté, bien qu'elle en soit le savoir, demeure obscur, étranger, et l'assassin, s'il connaît son acte (dans une certaine mesure : Ravaillac remontant à Paris d'Angoulême à pied pour assassiner Henri IV), ignore souvent l'être éthique de sa victime. « C'est pourquoi l'effectivité garde caché en soi l'autre côté étranger au savoir » ; pensant à Œdipe Hegel écrit : « elle ne montre pas au fils le père dans celui qui l'a insulté et qu'il tue » (309. 19. L. 319). Dans le crime le conscient est lié à un inconscient.

§ 5 – On comprend que Hegel distingue deux cas. L'un où le crime non prémédité s'enveloppe dans une certaine brume. Mais dans l'autre en revanche, le crime prémédité, non seulement voulu, mais su comme celui d'Antigone, réclame le châtiment le plus dur et Antigone l'accepte – *weil wir leiden, anerkennen wir, dass wir gefehlt* (v. 926) : parce que nous souffrons, nous reconnaissons avoir fauté. Il faut en ceci tenir compte de l'humanisme de Hegel. V. Hugo dans *Les Misérables*, nous a laissé des traces de procés roulant sur ce que nous considérons comme des peccadilles, châtiées alors par des années de bagne, et il n'est pas question de conscience éthique plus ou moins complète. Introduisant ce concept, Hegel écarte le fantôme puissant d'une justice compensatrice fondée sur la seule loi du talion. Kant ne s'était pas élevé à cette hauteur. Certes Hegel a joué un rôle déterminant (avec Fichte) dans l'élaboration de la Prusse moderne – mais, archaïque à bien des égards, sa philosophie du droit aspirait à la réconciliation. Pour Hegel, le vers de Sophocle signifie l'ascension à la clarté éthique supérieure où du crime, et non plus seulement de la victime, émerge l'appel rigoureux de la vengeance. Ainsi « s'exprime le retour à la mentalité éthique qui sait que rien ne vaut sinon ce qui est juste et droit » (L. 319). Encore faut-il que les puissances soient égales et qu'un droit avance en soi, tandis que l'autre recule. Le droit humain ne doit en aucun cas profiter de la tendance à la clémence pour faire reculer la sphère du religieux, et de même, sous un autre rapport, la clémence ne doit pas signifier la détente ravagée de la sphère éthique. En fait, le déséquilibre des puissances exige seul le progrès que Hegel considérerait volontiers comme une idée moderne donc fausse (Nietzsche), s'il n'était hanté par le souci de la cohésion re-trouvée, produit de la substance éthique comme puissance négative « qui engloutit les deux côtés, comme le destin tout-puissant et juste » (311. 17. L. 320).

Non sans craindre de procurer l'impression que pour lui toutes les déterminations politiques et éthiques sont données dans Antigone, Hegel évoque le conflit d'Etéocle et Polynice, les deux frères dont la lutte pour le pouvoir sert de *prolegomena* au conflit d'Antigone et de Créon. Avec son grand sens métaphysique, Hegel dépouille les différences inessentielles : il importe peu par exemple, dans le jugement, que l'un des frères soit plus âgé que l'autre – ce qui compte dans la sphère éthique c'est la détermination que l'on choisit puisqu'il faut choisir. Hegel éclaircit un peu la question de l'ombre qui nous a interpellés : l'ombre est toujours la projection fantastique de l'essence ; mais elle est, comme toute copie, secondaire ontologiquement et par conséquent vide d'être et d'essence. Aussi la totalité éthique survit-elle à ses représentants : « [...] il n'a porté atteinte qu'à l'individu en tant que tel, et non pas à la communauté, à l'essence du droit humain » (312. 6. L. 321). On peut dès lors se poser la question de savoir si la totalité éthique est métaphysiquement susceptible d'être rompue, comme une vie mérite d'être tranchée. Hegel évoque un processus de destruction en soi. Il appelle le droit divin « l'esprit manifeste » [effectif] et affirme qu'il puise sa force du « royaume des Enfers » (312. 36. L. 322). « La certitude à la fois sûre et s'assurant d'elle-même qui est celle du peuple n'a [que]la vérité de son serment, ce lien qui rassemble tout le monde en un ensemble unique, que dans la substance [le droit humain et son autre] non consciente et muette de tous » dans les eaux de l'oubli. Cependant on peut entendre superficiellement la disparition de la substance éthique qui a brisé son arme : la piété familiale. Du sein des décombres s'élève la noire fumée des incendies qui signifient la détresse de la substance éthique. D'autres puissances, d'autres Cités passent à l'attaque et c'est la guerre qui, détruisant la Cité, en abat l'unité éthique. Fichte dans son écrit *De Machiavel comme écrivain* (NS, Bd. III, 421) avait décrit le processus amenant les puissances hostiles à rompre empiriquement ce qui métaphysiquement se dégradait.

§ 6 – Le rôle du principe féminin – l'éternelle ironie de la communauté (313. L. 323) – consiste dans une reconnaissance qui n'en est pas une, divisant par cela même la communauté. On ne dira jamais assez combien la femme était méprisée dans la Grèce antique [1] – dans *Hippolyte*, jamais Phèdre ne peut engager le dialogue avec Hippolyte, satisfait de sa propre excellence et qui est par rapport à elle un être solaire. La femme mélange tout ; muette, elle confère le pouvoir à son fils qui n'a d'autre argument que la force de la jeunesse ; la sœur le regarde comme son semblable ; égaré le jeune homme arrache la fille à sa privation de liberté, si bien qu'elle parvient premièrement à la jouissance et secondement à la dignité de femme : « Madame, votre épouse… » suggère Hegel (L. 323, n. 5). La femme constitue dans la totalité un principe hostile, un esprit de singularité qui doit être réprimé. Nous sommes loin de la légende arthurienne et de l'amour courtois d'ailleurs si complexe (Le chevalier de la charrette). Néanmoins la gent féminine veut que l'individu combatte pour elle et, ce faisant, elle ruine le sérieux de la guerre. La femme réduit à l'état d'ombre inutile tout ce qu'elle touche et pour autant qu'elle appartient à l'humanité elle en constitue la finitude. Mais, avec la pâle définition du principe féminin (Hegel semble s'être fermé toutes les portes) le monde de la Cité antique disparaît dans ses murailles effondrées [2].

Techniquement le texte de Hegel ne laisse pas d'être bizarre. Si la division générale des sections est correctement triplice, en revanche toute la

1. AP. Hippolyte – *Le silence et le dualisme* (Valenciennes 2000).

2. Dans la *Théorie kantienne de l'histoire* j'ai exposé la dialectique de la séduction, par laquelle la femme, selon l'auteur de la *Critique de la raison pure*, civilise l'homme en imposant des astreintes au plaisir sexuel. Le processus est double. D'une part la femme cherche à composer sa beauté *relative* ; par exemple elle cachera la lourdeur de ses seins sous une rivière de diamants – elle envoie à cet effet l'homme au creux de la terre, sans jamais s'y rendre elle-même ; elle porte des fourrures, mais laisse l'homme chasser, etc. D'autre part la femme assure une domestication de l'homme ; elle l'oblige à reconstruire une demeure plus spacieuse, à l'orner davantage. Le premier moment peut être rapporté au sens externe – le second moment se réfère au sens interne. La femme motive ses exigences par les principes les plus étranges, mais son moyen de pression demeure toujours le même : la possibilité de se refuser. Dans la *Phénoménologie*, Hegel, la chose ne laisse pas d'être curieuse dans une théorie de la culture, n'a pas su ou voulu donner une place à la dialectique de la séduction. *La femme en tant que femme n'a aucune fonction centrale* et Antigone vaut moins comme femme que comme projection fantastique du droit divin.

lecture d'*Antigone* repose sur un dualisme ; nulle part la pensée hégélienne n'est plus dramatiquement attachée à celui-ci, et dans la mesure où l'essence tragique constitue le noyau de la méditation hégélienne la dualité l'emporte de fait sur une triplicité qui paraît artificielle. Pure question de forme dira-t-on ; mais il est des régions où la forme fait tout. Dans la pensée éthique volcanique, la sexualité, triplicité et dualité déterminent des perspectives tout à fait différentes. Plus généralement cette in-cohérence nous fait entrevoir la profondeur de la décision de Hegel, résolu à ne voir dans le monde moderne qu'une dispersion de la vigueur et de l'intensité du κόσμος antique. Hegel cherchera à minimiser la difficulté en intégrant à la troisième section de sa problématique des moments issus de son analyse de la tragédie d'*Antigone*. A l'étude du crépuscule de la tragédie va succéder l'examen de l'Empire romain.

C – L'État de droit (316)

§ 1 – Une confusion durable s'est liée à l'idée des rapports entre le droit et l'homme. Dans l'idéologie issue de la Révolution française, on affirme que l'homme possède des droits ou, plus précisément, que l'homme a des attributs, dont les droits fondamentaux. Toute une lecture de l'esprit romain (les Constituants) s'est organisée à partir de là. Néanmoins en un autre sens, plus propre, me semble-t-il, à la pensée grecque, on voulait voir dans le droit une norme à laquelle l'homme pouvait faire appel, et il en résultait une sensibilité sensiblement différente. Hegel a cherché à concilier ces deux aspects. D'une part il a retenu le sujet des prédicats, l'individu, sans autre possibilité que de faire appel à la norme. Mais d'autre part il a été jusqu'à concevoir l'individu (César) comme créateur de nouvelles normes, fondées sur l'Empire fondateur et fondé par l'individu (Trajan).

§ 2-Relativement clairs au niveau des principes, ces concepts se sont liés confusément dans la vie concrète : c'est que nulle part on ne voyait la place de la belle totalité hellénique : « L'Universel éclaté dans l'atomicité de la pluralité des individus, cet esprit maintenant mort, est une identité dans laquelle tous valent, comme autant de chacuns, pour des personnes » (316. 9. L. 325). Sans doute Hegel renverse-t-il le reproche que nous lui faisions de ne pas recourir à l'opposition de l'Un et du multiple ; mais, selon lui, l'Histoire n'a remplacé par rien la belle totalité éthique, de telle sorte que seul le totalitarisme de l'Empire romain (totalité et atomes) a pu lui succéder, annonçant la philosophie de la terreur, transformant l'esprit des lois. Dans le monde éthique « l'individu singulier n'avait de valeur qu'au titre du sang universel » ; à présent il ne reste rien, sinon le tracé du chemin de l'esprit, hérité en ses moments de la Grèce. L'identité du citoyen est devenue formelle. Saint Paul évoque moins son rapport à sa famille que son appartenance à l'Empire : « Je suis citoyen romain » – telle est ma valeur et alors s'impose la « nécessité vide » du destin vide qui n'est « rien d'autre que le Je de la conscience de soi » (316. L. 325). – « Ce je vaux ainsi et est désormais considéré comme l'essence qui est en soi et pour soi ». Il ne subsiste de la tendre chair grecque que le squelette cassant du soi stoïcien. Le « Je » ne saurait, *sponte sua*, se précipiter contre les rochers du monde ; il est bien plutôt renoncement à l'effectivité. Epictète à son maître : « Casse-moi la jambe et après ? ». Retrouvant le stoïcisme, Hegel qui en indique les racines – la domination et la servitude (317. L. 326) se montre sévère. Cependant ce qui frappe dans tout le développement, c'est le vide : le « Je » stoïcien n'est pas même une réflexion infinie sur soi, mais une simple angoisse : celle de préserver son identité, comme A=A. Le monde en rapport à cette identité qui se veut essentielle, n'est qu'un « verbiage confus négatif » (L. 326) qui erre d'une contingence de l'être et de la pensée à l'autre. Hegel a très bien vu, au moins par la négative, l'opposition par laquelle nous débutions : « De la même façon, l'autonomie personnelle du droit est bien plutôt ce même désarroi universel et cette dissolution réciproque. Car ce qui vaut et est tenu pour l'essence absolue, est la conscience de soi comme pure unicité vide de la personne [qui règne comme norme universelle]. » (317. L. 327). Cependant, suivant le principe dialectique de structure, le stoïcisme ne peut manquer de se renverser dans son autre. C'est que le scepticisme est la même indifférence et la même lutte acharnée pour l'identité de l'essence par rapport aux contenus. Hâtons-nous ! – « La libre puissance du contenu se détermine donc de telle manière que la dispersion dans la pluralité absolue des atomes personnels est en même temps, par la nature même de cette déterminité, recollectée en Un point unique tout aussi dépourvu d'esprit ... ». Hegel use d'images brillantes pour décrire la conscience de soi formelle sceptique : il parle de « la monstrueuse conscience de soi » qui se sait comme « le dieu effectif », du « maître du monde », de « l'affouillement ravageur de ce sol sans essence », du « Soi-même [qui] n'est que dévastation, n'étant seulement qu'en dehors de soi » (318 *sq.* L. 328-329). Ainsi on va de la Stoa à la conscience malheureuse et de celle-ci au scepticisme suivant le principe dialectique de la dialectique qui veut que celle-ci se meuve en vertu de ses motifs et de ses lois internes. En même temps on aperçoit l'effectivité du Soi, qui n'est pas « présente dans le monde éthique par un retour (*Zurückgehen*) dans la personne [pur point d'égoïté], qui cependant entre en scène désormais de façon développée, mais étrangère à elle-même ».

PHÉNOMÉNOLOGIE DE L'ESPRIT - VIII (185)

B – L'ESPRIT ÉTRANGER À LUI-MÊME

La culture (320)

§ 1 – Héritage de mots – héritage d'idées. Ce dicton n'est pas vrai, selon Hegel, en ce qui touche le passage du monde antique au monde dominé par l'impérialisme romain. Le mot « liberté » revient sans cesse sous la plume de Hegel lorsqu'il prétend caractériser la totalité antique. Non qu'il veuille souligner l'importance du libre-arbitre, – il sait, comme le montre le mythe d'Er, que cette notion est sans portée chez Platon –, mais il s'attache bien davantage à la liberté concrète, celle de l'État antique, qui s'exprimait à travers les coutumes et les règles anciennes. Comment une telle liberté et avec elle une religion aussi vivante ont-elles pu disparaître ? Stoïcisme et scepticisme ont beau avoir « tenu » un très long temps (Hegel, *Theologische Jugendschriften*, Nohl, 220) leur disparition comme celle des religions qui, elles aussi, régnèrent pendant des siècles, est pour Hegel une énigme qu'il ne résout que par la réflexion sur la guerre, en laquelle dans ce passage de Nohl, il ne voit que la force souterraine et centrifuge qui, peu à peu, ruina le *pathos* civique grec, le précipitant dans l'identité formelle et morte de l'égalité du stoïcisme et du scepticisme, comme expressions de l'hémorragie du dynamisme éthique. Alexandre de Macédoine, le flambeau du monde hellénique, fut le premier à ensevelir la liberté grecque dans l'horizon d'un Empire mondial, né en Asie mineure et s'étendant jusqu'aux rives de l'Indus. Rome, à son tour, qui avait soumis tant de peuples d'abord en Asie, puis à l'Occident, fut « la souveraine du monde à laquelle revint seule l'honneur » d'être au moins la dernière qui perdit sa liberté (Nohl, 221), semblable toutefois à une armée de canons qui aurait épuisé ses munitions ! Il résulte de tout cela que ce n'est point le δαἵμων de Socrate (son esprit « critique » au sens de Natorp) qui a insufflé les trompettes de la décadence, et Euthyphron, défenseur du droit des dévots, fut sans doute plus sage que Socrate ébranlant au son du droit souterrain les murailles de la Cité. Ainsi Stoïcisme et scepticisme, même s'ils ont duré des siècles, n'en sont pas moins des déchets de la liberté éthique antique. Selon Hegel, Socrate fut le premier des révolutionnaires, sottement admiré dans les classes de rhétorique. C'est que Socrate, à la fois stoïcien et sceptique, fut l'initiale projection de l'Esprit en dehors de la Cité – et cela était bien davantage qu'une critique intellectuelle de l'État; une victoire posthume dont le prix exorbitant était l'exil et l'errance dans un Empire sans âme. Le « Geist » étranger à soi-même désigne cette errance destructrice d'un Soi-même étranger à lui-même comme au monde. Plus que la critique, plus encore que la guerre, s'il se peut, l'errance ronge les temples les plus solides et engloutit les puissances tutélaires des royaumes.

§ 2 – « La substance éthique a obtenu son opposé inclus dans sa conscience simple » (327. L. 329). Cette proposition est susceptible de plusieurs sens. La Cité grecque – c'est le premier sens – a admis Socrate dans son sein. Et de fait, selon Diogène Laërce, au lendemain de son exécution, on lui éleva des statues. La liberté socratique n'est pas ce que l'on croit : une épuration des dogmes fondée sur l'esprit critique. C'est plutôt sur le fondement de la géométrie une restauration de la proportion géométrique cosmique (*Gorgias*, 508 A). En un second sens il est possible de lire que la substance éthique a obtenu son opposé – [la guerre] – dans sa conscience simple, et de fait les Dialogues de Platon sont remplis par le souffle de la guerre et de la violence. D'autres gloses seraient possibles, toutes susceptibles de s'accorder avec ce qui suit. L'essentiel est que la haine et la discorde, mères de la guerre, ont rompu le clos déterminé par les murailles de la Cité et la *Sittlichkeit*, pour signifier l'ouvert abstrait où la conscience comme fantasme ou projection illusoire n'est plus qu'un masque, un personnage indiqué par l'entre-croisement des droits qui s'y rattachent. Il n'en faudrait pas déduire pour autant que les individus sont « concrètement » supérieurs les uns aux autres. Comme projections « fantastiques » ils valent maintenant et se valent, selon leur être-pour-soi, ainsi que des « essences autonomes », simples pions sur l'échiquier abstrait du « Geist ». La mort change de sens. La loi divine intérieure cachée parvient à son effectivité; comme singulier, l'individu décédé se fondait dans la famille; à présent il est le Soi-même supprimé. Hegel au début de ce chapitre (L. 329) réunit toutes ces données et le cadre en lequel il les comprime est le destin.

Comme nous pouvions le pressentir en examinant les inversions hégéliennes [1], le Wechsel des déterminations, l'idée de destin était appelée à se modifier. « Avant » la substance éthique comprenait les mœurs et les coutumes resserrées dans le souvenir pieux – sans mémoire point d'éthique

1. Dans son article *Platon et les imbéciles* (R.M.M., 1971) L. Jerphagnon a donné d'Euthyphron une image tout-à-fait conventionnelle que récuse Hegel.

– et la conscience était le résultat et l'expression immédiate vivante de la totalité de l'ἔθος. Mais avec le passage à l'état de droit, la pure conscience cesse d'exprimer la substance pour devenir le savoir de son opposition à la substance éthique. De là deux conceptions du destin, l'une religieuse, l'autre juridique. Ce serait à notre sens une erreur de croire que le destin concerne la seule conscience. C'est la conscience liée ou bien au monde antique ou à l'État de droit romain qui constitue le destin. Seul le stoïcisme a évolué dans le sens de la conscience comme simple devenir du Moi. Toutefois on ne saurait aller d'une conception du destin à l'autre. La marche de l'esprit est inexorable; et c'est pourquoi J. Hyppolite a eu raison, avec G. Lasson, de discerner trois moments : le monde grec, l'Empire romain, et le monde moderne supposé substituer la destination au destin. Il cite d'ailleurs un remarquable passage de la Philosophie de l'histoire : « Le principe grec nous a montré la spiritualité dans sa joie, sa sérénité et sa jouissance. L'esprit ne s'était pas encore retiré dans l'abstraction [...] La personnalité universelle abstraite n'existait pas encore, car l'esprit devait au préalable s'adapter à cette forme d'universalité abstraite qui a soumis l'humanité à une dure discipline. A Rome nous trouvons désormais cette libre universalité, cette liberté abstraite qui met d'une part l'État abstrait, la politique et la force au-dessus de l'individualité concrète, la subordonnant entièrement, et qui d'autre part crée en face de cette universalité la personnalité, la liberté du Moi au-dedans de soi-même qu'il est nécessaire de bien distinguer de l'individualité » (GS, II, 358). Il s'en dégage une autre lecture de la proposition initiale. S'effondrant, la Cité antique a vu son contenu devenir contingent, et passant dès lors dans l'extériorité, s'opposer à la conscience rejetée comme point d'extériorité qui vaut ce que valent les autres. Tous ces sens de la proposition initiale sont possibles parce qu'il s'agit de jugements indéfinis, aboutissant à un déclassement ontologique de la liberté. En ce sens, privé à jamais de sa dimension éthique, de ses Pénates, le *Geist* est devenu étranger à soi. Si dès lors on convient que c'est par la guerre que les Pénates se sont évaporées, laissant derrière elles ruines et désolation, on comprend que non seulement le *Geist* soit DEVENU ÉTRANGER A SOI, MAIS ENCORE QU'IL S'ÉPROUVE COMME ÉTRANGER DANS LE MONDE. *Entfremdung* / *Entäusserung* sont le terme de la double action de la substance éthique. Il ne s'agit pas d'actions ponctuelles magiques, mais de processus, si bien qu'étranger à la substance et aliéné, le monde ne perd pas toute réalité spirituelle : « sa substance est dans son aliénation même et l'aliénation est la substance, ou les puissances spirituelles s'ordonnant en un monde et se maintenant par là même » (321. L. 330). On choisira de traduire *Entäusserung* par aliénation (avec la nuance de folie). Toutefois comme pour *Entfremdung* il n'y a pas de juste solution.

§ 3 – « La substance de cette manière est *Geist*, unité consciente de soi du Soi et de l'essence, mais les deux moments ont pour sens d'être étranger l'un pour l'autre » (321, 14-15, L. 330). Hegel anticipe : cette proposition ne sera vraie que pour le christianisme développé. Néanmoins cette anticipation est légitime : l'établissement du christianisme est le résultat d'un long processus comparable, par son ampleur, à celui qui a vu s'effondrer le monde antique. L'étonnement suscité par la disparition des anciens cultes se retrouve dans la vision du processus qui procure au christianisme son effectivité. Initialement – si l'on ose dire car les origines décisives sont toujours obscures – le christianisme dans l'Empire se donnera comme un mouvement de la foi, privé de présence, tandis que l'effectivité apparaîtra privée d'essence. Nous ne pouvons poursuivre cette analyse d'un moment trop resserré dans la *Phénoménologie* ; qu'il nous suffise de dire que, selon Hegel, l'Esprit peut disparaître, mais non pas mourir. La signification de cette disjonction, poursuit Hegel, explique que « cet esprit [post-antique] ne construise pas seulement un monde unique, mais bien un monde double, séparé et opposé. – Le monde de l'esprit éthique est sa propre présence (*Gegenwart*) ». Cette présence réelle était dans la Cité antique la communion avec le sang de la famille, et la puissance du gouvernement était la volonté du peuple. Néanmoins tout est changé : « [...] le présent ne désigne que l'effectivité objective qui a sa conscience au-delà ». Ce qui caractérise le monde romain c'est que « rien n'a un esprit fondé et immanent en lui-même, mais tout est hors de soi dans une instance étrangère » (322. 2. L. 331). C'est le monde de l'aliénation. Hegel reprend plus clairement son propos : « Aussi bien le Tout, de même que chaque moment singulier, est une réalité devenue étrangère à soi ; il se décompose en un royaume où la conscience de soi est effective, de la même manière qu'elle y est comme son objet, et un autre royaume, celui de la conscience pure, qui n'a pas de présence effective au-delà du premier, mais qui est dans la Foi » (L. 331). L'esprit vit désormais dans un monde, mais pense son essence dans un autre monde appuyé par la foi, qui pourtant manque sinon d'essence du moins d'effectivité. Dans la mesure où la reconquête de soi passe par la réconciliation entre les deux mondes sous l'égide du travail (Hegel n'écrit pas ici le mot), suivant des structures déjà exposées dans la dialectique de la conscience malheureuse et de la lutte pour la domination et la servitude, donc par la destruction de la foi comme présence réelle ou « heilige Gegenwart », il est possible d'introduire une exégèse marxiste. Mais à ce compte tout ce qui serait contradictoire serait favorable au marxisme.

§ 4 – Ce qui est clair est le fait que, dans ce texte passablement obscur, l'analyse hégélienne a dérapé. Partie d'un théorème quelque peu énigmatique, elle a pu permettre de douter des deux premières élucidations, pour, évoquant une troisième plus exacte, mais plus restreinte, faire émerger tout le « background » historique de la Phénoménologie, comme nous le verrons en achevant l'explication. Il y a une bonne raison à cela : la culture est une constante dans la pensée de Hegel, qui ne change pas avec les contenus. Elle est de soi unifiante, sans préjuger du résultat final, et c'est pourquoi pour le moment nous pouvons nous contenter de parler d'une Critique de la culture. – Constante, la culture est un passage continu de l'en-soi au pour soi (322. L. 331), mais aussi une réduction de la transcendance du monde de la Foi, donc de la foi « étrangè[re] et situé[e] au-delà » ; à ce titre elle se nomme *Aufklärung* ; autrement dit les Lumières, qui « dans ce royaume en lequel l'esprit devenant étranger à soi-même, se réfugie dans la conscience du repos égal à soi-même, achèvent l'aliénation ». Hegel souligne comment l'*Aufklärung* réduit la transcendance en y introduisant les ustensiles du monde de l'en-deçà; les cloches sont faites de bronze et difficiles à installer. J. Hyppolite fait une remarque judicieuse bien que purement abstraite : « L'Aufklärung montrera à la foi le caractère fini et anthropomorphique de son objet. Elle dénoncera l'en-deçà dans l'au-delà » (tr. Hyppolite, II, 53, 9). Néanmoins la religion positive est un obstacle redoutable : les mystères et les dogmes échappent à la controverse, toute la religion positive avec ses trésors non seulement forme un État dans l'État, mais encore constitue l'ossature du royaume, si bien que pour se soutenir la Nation devra vendre les biens écclésiastiques. Visiblement, dans son texte, Hegel songe à la Révolution française[1]. Au-delà il y a « la terre de la conscience morale » (tr. Hyppolite, II, 53). – Cette récapitulation et cette anticipation prouvent que nous sommes à une charnière de la *Phénoménologie de l'Esprit* et que Hegel la rédige spontanément. De là un désordre vivant qui fait contraste avec la *Critique de la raison pure* et qui n'est pas réduit par les analogies sructurelles (avec domination et servitude par exemple) dont la place et même l'identité se dessinent seulement en creux.

I (323)

a) *Le monde de l'esprit devenu étranger à soi*

« Le monde de cet esprit se décompose en un monde double » (323. 10. L. 332). « Le premier monde est le monde de l'effectivité, ou celui par [lequel elle se rend étrangère] (*oder seiner Entfremdung selbst*) ; mais l'autre est le monde que le *Geist*, s'élevant au-dessus du premier, s'édifie

1. J. Ritter, *Hegel et la Révolution française,* Archives de philosophie, 1970.

dans l'éther de la conscience pure ». Ce monde opposé à l'*Entfremdung* pour cette raison même n'en est pas libre. Il n'est bien plutôt que l'autre forme de l'*Entfremdung*, qui consiste « précisément à avoir la conscience dans deux sortes de monde et englobe les deux ». Hegel introduit dès lors une distinction un peu spécieuse : « Il n'est pas question ici par conséquent de la conscience de soi de l'essence absolue, telle qu'elle est en soi et pour soi ; IL NE S'AGIT PAS DE LA RELIGION, mais de la FOI, en tant qu'elle est la FUITE du monde effectif et de la sorte n'est pas en soi et pour soi ». Hegel ajoute à ce texte, déjà éclairé par *Foi et savoir* un appendice : « Cette fuite du royaume de la présence implique donc immédiatement en soi-même une double direction. La conscience pure est l'élément dans lequel l'esprit s'élève, sans être seulement l'élément de la foi, mais encore celui du concept. Tous les deux entrent en scène ensemble ; et la foi est considérée seulement en opposition au concept ». La foi n'est que la fuite dans l'au-delà de la présence effective. Cependant elle ne se sait pas elle-même comme cette fuite ; elle est pur en soi ; c'est seulement pour le *Wissen* (entendement), pour le concept, mais non pour la catégorie que la fuite est saisie pour ce qu'elle est ou encore pour soi. Toutefois, comme l'en-soi ne va pas sans son pour-soi, foi ET savoir se présentent ensemble en opposition.

I (323)

LA CULTURE (BILDUNG) ET SON ROYAUME DE L'EFFECTIVITÉ

§ 1 – « L'esprit de ce monde est l'essence spirituelle pénétrée par une conscience de soi qui se sait présente immédiatement comme telle conscience qui est pour soi et qui sait l'essence comme une effectivité face à elle-même. » (323. 29. L. 333). « Der Geist dieser Welt ». Esprit dans cette phrase pourrait en langue française conduire à une erreur ; on songe inévitablement à « l'Esprit des lois » de Montesquieu ; mais cet esprit est trop statique pour exprimer la pensée hégélienne. Le *Geist* ici est plutôt le *telos*, c'est-à-dire une conscience de soi cultivée, socialement, politiquement, religieusement, qui est pour soi et qui sait l'essence ou le monde comme une effectivité qu'elle saisit au lieu de larmoyer, au terme d'un long processus de formation. Hegel souligne avec énergie la portée de cette *Bildung* (culture – formation) qui commence par « le dépouillement » dans lequel la conscience de soi se défait de sa personnalité et l'aliène, et ainsi élabore son monde et se rapporte à lui « comme à un étranger, qu'elle doit à présent se soumettre ». En dépassant sa personnalité, l'individu s'élève à la substance du *Geist* ; il se fait universel – mais en récompense la substance devient effective. Hegel dans l'explication seconde insiste sur l'élévation à l'universel qui fonde une égalité de valeur, et non plus l'égalité juridique abstraite du monde romain.

§ 2 – C'est donc en ceci, l'individu ayant sa valeur et son effectivité, que consiste la culture. Sa nature et sa substance vraie et originelle est l'esprit de l'*Entfremdung* de l'être naturel. « Cette aliénation [*Entäusserung*] de son être naturel est aussi bien pour celui-ci fin (*Zweck*) qu'existence [...] » elle est en même temps le moyen (*Mittel*) ou le passage soit de la substance pensée dans l'effectivité, soit inversement de l'individualité déterminée dans l'essentialité. « Cette individualité fait d'elle-même, dans un processus de formation, ce qu'elle est en soi et c'est seulement par là qu'elle finit par être en soi, et possède une existence effective » (324. L. 333). Écrivons universel à la place de être en soi ; nous obtiendrons le cadre d'une dialectique « bien connue »; former son individualité, cela revient à la construire de telle sorte qu'elle puisse s'intégrer à la totalité sociale. C'est dire que l'effectivité ne consiste que dans la suppression du Soi naturel. Ou encore : la réalisation de l'individu est la suppression de la nature du soi. Il s'ensuit que la véritable individualité n'est pas à rechercher dans la particularité de la nature et du caractère qui sont au contraire ce qui doit être dépassé. Mais dans ces conditions seul est durable l'universel. – Ce qu'on suppose de plus intimement est une « manière ». « La manière n'est pas tout à fait la même chose que l'espèce, en français »; de tous les sobriquets, [c'est] le plus redoutable, car il désigne la médiocrité et « exprime le plus haut degré de mépris » (Diderot, *Le neveu de Rameau*). J. Hyppolite croit que Hegel critique la période qui va de la fin de l'Empire romain jusqu'à la Révolution française (GS, II, 364). Cette précision manque de précision. Il serait plus convenable de jeter un coup d'œil sur les outils et la confection des objets. La vie et l'œuvre de Bernard Palissy seraient plus instructives : là l'individualité est sacrifiée à la substance et se retrouve dans l'objet comme dans le négatif : « Le mouvement de l'individualité qui se cultive est donc immédiatement [...] le devenir de l'essence universelle objective, c'est-à-dire le devenir du monde effectif ». Tout ce que consent à souligner Hegel est l'entre-croisement de deux lignes réflexives : d'une part la culture et l'effectivité de l'individu qui s'élève à l'universel, d'autre part l'actualisation effective de la substance même. Certes l'usage incessant du terme de « substance » peut indisposer. Il désigne, par exemple, aussi bien les structures féodales que celles de la monarchie, et en un sens le reproche que nous faisions à J. Hyppolite valait pour Hegel : la *Phénoménologie* jusqu'à présent n'est qu'une histoire abstraite. Sans doute est-il possible de chercher à sauver Hegel en tenant compte du fait qu'il propose une histoire non plus linéaire comme les théoriciens de l'*Aufklärung*, mais dialectique, où tout se fait par contraste et contradictions. Cependant un problème se formule au niveau de la philosophie de Hegel saisie comme théologie spéculative : est-il un sens du sens qui clôture réellement l'histoire en introduisant un « moment » méta-dialectique ? Il est trop tôt pour répondre. Pour l'instant l'histoire n'est que vie, car elle n'est qu'opposition. Variée, donc contradictoire…

§ 3 – L'histoire se déploie à partir de l'aliénation du droit naturel dans le processus de formation et la substance, objet de tendances variées et opposées (etc.), ne cesse de s'enrichir : un opposé « donne vie à l'autre ». Néanmoins cette opposition n'est pas stérile. Nommons avec Hegel le moment de l'universel, l'État, « le bien », et le moment de la particularité, la richesse, « le mal » (tr. Hyppolite, II, 58, n. 21), nous résumerons la dialectique de la monarchie française où l'État, quoi qu'on dise soucieux du confort social, était écrasé par la dette publique, tandis que les riches particuliers rechignaient à souscrire aux emprunts. Il se peut que cette illustration de la pensée de Hegel ne soit pas la bonne. Il demeure que sous Louis XIV et même sous Louis XVI (mais la question est plus complexe), l'institution de l'État coïncide avec une soif d'argent énorme dans le Trésor public, tandis que des particuliers fameux (Fouquet) étalent une richesse qui dépasse de loin le confort social, et confine à l'indécence. Puisque les faits sont passablement obscurs, Hegel, qui cependant connaît bien l'histoire de la monarchie française et qui a lu Adam Smith, propose une analogie avec les éléments dont traite la philosophie de la nature. Nous ne pensons pas qu'il ait pour nous considérablement éclairé le problème. La véritable difficulté réside dans la détermination un peu arbitraire des notions de « bien » et de « mal ». Quand on aura dit qu'il est naturel chez Hegel d'attribuer le « bien » à l'État et de manière plus générale à la collectivité (quelles que soient ses formes), on aura, certes, mis le doigt sur une orientation fondamentale de l'hégélianisme, mais on aura aussi commis une pétition de principe. Plus précisément, la difficulté procède du fait que la *Phénoménologie* se refuse à se constituer en une morale et que les notions de « bien » et de « mal » doivent par conséquent être saisies phénoménologiquement. La difficulté déjà considérable est augmentée par le fait que le véritable sujet est double. Il n'y a pas d'une part des individus et de l'autre une substance, mais un tissu entre-croisant les deux tendances. Et l'essentiel est la dynamique des moments, comme le suggère l'illustration tirée de la Natur-philosophie. Tout chez Hegel doit être saisi en termes de mouvement, et l'on regrette qu'il n'ait pas pénétré l'introduction du calcul infinitésimal dans les sciences sociales prônée par Rousseau dans la IIe partie du *Discours sur l'origine de l'inégalité parmi les hommes*. Ce ne serait là toutefois qu'une élucidation partielle de la difficulté sur laquelle nous avons achoppé : et même une solution pragmatique. Il faut alors prendre son courage à deux mains et affirmer que le « bien et le mal » possèdent non seulement une dimension phénoménologique, mais aussi nouménologique. L'histoire que l'homme rédige (non sans imperfection) est suspendue à une histoire à la fois concrète et réelle dont le texte est divin et suppose une lecture (et non plus une simple « rédaction ») inspirée et "théologale". Entre ces deux « écritures » se trouve la différence de l'esprit fini et de l'esprit infini. Il demeure, que dans la question de savoir qui comblera cette différence, les interprétations se sont opposées. L'interprétation de J. Hyppolite a été contestée (GS. II, 373) et notamment par le R. P. Labarrière ; écrivant que ce « mouvement essentiel est à comprendre dans la perspective ultime de l'intemporalité de l'acte médiateur », il laisse entendre que de manière générale l'essence phénoménologique doit se subsumer sous le principe théologique. Dans une optique luthérienne l'histoire, selon Hegel, est une théophanie et cela dépend évidemment du choix d'une certaine lecture. Dans une histoire relue par Feuerbach, l'histoire hégélienne est une anthropophanie. Nous ne craignons pas, ce faisant, de dépasser vraiment en proposant ce choix la chaîne de la lettre hégélienne ; nous avons montré notre liberté en formulant de graves réserves sur l'analogie issue de la Natur-philosophie. Et, par ailleurs, le texte hégélien « vaut » de nos jours parce qu'il nous reconduit, au-delà de lui-même, aux grandes options de notre destinée.

§ 4 – Revenant au texte de Hegel, nous découvrons une justification du primat de l'État (qui, il est vrai, ne semble pas suffire à le dire « bon ») : « Le pouvoir d'État, écrit Hegel, de même qu'il est la substance simple, est aussi l'œuvre universelle (*das allgemeine Werk*), l'ouvrage de tous ». Il se trouve en ceci une pétition de principe et une probable confusion. Tout d'abord on pose le bien comme l'universel et l'universel comme étant le bien. Mais nous savons que des peuples coupables ont existé et existeront. Ensuite « das allgemeine Werk » contient une équivoque : que signifie *allgemein* ? Tous – ou général ? Rousseau : « Il y a bien de la différence entre la volonté générale et la volonté de tous… ». Nous avouons ici notre impuissance ; déjà nous regrettions que Hegel n'ait point perçu les ressources offertes par le calcul différentiel dans les sciences sociales ; bien davantage regrettons-nous qu'il ne tire aucun parti de l'opposition de la volonté générale (somme de petites différences qui s'entredétruisent) et de la volonté de tous (simple différence entre quantités primitives qui s'opposent). Tout le discours de Hegel est pré-leibnizien. Il ne voit que les pôles conceptuels : d'un côté la puissance étatique, de l'autre la richesse, « domination et richesse » (327. 34. L. 337). Hegel est trop avisé pour négliger le fait que ces orientations ont coexisté, ainsi que celui faisant de la richesse un *nexus* très diversifié pesant sur le pouvoir et l'universel lui-même. C'est une conscience raffinée de ce que nous nommons les « pesanteurs » sociologiques, historiques et politiques. La conscience de soi possède donc son interprétation du bon et de l'en soi : est « bon » l'objet dans lequel elle se trouve, et cela vaut des pénitents de Port-Royal, écartant la nourriture qui leur était destinée, pour se contenter de celle préparée pour les chiens. La conscience de soi pratique est profondément subjective et très fortement orientée vers l'interprétation. – On a cherché à réconcilier Hegel et Rousseau pour éviter ce subjectivisme contrariant (GS. II, 376, Haering, *Hegel sein Wollen und sein Werk*, II, 442) et voir dans l'auteur du *Contrat social* un des précurseurs de la doctrine du *Geist* – mais il n'y manque que les mathématiques, et leur seule absence explique que, en dehors d'une opération toujours plus violente, les pesanteurs sociales ne pouvaient se maintenir sans à la fin susciter une explosion d'une portée universelle. En attendant, on reste coincé dans ce subjectivisme en lequel deux choses se sont passées selon Hegel. D'une part la conscience de soi a progressé, allant du concept au jugement et de celui-ci au raisonnement. D'autre part l'histoire s'est révélée transparente aux catégories logiques. Le premier point est de loin le plus intéressant, mais, on s'en doute, il a été profondément labouré. Le nerf de la pensée hégélienne est le suivant : dans le jugement (par exemple portant sur la domination et la richesse) la conscience de soi [pratique] croit pouvoir choisir ou ne pas choisir. Cependant le choix du choix lui est refusé : elle doit poser son essence dans la domination ou dans la servitude de la richesse. Nous ne sommes pas libres d'être libres, et toutes les connexions qui suivent par exemple le jugement sont nécessairement nôtres. Ces pensées ont été retenues dans la philosophie existentielle. Le second point a été selon certains encore plus labouré ; il est apparu paradoxal de soutenir que l'histoire obéisse aux catégories et l'on a pu écrire que concept, jugement, raisonnement devaient « être entendus dans un sens spécifiquement hégélien » (GS. II, 377). Cependant il n'existe pas de logique hégélienne, mais seulement la science (ontologique) de la logique retravaillée, réformée, amendée par le philosophe Hegel qui, son œuvre achevée, se refuserait à dire, comme Kant, que depuis Aristote la logique générale n'a fait aucun progrès. Dès lors, deux perspectives se dégagent. La première est celle de l'individu englué dans des rapports de signification qu'il ne pénètre pas toujours et parfois même inverse. Ainsi quand Louis XIV dit « L'État, c'est moi », il prétend non pas s'élever à l'Universel, mais le concentrer en lui comme individu. Inversion dramatique ! La seconde perspective est celle de la conscience philosophique qui pénètre et élucide toute l'histoire et la déclare fondamentalement compréhensible. Ceci est de l'ordre de la conviction sensée et élémentait du dedans la pensée de Bossuet. Il va de soi que Hegel s'oppose ici à Kant, voyant en l'histoire faite d'actions libres la borne de la Révolution transcendantale – Hegel étend la catégorie jusqu'à la liberté et pose qu'il n'y a aucune limite à la philosophie transcendantale, hormis la nature physique (cf. *Enzyclopädie*). La borne n'est autre que l'inhumain. Quant à savoir où Hegel a puisé cette conviction, c'est une tout autre affaire – un peu comparable à la chaîne de Pope, embarrassé par la question de savoir où en accrocher l'extrémité.

§ 5 – Les relations qui découlent de l'opposition entre le « pouvoir d'État » et « la jouissance de la richesse » (328. L. 339) sont complexes et subtiles parce que d'une certaine manière chaque terme enveloppe l'autre ; par exemple la richesse peut être regardée comme le bien de tous parce qu'elle est résultat et œuvre de tous, mais le « pouvoir d'État » peut aussi être considéré comme l'œuvre de tous parce que les individus y posent leur essence, et cependant, résultat de l'inter-action, le pouvoir d'État n'est pas intuitionné en tant qu'universalité. D'une manière générale : « Le monde a alors la détermination d'être une extériorité, le négatif de la conscience de soi » (L. 338 et *sq.*). Quelques remarques peuvent être avancées – d'une part la charge « d'inconscient » est au point de vue de la conscience de soi pratique énorme, et la question de la signification du passé pour la conscience de soi est plus délicate que ne le laissait pressentir le début de la *Phénoménologie*, car les sentiments ne peuvent être écartés. Nous n'entrerons pas dans tout ce dédale – Hegel considérant son objet sous toutes ses faces et n'hésitant pas à inverser les notions de Bien et de Mal (L. 339) –, mais nous nous contenterons de quelques considérations. L'élément véritablement novateur dans la doctrine de l'État est l'argent (et la richesse) ; c'est lui qui détermine la puissance des corps sociaux (positivement ou négativement) ; il sert d'index. Ensuite la culture comme *Bildung* s'apprécie objectivement et l'on peut mesurer le chemin franchi depuis l'aliénation du droit naturel jusqu'au « pouvoir d'État ». Toutefois qui est ce « on » qui mesure et apprécie ? c'est la conscience philosophante qui voit la conscience, suivant l'être pour soi, être également essence en soi, qui « doit pareillement faire de ce côté – là aussi un critère qui lui permette enfin d'achever le jugement spirituel » (L. 339). La conscience philosophique est visée d'un mouvement qualifiable comme un monisme de la substance et un dualisme des tendances. Néanmoins elle n'est pas seulement visée des structures abstraites (selon Hegel) d'un *nexus* mouvant, mais est capable de saisir les catégories comme absoluités (Logik, I, 36, [Lasson]). De ces rapports complexes découle le résultat suivant passablement sidérant : ce n'est pas la conscience philosophante qui, à tâtons, comme chez Kant, tourne autour de son objet, c'est l'histoire qui tourne autour de la conscience philosophique. Enfin nous observerons que ce sont les libres mouvements des tendances qui animent cette proposition scandaleuse. « Ces deux modalités du jugement trouvent chacune une identité et une non-identité. La première conscience jugeante trouve le pouvoir d'État non identique à elle-même, et la jouissance de la richesse identique à elle-même; la seconde, en revanche, trouve le premier identique, et cette dernière non identique à elle (L. 339-340) ».

§ 6 – C'est ici que Hegel, selon G. Lasson, s'engage dans la dialectique de la conscience noble et de la conscience vile, laquelle se substitue à la politique platonicienne, qui semble ne rien ignorer des relations de la personne à la totalité comme universel. Hegel précise qu'il s'agit d'un mode « qui est un rapport à quelque chose qui n'est pas son égal ». La conscience « noble » considère dans la puissance publique ce qui est son égal de telle sorte qu'en cette puissance elle a son essence simple et l'activation de celle-ci, et se trouve en service d'obéissance effective ainsi que de respect intime vis-à-vis d'elle. On ne peut que songer à la timiocratie chez Platon. Inversement la conscience vile (doxologique) jouit comme mode de la richesse et sombre dans la gratitude (L. 340), tandis qu'elle « maintient fermement la non-identité ». La richesse est une chose qui toujours peut être arrachée. La conscience vile considère donc la puissance publique comme une oppression de l'être pour soi, tandis que seule la non-identité avec celle-ci de l'être pour soi de l'État lui paraît une garantie de l'essence perdurant comme non-identité. Au fond ce qui compte pour nous c'est le surgissement de la conscience vile ou mauvaise. En philosophie, l'apothéose du Bien n'est pas une proposition dérivée, mais un principe indiscutable. Que le « bien » sans dépenser une parcelle d'énergie, par son seul rayonnement, de soi, suscite comme la lumière dans l'être fini l'*érôs*, par lequel il se trouve mis en mouvement, est un principe reçu depuis Platon, Aristote et Philon. Néanmoins les penseurs grecs n'ont jamais su expliquer l'acte inverse par lequel, plongeant dans les ténèbres, la conscience vile s'est détournée de l'essence comme universel pouvoir d'État pour s'enraciner dans la richesse, sacrifiant l'Être à l'avoir. L'originalité de Hegel consiste à avoir attendu, non de la prédication, ni même du syllogisme, la rédemption de la conscience vile et l'on peut se demander si sa première approche, purement logique, l'a satisfait comme semble le croire J. Hyppolite, en un premier temps. Ce dernier a très certainement bien vu que « dans [...] une certaine forme de pensée individualiste [...] le pouvoir est le mal ». Il demeure que l'essentiel, quelle que soit la forme, est qu'une conception du pouvoir de l'État entraîne forcément, par la préparation et la disposition de la révolte, une figure du nihilisme qui se révèle opposée, par les ruines qu'elle répand, aux aspirations de l'individualité qui s'y trouve immanente. Et, sans doute, l'opposition de la conscience noble et de la conscience vile semble-t-elle reproduire la lutte pour la domination et la servitude. Mais on ne peut dire que la conscience vile, comme le serviteur, se travaille en travaillant le monde sous la férule de la conscience ; des deux côtés il y a travail, et par exemple, choisissant le service de l'État, la conscience noble ne songe pas d'abord à son salaire. C'est pourquoi le terme du processus sera nécessairement une explosion violente. Pourrait-il en être autrement, dès lors que liées dans la Cité, les forces sont égales, mais de sens opposé ? La solution du problème du mal n'est pas à rechercher dans les éléments de la sophistique, mais dans l'histoire qui imposera l'évolution ou la révolution ou les deux en même temps – Napoléon.

On se doute bien que, posée en ces termes, la question de la *Phénoménologie* ait pu paraître ambiguë. Politique ou religieuse ? Chemin faisant nous verrons la question, sinon se simplifier, du moins devenir plus saisissable. Feuerbach l'a bien vu : théologie et politique ne se séparent pas au sommet de la pensée hégélienne et le moment remarquable ici est le simple équilibre des tendances. Hegel manifestement prend en compte la monarchie française, où, effectivement, l'on pouvait discerner deux tendances, dont l'une paraît inexplicablement tournée vers le mal, dès lors qu'on jette un coup d'œil sur la Cité antique et son intégration. On a la fâcheuse impression que Hegel, enveloppé par les brumes de la spéculation, ne se trouve pas capable d'appréhender la spécificité de la monarchie française. Son texte la confond avec les monarchies électives du XVIIIe siècle, dont elle se distinguait par un enracinement historique qui en faisait à la fois la monarchie héréditaire et de droit divin. Il néglige aussi passablement le rôle fluctuant des Parlements, tantôt dociles, tantôt révoltés. Il ne semble pas voir la charpente historiale constituée par l'organisation des impôts. La détérioration des armées à laquelle le lieutenant général de Saint-Germain s'était appliqué à trouver un remède est passée par profits et pertes. Enfin – last but not least – Hegel ne paraît pas avoir possédé une connaissance approfondie de la situation économique et agricole de l'Ancien-Régime (cf. H. Taine, *Les origines de la France contemporaine*). Plus étonnante est l'indifférence de Hegel envers la révolution que préparent les juristes, non moins soucieux d'équité que de sécurité… Le cadre rigide de la conscience noble et de la conscience vile ne semble pas capable d'intégrer ces orientations divergentes. Combien étonnant devant cette moisson de faits est l'effort hégélien pour amener la substance spirituelle à se trouver conquise par la conscience de Soi et à devenir sujet. Il y avait là l'expression de la tendance de la philosophie allemande à forcer dans un schéma réducteur – chez Schelling la nature, chez Hegel l'histoire – la réalité concrète et diverse. Le plus grave en tout ceci fut la réduction du concept antique de citoyen à l'idée d'individu privé.

Socrate était citoyen, Fouquet un individu privé. Hegel n'évoque pas ici la fonction de la prison en laquelle, d'une certaine manière, les concepts de citoyen et d'individu s'illustraient. Dans la Cité antique le condamné possédait sa dignité de citoyen. Dans la prison monarchique on croit – non sans raisons – que l'individu privé n'est plus rien [1]. Dès lors que l'individu privé n'était plus rien, un « impérialisme niveleur » devait concentrer les pouvoirs, d'abord dans les mains d'une aristocratie, puis d'un monarque incapable de gérer lucidement les affaires de l'État et, lassé, substituant le caprice à la volonté. Rien ne montre mieux la superficialité des rapports que la conduite du héros. La dignité de la conscience noble se marque dans l'héroïsme du service ; dans ce service la personne héroïque fait abstraction de son être singulier au profit du pouvoir de l'État. L'élévation du pouvoir de l'État à l'universel entraînait nécessairement le « sacrifice » du vassal. On ne sait à quelle période très précise de l'histoire de la féodalité songe Hegel, ni quel héros il a en vue, ni enfin quelle institution il vise concrètement lorsqu'il parle de conseil. Avouons-le : Hegel est peu convaincant et l'historien ne trouvera pas en ces pages, un sûr modèle.

§ 7 – Deux difficultés se présentent d'ailleurs. D'une part on a affaire à un segment de l'histoire, illustré par la féodalité – peut-être française au XVIIe ou au XVIIIe siècle débutant – mais les structures qui le gouvernent peuvent aisément valoir pour d'autres périodes. La généralité du segment, insuffisamment ancré dans une période déterminée, lui ôte sa pertinence. Inversement, sans raisons fondamentales, d'autres dimensions sont occultées (le Maître et le serviteur). Et l'on préfère s'en tenir à des relations « dialectiques ». Deux exemples suffiront – d'une part dans les conséquences de l'honneur, il y a les récompenses et la conscience qui a souffert, se trouve, au moins dans sa descendance, glisser du côté de la richesse – d'autre part le monarque est seul et cette singularité se traduit par le fait qu'il n'a pas de nom, mais seulement un prénom. A son procès Louis XVI dira : « Capet n'est pas mon nom » et pour descendre dans le détail il reprochera au cardinal de Rohan, dans l'affaire du collier de la reine, d'avoir contrefait sa signature. Les rois et les très grands de ce monde signent de leur simple prénom en grosses lettres, Rohan avait cru bien faire en signant petit avec d'incroyables fioritures. Enfin ces singularités s'expliquent par l'aliénation de la conscience de soi pratique (L. 343) qui, sans broncher, entend de part et d'autre le langage se modifier. – « Nous, par la grâce de Dieu… ordonnons ». Ces formules deviennent l'expression de la loi. Quant au pluriel de majesté, il a pu intriguer certains rhéteurs : en lui se confondent la loi et le commandement, la raison et la volonté (L. 344).

1. Dans les prisons, après un long séjour, le détenu quelconque échappait à l'identification dans certains cas.

Ainsi se signifie l'isolement du monarque et sa disparition comme Je en tant que tel. Ce n'est pas un hasard si, pendant la Révolution française, le département de la guerre imposait entre ses membres comme on l'a dit non seulement un « débraillé », mais encore un « tutoiement de rigueur ». Donc la manière dont on parle illustre l'essence politique de la substance spirituelle pour autant qu'elle se manifeste dans l'effectivité, et inversement l'élévation du langage n'est pas indifférent au développement de la conscience de soi pratique. Pourtant il conviendrait de nuancer en référant le tout linguistique au niveau du jugement réfléchissant plutôt qu'au jugement déterminant. En outre il y a toute une symbolique, tout un langage des choses. Ainsi Marie-Antoinette s'étonna d'être conduite à l'échafaud dans une simple charrette[1] à bestiaux et de n'avoir point droit comme son malheureux époux à une calèche : en fait on la rejetait en dehors de la sphère éthique et spirituelle (le peuple composé d'êtres humains). On donna bien des explications; aucune n'était satisfaisante. Le langage des choses est à la fois plus rigide et plus expressif, si bien que le contre-sens y est rare.

Si nous quittons le champ de la phénoménologie rhétorique, revenant au pluriel de majesté d'un point de vue philosophique, nous verrons que le système de l'aliénation par la pente fatale des honneurs, tend à une concentration du pouvoir en lequel le Nous devient le mouvement absolu et gratuit de la décision : « Nous voulons » ou « Nous ne voulons pas » – et puisque le fond de la décision est inexprimable, puisqu'il échappe en ses ressorts les plus secrets à l'entendement, il devient le Soi (ou plutôt la chose en soi) absolu : la volonté du monarque qui accorde ou n'accorde pas. La monarchie féodale tendait comme un arc prêt à se rompre vers un absolutisme dont l'essence était l'arbitraire. Comme tout à l'heure, ce n'étaient pas seulement le système des honneurs et celui des disgrâces qui comptaient, mais aussi, par exemple le régime religieux. La conclusion de ce processus interminable (secoué par des crises financières) ne pouvait être que la Révolution. Car Hegel a – dans l'ensemble – raison : l'absolutisme de Louis XIV ne pouvait, selon la négativité, que se renverser en son contraire : le gouvernement de tous par tous. La catégorie de l'Être ne peut que se renverser dans la déterminité (Feuerbach librement interprété), expression de l'humanité comme genre. Aussi telle la vague qui atteint dans sa crête frémissante et blanche son acmé, l'absolutisme devait-il déferler sur le sable du rivage, atteignant son expression ultime dans le voyage étonnant et étonné de Louis XVI à Cherbourg (1786), s'écriant :

1. Cf. *La légende arthurienne. Le chevalier de la charrette* (Lettres gothiques). Monter dans une charrette était pour un chevalier dans le monde médiéval un signe d'infamie. Peut-être y a-t-il ici un lointain écho.

« Qu'ai-je fait de bon pour tous ces hommes et toutes ces femmes ? ». Il croyait qu'on l'aimait ; un lustre plus tard on tranchait à la hache, ainsi que dit Chénier, la tête d'un homme dont nous savons que la seule faute fut d'être roi. Le mérite de Hegel – nous y reviendrons – ne fut pas de considérer que la Révolution française fut unique, mais d'une clarté décisive. Il savait que les « révolutions » (fussent-elles de palais) étaient inhérentes au genre humain ; mais il savait aussi, pour parler le langage de son prétendu disciple, Clausewitz, qu'elles n'atteignaient pas aux extrêmes, puisqu'elles ne révolutionnaient pas le langage ni ce faisant la hiérarchie. De là est né le dogme du caractère infaillible de l'histoire, qui, du moins au sens de Hegel, l'emportait sur une nature rebelle à l'entendement. Ce passage de la *Phénoménologie de l'Esprit* a beaucoup fait pour accréditer les thèses marxistes et plus précisément celles qui ramenaient à une *Bewegung* inconsciente l'entre-lacement des orientations de l'Esprit. Cependant la visée théologique de Hegel les a toutes amenées à dire (à juger) que l'écriture hégélienne était vraie, à la condition de lire celle-ci comme inversée sur le fond de la rétine. Mais enfin… Ce qui est vrai, c'est que Hegel a bien vu que le destin de l'absolutisme était la révolution – révolution ne reposant pas uniquement sur la dialectique de la richesse, mais sur l'évolution de la féodalité. J. Hyppolite cite à la légère H. Taine. Et il manque l'essentiel : selon H. Taine, l'ancien régime n'a pas succombé à une crise de l'absolutisme, mais à une situation alimentaire dramatique dans un royaume accablé par dix années de disettes et de privations. Hegel ne s'embarrasse pas de ces « péripéties ». La famine peut susciter des émeutes, aiguillonner « les louves » – mais non fonder une révolution dont le principe doit être intérieur au principe qui veut tout gouverner. La crise authentique doit être intérieure au cœur du cœur. Nous reprendrons l'idée suivante : « […] dont la seule faute fut d'être roi ». D'un point de vue théologique, le seul qui guide vraiment Hegel, le roi de France fut, récitant la prière des agonisants, le plus pur des boucs émissaires, accablé de la plus lourde des responsabilités : celle de n'en avoir aucune. Il nous semble cependant que logiquement quelque chose « coince ». Le pouvoir de l'État devait se lier à la Religion, et en France, la monarchie, par le sacre qui intégrait le souverain dans l'Église (comme diacre dans l'Église militante), devait fortifier cette appartenance. Dialectiquement, inversement le peuple devait verser dans le paganisme. Or c'est le contraire qui s'est produit. L'absolutisme couche par couche a éraillé le vernis chrétien (Madame de Montespan et ses messes scandaleuses). En revanche le peuple (par exemple en Bretagne) s'est enfoncé dans un obscurantisme religieux. Faut-il penser que l'absolutisme secrète sa substance contraire et le peuple la sienne ? L'essence de la dialectique se ramènerait à un malentendu. Dans le renversement de l'absolutisme en la Révolution on a bien voulu voir un semblable malentendu, mais dépouillant les « pions » de leur valeur religieuse, on a ramené l'opposition au conflit de la suprême culture (les talons rouges) et de la niaise pauvreté.

§ 8 – Le malentendu pourrait bien recevoir une signification maximaliste et non seulement « minimaliste » ; c'est dans cette dernière perspective qu'il a été considéré jusqu'ici, c'est-à-dire en tant que traduction. Par exemple il était la traduction du règne éthique comme loi et commandement ; dans le monde de l'effectivité, il fut la traduction du conseil, mais recevant à présent comme contenu la forme qu'il est lui-même, le langage vaut comme essence. De la conscience noble à la conscience qui dit : « Nous voulons », il y a une cascade d'aliénations. L'une porte sur le langage qui joue au point de vue du langage de majesté. Dans le « Nous voulons » qui exprime le pouvoir d'État, le « Je » personnel s'abîme dans la généralité de l'essence. Seconde cascade : récompensée, la conscience noble se retrouve riche et la jouissance que procure la richesse inverse la conscience noble en conscience vile. Troisième cascade : la conscience détentrice du pouvoir royal tend vers une solitude de plus en plus extrême, qui la sépare des autres « grands ». Ces trois cascades soigneusement tressées par Hegel à la fois selon l'ordre génétique et l'ordre logique ne peuvent, d'après la technique d'exposition de Hegel, en tolérer une quatrième : ce serait insulter l'héritage pythagoricien et l'antique triplicité. Pouvoir d'État et richesse apparaissent alors comme des vases communicants. Plus le pouvoir d'État s'élève, plus il découvre sa misère et inversement plus la conscience noble s'enrichit, plus elle découvre sa platitude. – L'argent unifie ces trois dialectiques. Par exemple le pouvoir d'État assure sa puissance par la médiation des récompenses, mais ruinant le Trésor royal, il perd sur un tableau ce qu'il gagne sur un autre. La dialectique de la conscience noble n'est guère différente. Pauvre, mais au service de l'État en lequel elle pose son Soi, elle le perd dès lors que devenue riche, elle ne peut que le contempler dans l'étalage, nécessairement extérieur, de ses possessions. Nous retrouvons *in summa* la grande pensée platonicienne opposant la rectitude du citoyen et la courbure de l'oligarque.

La troisième cascade est la plus périlleuse, mais aussi la plus impénétrable, car on ne voit pas comment un roi, un tyran, un despote peut réunir assez d'argent pour dominer les consciences nobles. Cela ne se peut, semble-t-il, que par le même processus qui a détruit le monde antique : la guerre. Là encore joue le système des vases communicants, car si la guerre est source d'argent, inversement l'argent est le nerf de la guerre. C'est à peu près ce que dira Louis XIV sur son lit de mort. On demandera sans doute comment l'humanité peut progresser dans cet équilibre des puissances, qui n'est pas la stabilité. Ne nous perdons pas dans le jeu dialectique des cascades (fort bien décrit par J. Hyppolite, GS, II, 389 et suiv.), où le Soi comme essence est l'enjeu. Sans doute manquerons-nous des phases fort intéressantes, par exemple celle du conseil où, partagé en différentes factions, donc non réalisé comme essence absolue, le pouvoir d'État flottant ne peut revendiquer la dignité du gouvernement. Mais il nous semble que l'élément dynamique est celui de la rancœur. Aliéné, ne se percevant pas dans ses richesses, le Moi est refoulé dans la grisaille [colorée] de l'identité de la volonté de tous. Il nourrit en son âme la douleur enfantée par la perte de la différence. Le moi est haïssable, tel est le décret secret du monarque diffusé par un riche clergé. La conscience vile « est toujours sur le point de se révolter ». Prêchant la vie simple et domestique, Rousseau était un aigri révolutionnaire. Et puis l'on se lasse d'être méprisé par le « loyal vassal » qui n'a pas un sou vaillant. On connaît la maxime du baron de Fenestre rapportée par Agrippa d'Aubigné : « c'est pour paraître » ; la conscience noble, elle-même, sera soupçonnée d'orgueil et de bassesse, à moins qu'elle ne prouve par la mort qu'elle tendait à fortifier le pouvoir d'État par l'absolu. Il demeure que dans les cœurs c'est la rancœur qui l'emporte, unissant dans sa trame fielleuse les aspirations les plus nobles. Il reste aussi que ces sentiments secrets ne seraient rien si l'Absolutisme, par contre-coup, ne leur conférait, jour après jour, une puissance accrue et plus décidée. Déchue, devenue vile, embarrassée d'obstacles où le langage fait ressentir son poids ridicule, la conscience ne sait plus comment s'orienter dans la pensée. J. Hyppolite a cru devoir identifier le langage, forme antérieure de la Phénoménologie et le langage, qui, à ce niveau médiatise les intelligences dans la perspective de l'apothéose du *Geist* (GS. II, 390). A ce compte tout serait sauvé ; telle n'est pas l'ambition de Hegel. Nous ne reproduirons pas non plus la dialectique du langage, ainsi que J. Hyppolite l'a fait, méditant à nouveau sur l'universalité de celui-ci. Nous observerons seulement que sans la négativité le langage n'est rien. Il fixe les valeurs et actualise les moments qui s'opposaient, et dans une tentative désespérée s'efforcera de réconcilier la culture et l'absolutisme.

§ 9 – La conscience noble était un extrême et de l'autre côté on trouvait le pouvoir d'État (335 *sq.* L. 344-346). En un sens, faisant face à la mort, la conscience noble de soi [pratique] s'élevait à l'héroïsme muet. Mais à présent elle parle « le langage de la flatterie » (*Die Sprache der Schmeichelei*). C'est par la flatterie que la solitude de l'autocrate se fortifie et se consolide : on ne lui trouve jamais assez de vertus pour ne pas le distinguer des autres. D'une certaine manière il cesse d'être un homme pour devenir un astre unique : le « roi-soleil ». Lorsqu'il s'agira de le mettre à mort, dépouillé de toutes ses vertus, il sera regardé comme une bête sauvage, sanguinaire et solitaire. Le martyre de Louis XVI n'est que le contre-point de la domination du roi-soleil. Hegel insiste lourdement sur la solitude engendrée par le langage de la flatterie : « C'est [par ce langage]que le monarque est tout bonnement dissocié de tous, mis à part, et devient solitaire. En lui, il est l'atome qui ne peut rien partager ni communiquer à d'autres de son essence et qui n'a pas son pareil » (337 *sq.* L. 346). Sans doute les grands se disposent « autour du trône », mais c'est moins à titre de symboles de la puissance du roi qu'à titre d'ornements, comme si un homme d'esprit élevé pouvait se contenter d'être un jouet esthétique. De ce point de vue la Cour n'est qu'un jeu cruel ou règne une « transparence noire ». Si la conscience prosternée devant le trône réfléchit à son devoir, elle verra qu'il consiste à être « dans le renoncement proprement à sa personnalité, l'abolition et la destruction effectives de la substance universelle ». Hegel ne prêche pas la Révolution ; il en constate le caractère inéluctable. La substance ne peut sans danger priver les hommes de leur substance et de leur honneur et la grande tragédie classique – les grands récits, par exemple *La conjuration de Fiesque* –, roulent sur l'honneur perdu et retrouvé. Et comment ne pas voir la contradiction ? Pour mieux « avoir prise » sur le monarque on l'isole par la flatterie, mais, ce faisant, comme l'eau, il file entre les doigts. Hegel précise davantage sa dialectique. Dans le service, la conscience noble se rapportait au pouvoir d'État « selon le mode de l'égalité » ; à présent entre la conscience noble, devenant vile, et la substance à un atome comparable, il ne reste à cultiver le cœur du monarque qu'au sein du plus extrême rapport d'inégalité. Hegel n'insiste pas encore sur le rôle des prêtres. Il n'oublie certainement pas la fonction des grands évêques pédagogues que furent Bossuet et Fénelon – non moins que Bourdaloue et Massillon. Toutefois, tout donne à penser que le cœur du monarque leur était, comme aux autres, inaccessible. En somme il y avait une monade, des pantins, et la richesse, dérivant en récompense de l'aliénation ou encore de l'essence du Soi supprimée. Rien ne dit que Hegel n'ait pas tenu compte de la censure : dans des phrases compliquées – dignes d'échapper au censeur – il reprend pour définir la monade souveraine une dialectique antérieure. « Pleine lumière – pleine obscurité » disait-il ; à présent il s'arrange pour écrire : « pure personnalité – absolue impersonnalité » (tr. Hyppolite, II, 75). C'est dire en tout état de cause que la « personne » du monarque, dès lors qu'elle est entraînée par le ruisseau de l'absolutisme (on ne saurait lui faire l'honneur de parler de torrent), échappe par principe aux prises de l'éducation – il est au-delà de toute παιδεία et dans la mesure où l'on voit, avec Platon, en celle-ci le nerf de la philosophie, il est en dehors de la sphère de la sagesse. Mais on peut en dire autant du courtisan, qui est un ornement passif du trône : « […] le Soi voit la certitude de soi en tant que telle être la chose la plus dénuée d'importance ». Quel mérite y a-t-il à louer ce qui est creux et superficiel ? « […]

l'esprit de sa gratitude est le sentiment [...] de la plus profonde révolte ». Tous les grands personnages de la Cour sont humiliés et offensés et ressentent la contingence de leur existence dans le langage de la flatterie qui les amène à n'avoir d'autre importance que celle d'un bilboquet. Pure nécessité – pure contingence, pourrait-on dire. Pour indiquer à quel niveau de perversion, de tromperie l'on se trouve, il suffit de réfléchir à nouveau sur la παιδεια ; un roi philosophe, auquel on aurait enseigné les choses les plus utiles et d'abord la vertu, même confiné dans sa solitude de sagesse, saurait réformer et gouverner l'État – Platon. Il serait même possible de se demander si sa solitude ne serait pas une condition du juste exercice du pouvoir. Cependant le prince auquel songe Hegel est la παιδεία inversée, la complaisance en soi et le mépris des autres – « huit rangs » le séparent du roi-philosophe, dont Frédéric II ne fut que la caricature.

On ne pourrait que s'étonner des longues pages consacrées par Hegel à l'argent, élément mouvant, dynamique et dialectique, si l'on méconnaissait le sens de son itinéraire : parcourir les galeries souterraines sur lesquelles était édifié le monde pré-révolutionnaire. La monarchie française se dressait sur des cavités et les meilleurs des hommes étaient impuissants. Et sans doute la richesse dont jouissait la conscience noble pouvait-elle faire illusion. Elle fournissait un semblant de puissance. On pouvait s'acheter des « services », ou même des hommes. De ce point de vue, le pouvoir n'était plus cet en-soi transcendant la conscience de soi [pratique]. Mais sans insister sur le fait que la richesse était la véritable maîtresse de son maître, elle n'était jamais nécessaire et pouvait être ôtée – on l'a vu – par un caprice du monarque. Le monde pré-révolutionnaire, non seulement habité par la crainte et l'arbitraire, mais encore par l'impuissance et l'angoisse, souffrait d'un bien grand mal : l'absence d'avenir. On ne veut pas dire, ce faisant, qu'il y fût impossible de faire carrière selon l'expression consacrée, mais avant Diderot et d'Alembert, on recula devant les grands projets. Certes, d'un point de vue superficiel et purement esthétique, le Grand siècle fut incontestablement un « grand » siècle, mais on y savait perdre son temps à merveille. Que si l'on examine un peu en profondeur cette société, on y verra réalisée l'aliénation et ses structures se modeler sur celles de l'argent. Il est très possible que nous soyons trop éloignés de l'époque pour en mesurer correctement l'impact. Hegel est bien plus proche que nous de la Révolution française. Certes il est déjà obnubilé par le mouvement rétrograde du vrai ; il a tendance à réfléchir sur les extrêmes, comme le montre sa dialectique unifiant et dissociant le pouvoir d'État et la conscience noble, mais il nous offre un tableau saisissant d'une société que de sourds craquements ébranlaient et dont les fissures allaient se multipliant (l'Affaire des poisons). Hegel ne fut, à proprement parler, ni « pour » ni « contre » la Révolution – il la jugea nécessaire, fruit d'un long développement que rien ne peut enrayer et dont l'argent était le moteur. Ainsi vaut ce théorème hégélien : la solidité d'un État (vrai) est inversement proportionnelle à la puissance (illusoire) de l'argent. Il a donc fallu que la Révolution française fût un spasme effrayant pour supposer une telle « maturation » historique. Au fil des pages Hegel nous montre la pensée infléchissant, dans son déchirement, le bien en mal et le mal en bien, et il faut bien l'avouer, si nous ne pouvions admirer la virtuosité dialectique de Hegel, nous jugerions ces pages lassantes. Certains éléments sont d'ailleurs faux. Hegel souligne comment seule la monarchie, appuyée sur la loi salique, représentait ce qui subsistait de naturel dans cette société pervertie par la culture en général, et sans attaquer de face la culture Bossuet croit, en effet, naturelle la monarchie héréditaire. Mais enfin c'est ce qui se pouvait dire, car généralement on pensait tout autrement et la Comtesse de Soissons, sauvée de la Chambre ardente par le Roi en personne, se souciait fort peu que le pouvoir fût naturel ou fondé sur la culture, dès lors qu'elle se voyait soustraite à ses juges. Hegel a été fort sage en récusant la détermination de « bien » ou « mal » dans les préliminaires de la Révolution française. Il y a un terme bien français qui résume l'esprit du siècle et que Hegel n'a pas manqué, c'est celui de légèreté (qui fait écho à la « pesanteur »). Ce que, se référant à Diderot, et chez lui plus particulièrement à la musique, Hegel dénonce après Kant en préférant le chant à l'unisson, c'est le « maniérisme » cosmopolite de l'esprit. G. Lasson a cru pouvoir intituler cette « section » : le langage du déchirement (*Zerrisenheit*] ; on n'eût pas plus mal fait – comme le montre l'image du musicien (Diderot, *Le Neveu de Rameau*, XXI) – en parlant de conscience désorientée. Encore eût-il été nécessaire de sonder outre l'horizon éthique, l'horizon religieux et l'horizon proprement culturel. Hegel n'y manquera pas, mais le découpage de la *Phénoménologie*, problème de maints interprètes, se fera plus pressant : l'histoire est faite de chevauchements et l'œuvre ou plutôt le projet de Diderot et d'Alembert préparé par le « grand siècle », non seulement s'est développé dans la période pré-révolutionnaire, aux prises avec les dévots, mais encore et surtout dans l'Océan européen, en lequel Catherine, impératrice de toutes les Russies pensa sincèrement secourir le philosophe – inédite version du tyran, qui, méprisant les préjugés, pour autant que ceux-ci sont la catégorie – ne craint pourtant pas de promouvoir la réflexion philosophique. La « grande Catherine » fut ainsi à la fois le soutien et la borne de l'esprit. Une pensée pour Platon et Denys.

Hélas ! Hegel ne s'est pas aventuré en ces terres neigeuses comme Diderot avec sa bibliothèque. Il a préféré rejeter *in fine* les considérations sur la foi et la raison. Et nous devrons tenter de voir s'il a fait abstraction de la Réforme. L'importance si massive de Luther qui fixa la langue allemande officielle, qui dans sa lutte contre les Indulgences en vint à considérer l'Évêque de Rome comme le diable, qui, enfin, jeta les principes non d'une Révolution, mais d'une Réforme (« Je dus abolir le savoir pour faire place à la foi »), ne peut être mise de côté, ou alors il faut admettre que la seule Révolution française était légitime (quel attribut!) et que pour trancher la question, il ne fallait que séparer le monde de la foi de celui de la raison : « Rendez à César ce qui est à César ! ». Comment éviter dès lors l'avènement du spiritualisme politique ? *In summa* derrière la légèreté, le badinage, le mot d'esprit perfide en lesquels se plaisait le « Grand siècle », c'était bien une crise de l'humanité qui se préparait, comme à l'habitude aveugle sur ses racines.

b) *La foi et la pure intellection* (348)

La Phénoménologie, il est vrai non sans artifices et répétitions – comme on le voit au sujet du scepticisme – s'est développée à la fois logiquement et historiquement d'une manière harmonieuse. Mais évidemment ce n'est plus le cas : ainsi que la *Lorelei*, les barrières que doit affronter le *Geist* le divisent. Donc : Réforme ou *Aufklärung* ? la question est posée. L'unité politique de la France – opposée à l'Allemagne en principautés divisée – semble militer en faveur d'une réflexion dirigée sur elle et qui justifierait son attachement au devenir tragique qui l'attend comme monarchie absolue et héréditaire en soulignant son grand style qui se développe au sommet de la vague. Cependant l'esprit de la Réforme, enveloppé par un rationalisme naissant et conséquent, ramenant, par exemple l'Eucharistie à un symbole intelligible et la Vierge Marie à ne plus être qu'une très grande sainte, et réservant au Christ (Calvin) la fonction d'intercession, balaye d'un revers de la raison l'intérêt porté par les nymphes de Versailles aux cierges confectionnés avec la graisse de pendus pour vols ou assassinats[1]. Avec le dualisme du pouvoir d'État et de la conscience noble, l'État a sombré dans l'obscurantisme religieux et le dialogue entre l'Église et les « Lumières » est devenu une bataille de sourds et d'aveugles. La *Phénoménologie* ne dévoile pas, en réalité, une structure dont elle indiquera la dialecticité. Il fallait débuter par les nobles aspirations de la Réforme, puis en dégager les apories dialectiques. Hegel a choisi la voie opposée : la France. En un sens il a raison. Nous nous représentons mal les choses. Avec ses vingt ou vingt-cinq millions d'habitants – on ne sait pas au juste – la France jusqu'à Napoléon était le colosse de l'Europe. Et dans le fameux conflit de 1812, la Sainte Russie (huit millions d'âmes) était le nain. Aussi bien ce colosse qui avait suscité l'intérêt universel était-il le phare sur lequel Hegel s'est bien naturellement dirigé. On eût moins bien compris que la Phénoménologie concentrât toutes ses lumières sur la

1. Cf. *Tueurs* (Les lâches), Paris, Bartillat, 1999.

Slovénie. Les colosses font l'histoire et l'histoire est faite pour eux. C'est pourquoi, pour emprunter le langage de Nietzsche, il n'est d'histoire authentique que monumentale. Ajoutons deux remarques importantes. D'une part il n'est pas d'histoire qui ne possède ses prolégomènes : l'histoire des armes dont un dictionnaire fut composé peu de temps après la publication de la première édition de la *Phénoménologie*, le démontre bien assez. D'autre part – mais cela est plus propre à Hegel – la coloration juive de certaines notions demeure en la pensée indélébile.

§ 1 – Hegel commence prudemment. L'*Aufklärung* a été un puissant principe moral et politique justifiant la culture en la dépassant et préparant la critique comme crise. Soucieux de ne rien perdre d'essentiel, Hegel va lui consacrer de longues pages. Il s'agit, en effet, d'un mouvement qui n'a d'égal que le stoïcisme, sinon par sa durée, du moins par son extension et sa diffusion. La première démarche de Hegel est la définition d'un état de fait… « Der Geist der Entfremdung seiner selbst hat in der Welt der Bildung sein Dasein » (348, 25-26) (L'Esprit de l'aliénation de soi-même possède dans le monde de la culture son existence). Si nous voulons comprendre ce constat, nous devons commencer par nous rappeler ce qu'était le monde de la culture : la conscience noble dégradée – par la richesse – en conscience vile était surtout une conscience vide, soumise au caprice ou à la contingence. Au sein du monde de la culture le Geist ou l'Esprit était le « savoir » de son aliénation, savoir du vide se redoublant en lui-même. La conscience noble était un savoir de son humiliation dans une existence hasardeuse ; « […] aber indem dieses Ganze sich selbst entfremdet worden » ; mais tandis que ce tout était devenu étranger à lui-même, « steht jenseits ihrer die unwirkliche Welt des reinen Bewusstseins oder des Denkens », s'élevait au delà de lui le monde irréel de la pure conscience de soi ou de la pensée. Il y a plusieurs moyens d'entendre cette phrase. Choisissons la plus simple : deux mondes s'opposent à présent, l'un effectif, l'autre irréel. Puisque le premier monde est celui de l'aliénation et lui-même aliéné, on comprend que s'y oppose – dialectiquement – un autre monde, non effectif celui-là. En gros s'annoncerait déjà l'opposition entre le monde de l'intuition et le monde du concept chez Kant. Cependant la conscience ne fait que posséder ces pensées ; elle ne les pense pas encore, ou elle ne sait pas que ce sont pour elle des pensées seulement pour elle dans la forme de la représentation (348, 31sq). Par exemple l'idée de l'Être suprême n'est dans la représentation que l'Idéal de la raison pure. C'est que [le Moi] sortant de l'effectivité [pour pénétrer] dans la conscience pure, est compris lui-même de manière générale dans la sphère et la déterminité de l'effectivité. Dans un langage post-kantien, nous dirions qu'affectée par son séjour dans le royaume des morts, la conscience réalise les concepts. La conscience de soi déchirée est en soi seulement l'égalité – à soi – de la conscience pure, et cela non pour elle-même, mais pour nous. Il s'agit donc seulement de l'élévation uniquement immédiate qui ne s'est pas encore accomplie en elle-même. En d'autres termes : dialectiquement la conscience de soi déchirée et vide est au fondement, mais elle ne sait ni son élévation, ni sa destinée. L'aurore est toujours hésitante – de gros nuages obscurciront-ils, tels les mauvais anges, le ciel ? Le crépuscule annonce avec une triste certitude les ombres de la nuit. Sans doute la conscience déchirée comprend-elle en soi son principe opposé, par lequel elle est conditionnée, sans en être devenue maîtresse par le mouvement de médiation. Soit : la conscience vile comprend le principe de son dépassement et ce peut être, parmi d'autres, le processus révolutionnaire, concrétisé par la liberté de la presse. Toutefois la conscience vile et vide n'est pas prête pour dominer ce processus. Toujours prudent, Hegel s'applique à distinguer la structure issue du langage du déchirement, dernière forme du langage de la culture, après le langage de la flatterie. Le propre de la conscience à ce niveau est d'obtenir, après l'acquisition de la maîtrise sur les processus révolutionnaires, l'effectivité à laquelle ne peuvent prétendre ni le Stoïcisme, ni, par exemple, la raison légiférante.

§ 2 – « Si la religion – car il va de soi que c'est d'elle qu'il est question ici – entre en scène ici comme la croyance propre au monde de la culture, elle n'entre pas encore en scène telle qu'elle est en soi et pour soi. » (349. 35. L. 357). Surgie de l'opposition de deux mondes, ou plutôt tendant d'une part à s'opposer à l'État comme le droit divin s'oppose au droit humain, et d'autre part à se fonder sur la famille, la foi apparaît tout d'abord barbare et, caractère qu'elle conservera toujours, « obscurantiste ». De là en opposition à la foi la conscience de soi rationnelle soutenue par le droit de l'État et dont procéderont le « lumières ». Il reste que le tissu religieux sera plus complexe que ne le donne à penser Hegel opposant la vieille foi obscurantiste et le souci d'intellection. Sans être autrement inquiétées, des consciences sérieuses opposeront le droit humain au rituel de l'État : les écrouelles. Bien vite on s'est perdu : l'incrédulité du peuple – toute relative – fut réputée être le fruit de l'ignorance et de la faiblesse de l'esprit : comme si le Christ avait été un dialecticien et non un homme de charité (st. Bernard : « la charité est la substance de Dieu »), disant : « Laissez venir à moi les petits enfants ! ». De l'autre côté on dénonça l'obscurantisme des prêtres uniquement soucieux de conserver leurs privilèges et leur rang. Enfin – last but not least – on s'acharna à édifier une religion de la raison dont Rousseau fut un digne représentant. Chaque moment appelait sa critique : l'ouvrage de Nicolas Bergier : *Le déisme réfuté par lui-même*[1] –

1. 5ᵉ éd., Amsterdam, s. d. Vrin reprise, 1981.

fut un classique (plusieurs éditions). En outre, bien qu'il fût fixé sur la pensée française, Hegel ne pouvait ignorer le fidéisme piétiste de Jacobi, le « Rousseau allemand ». J. Hyppolite a bien mis en lumière les lignes mouvantes de cette lutte générale, en laquelle on n'hésitait pas à prêter à autrui des sentiments qui lui répugnaient. Et puis, on ne peut les passer simplement par profits et pertes, il y avait des protestants, des athées et des libres penseurs. Tout se termina dans une grande farce lors de la fête de l'Être suprême – que j'ai narrée ailleurs [1] – où Robespierre perdant tout crédit sut qu'avant un mois la « hache » tomberait sur lui.

§ 3 – Hegel n'a pas consenti à contourner la difficulté : c'est que ces réflexions ne sont pas artificielles, mais se constituent « depuis la substance du monde » (350. L. 358), entendez l'histoire sur laquelle elles ne se greffent pas sans nécessité. Il s'agit donc de mouvements inquiets, de déterminations se renversant en leurs contraires. La « conscience simple », est « par conséquent » « la simplicité de la différence absolue » et, en effet, bien que n'étant plus « le mouvement privé de substance », donc subjectif, de la conscience [malheureuse], devenue « objective », la foi, au plus bas niveau et sous toutes ses formes précises est encore habitée par la « déterminité » de l'opposition à l'effectivité et c'est pourquoi on l'appelle foi. Cependant il faut bien faire attention à la structure de la foi en général. Ayant le monde effectif comme autre, elle le porte pour ainsi dire gravé en son sein et son opposition est encore une position. Le but de la conscience de soi sera donc de se délivrer de ces entraves et de parvenir à la conscience de soi pour Soi. L'intellection comme critique de la foi possède aussi ses limites : seule la pure compréhension du Soi – dont Hegel souligne la dualité puisqu'il est d'une part « le pur acte de pensée » et d'autre part « l'élément de la foi », dans lequel l'esprit a la déterminité de l'universalité positive de l'être en soi – constitue son telos. Mais pas plus que la foi l'intellection ne se trouve être l'opération d'une pensée, un moment abstrait de la raison; il s'agit de phénomènes de l'Esprit, ou, dans notre langage, de phénomènes sociaux totaux. J. Hyppolite, peut-être influencé par G. Gurvitch, parle de vie collective (GS. II, 419), concept métaphysique trop vaste et vague, mais correct pour l'usage qui en est fait. Toutefois Hegel nous déçoit quelque peu dans son approche méthodologique du problème : « De même que la croyance et l'intellection pure ressortissent conjointement à l'élément de la conscience pure, elles sont aussi conjointement le retour depuis le monde effectif de la culture. C'est pourquoi elles se présentent sous trois aspects : chaque moment est en premier lieu, en soi et pour soi, hors de tout rapport avec l'autre; en second lieu, chacun est en relation au monde effectif opposé à la pure conscience; et enfin,

1. *Essais sur la philosophie de la guèrre.*

troisièmement, chaque moment est en relation à l'autre au sein de la pure conscience » (350, L. 359). Ce formalisme est décevant – non qu'il soit inapplicable (cinq moments) – mais il enferme la réalité historique concrète dans un schéma rigide manquant d'animation et négligeant forcément certains aspects importants comme la Révocation de l'édit de Nantes – acte considérable. Hegel a senti le danger et fourni quelques explications. Par exemple : « Dans la conscience croyante le côté de son être en soi et pour soi est son objet absolu, dont le contenu et la détermination ont déjà été mis en évidence. Car suivant le concept de la foi, il ne s'agit que du monde réel élevé dans l'universalité de la conscience pure. L'articulation de celui-ci constitue donc par conséquent l'organisation du monde de la foi sauf qu'en ce dernier les différentes parties ne deviennent pas étrangères à elles-mêmes dans leur spiritualisation, mais constituent des réalités spirituelles en soi et pour soi et qui, retournées en soi, sont des esprits demeurant auprès d'eux-mêmes. C'est pourquoi le mouvement de leur passage n'est pour nous qu'une aliénation de la déterminité, en laquelle elles sont en leur différence et c'est seulement pour nous qu'il y a une série nécessaire; pour la foi leur différence n'est qu'une diversité immobile et leur mouvement n'est qu'un événement. » (352, 17-30). Hegel a voulu décrire – non sans obscurité – l'état naissant de la constitution de l'ébranlement de la foi. Le point important, nous semble-t-il, est que la conscience, en réalité changeant de monde, ne voit pas et ne peut pas voir un mouvement d'esprit collectif, qui, au demeurant inorganisé, lui échappe. Par rapport à l'Église, la conscience, jadis réalité spirituelle, s'est écartée ; mais cet écart lui apparaît comme un simple événement, qui, certes a eu lieu, mais qui aussi bien aurait pu ne pas être, et cette contingence laisse subsister l'au-delà du Soi. On jugera sévèrement la position de Hegel qui ne veut ni transition insensible, ni brutale solution de continuité. Mais, à notre sens, les états embryonnaires ou encore de gestation entraînent dans la pensée herméneutique un tel inévitable balancement. Suit l'un des textes les plus décisifs de la Phénoménologie, en lequel Hegel jugeant suffisante la première illustration, va plus loin et résume les ambitions de sa recherche : « Pour les nommer brièvement d'après la détermination extérieure de leur forme, on dira que, de même que dans le monde de la culture le premier élément était le pouvoir d'État ou le bien, la première chose ici est l'essence absolue, l'esprit en soi et pour soi dans la mesure où il est la substance éternelle et simple. Mais cette substance, dans la réalisation de son concept, passe dans l'être pour autre chose; son identité à soi-même devient l'essence absolue effective qui se sacrifie, qui devient un Soi-même, mais un Soi-même périssable. C'est pourquoi le troisième moment est celui du retour de ce Soi étranger à soi et de la substance humiliée en sa simplicité première et c'est seulement de cette manière qu'elle est enfin représentée comme Geist ». L'idée centrale est celle de l'essence absolue (*zum wirklichen sich aufopfernden absoluten Wesen*) qui se sacrifie dans l'incarnation (*Menschwerdung*) pour autre chose que soi. Il ne s'agît plus de courir d'un arbre à un autre, en s'écriant comme J. -J. Rousseau : « Grand Être ! oh ! Grand Être ! », mais de comprendre qu'en tant que substance humiliée (*erniedrigten Substanz*) l'essence absolue s'est inclinée vers nous. Cette compréhension certes n'est que [confusément] représentée : tout ce qui n'est que représenté (*vorgestellt*) et non pensé est confus, et la tâche de la phénoménologie qui peut, enfin, être saisie dans une vue cavalière consiste, quoi qu'en dise Kojève, porté aux grandes synthèses historiques[1], à saisir à travers la mort la résurrection de la vie ; ainsi la grande problématique demeure l'Incarnation et l'humiliation de la substance, c'est-à-dire du Premier moteur. Quand Hegel dit que le troisième moment consiste dans le retour de ce Soi devenu étranger (le « Dieu perdu » (Brw. 441) avec lequel il conclut *Foi et Savoir*), il ne veut pas dire que la substance impose au monde un cachet divin du dehors, mais que portant en soi l'emblème de son sacrifice, elle inonde de son sang un monde avec lequel elle était déjà réconciliée. Et le retour est le vrai retour ; non pas seulement parce que la substance est devenu un soi, tout de même que chez Cassirer la substance se réconcilie avec l'être en devenant fonction, mais parce que la simplicité est devenue la couronne de la terre. Le retour à la simplicité devient le sacre du réel et le pur jus des fruits le sang divin des arbres. Au delà de ce mouvement, il n'y a plus place que pour l'actualité (réalisant la « Vorstellung ») je veux dire la Terreur, la Moralité, la Religion et l'Art, enfin le Savoir absolu. Quant à l'actualité, il la faut concevoir en sa double dimension : d'une part elle est le mouvement de l'Acte divin, réflexion infinie en soi-même – d'autre part elle se présente comme Dasein d'un existant. – Hegel redescend de ces grandioses perspectives assez vite. Il donne une définition moins affective du troisième moment : « A l'inverse, dans l'intelligence pure, le concept est ce qui seul est effectif, et ce troisième côté de la croyance, le fait d'être objet pour l'intelligence pure, est le rapport proprement dit dans laquelle elle se présente ici (hier). – L'intelligence pure doit elle-même tout aussi bien être examinée, d'une part, en soi et pour soi, et d'autre part, dans le rapport au monde effectif, dès lors qu'elle est encore présente positivement, c'est-à-dire comme conscience vaine (*Eitelkeit*), et troisièmement enfin, dans ce rapport à la croyance » (351. L. 361).

Il nous semble, sans pouvoir prendre parti à ce point, que tout dépend de la locution « hier ». Lui donne-t-on une dimension métaphysique, alors il faudra se battre avec Feuerbach. Veut-on dire par là que je ne puis nier que

1. Kojève, *Introduction à la lecture de Hegel*, 2e éd., p. 436.

la Phénoménologie est là, sur ma table, alors il faudra re-discuter le début de l'ouvrage. De quel genre d'objectivité relève la Phénoménologie de l'Esprit ? Hegel n'a, à notre connaissance, rien dit de clair à ce sujet. Et il avait bien raison. Lorsqu'on dit avec V. Cousin, que la conscience dans l'idéalisme « absorbe le monde », on se perd dans de confuses métaphores alimentaires. On compare l'esprit à un tube digestif. Il s'ensuit que de prime abord la question est nulle. Cela posé, Hegel aurait cru pouvoir écrire « maintenant » ...Querelle dépourvue de sens. – Plus inquiétante est la corrélation de la croyance et de l'intelligence pure, que nous avons depuis Kant et Leibniz l'habitude d'opposer. C'est oublier que Hegel nous avait prévenus que les deux termes se rejoindraient dans l'ultime moment. Ainsi avons-nous suivi (avec plus ou moins de bonheur) les éléments de la dialectique de la foi et de l'intellection, et nous aboutissons à une préface dans la Phénoménologie. Des formules décisives en donnent la conclusion. Citons-en quelques unes : « Ce qui est le Non-Moi pour le Moi, ici, n'est que le Moi lui-même » – « Le Moi – même se sait être, en tant que pur Moi-même, son propre objet ; et cette identité absolue des deux côtés est l'élément de l'intelligence pure. – C'est pourquoi elle est l'essence non différenciée en elle-même, ainsi que l'œuvre universelle et la possession universelle. [...] Cette intelligence pure est donc le Geist qui crie à toute conscience : soyez pour vous-mêmes ce que tous vous êtes en vous-mêmes : rationnels ».

II
LES LUMIÈRES (355)

L'appel du *Geist* est celui de l'Aufklärung, qui excite la force du concept, ou de l'intelligence. Moïse Mendelssohn fut un remarquable représentant de l'*Aufklärung* ; par sa praxis, il entendait mettre fin à la malédiction de Babel, abattre les cloisons linguistiques que dans son courroux Dieu avait dressées entre les hommes, leur abandonnant l'instrument de la passion, mais leur ôtant celui de la raison. Pour Mendelssohn, la traduction était l'aurore métaphysique de la fraternité retrouvée. Nous lui devons aussi bien de très brillantes traductions, de la Fontaine par exemple. Philologue distingué, les grandes langues de l'Europe étaient connues de lui et il souscrivait à ce jeu de mots : entendre, c'est s'entendre. Quant à l'Aufklärung, sa philosophie ne consistait qu'en cela : s'entendre – Kant, qui voyait en Mendelssohn un adversaire de talent, se proposa de s'allier avec lui et répondit à la question : « Qu'est-ce que les lumières ? » (AK. Bd. VIII, 33 *sq.*).

§ 1 – Comme toujours chez Hegel, le moment de la critique est contaminé par son objet, tandis que ce dernier est inconsciemment « inspiré par celui qui le combat ». Le même esprit finit par se retrouver dans les deux camps, si bien que les arguments ne peuvent être comptabilisés qu'en dernier ressort, lorsque le combat en est à sa fin. Donnons un exemple sur lequel nous reviendrons. Sur le fondement incroyablement étroit de treize personnes (ou plutôt de douze parce qu'il y avait un traître), le christianisme s'est répandu à travers des millions de cœurs. C'est un phénomène d'esprit total, qu'il est difficile de répudier et de mettre au compte de la superstition. Inversement, on limitera les effets de la superstition en disant qu'on ne peut concevoir comment un peuple en pourrait être la victime. L'argument qu'on fait valoir des deux côtés – le nombre – est sans doute le plus extérieur qui soit, mais c'est aussi celui qui permet de juger de la superstition et de l'Aufklärung. « La vanité du contenu est en même temps la vanité du Moi-même qui en sait la vanité » (356. L. 364). Hegel parle « du bavardage spirituel de la vanité ». Avant lui Fichte s'en était pris aux « bavards ». C'est une indication « fourre-tout » qui veut rassembler tous les écrits pour et contre la religion, et les plus coupables sont bien ceux qui, tels Rousseau, rêvant d'une religion pure, en défendent la notion par une critique spéculative.

A – La lutte des lumières avec la superstition (357)

§ 2 – La superstition pose un problème classique et qui, à vrai dire, remonte peut-être au delà de Platon : c'est celui de l'erreur. Kant, à notre sens, en a donné la formule la plus prégnante en sa Logique ; il s'agit de comprendre comment la raison peut agir contrairement à ses lois. Pour frapper fort, indiquons deux moments dans la confession catholique. D'abord la transsubstantiation. Comment la raison peut-elle comprendre que le corps du Seigneur se réalise dans un morceau de pain ? On sait l'obscure explication de Descartes, qui en appelait au tribunal de la raison. Ensuite l'Eucharistie : comment comprendre que dans des mains d'homme (et non de femme) le pain et le vin se transforment en chair et sang ? On va nous répétant que ces matières ne concernent pas la raison et l'on se défend d'abuser une masse crédule. Mais on ne l'abuse en fait qu'en usant de processus, dont on croit qu'ils la pénétreront. Ou encore : la pure intellection se comporte négativement à l'égard de l'objet de la foi, mais cela prouve seulement que, le combattant, il y a pour elle cet autre Absolu ; l'erreur devient alors un irrationnel retourné en soi (356 sq.) – Hegel se montre affectionné envers le « peuple » ; il le montre soumis à la tyrannie des prêtres et du despotisme (358, 6). Cependant il est loin de le regarder comme perverti ; ce sont les «critiques » qui le réputent tel – en soi il est sain et ce sont les critiques qui, puisqu'elles en forment les idées, sont malsaines. Il y a plus de bonne foi dans le peuple que dans les arguments à la vérité stériles des « lumières ». Mais puisque les despotes croient en l'efficacité de leurs arguments, même s'ils les jugent absurdes, c'est qu'ils les regardent comme une chose vraie. C'est donc une simple question de bon sens : comment juger efficace une chose qu'on sait parfaitement fausse ? Le despote partage donc avec la simple conscience l'idée qui est son Autre, et elle énonce comme erreur ce qu'elle est elle-même. Donc dans cette opération gouvernée par la dialecticité, la raison se perd et devient « malade » (357 *sq.* L. 367). Toutefois alors se demandera-t-on, d'où procède l'erreur en laquelle se vautre la saine raison commune (Bergier) et en laquelle aussi se développe la raison dogmatique ? L'erreur est un fait avéré. Quelle est sa raison ? Nous pensons que la raison dogmatique n'est qu'un prolongement raffiné – puisque l'enjeu est médiatisé par des idées – de la brutale domination de la conscience du maître sur le serviteur. Hegel explique en termes médicaux le devenir de cette relation. L'Aufklärung est une contagion pénétrante (L. 267) dont on ne prend conscience que trop tard, quand elle s'est tellement répandue qu'il n'y a plus rien à faire, si d'ailleurs on en avait seulement l'idée…

Selon J. Hyppolite, une toute autre attitude se profile ici. Il renvoie à la philosophie de la religion de L. Feuerbach, peu étudiée de son époque et qui comprend maintes difficultés. Le thème fondamental de Feuerbach est l'aliénation, c'est-à-dire chez lui la réduction de Dieu posé comme « Extrem » sous le triple rapport des puissances théogoniques : l'entendement (Leibniz), la volonté (Kant), le cœur compatissant (st. Bernard). La religion est le rêve de l'homme, et les religions de l'Extrême-Orient sont, dans leurs productions esthétiques, le cauchemar maladif de l'esprit humain. La critique de la superstition semble se diffuser dans tous les sens, et Feuerbach se détache de Hegel en distinguant une nervure centrale – le cœur consolateur de Dieu, qui étaye toute la théorie des mystères. C'est au cœur, unique fondement de la théorie du sacrifice, pur miroir de Dieu et de l'homme, que se rattache la libération ontologique où trouve son lit l'Aufklärung. Pourquoi Feuerbach n'a-t-il pas regardé la volonté comme une puissance libératrice ? C'est que, portée par l'aliénation à l'Absolu, elle dépasse l'homme, enclin aux compromis et qui, loin d'être à l'abri des défaillances, s'y expose. La volonté pure (c'est-à-dire l'idée de la volonté selon Kant) n'est jamais, de par sa perfection, une voie de consolation pour l'homme – encore moins l'entendement jugé infini et qui ne sait qu'éclairer notre misère. Le grand mérite de Feuerbach et de Hegel ne consiste pas vraiment donc à avoir introduit les notions de rêve et de sommeil dans les questions religieuses – d'autres penseurs les avaient devancés d'ailleurs. Cependant Hegel a élevé le niveau de la discussion d'un point de vue spéculatif et Feuerbach dans ce tissu complexe a dégagé une ligne rectrice. Le passage au cœur compatissant, illustré chez Feuerbach par la haute Idée qu'il se fait de la Très sainte Vierge Marie, n'est pas seulement une habileté dialectique. Hegel, n'approfondissant pas la problématique de la consolation et de la compassion, choisit l'entendement dans les puissances théogoniques et parvient à la conception d'un Esprit absolu dont le développement est celui de la doctrine « du royaume des catégories avant la création du monde » ; Feuerbach ramène par le cœur toutes les puissances théogoniques à s'exprimer dans une formule qui explicite la thèse primordiale : « Gott ist die Liebe » – « Amor triumphat de Deo ». Mitleiden ist Mittheilung. Le dessein et le destin de Hegel peuvent se résumer aussi en une question : « Qu'en est-il de Dieu ? » et pour ce qui est de Feuerbach : « Qu'en est-il de l'homme ? » et ces deux questions n'en font qu'une dans la mesure où elles concernent la superstition, et où savoir ce qu'il en est de Dieu élimine la superstition, tout de même que savoir ce qu'il en est de l'homme, et dans l'un et l'autre cas, le kantisme est à son terme et la philosophie de Hegel comme celle de Feuerbach est achevée et close. Il est vrai que cette clôture ne va pas sans risques chez Hegel. Si la raison, comme on l'a vu, lorsque, par exemple, elle avance des arguments, ne les peut estimer et les dire autrement que véraces, dés lors qu'elle en répute l'efficacité, – dans son objet elle ne rencontrera pas l'altérité, mais l'identité à soi, de telle sorte qu'elle pose comme rationnel tout ce à quoi elle s'oppose : « L'intelligence pure s'empêtre dans cette contradiction en se lançant dans le conflit et en s'imaginant qu'elle combat autre chose. – Elle ne fait que s'imaginer ceci, car son essence en tant que négativité absolue, est précisément d'avoir l'être autre chez elle-même. Le concept absolu est la catégorie ; il est ceci que le savoir et l'objet du savoir sont la même chose » (361. 23. L. 368).

§ 3 – Quel est dans ces conditions le résultat de la démarche de Hegel ? Il n'est pas satisfaisant en un sens. Une exploration indéfinie attend l'homme rationnel hégélien appelé à examiner en chaque objet ce qui le reconduit au Logos. Certes on peut, comme tant d'autres, juger la démarche inutile en affirmant ab initio que tout ce qui est rationnel est réel, et que tout ce qui est réel est rationnel. Cela ne mène pas loin : il est préférable de réfléchir sur quelques pages de Karl Barth dans son *Histoire de la théologie protestante au XIXe siècle*. Dans ces pages il évoque Feuerbach, non sans déférence. Le « sensualisme » de l'auteur de l'*Esprit du christianisme*, dit-il, encadré par une solide dialectique, pourrait bien être l'ennemi mortel de la dogmatique spéculative et nous voici renvoyés à l'analyse de la certitude sensible, sévérement condamnée par Feuerbach. Tout risque de s'écrouler jusqu'au moment du Verbe et Hegel devrait s'effacer devant le matérialisme allemand (Feuerbach, SW, Bd. X, 155). Quel argument peut-on faire valoir? Un seul semble consistant : l'anthropologie de Hegel – mais non pas celle reconstruite par Kojève. Quant au principe de cette anthropologie il pourrait être la synthèse de la foi et de l'intellection, la première enveloppant un contenu sans concept et l'intellection reposant sur un concept sans contenu (L. 360). La limite du principe pourrait bien être l'incapacité de la foi à présenter son intériorité (qui est pour elle ainsi que pour l'intellection) qui est l'absolu pour elle. – On peut donc remonter au principe de l'erreur du même coup. Mais selon une voie neuve et quasi inédite chez Hegel. Dans la mesure où l'idée anthropologique fait intervenir sa synthèse, c'est inévitablement à la liberté qu'il est fait appel. Hegel détaille en premier lieu les moments où se manifestent les libres opérations. Ayant écarté la question générale « de savoir s'il était permis d'abuser un peuple » (364. 10 *sq.*), en vendant du laiton en lieu et place d'or (L. 371), il affirme que « dans le savoir de l'essence où la conscience a la certitude immédiate d'elle-même, l'idée d'une illusion tombe complètement » (L. 371). Les « Lumières », c'était leur erreur, croyaient librement vraies les choses les plus obscures, qu'on pouvait abuser un peuple, que par je ne sais quel abracadabra, on pouvait introduire une essence étrangère en la conscience. – Hegel insiste beaucoup sur ce point : l'essence des « Lumières » consiste à insérer dans la pure conscience des choses fausses (qu'elle croit vraies) ; elle fait dire à la simple croyance « que son essence absolue est un morceau de pierre, un bloc de bois qui a des yeux [...] ou qu'il s'agisse encore d'autres façons dont la croyance anthropomorphise l'essence, en fait pour soi un objet et une représentation » (365. 9. L. 372). L'intellection fait de la conscience ce qu'elle est elle-même : une contingence absolue. Le second alinéa de la page L. 372 est assez difficile à entendre. D'une part Hegel semble vouloir dire que ce qui compte dans la relation du morceau de bois, c'est, dans la simple conscience, la pure et claire adoration, la nouménologie de la prière. D'autre part Hegel pense que le morceau de bois est un moment nul au sein de la vénération et que si l'intellection insiste sur le fait que l'objet est aussi ce ceci sensible, la conscience en sait déjà bien assez à ce sujet; enfin pour cette conscience « quelque chose comme une pierre (etc.) n'est pas à ses yeux en soi ; n'est en soi à ses yeux que l'essence de la pure pensée. » In summa : Hegel reproche à l'intellection d'être plus superstitieuse que la conscience naïve.

Hegel examine ensuite le second moment qui est « la relation de la croyance (*Glaube*), en tant que conscience qui sait (*wissenden Bewusstseins*) à cette essence. Pour elle, en tant que conscience pure qui pense (*denken*), cette essence est immédiate ; mais la conscience pure est tout aussi bien relation médiatisée de la certitude à la vérité » (365. 35. L. 372) et cette relation constitue le fondement de la croyance. Pour les « Lumières » ce fondement devient un savoir contingent de données contingentes. L'intellection « invente donc pour la croyance religieuse cette fiction que sa certitude se fonderait sur quelques témoignages historiques singuliers, lesquels considérés comme des témoignages historiques, n'ont certes pas quant à leur contenu le degré de certitude que les informations des journaux nous donnent sur le premier événement venu [...] ». Il se trouve ici (hier) une série de problèmes. D'une part Hegel dénonce l'opération (libre, mais arbitraire) de l'intellection qui cherche à discréditer l'Écriture sainte. D'autre part – et du même coup – il affiche son mépris pour elle et par un jeu de bascule se retrouve dans le camp des défenseurs de l'Écriture sainte, au demeurant plus engagé qu'il ne le voudrait peut-être. Enfin il est clair que la solution ne pourra être donnée que du haut de la pensée spéculative et qu'on ne saurait ainsi étrangler Voltaire qui pend les Écritures saintes au gibet de la raison. On se demandera sans doute à quel niveau philosophique on se trouve. L'Universel qui sait, comme conscience pure, est le Nous, le Nous comme sensus communis – et cette détermination correspond à sa certitude – mais dans sa vérité (*in seiner Wahrheit*), c'est-à-dire devenu pour soi, cet Universel, cette conscience pure, ce Nous, ou encore la pensée, le Geist (366, 1), n'est qu'essence absolue, [...] mais qui, en tant que conscience de soi, est le savoir de soi. L'important est que Hegel écrive le mot « Geist » et dise qu'il est « savoir de soi ». Rien ne manque dès lors, contre l'intellection, si ce n'est l'intégration historiale du « Geist » en lui-même, soit l'Erinnerung. On se trouve donc à un niveau très élevé. Et l'intellection semble bien pauvre. En regardant les choses de manière plus profonde, on dira qu'il manque au Geist pour se poser en tant que Geist la médiation interne qui le rend transparent à soi et le transcolore dans le jour de la présence, et c'est pourquoi le Geist se trouve, même comme essence absolue, extérieur à soi, se trouvant dans l'Évangile. « C'est le Geist lui-même qui est à ses propres yeux le témoignage [*Zeugnis*] de soi » (L. 373). Hegel poursuit non sans solennité : « témoignage de soi-même, aussi bien à l'intérieur de la conscience singulière que par la présence universelle de la croyance de tous en lui ». On ne peut espérer tant de grandeur de l'intellection : « die allgemeine Gegenwart des Glaubens » (366, 36-37). Même Kant qui avait le sens du sublime n'était pas capable de s'élever à cette hauteur. Que si la croyance veut se donner une fondation historique et se confier à la lettre morte, cela ne va pas sans une trahison de soi.

§ 4 – Reste « le troisième côté », « la relation de la conscience à l'essence absolue, comme à un agir ». Cet agir est l'aliénation (*Aufheben*) de la particularité de [la conscience de soi] de l'individu ou de la manière naturelle de son être pour soi, dont procède pour lui la certitude d'être pure conscience de soi suivant son acte, c'est à dire d'une conscience singulière une avec l'essence. « Dès lors que chez l'activité l'adéquation à la fin et la fin elle-même se distinguent, et que pareillement les « Lumières » se comportent de façon négative à l'égard de cette activité et se renient elles-mêmes comme dans les autres moments, il faut qu'en regard de l'adéquation à la fin, elles se présentent comme irrationalité (*Unverstand*) ». Ce texte, inutilement compliqué, tend à nous faire comprendre que si la croyance se rapporte à un objet, puisqu'étant le concept absolu, il n'est rien en dehors d'elle, sa critique est la critique de la raison (de l'intellection) elle-même (GS. II, 423). – Laissons de côté l'exemple de Hegel qui porte sur le beurre et les œufs et soulignons plutôt que la foi, transformée par le savoir (*Glauben durch Wissen*) se réintroduit, purifiée, jusqu'en sa simplicité dans le Logos. Ici se dégage l'idéalisme hégélien en sa spécificité : ce n'est pas une métaphore alimentaire, mais un idéalisme sémantique. Dans une note un peu confuse (GS. II, 423, n. 2) J. Hyppolite remarquait que c'était le mouvement dans *Glauben und Wissen* qui chez Kant, Jacobi et Fichte, conduisait à une restauration de la foi. En admettant qu'il en soit ainsi, encore faudrait-il souligner que, réintroduite, la foi est inférieure au savoir, si bien que la conclusion serait une modification du titre du texte : *Wissen und Glauben*.

Hegel cherche à dégager les leçons de cette dialectique. Au fond les « Lumières » se sont présentées sous un jour fâcheux : celui de la négation stérile et purement critique. Le fidéisme de Kant, par exemple, n'est que la somme critique des errances de la *Critique de la raison pure* spéculative perdue dans une ontologie sommaire. On en dirait autant, en changeant quelques paramètres, de son grand adversaire F. H. Jacobi. Tous ont cru en une foi séparée du Logos. Si, renversant leurs perspectives, on se demande ce que les « Lumières » ont apporté de positif, deux questions se poseront. Préface : dans l'effondrement de la croyance, en dépit des restaurations en général, retentit le cri de Heine : « Dieu est mort » et 1) Qu'est-ce qu'on fait maintenant ? et 2) Quelle est donc la vérité que les Lumières ont répandue à sa place ? – Qu'est-ce qu'on fait maintenant ? Il n'y a plus rien à faire si ce n'est d'éradiquer toujours davantage l'anthropomorphisme. Hegel n'introduit pas l'idée suivante : on réforme en profondeur les structures politiques et économiques de l'État. Quelle vérité maintenant a été répandue à travers la critique ? Elle se manifeste curieusement : puisque l'adoration des pierres, des morceaux de bois s'est effondrée, « l'essence absolue devient un vide auquel ne peuvent être accouplés aucunes déterminations, aucuns prédicats ». Dire que l'essence absolue devient un vide, c'est dire d'une part qu'elle pourrait tout aussi bien être remplie par n'importe quoi, et d'autre part qu'en fait de vérité les « Lumières » ont répandu le culte de l'Être suprême, dont les lambeaux se détachent déjà. A la réforme de l'État devrait correspondre une réforme de la religion – on ne fera rien et c'est peut-être ce qu'il y a de mieux à faire (L. 375). Cette attitude passéiste et, en un sens, plus résignée que modérée, restitue, non sans réserves, les dispositions philosophiques et culturelles du jeune Hegel, et il était à craindre qu'il ne se figeât dans un immobilisme social et religieux.

« En face de cette essence vide, il y a, deuxième moment de la vérité positive des « Lumières », la singularité en général exclue d'une essence absolue, celle de la conscience et de tout être, comme être en soi et pour soi absolu » (L. 376). « Je » ne suis à l'évidence point l'Être suprême – encore qu'il ne soit rien sans moi. C'est dire que la conscience rebrousse tout son itinéraire historique et elle est de nouveau un savoir du pur négatif d'elle-même (*ebenso als Negatives des Selbstbewusstseins*), ou de choses sensibles, c'est-à-dire [purement] existantes, qui font face indifférement à son être pour soi. Cependant il y a une différence. La chose sensible n'est plus l'objet d'une opinion promise au destin. La conscience y lit une vérité, un résultat : « cette certitude sensible n'est plus opinion, mais elle est au contraire la vérité absolue » (L. 376); quand bien même il y aurait un Intérieur, il n'abolirait plus cette certitude. C'est un passage capital pour Iljin : la réalité chez Hegel ne se dépose pas dans un système de négations, mais dans des strates qui se déploient selon un coefficient de concentration ontologique et surtout comme chez Leibniz, rien n'est jamais perdu.

« Le troisième moment de la vérité des Lumières, enfin, est le rapport des essences singulières à l'essence absolue, la relation des deux premiers moments » (L. 376). Le contenu de cette réflexion sera riche comme nous le verrons, mais il faut bien avouer qu'elle se présente comme le pur produit du formalisme hégélien, ainsi que le prouve d'un côté le recours à la terminologie de Schelling, et d'un autre côté la possibilité d'une question (absurde). Considérons d'abord le défaut dans la déduction hégélienne : le passage à la pluralité des essences singulières ne semble pas assuré. L'autre point semble moins important; mais enfin, nous voyons réapparaître l'identique et le non-identique. Discrète, la chose est néanmoins notable. Nous en venons au contenu du troisième rapport; il concerne « die Beziehung des Bewusstseins auf das absolute Wesen, als ein Tun » [la relation de la conscience à l'essence absolue, comme à un acte] (367, 5-6). La conscience en se référant à l'essence absolue dépasse l'identique et le non-identique, tandis qu'elle supprime toute particularité. L'important semble être que, se dénudant de la singularité, la raison s'assimile à la foi et que, critiquant cette dernière, elle se critique elle-même. Quant aux concepts, ils subissent une mutation : le bien et le mal deviennent pour l'intelligence pure les abstractions plus pures de l'être en soi et de l'être pour autre chose (L. 377). – Hegel nomme la première façon de considérer les choses, « la relation positive » et l'autre façon « la relation négative »; puisqu'ici et là tout est pris dans un rapport, que tout se trouve en soi et en autre chose, tout est utile. Il ne s'agit nullement de l'utilité décrite par les phénoménologues actuels, mais bien plutôt du finalisme extraordinairement naïf, au moins à première vue, de Mendelssohn; « tout est utile à l'homme », y compris le miroitement des glaces de la banquise entre les doigts de rose de l'aurore qui lui prouve par sa beauté immédiatement l'existence de Dieu; même le fruit défendu était utile – il permit à l'homme de se distinguer des autres créatures. Hegel va plus loin : « De même que tout est utile à l'homme, il l'est lui-même à son tour, et sa destination est tout aussi bien de faire de soi le membre d'une troupe (*Trupp*) … » etc. L'homme entre dans le monde comme dans un jardin préparé par Dieu.

La conscience voit d'un mauvais œil l'Aufklärung dévoiler ses croyances et surtout l'intellection, qu'elle s'en aperçoive ou non est sans importance pour nous, dégager dans l'essence absolue « le vide […] ou l'Être suprême » (en français dans le texte de Hegel (372. 6). Pour la conscience naïve, le théisme se renverse en athéisme et lors même qu'elle prétend l'éclairer sur soi, l'Aufklärung ne fait que troubler la conscience naïve. Il y a pourtant une sagesse dans l'Aufklärung et elle trouve sa source dans la conscience de l'ignorance (Kant : « La conscience de mon ignorance… ») de l'essence absolue. On parlera de « platitude », mais on y cherchera en vain la fontaine sanguinaire de l'Inquisition – l'Être suprême fera rire. En attendant, puisqu'on ne sait rien de l'essence absolue, bien que l'on ait le savoir d'un savoir, on se verra renvoyé à la connaissance des choses finies. Si l'on veut s'élever plus haut dans ce conflit, on apercevra que la croyance, face aux « Lumières », a le droit divin (*das göttliche Recht*, 372. 20), « le droit de l'absolue identité à soi-même », tandis que les « Lumières » n'ont […] qu'un droit humain. » (L. 379). Il est, à première vue, curieux de constater que Hegel use des expressions si fortes que droit divin et droit humain. A notre sens, parlant de droit divin au sujet de la croyance, il veut dire que dans son acte la croyance est religieuse de part en part, pure tautologie, simple identité de l'affirmation à laquelle l'Aufklärung porte préjudice par le seul fait de distinguer des moments. Mais inversement, réduisant l'homme à l'homme, au « droit humain », l'Aufklärung, selon la foi, réduite à la simple immanence, efface les valeurs morales; le « droit de la non-identité » est bien, par rapport à la croyance, « une inversion et une altération » (L. 378-379). On se trouve dans une situation en apparence sans issue : deux droits prétendent à l'existence et le droit humain, parce qu'il est l'envers de la foi critique, prétendra éliminer son autre, intégrant en soi la négativité que par ailleurs les « Lumières » ne saisissent que comme un moment séparé (tr. Hyppolite, II, 115, n. 148).

Pourtant le bilan de l'Aufklärung était loin d'être négatif. Bien que d'Alembert eût reconnu « le néant des connaissances humaines », l'entreprise conduite avec Diderot fut une véritable révolution copernicienne, dont le caractère collectif, s'il n'effaça pas dans la « Trupp » des écrivains toutes les inimitiés, impressionna fort justement. Le même esprit d'entreprise se manifesta dans les grandes expéditions militaires et navales conduites au début du règne de Louis XVI. C'était le climat vif et audacieux qui éclairait le jour de l'Aufklärung en laquelle un Kant reconnaissait l'accession à la majorité du genre humain. C'était aussi un esprit positif. Dans le tableau de l'entendement et des facultés de l'âme dressé par d'Alembert, on voyait, coiffant le tout : l'entendement, en dessous la raison, dont l'intitulé était « Métaphysique générale ou Ontologie… »[1]. Que la raison fût (avec l'ontologie) une rubrique de l'entendement ne laissait pas d'être positif et médité. L'Aufklärung était une philosophie de l'entendement et c'est pourquoi Hegel l'accole à la naissance du concept (L. 380) qui reste encore à parfaire dans son appréhension et dans son contenu spéculatif. Mais il serait vain de nier qu'une autre face surgissait dans les « Lumières ». Sa critique trop souvent unilatéralement négative, trop souvent appuyée sur le vide de l'Être suprême, dégénérait – comme on le voit dans les romans de Jacobi – en une philosophie doucereuse de l'intériorité et de l'ineffectif. Philosophie de l'entendement ou célébration de l'intériorité, lumière du concept ou de la belle-âme, l'alternative a été vécue par les contemporains de Hegel. C'est sans doute ici que, pour la première fois, Hegel a été de plein-pied avec les philosophes qu'il soumettait à sa critique. On ne peut lui faire dire quelle figure empruntera l'Aufklärung. Il sait bien que les limites imposées par le droit humain par exemple doivent être franchies, mais comme le montreront les conclusions de ses Leçons sur l'histoire de la philosophie, indiquant des lignes rectrices, Hegel ne veut pas être tenu pour un prophète. Au demeurant c'est au monde qu'il appartient de trancher.

B – La vérité des lumières (379)

Qu'en est-il pour nous des « Lumières » ? E. Cassirer a repris cette question – et il a davantage insisté sur le concept du droit. Pour Cassirer, l'Aufklärung fut la conquête des droits de l'homme et la réalisation de la *Civitas Dei*. Hegel ne dit rien de tel et même, tous comptes faits, dit assez peu de choses du droit. A le lire, on croirait que la vieille muraille des droits féodaux ne se lézardait pas d'un peu partout. Les « Lumières » sont

1. La même équivalence : ontologie = philosophie première, se trouve chez Chr. Wolff.

pour nous une époque juridique. Hegel fait bande à part. Pour lui, ce qui est important dans l'Aufklärung en son combat contre la superstition et la croyance, c'est sa scission entre d'une part le « déisme » ou encore « théisme » et d'autre part le matérialisme illustré par d'Holbach (ou encore La Mettrie) en son système de la nature, ce dualisme remontant jusqu'à Descartes étendant le divin jusqu'à l'âme humaine et refoulant tout le reste en la matière. La vérité de l'Aufklärung est un dualisme ontologique. Les deux parties du système cartésien se sont rapprochées. D'une part, l'idée de méthode a tendu à unifier le théisme et le matérialisme ; d'autre part, l'idéal de clarté a été décisif dans la lutte contre la superstition. Kant n'est pas demeuré étranger à tout ce mouvement, écrivant qu'il était temps que tout se soumette à la critique. Et dans son opuscule *Qu'est ce que s'orienter dans la pensée ?* il croit une la défense des droits de l'homme et de la liberté de la pensée. Inversement, la croyance spiritualise le monde et opprime les droits de l'homme. Toutefois les déterminations passent l'une dans l'autre. Si chez Descartes le matérialisme et le spiritualisme s'alliaient, très vite chez ses successeurs, particulièrement Malebranche[1], ils s'opposèrent pour se réunir chez d'Holbach, défendant à son tour la liberté : « C'est donc la liberté, si nécessaire au perfectionnement de l'art de gouverner les hommes, si utile aux nations, si propre à rendre les Souverains plus justes et les citoyens meilleurs, qu'une administration doit accorder aux gens de lettres » (ETHOCRATIE, 159-160). Ainsi : matière, esprit, liberté étaient les axes de l'Aufklärung. Hegel semble avoir cru que, lucide sur la superstition, l'Aufklärung ne l'était point sur soi (d'où la possibilité de joindre d'Holbach et Kant) ; il parle du « tissage inconscient » (379, 23 et 379-30) où la conscience de soi « ne reconnaît pas cette essence identique des deux côtés » (L. 385). La confusion selon Hegel est à l'origine : « A propos de cette essence absolue [Dieu], les Lumières entrent avec elles-mêmes dans le conflit qu'elles avaient antérieurement avec la croyance et se partagent en deux partis ». C'est lorsqu'un parti se divise qu'il fait la preuve de sa victoire : « [...] il montre, en effet, en cela qu'il possède chez lui-même le principe qu'il combattait ». Le système kantien en apporte l'illustration en déployant le concept de foi rationnelle. Hegel va très loin : la discorde qui survient au sein d'un parti « est [...] la preuve de son bonheur » – il est vivant. Hegel illustre curieusement son propos : les deux moments croient s'opposer parce qu'ils ne se sont pas élevés au niveau de la métaphysique cartésienne (*zum Begriffe der Cartesischen Metaphysik*) (382. 6). D'après la Phénoménologie, Descartes devançant les « Lumières » a été plus loin qu'elles. Et les Leçons sur l'histoire de la philosophie permettent de comprendre pourquoi : Descartes a lié un rapport d'ordre méthodique à une

1. Hegel ne lui a consacré que six petites pages dans son *Histoire de la philosophie*.

conception ontologique selon laquelle l'« Être en soi, et pensée sont la même chose » (L. 387). Cependant il ne suffit pas de se contenter de ce « plus loin », ni même du fait que Descartes refondant la métaphysique a établi que Dieu était pure pensée, cessant de confondre l'invisible (la matière chez Berkeley) et la transcendance. Descartes (voilà la nouveauté) a refondé la relation entre Dieu et l'homme. En ce sens « la métaphysique cartésienne » est le but que se propose Hegel et que l'Aufklärung a manqué, finissant par se déchirer entre le matérialisme et son opposé, le théisme. Le cas de d'Holbach, que Hegel a lu, était une bonne illustration : ennemi de la superstition (SYSTÈME DE LA NATURE, II, 407), il se voulait matérialiste, mais comprenant l'autre principe en soi, voulait aussi être rationaliste et il énonçait en ces termes son principe pratique : « [...] sois sûr que l'homme qui fait des heureux ne peut être lui-même malheureux » (*ibid.*, II, 412).

Hegel en concluant ce texte sur la vérité des « Lumières » a consacré deux grandes pages à la récapitulation de cette analyse – dont l'une porte sur le concept d'utilité (L. 388). Le développement n'est pas très nécessaire. On a attaché beaucoup trop d'importance, en revanche, au résumé dialectique des réflexions qui sont apparues les unes après les autres et que Hegel prétend ranger et articuler selon les formes logiques (par exemple : le genre) et dialectiques (par exemple : l'effectivité). Hegel nous apparaît plutôt comme rendant sa copie.

III

La liberté absolue et la terreur (385)

On pouvait voir à Lucerne un curieux tableau datant du XIVe siècle – il s'agissait d'une « guillotine » et la différence avec la « Veuve »[1] était la forme du couteau ; sur le tableau de Lucerne le couteau formait une demi-lune ; le couteau de la « Veuve » était un ciseau[2]. La guillotine est demeurée célèbre : elle symbolise le sommet absolu de la Révolution française. J. Hyppolite a rédigé une introduction qu'on peut juger malheureuse. Nous sommes, dit-il en substance, avec Descartes (GS. II, 434) parvenus à l'identité de la Transcendance et de la pensée, c'est-à-dire à la volonté universelle, « le Soi identique à l'être qu'il pose immédiatement. Mais cette immédiateté n'est-elle pas encore une abstraction ? [...] C'est le problème que pose la Révolution française en tant qu'elle est un retour

1. Nous ne connaissons pas l'origine exacte de cet heureux sobriquet.

2. On dit que la guillotine dépeinte à Lucerne n'était pas stable ; ce qui est fort probable – le tranchant du couteau révolutionnaire, bien monté, évite les surprises. La question n'est pas idéologique, mais géométrique.

conscient, après la culture et la foi au monde immédiat de l'esprit, à la Cité antique dont nous sommes partis » (GS. II, 438). On s'étonnera justement devant de tels propos. Et d'abord le modèle de la Révolution française ne fut pas la Cité grecque, mais Rome. Toute la phraséologie romaniste des débats à l'Assemblée nationale l'atteste – particulièrement lors du procès de Louis XVI si bien analysé par Alphonse Thiers. Ensuite le sentiment qui alimentait le feu révolutionnaire n'était pas du tout celui d'un retour, d'une réflexion vers un passé, même essentiel (au sens de Hegel), mais celui d'une immense espérance, d'une percée vers l'avenir, rythmant la musique révolutionnaire. Rassemblant ses souvenirs de Valmy, Goethe voit disparaître tout l'ancien monde. Révolution, avenir et liberté se fondirent dans un même creuset dont s'écoula comme un métal précieux le respect des lois.

§ 1 – Aux yeux de Hegel, la Révolution française, éveil de l'esprit, fut « un superbe lever de soleil. Tous les êtres pensants ont célébré cette époque. Une émotion sublime a régné en ce temps-là ; l'enthousiasme de l'esprit a fait frissonner le monde, comme si à ce moment seulement on en était arrivé à la véritable réconciliation du divin avec le monde » (*Philosophie de l'histoire*, tr. Gibelin, 403). Le 10 mai 1789, Mirabeau, dans ses textes sur la liberté de la presse, détruisait avec une force incommensurable le plus sûr bastion de l'absolutisme, la censure, et l'effondrement de la Bastille ne fut que la première manifestation de cette nouvelle liberté. Soucieux de respecter la continuité dialectique, Hegel n'aborde pas par son meilleur côté cette figure de l'esprit. Il rappelle comment l'utilité était (il omet de dire : sous un double rapport) l'objet de la conscience. Le Moi n'est pas encore l'objet de la conscience, mais c'est l'utile, de telle sorte que le Moi n'est pas l'immédiate et pure effectivité. Ce passage peut paraître obscur, mais c'est parce que nous commettons une faute. L'utilité n'est pas seulement une qualité des choses ; c'est aussi et surtout un principe de justification des choses : on dit l'école en général d'utilité publique ; de même l'armée et les autres institutions qui élémentent l'État du dedans. Toutefois, selon Hegel, « la révocation de la forme de l'objectivité a déjà eu lieu en soi » (tr. Hyppolite, II, 130 / L. 390) : « […] cette reprise de la forme de l'objectalité de l'utile s'est déjà produite en soi ». En réalité il nous paraît que la Phénoménologie se trouve devant une aporie. Après tant d'abus, tant d'iniquités (les galères et l'affaiblissement de la noblesse, les taxes, les impôts, je jette en vrac quelques plaies sociales), il était devenu incompréhensible que la Révolution se fît plus tôt ou plus tard. Ce serait au demeurant une chose très audacieuse que de soutenir que les contemporains virent tous clair dans les fumées de la Bastille démantelée. Les Parisiens furent amusés, excités, abattus – le ton des narrations varie sensiblement. Une effrayante tranchée sépara deux mondes. Comme elle inventa un avenir, la Révolution française créa un passé, mouvement que seule une grande idéologie peut accomplir. Mais alors il fallait bien, avec ou sans dialectique, parler de liberté absolue, liberté suspendue à soi et à soi seulement, et bien vite les ailes des anges traîneraient dans le sang.

Ajoutons une remarque : depuis deux siècles, les consciences politiques et morales choisissent comme référence, elle-même interprétée – si bien qu'il y a sur-détermination – la Révolution française. Louis XIV avait dit : « L'ÉTAT, C'EST MOI » – quand la tête de Louis XVI tomba (21 janvier 1793, le matin à 10 h et 10 mn) un cri immense et formidable [au sens latin] jaillit : « VIVE LA NATION ! ». On ne peut qu'être sensible confronté à cette terrible opposition. Ecartant pour un moment le filet dialectique Hegel s'interroge. Que s'est-il passé ? D'un côté l'organisation « du monde effectif et du monde de la foi » est retournée en soi – refoulée ; mais d'un autre côté la conscience de soi est « au contraire pure métaphysique ». C'est, pourrait-on dire, la parousie de la liberté. Néanmoins ce serait une erreur de conférer à l'épithète « absolute » une valeur philosophique spéciale ; d'une part la fréquence de ce terme est massive dans le texte de Hegel (« une nature absolue », « une essence absolue », etc.), d'autre part il n'y a pas de connexion radicale entre la liberté et la terreur. Mais enfin : que s'est-il passé ? D'abord et avant tout un grand désordre au niveau du gouvernement qui s'est traduit par un fait aussi curieux qu'incontestable. Chaque règne, chaque siècle imposait dans l'ameublement un style ; on parle d'un « style Louis XV » ; mais pour cela il fallait une certaine uniformité dans la durée – entre le style « Louis XVI » et le style « Directoire », même si les ébénistes ne se sont pas croisés les bras, il n'y a place pour aucun « style révolutionnaire ». Ensuite, pourtant la Révolution changea la face du monde, non pas tellement à travers les objets et les divisions objectives de l'organisation sociale, mais dans son essence en affirmant que le« monde est ma volonté ». L'Aufklärung – c'était le sens de la valeur d'utilité – ramenait le monde à être esprit ; la Révolution le ramène à la volonté. Vivre conformément à la nature, c'est exister comme volonté. On voit alors ce qui se passe – et qui est caractéristique du jeune Hegel – la parousie de la liberté n'est pas une vaine expression ; c'est le mouvement concret vers la volonté générale. L'idéal rousseauiste est réalisé : chacun se réalise dans la volonté absolue comme personnalité (*Persönlichkeit*), ce qui est plus et autre chose que l'individualité, et toute réalité est purement spirituelle (388. L. 391). Hegel insiste très fortement sur l'effectivité de la liberté qui ne s'exprime pas, comme dans le protestantisme, par un assentiment silencieux. Il faut donc éclairer un point dans l'idée de déclaration des droits de l'homme : il ne s'agit pas des droits de l'individu, mais des droits de la personne. Il y a là une distinction considérable. Hegel dans cette perspective écarte aussi « l'assentiment par représentation », c'est-à-dire le système de la monarchie constitutionnelle anglaise (que Kant réputait être le système politique modèle). Cette idée d'une union des personnalités (chère à Schiller) est le sommet politique de la Phénoménologie et, en même temps, comme les faits le montrèrent, une simple idée, dont l'apothéose fut la fête de la Fédération concélébrée par Talleyrand[1].

Hegel fait sans doute allusion à Valmy en écrivant : « Cette substance indivise de la liberté absolue s'élève sur le trône du monde sans qu'une quelconque puissance soit en mesure de lui opposer une résistance » (388. L. 391). Montrant que l'essence de la force de la volonté générale reposait sur l'unité des « masses » ou encore des moments sociaux (pouvoirs législatif, judiciaire, exécutif), Hegel dégage l'idée suivante : la volonté générale est devenue négativité pour soi et ne saura être vaincue que du dedans, par l'ascension de Napoléon. Avec Schelling et Hölderlin, le jeune Hegel planta un arbre de la liberté. Toute réalité est donc « geistig » et l'objet n'est plus, comme dans l'utilité, un terme étranger, mais l'objet est pour le sujet : la conscience. Abruptement et sans préparation Hegel note : « L'opposition consiste donc seulement dans la différence de la conscience singulière et de la conscience universelle ». Pourquoi cette opposition si toute réalité est « geistig » ? Hegel est ici muet. La Révolution, ivresse des âmes, sombre dans la Terreur – la conscience singulière doit, en tant que telle, être anéantie. L'idéologie est totalitaire ou elle n'est pas. La terreur, nous l'avons dit en débutant, se symbolisa dans l'usage de la guillotine – pourtant le premier « guillotiné » fut un personnage insignifiant (exécuté le 25 août 1792 selon certains et notamment G. Walter). Beaucoup, avec Kant, datent le début de la Terreur de l'exécution dans les formes (*formale Hinrichtung*) de Louis XVI. L'auteur de la *Critique de la raison pure* a parlé à ce propos d'un suicide (*Selbstmord*) de l'État. Enfin on veut parfois voir dans le supplice de Danton le véritable début de la Terreur. Hegel ne nous étonne pas lorsqu'il affirme qu'il s'agit, quoi qu'il en soit, d'une négation dépourvue de médiation. Le Geist était trop pesant ou trop léger pour faire obstacle à la fureur de la liberté absolue sur laquelle planait « comme l'exhalaison d'un gaz fade, [le] vide [de] l'« Être suprême » (388, 3 – « Être suprême » en français dans le texte). L'unique exploit de la liberté est donc la mort (L. 394) et cela peut s'entendre en deux façons : d'une part, usant de la Hache, on a abattu des êtres humains comme du bétail qualitativement parlant ; d'autre part la Terreur fit beaucoup de victimes : les historiens ne réussissent pas à trouver un terrain d'entente, car les vieilles

1. L'œuvre des juristesconsultes révolutionnaires fut, suivant le Pr. Bras, de très haute qualité.

haines ne sont pas encore éteintes et les documents suspects. On s'attache parfois à dénombrer 3.000 « victimes » ; parfois davantage – à la dimension démographique de la France de l'époque, c'était, de toute façon, chose relativement modeste. On peut modérer ou accentuer tout cela en faisant appel à l'analyse de la guillotine par Dostoievsky dans l'*Idiot*. Ce qui est certain, c'est que d'une part, comme l'a vu Hegel, ce gâchis reposait sur des règlements de compte et qu'il n'y avait pas d'autre commentaire à présenter, lorsque « devenir suspect vient prendre la place [...] d 'être coupable » et que d'autre part le gouvernement n'était que la FACTION DOMINANTE (L. 395). On songe ici au « sanguinaire » Saint-Just : « je ne suis d'aucune faction (*Faktion*, 390. 35) dit-il, et je les combattrai toutes », y compris, ajoutera-t-on, le gouvernement. Le Seigneur de la Terreur était en ses replis intimes le secret du soleil, le Principe de l'anarchie, envers lequel Sainte-Beuve ne trouva pas de mots assez durs. Mais tout de même que la pure lumière se renverse en pure obscurité, Saint-Just, moteur ultime de la terreur, ne pouvait, ôtant la vie que trouver la mort – la même mort – et achever dans un spasme exalté la Terreur. Conscient de cette dialectique, Saint-Just, orateur de première force, demeura silencieux à son procès.

§ 2 – Hegel vivra ici sa grande expérience politique. Il a pu contempler la Révolution française. Elle est devenue, avec tout ce que cela implique, une conscience de soi qui veut abolir « toute différence » (L. 39 5). Certes la volonté générale manifeste tout ce qui est positif dans cette conscience de soi, mais selon un schéma maintes fois répété, elle assimile la divergence à la contradiction et verse dans l'oppression massive. Quant au « phénomène » napoléonien, Hegel n'en a pas traité de manière détaillée et il n'y a à cela qu'une seule bonne raison : la puissance militaire de l'Empire, héritier de la Révolution semblait, avec ses soldats chaussés de « souliers » (et non de godillots), invincible et son destin indécis. Et Hegel n'était pas prophète.

On trouve sous sa plume un curieux reproche concernant la volonté générale : « dans cette ultime abstraction qui est la sienne », elle n'a rien « de positif, et ne peut donc rien rendre en échange du sacrifice » (L. 397). Nous comprenons ainsi ce reproche : l'idée générale qui dirigeait la Révolution française était encore celle de propriété. C'est l'affaire bien connue de la distinction entre citoyens actifs et citoyens passifs, où Kant n'a pas brillé. On peut dire qu'en gros, notion issue du droit romain, on ne concevait pas comment par leur vote, les non-propriétaires pouvaient décider du sort des propriétaires. Une conception en résulta : seuls les propriétaires ou les personnes pouvant justifier d'une certaine fortune régulière, seraient admises à exercer le droit de vote. Il y a une tombe de l'époque fort édifiante à ce sujet au cimetière du Père Lachaise. Une inscription barre la dalle : propriétaire. Elle ne signifie pas, selon moi, que le défunt avait confondu l'être et l'avoir au sens de Gabriel Marcel, mais qu'il était fier d'avoir appartenu à la classe des électeurs. Voici toute la récompense que la volonté générale pouvait offrir à ses soutiens. Hélas ! Rousseau, selon un mot de Montlosier, n'aurait pu être électeur et le droit divin exige d'autres honneurs. Ce qui frappe Hegel et qui dans une certaine mesure explique l'évolution de sa pensée politique, c'est – en dépit de mesures censitaires – la confusion et pour tout dire l'anarchie des groupes révolutionnaires ; et dans la « mise en mouvement » de la Hache il aperçoit une absurdité criante – « la mort sans signification » (L. 397). Dans le monde précédent, la mort avait un sens : on trépassait pour un contenu, même futile, par exemple l'honneur ou la richesse (L. 397) ; mais sous la Terreur on vit la mort dépourvue de contenu et par conséquent de fin. On ne s'étonnera pas que cette mort sans signification trouve son écho dans l'instauration de la dictature (on remarquera bien comment la dictature peut être exercée par plusieurs individus [la tyrannie des Trente], forme de gouvernement qui s'accommode de n'importe quelle justification et style). Voilà enfin la raison pour laquelle Hegel condamna la fluctuante Révolution et pourquoi – à part la guillotine – elle ne laissa aucun changement notable dans l'ameublement.

PHÉNOMÉNOLOGIE DE L'ESPRIT – IX

C – L'ESPRIT CERTAIN DE LUI-MÊME ; LA MORALITÉ (394)

§ 1 – Les sections qui vont suivre n'appartiennent plus à proprement parler à l'histoire, même si la nature de la réflexion de Hegel constitue des points d'ancrage. Cependant, pour ne prendre qu'un seul exemple – à la vérité très significatif – la critique de la conception de la moralité au sens kantien et fichtéen ne forme pas une étape dans le parcours du Geist comme le scepticisme. Ce dernier replacé dans son contexte gréco-romain, appuyé sur l'œuvre de Sextus Empiricus, était une station historique du Geist. Mais quelques années seulement séparent Hegel de Kant et dans sa jeunesse, il fut un partisan zélé de Fichte. Il ne pouvait ni les insérer étroitement dans une plage de sens purement historique, ni les écarter purement et simplement. Au demeurant l'eût-il voulu, l'opinion – dont il ne tenait pas trop compte il est vrai – ne l'aurait pas compris. Kant était mort en 1804 (la *Phénoménologie* est de 1807) et de très nombreuses publications entouraient déjà son œuvre. Kant à cette époque était partout. Quant à Fichte, retiré, il rédigeait en 1804 la dernière grande exposition de la Doctrine de la science. Hegel le savait et « faire l'impasse » était difficile. Bref ! Hegel avait affaire à des contemporains.

C'est Feuerbach qui a le mieux illustré la difficulté. D'une part on peut croire achevée l'histoire de l'Esprit – à travers tout le monde de la culture le Geist s'est cherché, surmontant ses déceptions, franchissant des abîmes et il s'est élevé à la volonté générale : le monde est ma volonté. Cependant comme on l'a vu, débouchant sur la mort sans signification, celle-ci s'est précipitée dans l'anarchie. De cette anarchie aurait dû surgir dialectiquement l'élaboration de l'État théocratique, gouverné par un prince issu de la nature. Or Hegel ne peut pas esquisser cette histoire méta-dialectique : Napoléon fait obstacle. D'autre part Kant et surtout Fichte ont contribué à réaliser l'autonomie de l'Ethique (SW, Bd. V, 191 *sq.*) Le plus clair résultat de la dialectique fichtéenne c'est de tout soumettre au devenir de la liberté et Hegel n'hésite pas à prêter à Fichte une formule magnifique : « Être libre n'est rien, devenir libre c'est le Ciel ». Dans la *Phénoménologie*

Hegel écrit donc : « Le savoir semble donc ici être enfin devenu parfaitement identique à sa vérité » (394. 26. L. 398). Nous sommes en présence d'une grande question : il ne s'agit plus « d'abolir le savoir pour faire place à la foi », mais d'anéantir la métaphysique pour faire place à la liberté humaine. Et c'est ainsi que Fichte pousse Kant aux extrêmes. Fichte pense l'autonomie de l'éthique comme destruction de la métaphysique, et justifiant la δόξα, revient à la certitude sensible, transcendantalement fondée. Au début de la *Phénoménologie*, Hegel, décrivant les méandres de la certitude sensible, croyait inaugurer le règne de l'Esprit; il oubliait la métaphysique. Disant : « le jour est le jour », il invitait la conscience à noter cette idée ou affirmation : « cela, disait-il, n'engage à rien » – mais de quel droit intervenait-il dans la sphère de la conscience sensible et quel était le principe de son affirmation si ce n'était le préjugé que, depuis Platon et le *Théétète*, tout devait céder à la métaphysique et à ses assertions les plus osées ? Ecrire n'est pas du tout un acte innocent et dans tous les cas extérieur à la δόξα, qui peut-être ne sait pas lire (ce dont Hegel ne semble pas s'être avisé). Et pourtant, parodiant Rousseau, on pourrait dire : « le premier qui s'avisa d'écrire… ». Ainsi le dilemme est clair : Fichte – philosophie de la liberté, destruction de la métaphysique, réhabilitation de la δόξα – Hegel – philosophie de la nécessité historique, reconstruction de la métaphysique, annihilation de la δόξα. Ni Fichte, ni Hegel n'ont été jusqu'au bout de leurs perspectives initiales. Après la Querelle de l'Athéisme, Fichte abandonna peu à peu le terrain de la δόξα auquel Hegel, au niveau de la théorie de la monarchie, fit une place en faisant intervenir la [philosophie de la nature] dans la désignation du souverain. Faut-il dès lors prétendre qu'il ne se trouva pas chez Fichte ou chez Hegel l'exemple d'un penseur radical ? C'est là une opinion qui pourra sembler fondée. Au fond l'Absolu se partage.

§ 2 – Hegel débute fort bien. Il commence par un éloge de l'esprit certain de soi-même et par conséquent de son objet. C'est très habile : la certitude sensible est d'emblée réintégrée dans la certitude du Moi pur, et la problématique de la δόξα résolue : l'éthique est le principe vivifiant de la certitude sensible. Argument habile, à n'en pas douter, mais étrange pour un esprit familiarisé avec la doctrine fichtéenne; c'est un fait : Fichte n'a jamais dit que le règne du « Sollen » signifiait la disparition du monde doxologique – même pas dans l'*Anweisung zum seligen Leben* où la théorie des cinq manières de voir le monde n'est pas encore une théorie des cinq mondes. Hegel au demeurant n'entre pas dans ces subtilités. Le savoir, dit-il, « s'est en effet rendu maître de l'opposition inhérente à la conscience elle-même […] or, l'objet est […] la certitude de soi-même » (L. 399). Mais il faut alors dégager la conclusion : le savoir ne se disperse plus dans la déterminité, mais est « pur savoir ». Ce premier segment de l'argumentation est d'essence psychologique. On remarquera que Hegel, dès ce niveau, trahit l'esprit éthique en le nommant savoir. L'éthique est bien un savoir chez Kant et Fichte, mais le règne éthique n'est pas essentiellement un savoir.

Le second moment est métaphysique : il met en lumière « le savoir de la conscience de soi [...] comme la substance elle-même » (L. 399). Le savoir est d'une part fondé, dans son exposition métaphysique, comme principe de ce qui est éthique : les bonnes mœurs et la coutume. Ayant écarté la confusion avec la simple conscience éthique « qui en vertu de son immédiateté, est un esprit déterminé [et] n'appartient qu'à l'Une des essentialités éthiques [...] », la substance est définie comme médiation absolue, comme la conscience qui se cultive et comme la croyance croyante. Les grandes catégories existentielles : l'aliénation, le déchirement, la fuite ne sont pas intégrées à la théorie catégoriale de l'existence éthique. « La conscience de soi est présente à soi immédiatement dans sa substance, car la substance est son savoir, est la plus pure certitude de soi-même contemplée » [...] ou encore elle est tout être.

Le troisième moment est transcendantal. Il est plus difficile à définir parce que Hegel semble avoir manqué la marche. D'une part dans *Glauben und Wissen* il parle « d'intuition transcendantale » : l'expression ne se trouve ni chez Kant, ni chez Fichte. D'autre part il définit comme un savoir transcendant l'intuition intellectuelle assimilée à un « Sésame ! ». Tout repose sur la détermination de l'intuition intellectuelle. Chez Fichte, levant la main, je sais, j'ai conscience de ce que je fais ; il y a là un savoir intérieur, une lumière éclairant du dedans l'acte et c'est cette lumière qui le rend possible. A ce titre, le transcendantal est l'essence (esse) qui rend possible l'acte. Lorsque cette essence n'est pas pour soi, mais seulement pour nous, elle s'appelle Thathandlung et elle est possibilité de la possibilité. Hegel retient ce qu'il peut de ces notions si éclairantes dans le criticisme de Fichte. Mais il ne parvient pas à l'idée d'un savoir intérieur conçu comme se réfléchissant dans l'essence en tant que liberté. La liberté apparaît à Hegel d'abord comme un attribut du savoir et c'est parce que la conscience est « toute effectivité [...] qu'elle est en tant que telle liberté » et non l'inverse comme chez Fichte où la liberté rend effectif le savoir phénoménal (le seul possible en dehors du savoir philosophique).

A – La vision morale du monde (395)

§ 1 – Hegel concluait en ces termes les trois niveaux de la conscience morale (psychologique, métaphysique, transcendantal) : « [La conscience] est absolument libre en ce qu'elle sait sa liberté, et c'est précisément ce savoir de sa liberté qui est sa substance et sa fin et son unique contenu ». Librement traduit : Moi=Moi est l'essence qui doit être réalisée dans le monde, et la vision de soi implique une vision de l'autre = – A. Tant que la conscience en reste à la pure position thétique de soi, conscience de soi morale, elle n'est pourtant pas « encore posée, ni considérée comme conscience » (395.33. L. 400). Hegel poursuit : « L'objet est savoir immédiat », mais « étant ainsi pénétré par le Moi lui-même il n'est pas objet » et ces définitions proposées – surtout la seconde où l'ob-jet (*Gegenstand*) n'est plus ob-jet parce qu'il ne s'oppose plus au Moi qui l'investit de part en part – on peut dire que la conscience est essentiellement « la médiation et la négativité », qu'elle enveloppe l'être-autre, qu'elle est donc bien conscience, mais – puisque l'ob-jet a disparu – que l'être-autre est le devoir comme fin essentielle unique (*seinen einzigen Zweck*) et ob-jet, et en tant que tel son effectivité est totalement dépourvue de signification. Hegel se donne grande peine pour exprimer l'idée que chez Kant et Fichte, d'une part l'ob-jet habituel – par exemple ma table – a disparu et que de ce point de vue l'immédiateté sensible ne compte pas dans la sphère éthique, et que d'autre part le seul contenu, l'être-autre est la liberté visée comme le point de convergence de tous les efforts du Moi pratique, qui le porte en soi comme son autre. Il se peut que la relative obscurité de Hegel tienne à ce qu'il ne veut pas repousser Schelling de la cohorte des légionnaires transcendantaux. *Vom Ich* avait fait trop de vacarme, et Hegel n'oubliait pas qu'au lieu de lire Fichte, on se reposait sur l'écrit de Schelling plus populaire et surtout plus simple quoiqu'extravagant. Mais le résultat le plus clair c'est encore l'idée qu'en un sens la conscience n'est plus malheureuse ; loin d'éprouver une douleur vertigineuse devant les pierres du tombeau du Christ, de viser un au-delà (la résurrection) de l'au-delà (la mort), elle rentre en soi, déborde très infiniment l'aliénation commune et se trouve poussée vers un humanisme triomphant dont la devise, selon Feuerbach, est : « L'être est liberté ». Nous l'avons indiqué en débutant : la Sorge de la philosophie allemande fut de débuter par le point originairement = 0. Ce point, Kant et Fiche le trouvent dans la volonté, « *dans la liberté humaine* ». Toutefois – si les métaphores sont permises – la liberté est exprimée par le clair regard humain, en lequel selon Fichte en son *Fondement du droit naturel,* se manifeste une âme visible (*eine sichtbare Seele*). Ou encore la conscience du devoir est en son essence translucidité, libre du poids écrasant dans son néant même de la superstition. J. Hyppolite a écrit : « La critique que Kant fait de l'ontologie classique est destinée à préparer une nouvelle ontologie, celle dans laquelle l'être plus que le sujet [est ce]qui se[veut] comme tel lui-même, un acte et non un substrat inerte » (GS. II, 454). C'est lier le meilleur au pire. J. Hyppolite ne se souvient plus – Heidegger est passé par là – que Kant avait qualifié de

« mot pompeux » le terme d'ontologie – et il pointe avec « finesse » l'ambiguité du titre de *Sein und Zeit*, où l'on ne sait pas ce que veut dire *Sein* – qui peut très bien signifier l'acte ou la substance [1]. En gros : rayons le terme *ontologie* et conservons celui de *Philosophie*, en nous gardant bien de dériver à la suite de la définition de Husserl : « [...] als strenge Wissenschaft », car la philosophie est plus et autre chose qu'une science *rigoureuse*, c'est d'abord l'*amour de la sagesse* qui s'exprime dans une « Weltanschauung », expression usitée ici pour la première fois dans la *Phénoménologie* (GS. II, 455). Ne parler que d'*ontologie* alors qu'on se prépare à affronter le débat de fond sous le titre *Mysticisme et Humanisme* est une erreur avérée. Au demeurant, l'opposition de la « chose » et de la « liberté » possède une origine très précise – qu'on aimerait voir citer – et qui est la Ve section de la *Première Introduction à la Doctrine de la science* (1797) de Fichte : la « chose », (ontologie) selon Fichte, ou la substance inerte c'est la Substance de Spinoza, tandis que l'acte exprime la liberté (philosophie première) au sens kantien [2]. Cependant une opposition pour être signifiante doit se manifester dans une contradiction dialectique, c'est-à-dire concrète, rationnelle, interne [3].

§ 2 – Or telle est bien l'opposition de l'*imagination* chez Spinoza et Fichte, le premier reléguant celle-ci dans le temps assimilé à la δόξα et ne craignant pas de dire que si l'imagination était libre elle serait une vertu, tandis que le second ne redoute pas d'affirmer que, constitutive du temps, l'imagination dans son cercle infini est le pouvoir le plus miraculeux en nous (*das wünderbarste [Vermögen]...*) [4]. La position de Hegel était inconfortable : dans la doctrine de l'imagination exposée dans *Glauben und Wissen*, liant l'inconscient d'une part et l'infinité d'autre part et par conséquent Spinoza et Fichte, il avait cherché une première réconciliation découlant au fond du Logos ; mais il était trop avisé pour méconnaître que la « conscience du devoir » [5] enveloppait comme substance sa propre fin, qu'elle était concrète, interne et rationnelle, puisque retournant en elle-même elle se trouvait auprès de soi dans la *bonne infinité*. En creusant la doctrine de l'imagination on aboutissait à des résultats encourageants, à ceci près que dans la formule thématique – Mysticisme et humanisme – il fallait supprimer le terme *humanisme* et le remplacer par *temps*, et les positions initiales de *Glauben und Wissen* devaient être reprises du point

1. L. Lavelle avait refusé de trancher la question, réservant un volume à l'Être et un autre à l'Acte.

2. Il est vrai qu'à l'époque où J. Hyppolite rédigeait sa thèse il n'existait pas encore de traduction française de ce texte capital (à ma connaissance du moins).

3. AP. *Métaphysique et politique chez Kant et Fichte*, p. 229.

4. *La liberté humaine*, IIe partie.

5. R. Le Senne, *Le devoir*, Paris, 1950.

de vue de la métaphysique générale. Les définitions suivantes de J. Hyppolite sont pertinentes : « La conscience de soi morale comme conscience du pur devoir est conscience universelle ; en effet elle est essentiellement le mouvement du Soi consistant à supprimer ; elle est l'abstraction de l'être-là immédiat et consiste à devenir consciemment universelle. Cette liberté est essentiellement une *libération* » (GS. II, 455). De même il souligne avec bonheur la différence avec la conscience éthique céleste d'Antigone qui n'agit que selon certaines *catégories* – que G. Steiner malheureusement veut universaliser et qui ne sont que des *axes* de pensée, pour ne pas dire des *rubriques* – et demeure « dans la particularité » du caractère – *Operari sequitur esse* – comme « nature déterminée et ainsi partielle ». Insistons : dans sa naissance la conscience morale est *auprès* de soi et elle n'est plus étrangère à soi. A l'origine la conscience morale est réconciliée avec le temps et se fie à l'imagination, cette « superbe puissance qui domine l'entendement ».

Ce fondamental mouvement synthétique s'est opéré dans un climat fiévreux dont en ses premières pages, décrivant les effets du *Principe du Nord* (Luther), Luther a revêtu aux yeux de Hegel une valeur capitale. Cependant il n'a pas modifié pour autant la *Phénoménologie*[1], conservant comme fil conducteur la Révolution française. Hegel – il était trop jeune – n'a pas participé au Pantheismusstreit, qui agita beaucoup l'Allemagne. F. H. Jacobi eut le grand mérite de prendre la tête de la résurrection de la doctrine de Spinoza, résurrection extraordinaire au point que Kuno Fischer devait déclarer que le « système de la pure nature » se manifesta pendant la même période que le « système de la raison pure ». De ce conflit, comme beaucoup d'autres, Hyppolite ne dit rien de sérieux, et quant au climat il se contente de le décrire en quelques lignes inspirées de la *Préface* de Delbos aux *Fondements de la métaphysique des mœurs*. Il ajoute enfin, mais nous aurons l'occasion d'y revenir, que les différentes versions de la *Weltanschauung* sont moins un système qu'une manière de vivre les choses. En tous les cas il y a une présupposition initiale : « Est donc d'abord présupposée la conscience morale en général » (L. 400). « Présupposer » signifie : mettre librement au principe, au fondement (*Grundlegung*). La conscience morale sera consciente que sans elle le monde serait sans signification ; tandis qu'elle « tient le devoir pour l'essence », elle nous fait basculer d'une logique de l'être à une logique du sens. La présupposition de l'éthique est la présupposition du *sens* (soutenu par le temps issu de l'imagination transcendantale) *éthique*. Dans cette présupposition le SENS qui coïncide avec la liberté est autonomie par rapport à l'ÊTRE (théologie d'abord, ontologie ensuite), mais comme nous allons le voir, cette proposition est,

1. R. Haym, *Hegel und seine Zeit*, Berlin, 1857.

plus affinée, inacceptable pour Hegel. La conscience éthique en réalité, selon l'auteur de la *Phénoménologie,* est *incertaine*, et en effet tout dépend d'une certaine lecture de la liberté. Comme nous venons de le voir, elle est englobée dans la présupposition, par conséquent *extérieure* au sens éthique qu'elle fonde et dépend donc inversement de la nature (le « caractère » chez Kant et Fichte). La *nature* sera généreuse, peut-être, ou peut-être ne le sera pas. Certaines remarques s'ensuivent, et d'abord que la complétude de la nature et de la liberté détermine un état de *jouissance* comme le démontrent les toutes dernières lignes de la *Destination de l'homme* de Fichte ; et alors la moralité devient une certaine [mentalité /Gesinnung], étant bien entendu que cette mentalité ne veut rien d'autre que l'action. Cette [mentalité] ensuite nous amène médiatement à l'idée que la *fin* contient en soi-même l'harmonie « de la moralité et de la nature ». Enfin « l'harmonie de la moralité et du bonheur [Glücksekigkeit] » (397, 38) est *postulée* (L. 401). On entend mal l'idée de *postulat* chez Kant ; c'est pourtant le cœur de sa philosophie. Tenons fermement pour acquis le primat de la raison *pratique* sur la raison *théorique.* Ceci posé, contemplons un instant l'activité humaine. Il y a de quoi sérieusement désespérer : tout n'est que meurtres, inutiles tueries, famine et luxe insensé (AK. Bd. VIII, 15-32). Certes les hommes travaillent au bénéfice de futures générations, dont à la vérité, nul ne saurait démontrer qu'elles feront un bon usage de leur héritage, et il vaut mieux apprendre à mourir[1] ou alors, *mais nul n'y est obligé* et il ne s'agit pas d'une *croyance imposée par la raison*[2], on peut, non pas contrairement aux faits, mais en dépit des faits, postuler un accord final de la moralité et de l'histoire. A cette seule condition on peut *penser,* non *connaître*, une logique du monde, une logique de la signification suivant l'ordre des choses et l'ordre des raisons, et admettre, par exemple, l'idée d'une *ruse de la raison*. Cependant on peut aussi tout laisser tomber et devenir un stylite moral. Ainsi le cœur du système kantien (et fichtéen) est fondamentalement irrationnel, ou, si l'on préfère, méta-rationnel. Chez Descartes, interprétant la « doctrine des vérités éternelles », F. Alquié dévoilait la possibilité d'une in-quiétude métaphysique et ne répugnait pas à développer l'idée d'un choix divin trans-rationnel. Avec Kant, cette indécision se manifeste dans l'idée d'une anthropologie transcendantale, non pas seulement pragmatique) et par rapport à Descartes, Kant va de Dieu à l'homme (comme le montrera Feuerbach (SW, Bd. III). La *Révolution copernicienne* fait dépendre la forteresse [*Burg*] du criticisme du roseau aveugle de la liberté. Première, au sens de la philosophie première, l'idée de *choix* pur

1. Cicéron, *Tusculanes,* I, xxx. p. 73 *sq.*
2. *Politique et métaphysique chez Kant et Fichte.*

soutient du dedans le globe humain chez Kant et Fichte, le descellant de son antique fondement.

§ 3 – Or, et c'est bien rare, Hegel va commettre une faute irrémédiable. Dans son analyse de l'acte de postuler – qu'il identifie un peu rapidement à la notion d'exigence (L. 4 01-402) – il écrit : « C'est pourquoi cette exigence exigée [...] n'est pas un vœu, ou, si on la considère comme une fin, n'est pas une fin dont l'attente serait encore incertaine, *mais cette fin est une exigence de la raison, ou encore une certitude et une présupposition immédiate de celle-ci* ». C'est évident : Hegel se trompe – la racine dynamique du postulat n'est pas à chercher *dans la raison,* mais chez Kant, *dans la liberté*, et la véritable clef de la philosophie est non pas l'être et le temps, mais LIBERTÉ ET TEMPS. La raison n'exige rien ; au mieux elle *montre* et donne à *penser* (rien à connaître (entendement), rien à croire). L'homme n'est pas raison d'ailleurs ; il n'est que doué de raison. Le véritable héritier de Kant sera donc Feuerbach prônant un humanisme intégral dès ses *Todesgedanken*, et il insistera justement, dans la rationalisation spéculative de la liberté kantienne chez Hegel, sur l'énorme déviation de sens dans la théorie du postulat qui conduit à la théologie spéculative[1]. En même temps s'offre à nous le noyau de la solution du problème hégélien : comment trouver dans l'*absurdité* des maintenant, un instant signifiant qui les éclaire tous ? Cet instant signifiant est celui du libre choix par lequel nous adoptons un sens éthique depuis les profondeurs de notre existence morale, choix qui nous constitue comme personne avec ses qualités fondamentales appelées à se développer dans le temps issu de l'imagination transcendantale. En même temps se dégage l'avenir comme projet allant à l'infini, et le temps est comme le cœur de l'irréductibilité de la liberté humaine. Nous ne pouvons ici développer cette doctrine de la liberté et du temps : ces quelques lignes sont seulement destinées à montrer que l'hégélianisme n'est qu'une des branches de l'alternative proposée à la philosophie *moderne* et c'est pourquoi elles peuvent paraître schématiques et dogmatiques. L'idée majeure et adulte est que tout homme dans ce contexte est non seulement un individu, mais encore une personne. Et qu'il n'est point de fatalité, puisqu'il y a responsabilité.

« Cette première expérience, reprend Hegel, et ce postulat ne sont pas les seuls, mais un cycle complet de postulats se développe ». Nous ne pouvons nous en tenir à l'idée d'une nature extérieure qui, suivant le postulat, viendrait en harmonie [dans le bonheur] avec la moralité, que la conscience se chargerait de *réaliser.* La conscience est « en elle-même essentiellement une conscience telle que *pour elle* il existe une autre effectivité libre, un donné contingent et naturel ». Il s'agit donc de produire

1. *La jeunesse de Feuerbach*, Introduction à ses positions fondamentales, t. I.

en moi l'harmonie postulée par le postulat général. Hegel a en vue ici la « sensibilité » (*Sinnlichkeit*) (398. 22) (L. 402) qui doit devenir *effectivité* soumise à l'éthique « car ce qui *existe*, c'est [...] l'opposition de la sensibilité et de la pure conscience » (L. 403). Toutefois pour réaliser l'adéquation de la sensibilité et de la moralité dans le Moi, la « conscience doit toujours faire des progrès dans la moralité » (L. 403). Or c'est une objection de Hegel, dans ce postulat, qui est celui de l'immortalité de l'âme, la conscience ne peut exiger[1] de voir *sa* nature coïncider avec sa liberté, car elle *cesserait* d'être conscience morale. Un « obscur horizon de l'infinité où [...] l'atteinte du but doit être repoussée ». L'essence de la conscience morale est donc le *déficit*. Feuerbach a traité sur des fondements beaucoup plus larges ce postulat qui est celui de l'immortalité de l'âme. D'une part il a mis en corrélation stricte le postulat de l'existence de Dieu et le postulat de l'immortalité de l'âme (dix-septième moment dans la théorie des mystères). D'autre part il a dérivé l'infinité psychologique (qui survient de manière extérieure dans la dialectique de Hegel) de l'infinité divine (« [...] Devenez semblables à Dieu » est-il dit dans le *Théétète)*. Puis dans les *Todesgedanken* il a affirmé que la véritable immortalité se construisait dans l'histoire cernée par la mort, et enfin il a démontré qu'en dehors du postulat de l'immortalité, il n'existait pas de religion (SW, Bd. VIII). Hegel n'a pas été assez radical en séparant religion et pneumatologie, et sa récompense (à vrai dire bien maigre) fut la perspective d'une théologie spéculative, nécessairement inféodée au luthéranisme. Mais, il nous semble que la démarche hégélienne appelle une autre critique. Il ne suffit pas de regarder en avant (*Quo vadis ?*) dans l'obscure infinité, mais il faut aussi regarder en arrière (*Unde venis ?*) où se déroule l'infinité d'un passé qui n'est pas même transcendantal. La faiblesse de Hegel (largement comblée par Feuerbach) tient à ce qu'il confond – après Aristote – le temps physique et le temps humain. De ce point de vue, Hegel a bien raison de dire que la représentation ne doit pas être intéressante, d'une part parce que la conscience ne doit pas se fixer obstinément sur un moment de valeur nécessairement relative[2], et d'autre part parce qu'intéressante, elle devrait s'aimer soi-même. Il faut bien avouer que Kant a été fort subtil. Pour éviter les apories en lesquelles s'embarrasse Hegel, il a tressé le temps humain et le temps physique en s'appuyant sur le paradigme du calcul différentiel qui permet de *penser* l'infini[3]. Toutefois il y a une grave lacune chez Hegel. Ayant examiné le postulat de l'existence de Dieu (harmonie de la nature extérieure au Moi et du Moi), puis celui de l'immortalité de l'âme, il ne

1. Sur la notion d'exigence, cf. p. 401.

2. La théorie de l'amour de Dieu chez Malebranche, amour seul possible et seul nécessaire trouve ici sa racine.

3. *Métaphysique et politique chez Kant et Fichte*, p. 85.

passe pas directement au troisième postulat qui est celui de la *liberté*. La faute est peut-être imputable à Kant, au cœur même de son système. Comme je l'ai montré ailleurs, l'architectonique des postulats n'est pas aisément reconstructible, car la liberté n'est pas à sa place[1]. Ce n'est pas le lieu de reprendre ce (long) développement systématiquement. Seul doit nous intéresser le fait que d'une part, la liberté est un postulat, et que d'autre part, Hegel a été embarrassé, écrivant que le postulat du Souverain bien était *en soi*, celui de l'immortalité de l'âme *pour soi* et laissant tomber en sa pureté (comme on va le voir) le postulat de la liberté *en soi pour soi*, si bien que l'anomalie dans l'architectonique kantienne est irréductible. Quoi qu'il en soit, nous laisserons le bénéfice du doute à Hegel. Toujours selon sa méthode, il fait basculer le Non-Moi qui forme le contenu opposé à l'idée éthique, dans la *multiplicité* des devoirs. Cette multiplicité ne se donne pas immédiatement comme éthique à la conscience qui y cherche seulement ce qui est conforme au pur devoir (L. 404). Justement parce qu'ils sont *multiples*, ces différents devoirs ne se donnent pas pour *sacrés*, mais ils doivent être *considérés* comme sacrés [*heilig*] (400, 37). Hegel touche ici un point sensible – chez Kant, et c'est une grave lacune au niveau de l'*éthique*, nous ne voyons que rarement émerger le sens du sacré, tout à l'inverse de Jacobi et surtout de Schleiermacher. Kant a émondé le tronc de la morale de tout ce qu'il pouvait y avoir de sacré, et c'est de ce point de vue que Hegel dit que, capable d'une morale, Kant ne l'est point d'une éthique. Hegel évite sagement de s'engager dans une polémique à ce sujet, car le débat serait inévitablement développé dans la *psychologie*. Il l'écarte purement et simplement. Il y a mieux à faire et à dire. On remarquera donc que dans l'action *effective*, la conscience morale se pose comme Moi singulier affrontée à un devoir *déterminé*. « Le *devoir en général* tombe donc en dehors d'elle dans une autre essence, qui est conscience et qui est le législateur sacré [*der heilige Gesetzgeber*] du pur devoir » (402, 4) – la remarque est décisive : dans la doctrine des postulats, Kant a renoncé à l'autonomie de l'éthique et fait dépendre à nouveau la morale de la théologie[2]. Fichte, il est vrai, est demeuré officiellement inébranlable – aussi l'*Anweisung zum seligen Leben* est, bien lue, restée fidèle à la doctrine initiale. Toutefois Hegel pousse son avantage : puisque les devoirs sont enracinés dans une autre conscience sacrée, le Moi se pose comme une conscience morale *imparfaite*, et la théorie des devoirs a pour complément nécessaire une philosophie du mal [radical]. Tandis que dans le dogmatisme l'on pouvait craindre que Dieu, comme essence absolue, n'écrasât la

1. *Ibid.*, p. 86.
2. Cf. Fichte, *Écrits de philosophie première*, vol. 1 *ad finem*.

conscience finie, c'est exactement ce qui se passe dans le criticisme où la *peur* sert (deux fois clairement) de motivation (AK. Bd. V, 30, 146).

§ 4 – L'exposition de la « vision morale du monde » est terminée ; en effet dans le concept de la conscience de soi morale, les deux côtés, le pur devoir et l'effectivité, sont posés dans une unité, et par ce fait même, chaque terme est déterminé comme un moment ou encore est aboli. Ceci surgit pour la conscience « dans la dernière partie de la vision morale du monde », lorsque posant dans une autre essence le principe éthique, celle-ci en fait en partie quelque chose de *représenté* [*als ein vorgestelltes*] (402. 38) et en partie quelque chose qui n'est pas ce qui vaut en soi et pour soi, et que c'est au contraire le non-moral qui passe pour parfait (effectivité du mal). Hegel va très fortement insister sur cette « singulière » conclusion. C'est que, même s'il n'existe pas d'autre logique morale, la conscience néanmoins, demeurant au niveau de la *pensée* [*nur denkend*], et n'atteignant pas le *concevoir [nicht begreifend],* distinction kantienne à laquelle É. Weil a attaché beaucoup d'importance[1], ne pénètre pas dans cette dialectique. Elle lui demeure même *étrangère* et sur le plan du Geist « certain de soi-même » subsiste une *aliénation* de la conscience, qui, enfoncée en soi, n'est pas pour soi et n'atteint que sa certitude et non sa vérité, avec une délicate nuance qui ne consiste qu'en ceci : *pour nous* cette ultime certitude se transforme au premier avertissement en fuite éperdue devant l'effectivité et se travestit pour se conserver.

B – Le travestissement (405)

§ 1 – La conclusion de la réflexion consacrée à la « vision morale du monde » était constituée par une dialectique extraordinairement habile, mais un peu verbale et sophistique. Hegel jouait avec l'existence de la réalité morale *pensée* dans la représentation et l'inexistence de cette réalité morale dans l'effectivité dominée par le *concevoir.* Par exemple, inexistante du point de l'*effectivité* et du concept, une norme retrouvait sa valeur dans la *représentation.* Ainsi deux propositions opposées se trouvaient vraies : par exemple – « il n'y a pas de conscience morale dans l'effectivité » pouvait être lié à cette thèse : « il y a une conscience morale, puisque nous discernons le bien et le mal ». Il s'agit d'un pur développement de jugements subcontraires et ici c'est la réalité morale qui est prise en deux sens comme la liberté dans la IIIe antinomie de l'Antithétique de la raison pure (L. 408). Il s'ensuit que « la vision morale du monde » ne sera pas autre chose « que le développement

1. *Problèmes kantiens*, Paris, Vrin, 1961.

de cette contradiction fondamentale d'après ses différents côtés » (405. 20). Prenant de la hauteur, Hegel définit son objet comme « ein *ganzes Nest gedankenloser Widersprüche* » (405. 24). C'est reprendre une expression de Kant (AK. Bd. III, 407), parlant dans la preuve cosmologique d'un nid de contradictions ineptes. Deux moments se dégagent – il faut d'une part, selon une stratégie directe exposer le mouvement kantien selon Hegel, puis selon une stratégie indirecte examiner les temps forts et les temps faibles. Hegel donne le ton : « Dans ce développement, la conscience se comporte de telle manière qu'elle fixe fermement un moment, puis de là passe immédiatement à l'autre et abolit le premier; mais de même qu'elle a mis en place, qu'elle a investi ce second moment, elle le « déplace », le contrefait également à son tour, et fait même de son contraire l'essence. Dans le même temps elle est, *aussi,* consciente de sa contradiction et de son *travestissement,* car elle passe sans transition, *immédiatement en relation avec ce moment lui-même,* d'un moment à son contraire; *parce qu'un moment* n'a pas de réalité pour elle, elle le pose précisément lui comme réel, ou encore, ce qui est la même chose, pour prétendre et affirmer un *moment* comme étant en soi, elle affirme le *moment opposé* comme étant celui qui est en soi. Elle confesse par là même qu'elle ne prend, en fait ni l'un ni l'autre au sérieux ». (L. 409). Le réel sérieux de la *représentation* et de l'*effectivité* sera *le savoir absolu* – résolution de la mort et de l'éternité.

§ 2 – « Laissons tranquillement reposer sur lui-même le présupposé selon lequel il y a une conscience morale effective, puisqu'aussi bien il n'est pas fabriqué immédiatement en relation à quelque chose qui précède… » (L. 409) [1] « et tournons-nous vers l'harmonie de la moralité et de la nature, le premier postulat ». Cette harmonie – la lumière des justes – est censée être en soi et non pour la conscience effective plongée dans l'obscurité des combats humains et qui, comme conscience, n'est pas censée être présente : le *présent* n'est au contraire que la contradiction entre les deux moments. Ou encore : dans le présent, la *moralité* est admise comme *donnée*, et l'effectivité est ainsi disposée qu'elle n'est pas en harmonie avec elle [2]. Or la conscience morale *effective* est une conscience *agissante et c'est précisément en cela que consiste l'effectivité de sa moralité* [3]. Mais dans l'action elle-même, cette position est immédiatement travestie. L'action n'est, en effet, pas autre chose que l'effectivation de la fin morale *intérieure,* pas autre chose que la production d'une *effectivité*

1. Kant n'a jamais présupposé de manière immédiate une conscience morale immédiate effecive; même l'Insulaire des mers du Sud n'est pas innocent. Il ressemble à un fruit mûr, qui n'a rien fait et ne tend pas à faire quoique ce soit.

2. Pétrarque aime d'un amour pur et sincère Laure; mais la nature des choses les sépare.

3. Pétrarque aime pour rien, puisqu'il ne peut rien faire pour Laure.

déterminée par la fin visée[1] ou encore, de l'harmonie de la fin morale et de l'effectivité proprement dite[2]. Hegel insiste pesamment sur ce point. Sans son effectivité l'action n'est rien, et exister moralement, c'est exister dans le monde. Or Kant dissocie les deux moments et enferme dans l'*intention* la valeur de l'action, indépendamment de son effectuation, qui pourtant seule procure la jouissance et la félicité. Du même coup le premier postulat ne peut plus être pris « au sérieux » (L. 410), ni même l'effectivité projetée dans « l'au-delà »[3].

Cependant inversons les données. Qu'est-il donc de nécessaire pour qu'action il y ait ? Il faut *seulement* que l'*inadéquation* de la fin visée et de l'effectivité ne soit pas du tout prise au sérieux (L. 410), qu'il ne soit pas important que se manifeste un écart entre l'intention et l'acte et que pour tout dire l'intention ne soit observée qu'à la rigueur – mais quand on dit « à la rigueur », cela signifie qu'il n'y a plus de rigueur. Le jugement éthique apodictique se renverse dans un jugement esthétique hypothétique. On « s'arrange » avec la morale. C'est moins difficile qu'il n'y paraît. Dans l'énoncé du premier postulat, c'est la nature tout entière du monde qui est concernée tandis que la conscience morale « n'est qu'action de la conscience singulière » (L. 410). Dès lors que la conscience morale s'appréhende comme *inachevée* et limitée, elle ne saurait prétendre agir sur le monde, et se découvre *nécessairement comme imparfaite :* « Comme c'est le plus grand bien universel qui doit être réalisé, on ne fait rien de bien » (L. 410). Mais ce n'est pas tout : puisque d'une part la *nullité* de l'action effective et que d'autre part la *réalité* de la seule fin cohérente (la transformation du monde en totalité) sont sérieuses, l'action morale n'est pas quelque chose de contingent et de limité, car elle a pour essence le *pur devoir.* On peut se poser la question de savoir si Hegel n'annule pas, ce disant, tous ses résultats ; car ce n'est plus, si l'on ose dire, selon un quantum éthique – le monde conçu selon l'extension – mais selon une qualité interne que l'âme [s'apprécie] à sa juste *valeur,* qui peut être regardée comme la goutte de vin qui dans le « mélange total » change *toute la mer.* Si l'on remarque que Hegel parlant de contradictions ne fait fond que sur des jugements sub-contraires, les oppositions se résoudront, dans la mesure même où le sujet du prédicat n'est pas deux fois pris dans le même sens. Il est vrai – mais ce n'est pas précisément à son honneur – que clôturant l'alinéa, Hegel revient à la « contradiction » qu'on croyait dépassée entre la totalité déterminée de la conscience singulière et la totalité universelle du monde. Il est vrai qu'il a pris le parti de retourner dans tous les sens la contradiction et d'exposer

1. Le bonheur de Laure.

2. Qui ne peut être que la félicité des amants après la mort.

3. L'amour « vécu » par delà la mort.

comment chaque aspect en déplaçait et en travestissait un autre. Mais, ce faisant, c'est son incompréhension de Kant qui se manifeste : de l'*impossibilité de fait* Kant conclut à la *possibilité* de droit. En d'autres termes, puisque l'harmonie du devoir et de la nature est impossible en fait, on dégage la *possibilité en droit* dans la pure pensée. Hegel s'appuie par conséquent sur une négation *injustifiée* de la pensée. – On devrait d'après Kant, selon Hegel, affirmer que « dès qu'il y a *action*, c'est que l'*inadéquation* de la fin visée et de *l'effectivité* n'est pas du tout prise au sérieux » : qui s'avisera de remplir une bassine percée d'un trou ? L'argument *semble* irréfutable et pourtant n'est pas sans issue, car qui se proposera une telle fin ? Qui *concevra* un tel projet ? L'argument hégélien pêche au niveau d'une conception impossible dont devrait découler une pensée *possible*. Au demeurant, cette possibilité devrait être prise en deux sens, l'un métaphysique, l'autre transcendantal. Au niveau métaphysique, la possibilité *interne* ne serait pas consistante ; qui voudrait entreprendre de reprendre le tonneau des Danaïdes ? Au point de vue transcendantal *l'action ne serait pas libre* selon Kant et Feuerbach. Chez Kant la liberté est la faculté de *commencer* quelque chose : comment serait-on libre de ne pas prendre au sérieux le trou qui rend inutilisable une bassine ? Au point de vue de Feuerbach la liberté est la faculté de *conclure quelque chose* (SW, Bd. X). Comment pourrait-on conclure de remplir une bassine percée, sauf à la renverser... ? L'action métaphysiquement et transcendantalement n'est pas *libre* et si inadéquation il y a, elle tend à conjuguer l'impossibilité de fait et celle de droit. Certes il est bien vrai que la possibilité détermine un moment dans la chaîne des phénomènes ; contingente, par ses limites, l'action comme phénomène se relie à *tous* les points du monde et ce qui est en question, c'est donc le Bien suprême, mais déclare Hegel « [...] si nous laissons ce *bien suprême* passer pour l'essence, la moralité n'est pas du tout pour la conscience, quelque chose à prendre au sérieux ». En effet, selon Hegel – là est son sophisme – le *Bien suprême* n'a pas d'autre loi que la *moralité*, et par conséquent, d'une part la moralité est arrachée à la conscience qui dès lors ne peut plus prendre ce *Bien* au sérieux, et d'autre part puisqu'en dehors du Moi règne le Bien et qu'il n'y a plus d'obstacle [de négatif] que doit abolir l'action, la moralité tombe en dehors de la conscience. On remarquera seulement que le Bien suprême a été posé comme l'autre de la conscience morale, mais de cette altérité on conclut à la *totalité* substituant des jugements contradictoires à des jugements subcontraires : le sophisme de Hegel est manifeste et se prolonge dans toute cette dialectique, lorsqu'il affirme, par exemple, que toute la moralité tombe en dehors de la conscience. C'est encore la même structure de raisonnement qui l'amène à dire que si l'action était effective (L. 411), il lui faudrait bien abolir un négatif, en l'occurence la nature unie à la moralité.

L'argumentation viserait plutôt Fichte qui, se réfugiant dans l'opposition absolue du Moi et du Non-Moi (selon Hegel dans la *Differenzschrift*), ne parvient pas à établir (en son sens) l'*antithèse* constitutive de la moralité. On donnerait volontiers raison à Hegel, si sa lecture de Fichte était plus exacte et moins imaginaire. Première énorme difficulté selon Hegel dans la théorie des postulats : – ou bien l'action morale est superflue – ou bien « agir moralement est la fin absolue [et cela signifie nier la nature pourtant en harmonie avec la moralité], ou bien [puisqu'il faut conserver le bien] la fin absolue est qu'il n'y ait pas du tout d'action morale ». Mais l'argument n'est pas imparable. Hegel a lui-même reconnu, il est vrai pour la dépasser immédiatement, la *pluralité* des devoirs ; or cette pluralité introduit une *graduation* dans la sphère éthique (les femmes et les enfants *d'abord)* et autorise à la fois la *pensée* du Souverain Bien et la *conception* des devoirs. Hegel qui les distingue généralement confond ici volontairement le *penser* et le *connaître.* Cependant ce n'est pas tout ; sans l'idée de *loi morale,* la morale formulée par Kant ne serait pas pertinente, et la loi morale *ratio cognoscendi* de la liberté est le principe immanent de la théorie des postulats. Hegel ne prend jusqu'ici pas en compte la loi morale, et la difficulté est plutôt chez lui, tandis qu'il met en œuvre seulement le concept *générique du devoir*[1].

§ 3 – Hegel résume ses premiers résultats, déterminant, évidemment, sa démarche comme une simple reconstruction du chemin du Geist certain de lui-même : « Si donc nous mettons ensemble ces moments par lesquels progressait lentement la conscience dans sa représentation morale, il apparaît clairement qu'elle abolit chacun d'entre eux en son contraire. Elle part du constat que, *pour elle*, la moralité et l'effectivité ne s'harmonisent pas, mais elle ne prend pas ces choses au sérieux +, étant donné que dans l'action le présent de cette harmonie existe *pour elle.* Et cette action non plus, elle ne la prend pas très au sérieux ++, étant donné qu'elle est quelque chose de singulier ; elle vise, en effet, une fin si haute : le *bien suprême.* Mais tout ceci n'est une fois de plus, qu'un nouveau travestissement de la chose, car en cela toute action et toute moralité tomberaient complètement. Ou encore, elle n'est pas à proprement parler très sérieusement +++ intéressée par l'action *morale,* mais le plus souhaitable de tout, l'absolu, serait que le Souverain Bien soit effectué et que l'action morale soit superflue ».

On l'aura remarqué : Hegel écrit trois fois le mot *sérieux* (Ernst). La langue allemande possède plusieurs termes pour exprimer le *sérieux* (*tief, gründlich, feierlich*) et nous ne voyons pas ce qui en ceci a pu guider Hegel, sauf peut être une option philologique. Quoi qu'il en soit, la vérité de la

1. La question qui se pose dans l'histoire de la philosophie est celle de la possibilité du « spinozisme pur », doctrine éthique sans postulats.

moralité formulée par Kant est la *frivolité.* S'il était permis de confondre *La nouvelle Héloïse* et la *Critique de la raison pratique*, il faudrait dire que Julie d'Etanges est une sainte *frivole* – rien ne le montre mieux que le tableau de la partie de pêche [1]. La langue est parfois plus sage que nous : par exemple l'ennemi de la *douceur* est le *doucereux.* Kant et Fichte sont frivoles; puisqu'ils enseignent une doctrine où le Souverain Bien est inaccessible, et qu'ils admettent par conséquent que les hommes ne le prennent pas au sérieux et sombrent dans « l'indolente paresse », mère de tous les vices, et pour tout dire : à l'impossible nul n'est tenu. Voilà le pur travestissement : l'austère *Critique de la raison pratique,* parlant de liberté, est en réalité consacrée au *libertinage. Les liaisons dangereuses* sont un ouvrage sincère et sérieux, qui ne travestit rien et dit ce qu'il *veut dire.*

§ 4 – Selon Hegel, la conscience *frivole* doit poursuivre son chemin et travestir l'abolition de l'action morale. En d'autres termes, le travestissement doit être travesti ; *on doit cacher qu'on cache.* Or l'idée de nature se prête à cette opération. Jusqu'ici on a seulement parlé de la nature en dehors du Moi ; il faut porter son attention sur la nature dans le Moi ; c'est-à-dire la *sensibilité.* La conscience morale se veut *catégorique :* il faut cesser de mettre au principe de la maxime de l'action un motif issu de la sensibilité ou encore un penchant (Hang) [2], et faire du devoir le moment *déterminant.* La progression hégélienne est étonnante de naïveté : il part de l'idée qu'entre la conscience morale pure et le Non-Moi comme effectivité, la sensibilité, c'est-à-dire mon corps, est le terme médiateur, l'*organe.* Ce qui par conséquent était l'obstacle se transforme en moyen, et le syllogisme de l'action est l'abolition de l'abolition : « L'abolition des inclinations et penchants n'est donc pas une affaire *sérieuse*, car ils sont précisément ce par quoi la conscience parvient à l'effectivité » (L. 412). Allons plus loin : inclinations et penchants s'opposent à la conscience morale, puisqu'ils possèdent une structure intime que la conscience morale doit regarder comme étrangère, dans la mesure où elle ne saurait *sérieusement* prétendre en être le nerf et le moteur. Mais, ce faisant, si d'une part Hegel a entièrement raison de faire appel au *principe de structure* concernant l'action, il avance d'autre part une énorme banalité en nous donnant à entendre que l'homme est un *tout,* une *totalité*, théorème que les pseudo-philosophes de nos jours enseignent dans nos Écoles, avec un *sérieux* affecté. Pour réfuter Hegel, on dira que le banal et la platitude tombent de son côté. Toutefois on ne peut s'en tenir là. Si le principe de structure est et doit être poussé

1. *Rousseau et la pensée du malheur,* t. II, *L'espoir et l'existence.*

2. Kant, *Œuvres philosophiques* (Gallimard), t. III, *La religion dans les limites de la simple raison*, Ire partie. Traduction et notes AP. Sur « Hang » cf. notes.

jusqu'au bout, les principes pathologiques de l'action doivent contaminer, conformément à son essence, le Moi comme totalité et le réaliser comme liberté pour le mal. Peu importe alors qu'il y ait une *graduation* des devoirs et de l'intention, que décrivant dans le postulat de l'immortalité de l'âme, une *série* et non pas un progrès à l'infini, mais un progrès allant à l'infini (*ins Unendliche*)[1], Kant prenne mille précautions, afin de séparer le règne des fins et la seule nature, Hegel, obligé d'adhérer à la κρᾶσις δι' ὅλων des moments, doit *postuler,* puisque sa dialectique ne l'autorise pas à la position absolue, l'omni-présence du mal en l'esprit fini. La situation subit un renversement fondamental et de la doctrine kantienne, il faut dire ce qu'on écrivait au sujet du *Cours du monde* « qu'elle n'est pas si mauvaise que cela ». Hegel, sentant le caractère capital de ce débat, sachant aussi l'immense portée des écrits de Schelling sur la Religion et bientôt sur la liberté et le mal, a tenté désespérément de redresser la barque : « L'attribution, écrit-il, de l'épithète immoral à un individu, dès lors que la moralité, de toute façon, est inachevée[n'a] qu'un fondement arbitraire [...] ». Allusion évidente au prétendu rationalisme kantien ! Mais si Kant en ces « matières si faciles » s'approche de concepts métaphysiques insondables, comme la liberté pour le mal, c'est, selon Hegel, parce qu'il fuit dans un sublime effort le « Grund » tentateur de l'esprit boehmien. Au moins Hegel, engagé dans un mauvais pas, a-t-il vu dans l'*arbitraire,* non pas une notion scolastique et psychologiquement dépassée, mais le scintillement nocturne du Possible.

On passe alors au postulat de l'immortalité de l'âme. Feuerbach le croit fondamental non seulement dans la doctrine kantienne, mais encore dans toute religion, exception faite des religions de l'Asie qu'il ne veut pas regarder comme d'authentiques expressions de l'esprit humain, mais « comme l'essence maladive et infantile de l'esprit humain ». L'approche de Hegel n'est pas sensiblement différente. Il juge fondamental le postulat. Il croit que sa formulation implique du côté de la conscience le voilement de la moralité inachevée, et face au ciel étoilé se déplie en mon cœur « la mauvaise conscience » comme essence de mon être, de telle sorte que le travestissement est travesti, la bonne conscience se trouvant reléguée dans l'ironie. Mais, chose plus étrange, on ne comprend pas à l'intention de qui la *Critique de la raison pratique* est destinée. Et ce qui suit doit en constituer la discussion externe. Toutefois, premier cas de figure, la *Critique de la raison pratique* est rédigée pour les consciences ravies en Paradis, et elles affirmeront qu'elles n'ont ni besoin, ni le temps (c'est une métaphore) de lire l'ouvrage, car d'une part elles doivent seulement puiser dans leur bonté retrouvée et d'autre part, sauvées, elles n'ont rien d'autre à faire que

1. Hegel, 4 10,7.

chanter les louanges de Dieu. La discussion externe se prolongera du côté de la mauvaise conscience, qui enfoncée dans les méandres du mal radical, répondra au sujet de la *Critique de la raison pratique* (trivialement) qu'elle n'en à « rien à faire ». Bonne ou mauvaise, la conscience précipite dans le feu la *Critique de la raison pratique*. Mais pour la discussion interne il ne sera pas inutile de se référer à Dante, bien qu'il partage une curieuse idée avec Kant : les courbes que devront parcourir les âmes pour atteindre l'immortalité, ne seront ni égales, ni pareillement complexes. Certaines âmes, Kant le dit explicitement, devront décrire des courbes plus longues ; et c'est ce que dit Dante *a parte subjecti* au début du Purgatoire, fustigeant les « âmes lentes ». Toutefois de deux choses l'une : ou bien il existe des consciences admises à concourir à l'immortalité et dans ce cas tout le monde est sauvé, puisque les notions de plus et de moins ne sont pas pertinentes, ou bien tout le monde est perdu puisqu'une cuiller de goudron gâte un tonneau de miel [1]. Et le résultat sera le même que celui déjà obtenu : la lecture de la *Critique de la raison pratique* ne s'impose pas. Hegel n'est pas entré dans ces subtilités qui élémentent du dedans la critique du postulat de l'immortalité de l'âme. Il a fait jouer un thème profond (qui revient au même). La conscience ne peut trouver son appui, comme le veut Kant, dans l'Idée d'un Législateur saint et suprême, dont les commandements seraient les lois morales : ce ne serait pas « sérieux » (L. 414) puisque l'unique critère dont dépend la conscience morale est la bonne intention qui jaillit de la conscience. Quant à séculariser l'Idée éthique, ce ne serait pas davantage sérieux, puisque, ce faisant, par rapport au savoir moral l'essence posée n'aurait pas d'essentialité. La conscience morale se montre à nouveau frivole.

§ 5 – Néanmoins ce jeu dialectique ne saurait se poursuivre et en un sens Hegel nous déçoit beaucoup dans son exposé du postulat de l'immortalité de l'âme : c'est toujours la même structure dialectique qui fonctionne ; par exemple, mauvaise, la conscience ne veut pas se dévoiler et pose en dehors d'elle le Souverain Bien. Cela n'est pas sans conséquences. D'une part, Hegel, pour aiguiser notre compréhension, nous demande d'*enchaîner* les moments [tandis que Kant s'y oppose], tant en vertu de l'essence du postulat qui à sa racine est arbitraire, qu'en vertu des contenus, l'existence de Dieu pouvant être séparée en droit de la question de l'immortalité de l'âme] – et alors on aboutit à une absurdité : à ce niveau il faudrait dire que je cache que je cache qu'on cache et le système des négations s'évaporerait de lui-même. Mais d'autre part, Hegel ne tient nullement compte du fait que Kant déclare expressément que les postulats ne sont nullement néces-

1. Toute cette dialectique n'est compréhensible que par la lecture d'un exposé sur « *La durée des pénitents* ».

saires logiquement, qu'il ne s'agit donc pas de *croyances rationnelles*, et qu'ils forment une addition arbitraire et psychologique au système de la moralité.

Hegel va plus loin dans l'incompréhension : « Si, dit-il, la conscience morale reconnaît sa moralité comme non achevée, c'est parce qu'elle est affectée par une nature et une sensibilité qui lui sont opposées, et qui, d'une part, troublent la moralité en tant que telle, d'autre part, font naître une foule de devoirs, qui la mettent en embarras dans le cas concret de l'action effective… ». Mais Hegel demande l'impossible : que le donné éthique soit toujours *clair,* alors que l'*épreuve* [le test] de la maxime est en vue de la constitution d'une loi valable pour *tous* les êtres raisonnables à partir d'un donné qui demande *réflexion*. Il demeure que ce point, déjà examiné, atteste chez Hegel un mécompte du *formalisme.* La vérité du système moral de Hegel est comprise dans ces lignes : « [La conscience morale de soi] est *pure conviction morale,* qui rejette avec mépris ce genre de *représentation* morale du monde ; elle est *en soi-même* l'esprit simple certain de lui-même qui agit de manière immédiatement consciencieuse sans la médiation de ces représentations et a sa vérité dans cette immédiateté » (L. 417)[1]. On le voit : c'est à un *intuitionnisme moral* que conclut Hegel, intuitionnisme qui serait très bon si les hommes étaient des anges.

La conviction morale (415)

La belle âme

Le mal et son pardon

§ 1 – Hegel, dans une dialectique étonnante, a voulu conforter l'intuitionnisme éthique. Nous nous trouvions devant « l'antinomie de la vision morale du monde, savoir qu'il y a une conscience morale et qu'il n'y en a pas – ou encore le fait que la valeur [*Gelten*] du devoir soit un au-delà de la conscience, et qu'à l'inverse elle ne se produise que dans la conscience, [ce fait] avait été résumé dans la représentation où la conscience non-morale passe pour morale… » (L. 418). On n'ignore pas que Hegel, critiquant la généralisation des maximes, avait cru avoir montré que, changeant *logiquement* de point de vue sur un sujet moral, la conscience ne se *contredisait pas,* car changer de point de vue n'est pas une contradiction. D'où la [bonne] méchante conscience. Tartuffe ! Hegel oubliait seulement qu'à la

1. M. Gueroult, « Les déplacements de la morale kantienne selon Hegel » dans *Hommage à Jean Hyppolite*, PUF, 1971. M. Gueroult par un autre chemin aboutit aux mêmes conclusions que nous.

racine de l'examen éthique, une bonne volonté était présupposée. Un voleur n'examine pas la maxime de son action ; il réfléchit, chose plus sérieuse à ses yeux, comment ne pas se faire prendre. Mais enfin ! c'est cette disposition quasi native, cette immédiateté éthique que Hegel se propose d'examiner. Il pose en principe que les moments qu'il a relevés dans l'étude de « la vision morale du monde kantienne » ne sont plus *membra disjecta* et que le pur devoir est pur savoir. C'est affirmer philosophiquement la *translucidité* de la conscience de soi morale, élevée au niveau du Moi pur. Je sais originairement ce que j'ai à faire ; je n'ai pas à réfléchir pour sauver un homme qui se noie ou qui meurt de faim ; je sais immédiatement où se trouve le Bien [1]. Cette immédiateté s'épanouit d'une part dans la conscience qui se sait comme être, et d'autre part s'assume comme effectivité. De la même façon, cette conscience plongée dans les *phénomènes* se sait comme étant pour soi la valeur de la valeur (*Gelten des Geltens*), c'est-à-dire le Moi même ou la pure *pensée,* qui englobe dans l'*effectif* le *pur savoir* et le pur *devoir.* La conclusion est la suivante : l'immédiateté est la qualité intrinsèque de l'éthique. La position de la conscience dans le monde est contingente : elle peut avoir à donner à boire ou à distribuer des coups, toutefois elle « sait sa singularité immédiate comme pur savoir et pur agir » (L. 418).

Ce Moi « immédiatement certain de soi comme de la vérité absolue et de l'être » est le troisième Moi comme tel, qui surgit du troisième monde et Hegel entend le situer. Dans le premier monde le Moi émerge dans le haut de la vague du Stoïcisme où Marc-Aurèle, Empereur de Rome, combattant et philosophe, incarne l'éthique. C'est l'avènement de la *personne abstraite* et l'apothéose du droit. Il en résulte une philosophie formelle. Le second monde est le surgissement du Moi comme volonté générale en laquelle la personne est aliénée et se précipite dans la Terreur, symbole de la Révolution française. Donc d'un côté (thèse) la personne abstraite, de l'autre côté la volonté générale (antithèse) et enfin (synthèse) l'idée du Moi pur (Fichte). La conscience accomplit un double mouvement dans ce trajet synthétique : d'une part elle rentre en soi et d'autre part elle s'accomplit dans l'immédiateté. Avec Kant et Fichte, chez qui fleurit la « vision morale du monde », nous sommes entrés *dans l'origine de l'intériorité*, le Moi *spirituel.* Il ne reste, si l'on ose dire, qu'à s'enfoncer depuis l'origine jusqu'à l'intériorité à la recherche du temps *signifiant* et la conscience surmontant le travestissement, donc sincère ou encore *sérieuse,* ne séparant plus l'*en soi* et le Moi pur, revenue en elle-même est « esprit moral *concret* » (L. 419), qui ne fait plus du pur devoir abstrait un critère vide – la généralisation des maximes –, mais en lequel « l'action est figure morale immédiatement *concrète* ».

1. L. Chestov, *L'idée de bien chez Tolstoï et Nietzsche.* Paris, Vrin, 1938.

§ 2 – « Un cas donné d'action se présente » ; il s'agit pour la conscience qui sait de quoi il retourne, d'une réalité bien concrète : un homme se noie – vais-je rester sur la rive ricanant et tendant une perche de telle manière qu'il ne puisse l'attraper ? *Evidemment non !* – on réputera l'exemple trivial ; mais la vie est faite d'une infinité de choses triviales. Par exemple on n'écrit pas dans un livre, comme le fait Hegel, le mot « pisser ». Certes le mot « pisser » est parfaitement correct, *mais cela ne se fait pas.* De même pour d'autres mots très usités. Ces exemples montrent ce qui menace la pensée éthique de Hegel : et c'est de confondre la morale concrète et la politesse, qui, elle aussi, quoique médiatisée par l'éducation, possède son immédiateté. En réalité, Hegel se rapproche de l'idée d'un « tact moral » où se lieraient la nature (premier monde) et la culture (deuxième monde) ; mais quand bien même on tenterait de sauver ainsi Hegel, il subsisterait un obstacle majeur : le tact moral, la conviction morale comme esprit immédiat concret est *non-dialectique.* Il se peut que *pour nous,* fruit de la nature et de l'éducation, il soit dialectique. Toutefois, comme l'atteste toute la *Phénoménologie,* c'est le moment visé, qui, pour parvenir à sa vérité, doit être *dialectique.* Il resterait de ces réflexions que la philosophie morale ne pose pas moins de problèmes à l'hégélianisme que la philosophie de la nature. Il importe tellement que le moment éthique immédiat soit *dialectique* que Hegel consacre en fait plusieurs pages touffues à ce problème : il s'agit à tout prix d'éviter que la dialectique de la certitude sensible ne se répète sous le prétexte de l'immédiateté au niveau de la conviction morale.

§ 3 – Or cela ne se peut, pour beaucoup de bonnes raisons, selon Hegel, et d'abord parce que contrairement à la « vision morale du monde », la conviction morale « renonce à la conscience qui interprète comme contradictoires le devoir et l'effectivité (la pureté de l'intention et l'inclination des penchants) »[1]. Ce qui vaut pour la *nature,* vaut pour *l'État :* la conviction morale est certitude – « la bonne conscience, traduit Hyppolite, a *pour soi-même* sa vérité dans la *certitude immédiate* de soi-même » (II, 173). Ou encore selon Jacobi, s'appuyant sur l'Écriture sainte : « Le sabbath est fait pour l'homme et non l'homme pour le sabbath » ; « La loi morale est faite pour l'homme et non l'homme pour la loi morale », etc. (L. 422). Le devoir comme pur devoir n'est plus un *terme,* une limite vers laquelle le moi empirique tendrait comme vers son essence, mais se borne à être un moment essentiel, qui n'est pas un « moi », mais qui est *pour autre chose.* Abstrait, *l'être pour autre chose* est donc la substance des actions qui est en soi distincte du Moi lui-même. Hegel écrit : « [...] le devoir est le moment essentiel qui consiste à se comporter par rapport à d'autres comme

1. Schiller, *Sämtliche Werke,* K. Goedeke Herausgeber, s. d, Cotta Stuttgart, IV, p. 563.

universalité [...]. La conviction morale est l'élément collectif des consciences de soi [...] l'existence consciente de soi-même, [est] l'élément spirituel de la reconnaissance» (*das geistige Element des Anerkannt-werdens*) (420, 33)[1]. Nulle part peut-être, corrélant le pur devoir et l'inter-subjectivité dans la communauté où s'opère la re-connaissance, Hegel n'a été aussi proche de Fichte ; et de plus c'est cette reconnaissance qui fonde l'éthique concrète et *immédiate*. Le ciel de la métaphysique est descendu sur la terre. Mais Hegel veut davantage : « l'activité, écrit-il, n'est que la transposition de son contenu *singulier* dans l'effectivité » et c'est le fait d'être effectif, qui impose sa reconnaissance et « fait de l'action une effecti-vité » (L. 423). Dès lors, la question de savoir si l'action est bonne ou ne l'est pas apparaît latérale. « L'*essence* de l'action [*son Gelten*], en effet, le devoir, consiste dans la *persuasion* (*Ueberzeugung*) qu'a de lui la convic-tion morale ». *Ueberzeugung*, selon la leçon kantienne, est bien différent de *Ueberredung*, qui signifie convaincre malicieusement. L'Ueberzeugung chez Hegel est positif : « Ce qui est fait avec la persuasion du devoir[2], consiste dans la persuasion qu'a de lui la conviction morale » (L. 423). Il faut bien l'avouer : Hegel ne paraît pas rigoureux, et s'embarrasse dans le couple : conviction *et* persuasion. Mais il nous semble qu'il n'y a rien à tirer de cette faiblesse d'ailleurs justement soulignée par J. Hyppolite.

La dialectique de la conviction et de la reconnaissance nous fait accéder à une sphère plus haute. C'est que la conviction doit se traduire dans l'effectivité, afin que se réalise dans l'*intersubjectivité*, dans ce qui est l'*affaire de tous* (*die Sache selbst*), son adhésion à la communauté et sa liberté. La traduction de la conviction *effective* est l'expression (*Ausdruck*[3]) de la conscience *honnête*. Si plate que puisse paraître cette expression, le Moi « constitue donc le contenu de l'essence auparavant vide » ; il n'est pas étranger à l'essence, mais se mêle de l'affaire de tous et l'essence devient concrète. Il peut se faire que la conscience honnête, la bonne conscience ne comprenne pas vraiment ce qui est l'affaire de tous, mais qu'elle tende à s'y mêler prouve son *attachement* à la sphère éthique bien au-delà du langage du déchirement – la réflexion hégélienne apparaîtra à certains petite-bourgeoise. Cependant il faut savoir être raisonnable. – « De plus ce Moi, comme pur savoir égal à soi-même, est l'*absolument universel,* de sorte que justement ce savoir, comme étant son *propre savoir,* comme convic-tion est le devoir ». La sphère éthique est l'absolument universel sans bornes parce qu'elle porte en elle la *possibilité de la mort justifiée. Par la mort, le citoyen honnête peut rejoindre le Moi pur et le sachant, ce savoir*

1. *Element* s'oppose à *substance* dans le texte de Hegel.
2. C'est aussi le sentiment de J. Hyppolite.
3. Aucune connotation leibnizienne ?

lui est le devoir absolu. L'originalité de Hegel est *méthodique :* partant de la conscience honnête, il la renverse en conscience héroïque, de telle sorte que le devoir n'a plus seulement la signification de l'être pour soi (la conviction intime), mais celle de l'être en soi, c'est-à-dire de l'essence. Que par un côté le devoir paraisse inessentiel (vulgairement dit : la totalité éthique peut se passer de moi) ; que par un autre côté le devoir paraisse essentiel (c'est, vulgairement dit, l'affirmation que sans moi, comme moment indispensable, la sphère éthique ne serait pas) – *cela ne saurait cacher le fait que l'être n'est plus l'objet, ni même la simple existence, mais est devenu l'être comme communauté spirituelle* (en ce sens – Cf. aussi contre Alquié : GS. II. 490). De ce point de vue, la conscience morale se réalise et s'actualise comme bonne conscience. *L'éthique rejoint son vrai sens : elle devient politique. Ou plutôt éthique et politique passant l'une dans l'autre se posent comme égalité pure.* Nous ne rechercherons pas les sources de Hegel ici. Ce serait un travail long et inutile. En revanche nous soulignerons comment il se trouve en ceci une esquisse de solution au problème de l'autonomie de l'éthique. Hegel cependant la repoussera en 1821.

§ 4 – Mais bien avant, dans ses écrits et particulièrement dans *Les lettres sur l'éducation esthétique de l'homme* et *Grâce et dignité,* Schiller avait présenté une *éthique de la morale* fondée sur les attraits de la bonne conscience, sur son « charme » et son caractère avenant : il s'agissait de la « belle âme ». Par exemple « la dignité empêche que l'amour ne dégénère en désir et la grâce interdit que le respect ne dégénère en peur » (SW, Bd. IV, Goedeke, 494). L'éthique de la morale de Schiller s'était déployée dans son théâtre, où, par exemple dans la pièce tirée de plusieurs relations, mais surtout de celle rédigée par le cardinal de Retz : *La conjuration de J-L. Fiesque,* il avait représenté la conscience *vicieuse* sous les formes d'un noir grotesque[1]. Schiller avait aussi une conception de la Grèce antique, bariolée des plus tendres couleurs et traversée par la musique et la grâce, et cette conception à laquelle Hegel s'attachait non sans réserves était l'illustration la plus vivace de la « belle-âme », ce qui en fait autre chose et plus qu'une totalité de l'esprit et *un style de la conscience*[2], je veux dire une condition transcendantale de l'éthique enracinée dans un sol méta-historique (SW, Bd. IV, 531). C'était sans doute l'essentiel dans la vision schillérienne qu'on ramène toujours un peu étroitement à l'idée d'une harmonie entre *nature* et *devoir.* Et, du moins est-ce le sentiment de P. M. Schuhl, la pensée de Schiller est demeurée, sinon incontestée, du moins pleine de *sens,* jusqu'à ce que surgisse Nietzsche, qui en a extirpé les racines dans les chants sinistres et épouvantables des Bacchantes et des

1. AP. *Tueurs.*
2. D. Janicaud, *Hegel et le destin de la Grèce*, Paris, Vrin, 1974.

Ménades[1]. Dans sa *Théogonie,* Feuerbach a montré qu'il n'était pas entièrement étranger à ce grand débat qui domine la pensée allemande liée par ailleurs à la naissance du marxisme, et d'un autre côté à la querelle dans l'interprétation de Kant.

Toutefois Schiller attendait d'autres résultats de son éthique en dépit des difficultés engendrées par son orientation fondamentale. Il voulait en particulier que le devoir fût comme l'expression de la nature ; d'ailleurs, dit-il, « les arts imitent la nature ». Deux conséquences s'ensuivaient : d'une part une claire opposition au *dualisme* kantien et une adaptation à des contenus ne se distinguant de l'*intention que selon l'essence phénoménologique*, si bien que la « belle âme » peut s'enfoncer dans n'importe quel contenu, manifestant sa valeur abstraite et arbitraire ; d'autre part le système des déterminations se donne selon des modalités que la conscience ne peut dominer : ainsi ce qui est « l'affaire de tous », comme « existence extérieure dans la culture » (L. 423), lui échappe, et elle tombe dans le mauvais *subjectivisme moral* où les contenus, en rapport à la conscience, se donnent uniquement comme des *moments* qu'elle ne peut dominer que par son essence négative. La conception schillérienne ne doit cependant pas le faire basculer avec la *Grazie* dans une perspective féminine, noble et touche-à-tout. En son théâtre les héros sont aussi bien des femmes (Marie Stuart) que des hommes (Fiesque) et ce qui compte, plus la « troisième voie » (Moor), c'est, semble-t-il, la détermination, qui se traduit dans « une conscience vivante ».

Cependant Schiller n'a pas seulement puisé dans la Grèce, ou dans l'histoire – en laquelle il possède des connaissances très étendues – mais aussi dans un concept que Rousseau avait hérité de Bayle : « le dictamen de la conscience ». Peu importe que l'on m'approuve ou qu'on me désapprouve, ma conscience est le sûr garant de ma moralité. Eclair de lucidité chez Goethe : « On ne sait ce qu'on est qu'en se retrouvant chez d'autres »[2]. Mais Schiller ne partage pas l'objectivité gœthéenne et affirme en somme que la conscience est pour soi valeur et témoignage. La philosophie schillérienne débouche, tous comptes faits, sur un subjectivisme individualiste qui dans son « élégance »[3] méconnaît les vertus du formalisme kantien pour finir dans l'inaction sans se priver de critiquer les autres. Puisque la « belle âme » n'*agit pas*, elle conserve sa pureté, mais on voit le *travestissement du jugement moral* et le *mal* qui en résulte : « Ne jugez pas si vous ne voulez pas être jugé ». C'est cette attitude foncièrement *mauvaise* que Hegel a découverte dans les *Confessions* de J.-J. Rousseau qui ne croit

1. P. M. Schuhl, *Essai sur la formation de la pensée grecque*, P.U.F.

2. R. Friedenthal, *Goethe – sa vie et son temps*, Fayard, 1967, p. 150.

3. *Leçons platoniciennes.*

s'innocenter qu'en critiquant avec violence les « autres » – aussi bien, même si les autres étaient mauvais, cela ne prouverait en rien mon innocence ; on comprend dès lors que le travestissement et l'hypocrisie soient la chaîne flamboyante des consciences se croyant (c'est le pire) de belles âmes. Reste alors à dénoncer cette attitude si proche de celle exposée dans les pages traitant de la vertu et du « cours du monde ». Et ce qui nous attend n'est rien d'autre que la *dialectique du mal et du pardon.*

§ 5 – Dans un texte – auquel nous n'accordons qu'une confiance limitée – Hegel a défini l'essence du mal. Il débute par la thèse suivante : « L'homme est Geist » ; mais le Geist n'est pas d'une manière immédiate [ce qu'il est], c'est-à-dire libre, et doit pour le devenir s'opposer aux données naturelles, se dégager de son « enfoncement dans la nature », *se scinder d'avec la nature* et seulement par là et sur cette scission se réconcilier avec elle, et non pas seulement avec la nature, mais aussi *avec son essence*, avec sa vérité. Cette unicité, produite par la scission, est seule la véritable unicité [*Einigkeit*] ; ce n'est [pas] l'unicité de la nature, qui n'est pas l'unité propre au « Geist », ni l'unicité du « Geist ». – « Lorsqu'on appelle cet état l'état d'innocence, il peut paraître paradoxal de dire que l'homme doit sortir de l'état d'innocence et devenir *coupable.* Dans l'état d'innocence il n'existe rien qui soit « bon » ou « mauvais » ; c'est l'état de l'animal, de l'inconscience, où l'homme ne sait rien de ce qui est le bien et le mal, où ce qu'il veut n'est pas déterminé comme étant l'un ou l'autre, car ne sachant rien du mal, il n'en sait pas davantage du bien – L'état de l'homme est l'état de l'imputabilité, *de la capacité de se voir imputer* [quelque chose]. Par faute on entend généralement *imputation.* [Ou encore] par faute on veut dire habituellement, que l'homme a fait le mal, et on le situe du mauvais côté. Toutefois, en un sens général, la faute est ce qui peut être imputé à l'homme, dans la mesure où le savoir sien est volonté. – En vérité cette première unicité naturelle en tant qu'existence n'est pas un état d'innocence, mais relève de la bestialité, des désirs, du libre-arbitre en général. L'animal n'est ni bon, ni mauvais ; mais l'homme à l'état animal est sauvage, est *mauvais*, est tel *qu'il ne doit pas être.* Tel qu'il est par nature, il est tel qu'il ne doit pas être ; mais ce qu'il est, c'est par l'esprit qu'il doit l'être, par le savoir et la volonté de ce qui est juste [*Recht*]. Que l'homme soit par nature seulement ce qu'il ne doit pas être est souvent ainsi exprimé : l'homme est *mauvais par nature* [...]. Nous trouvons dans la Bible une illustration, dite de manière abstraite le péché originel. – Une illustration qui est très profonde, et non pas seulement une histoire contingente ; il s'agit de l'histoire éternelle et nécessaire de l'homme, exposée de manière externe et mythique. [...] Cette relation n'est pas sans renfermer des inconséquences ; mais les traits essentiels de l'Idée y sont compris »[1]. Nous le répétons; le texte nous paraît peu fiable, entaché par exemple de répétions. Néanmoins il permet d'introduire quelques nuances intéressantes pour la *Phénoménologie de l'Esprit*. La dernière remarque de Hegel est délicate et trois thèses sont affirmées : d'une part le récit biblique nourrit l'inspiration et ce qui est visé est l'histoire éternelle et *nécessaire* de l'homme – son passé transcendantal dirait Schelling; d'autre part dans ce récit mythique le mal (le péché originel) est *nécessaire ;* en un sens ce n'est pas un accident; c'est un moment absolu de la dialectique du mal, bien qu'ici Hegel ne crie pas : *Felix culpa !* – enfin ce qui est pris en vue, puisqu'il s'agit de *savoir* et de *vouloir*, c'est l'homme en totalité. La fusion de ces trois remarques montre à l'évidence que la faute possède ses appuis aussi bien dans la morale que dans la religion. La thèse qui ouvre le débat est une contestation de l'œuvre de Schiller. La *nature,* en son sens particulier comme en son sens universel, est indifférente à l'éthique – voici pourquoi d'une part la « belle âme » est égale au Moi=Moi[2], moment *formel,* qui peut pénétrer tous les contenus, planant avec indifférence sur ceux-ci, et d'autre part ne comprend pas que la nature n'a rien d'*humain* et que la faute est essentiellement *un fait de culture.* Hegel n'est pas le premier à avoir soutenu cette idée; mais dans la mesure où il arrache la faute à la nature, montre la fausseté dans l'hypocrisie – Heuchelei –, il indique avec précision la faille schillérienne, qui ne consiste qu'à tout donner à la nature et rien à l'histoire, tandis qu'on prétend les réconcilier.

Dans la *Phénoménologie* Hegel, venant de compléter ainsi la valeur sociale et historique de l'action, insiste sur l'opposition chez Schiller de l'universel et du particulier qui constitue l'axe de l'hypocrisie qui doit être « démasquée » (L. 435). Hegel y consacre de longues pages. Le nerf essentiel de sa dialectique (qui veut boucler tous les points de vue) consiste à montrer que, quelle que soit la figure en laquelle la conscience se replie dans l'hypocrisie, elle glisse d'un côté spéculatif et contemplatif. Une chose réfute l'hypocrisie sous tous ses aspects (par exemple chez Novalis) et c'est le passage à l'acte, qui lève toute ambiguité. Soit un pont : je le franchis ou je ne le franchis pas : nulle frivolité dans le discours ne peut gommer le choix accompli. On voit pour quelles raisons toutes les réfutations philosophiques ne gênent en rien l'hypocrisie issue de la « belle âme » : elles n'ont qu'un défaut, mais irrémédiable : elles sont *verbales,* et si Hegel développe les moments et les retournements de l'hypocrisie, c'est seulement pour l'égaler sur ce point, car avant le passage à l'acte qui éclaire tout, il ne faut pas que subsiste quelque perspective de réserve. J. Hyppolite a voulu, afin d'harmoniser la doctrine, que toute conscience « jugeante »

1. G. W. F. Hegel, *Werke, Suhrkamp* Bd. 16, p. 264-265.
2. Schiller, SW(Cotta), Bd. IV, p. 563, note : il souligne son allégeance à Fichte.

soit appelée à se révéler hypocrite, et à découvrir dans le mal lié à l'action non seulement le côté déterminé, mais aussi universel (tr. Hyppolite, II, 193, 103). L'argumentation est correcte et s'appuie sur des textes de Hegel. Il faut bien avouer cependant que le vrai problème soulevé par l'action est le *remords*.

Hegel dans les pages terminales de cette dialectique n'a pas voulu développer les deux faces du *remords* lié au pardon. Il a laissé de côté la dialectique du remords *stricto sensu* par où dans la sincérité du cœur – *cor cordis* – l'homme adhère de nouveau à soi et manifeste dans l'extériorité sa *renaissance*. C'eût été un chemin aisé pour réconcilier l'*action* et la *contemplation*. Si l'on s'en tient à son théâtre, Schiller a eu des intuitions allant dans ce sens [1], avec « en plus » la romance de la mort. Toutefois il y a l'autre côté : celui où, généreux, autrui accepte la manifestation de mon remords et me ré-intègre au sein de la totalité éthique et sociale, dans la *Gesellschaft* comme dans la *Gemeinschaft*. Et là, dans mon « ré-advenir » éthique (au sens large ou étroit) Hegel découvre des difficultés. *Le cœur d'autrui peut être endurci*. A la dialectique de l'hypocrisie fera pendant, infiniment plus haineuse, celle du *pardon*. La description de Hegel est purement *psychologique*, ou alors *phénoménologique* au sens de Lambert. Il faut longtemps chercher les motifs de la brièveté de Hegel et de son orientation. On pense généralement que l'idée fondamentale de Hegel est que le *pardon* est un acte simple et *humain*. *Il nous semble que c'est tout juste le contraire qui est vrai*. La *réconciliation* entre les hommes est un acte sacré et transcendant, qui, en dépit de l'obscurité de ses voies, n'appartient qu'à Dieu seul. Ce fut une nouvelle tentative, analogue à celle de la Tour de Babel, qui conduisit les hommes prêts à une *formale Hinrichtung*, à baptiser le lieu maudit : *Place de la Concorde*. Ici même Hegel voyait se nouer d'une part politique et philosophie et d'autre part l'énigme formulée dans le dicton : *Homo homini lupus*, et c'est à Dieu seul qu'il s'en remettait. Et puis, il faut bien le dire : comment accorder le pardon à l'individualité, si grandiose soit-elle, tandis qu'elle se monnaye en petite monnaie ? « Il n'y a pas de héros pour son valet de chambre ; mais non pas parce que le héros n'est pas un héros, mais parce que le valet de chambre est– le valet de chambre, avec lequel le héros n'a pas affaire en tant que héros, mais en tant que mangeant, buvant, s'habillant, en général en tant qu'homme privé dans la singularité du besoin et de la représentation » (tr. Hyppolite, II, 195).

Le *pardon* est difficile parce que chaque monade va à l'infini et que Dieu seul peut résumer dans un jugement analytique la multiplicité des déterminations. Ainsi serait atteinte la certitude achevée. Cependant, à

1. *Ibid.*, Bd. I, 373.

nous autres hommes, il n'est permis de tamponner que quelques pages – pas question de lire du début à la fin les adresses dans le meilleur des annuaires. En un sens profond, la réconciliation hégélienne, le devenir de la présence, n'est pas encore atteinte. La *Gemeinschaft* n'est pas la *Civitas Dei* – on en reste à la *bonne foi* qui n'est pas encore l'intersubjectivité cordiale, et le passage à la *religion est nécessaire.*

A ce sujet nous voudrions faire une remarque, qui, nous semble-t-il, quoique bien intéressante, a échappé à la quasi totalité des lecteurs de Hegel, y compris ceux qui se targuent de résumer en soixante petites pages l'œuvre de Fichte. Dans l'*Anweisung zum seligen Leben* Fichte distingue *cinq visions du monde.* Sans en nier « l'existence dans la conscience », il disqualifie la première comme *sensuelle.* Suit la seconde vision du monde : elle correspond au point de vue kantien où l'on peut édifier un droit et une morale. Là dessus s'enchaîne la vision du monde propre à une moralité supérieure et créatrice. Elle-même se relie à un point de vue supérieur qui est la religion et enfin l'apothéose est la Science comme Savoir absolu. D'où une *quintuplicité* des points de vue. Hegel adopte pour l'univers du Geist une structure également *quintuple.* I. Le premier monde est celui de *l'esprit immédiat.* II. Le second monde est celui de la *culture.* III. Le troisième monde est celui de la *moralité.* IV. Le quatrième monde est celui de la *religion.* V. Le cinquième monde est celui du *Savoir absolu.* On trouve ici deux choses. D'une part, et c'est indéniable, une *affinité structurelle* quasi dantesque [1]. D'autre part des divergences dans l'enchaînement des visions du monde. Hegel ainsi ne passe d'un monde à l'autre que lorsque toutes ses potentialités dialectiques sont épuisées. Fichte préfère mettre en lumière une difficulté cruciale. Mais il est un point qui réunit les deux philosophes et c'est la relation de la *religion et du Savoir absolu.* Ce dernier moment est capital. Nous pouvons déjà exprimer le résultat fichtéen : dans la genèse absolue, la raison en soi devient immédiatement être interne (GA. IIe Reihe, *Nachlass* Bd. 8, 276) : elle est remontée à l'intériorité de l'origine ; la Science ex-prime la religion, selon l'Écriture et particulièrement l'Évangile selon st. Jean. D'un point de vue supérieur, comme nous le verrons, quoique plus riche concrètement, Hegel ne dira pas autre chose, et le problème du *temps signifiant* sera enfin résolu.

1. Je fais allusion aux structures de la *Comédie.*

PHÉNOMÉNOLOGIE DE L'ESPRIT – X (258)

LA RELIGION (443)

Approchant de la fin de son travail, Hegel a consacré un long chapitre à la religion, et en débutant il s'est livré à une récapitulation de la *méthodologie* de la *Phénoménologie de l'Esprit*, insistant sur deux points essentiels, qui ne relèvent pas, selon lui, de la virtuosité du philosophe, mais de la *nature* des choses. D'une part il a tenu à souligner comment la *Phénoménologie* était toute faite de correspondances : par exemple la conscience de soi est reliée à la raison, par la conscience malheureuse – chaque moment conduit aussi à un autre comme on l'a vu dans les figures de l'Esprit, et Hegel profite de ce thème pour résumer le trajet accompli. De ce dernier il faut dire qu'il est en général *culture* (*Bildung*) et *douleur*. L'œuvre de Hegel n'est pas une maïeutique *pratiquée* par le philosophe, mais un accouchement solitaire du Logos. Si difficile que cela puisse être à concevoir, il s'agit pourtant du *fait* selon Hegel. Chez Fichte, l'idée de *genèse* correspond à l'intuition hégélienne. Mais d'autre part dans ce chapitre si long [1], loin de délayer sa pensée religieuse Hegel a voulu la contracter comme l'a bien vu H. Niel [2], afin d'éviter les détails abstraits qui retiendront l'attention de Feuerbach (SW, Bd. VIII). Hegel croit encore *possible* une histoire philosophique de la religion, je veux dire une *théogonie*, comme si la conscience magique par exemple ne se séparait pas de l'élan spirituel, la première s'étendant association par association en *surface*, tandis que le second creuse en profondeur [3].

Ce qui frappe le plus le lecteur de Hegel, c'est son étrange détermination : unir *histoire* et *transcendance*. Depuis la religion de la nature jusqu'à la religion chrétienne, il y a une histoire concrète où, par exemple, les religions de la Grèce antique occupent une place importante. Les théoriciens de l'histoire des religions ont, de nos jours, tendance à récuser

1. Th. Litt, *Hegel*.

2. H. Niel, *La médiation chez Hegel*, Paris, Aubier ; P. Asveld, *La pensée religieuse du jeune Hegel*. Louvain, Desclée de Brouwer.

3. AP. *Bergson* IVe partie.

ce schéma (qui était cher à Bossuet), et Feuerbach a été l'un des derniers à reconnaître l'historique dans le religieux, étant bien entendu que par *historique* on n'entend plus un devenir (dialectique ou non), ni une chaîne nécessaire, mais le simple développement des événements – du même coup chez l'ancien élève de Hegel, l'historique dévalue la transcendance, et le Dieu vivant n'est plus que le *miroir* de l'homme ; et ce thème élémente du dedans l'*anthropologie* de Feuerbach, méthodiquement exploitée dans ses *Leçons sur l'essence de la religion* (SW, Bd. VIII). On aura bien vite compris que Hegel veut l'inverse : une histoire (dialectique) nécessaire et la saisie d'une transcendance radicale. A dire la vérité, c'est Feuerbach qui domine l'esprit de notre siècle [1].

Deux idées animent le discours de Hegel. D'un côté la liberté. Nous assistons dans les moments de la religion à une lente et progressive *libération* des liens qui enchaînent l'esprit ; par exemple dans la religion naturelle, le Geist [s'] adore dans un élément extéreur à lui (il répute divine une montagne) (L. 451). Il faut qu'il se libère de cette aliénation pour se retrouver en soi. La médiation est ici *inversion,* et sans elle Hegel demeurerait – dans les grandes lignes – proche de Kant [2]. La *théologie hégélienne apparaît dès lors comme une théologie de la libération.* D'un autre côté le savoir. Au fur et à mesure qu'il retourne en soi dans l'intériorité de l'origine, le Geist se dépouille de ses pré-jugés (le vieil homme), tandis qu'il s'approche du Cristallin (l'intuition intellectuelle chez Dante et Fichte). Ce savoir fondé dans la mort du Christ, source du temps signifiant, bien qu'incarné dans le concept, n'est rien de *discursif,* et c'est la raison pour laquelle nous écrivons les mots : *intuition intellectuelle* [3]. Hegel s'est bien gardé de paraître excentrique et même original. Loin de vouloir inventer la succession des siècles, il la veut seulement suivre, mais raisonnant à partir de l'essence profane, on pourrait douter qu'il ne la dépasse jamais vers la transcendance s'il ne la pensait pas comme pure Signification, mais seulement comme *Ens extramundanum. Enfin,* synthèse des deux moments, par l'insertion de l'*histoire* Hegel évite toute dimension étrangère à l'homme, et par celle du *savoir* toute ingérence de la mystique – les termes pouvant être commutés – si bien que par delà mystique et humanisme, s'érige la religion concrète du Geist.

1. Bien entendu c'est l'orientation méthodique de Feuerbach qui importe, non, par exemple, ses analyses sur le sacrifice (SW, Bd. X).

2. H. Cohen en a tenu compte en sa *Religion der Vernunft,* Berlin, 1929.

3. Le R. P. X. Tilliette accorde le bien fondé de notre raprochement de l'*intuition intellectuelle chez Dante et Fichte* (en 1804), mais juge nécessaire d'aller plus loin et de l'étendre à Hegel.

A – Religion naturelle (450)

La première étape dans la *via dolorosa* du Geist est la religion *naturelle*. Nous y avons déjà fait allusion parlant de la montagne sacrée, et évoqué le nécessaire et libre retour en soi. Toutefois, pour qu'il se trouve dialectique et passage nécessaire du Geist à l'aurore de sa liberté, il est aussi indispensable que la *diversité* du divin soit résorbée. En Egypte on adorait les chats, allant jusqu'à les embaumer. Le Sphinx est mi-homme, mi chat – d'où son profil ténébreux et athlétique. Les montagnes ne furent pas seules à être divinisées, mais aussi les fleuves – die Lorelei –, les écueils regardés comme sinistres par les bateliers, les épées des chevaliers – Excalibur, Durandal –, les pierres du tombeau du Christ. La première fondation de la diversité du sacré est celle de la *lumière* et des *ténèbres* (L. 454). Mais cette diversité s'annule sans s'annuler. Elle s'annule parce qu'elle est l'être sans esprit « dont la vie titubante doit se déterminer en *être pour soi* » (L. 455) et elle ne s'annule pas parce que la *lumière infuse la vie de l'esprit et le conduit à son être pour soi.*

Hegel insiste sur la diversité. C'est qu'entre la lumière et les ténèbres il y a l'aurore et le crépuscule en lesquels les plantes et les animaux, soit saisis à l'État de nature, soit reproduits par l'homme – par exemple sur les fresques d'Angkor – engendrent non pas une diversité *infinie* comme celle de la pure opposition de la lumière et des ténèbres, mais une diversité *indéfinie, « multiplicité innombrable d'esprits plus ou moins forts ou faibles, plus ou moins riches ou pauvres* » (L. 455). Il ne faut pas attendre de l'Esprit qu'il se libère de cette diversité par un acte synthétique. Il n'y a pas de synthèse de l'indéfini. En revanche on conçoit la *possibilité* d'une analyse qui attend de partout qu'on lui mette sous les yeux un moment qui ne soit pas seulement déterminé, précis. L'idée synthétique ne fait qu'élaborer, construire – seule l'analyse (cf. *Préface)* peut provoquer un projet qui soit le rejet du Non-Moi.

La diversité « abolie », l'esprit se préoccupe de ses *formes.* C'est le temps des pyramides et des obélisques où le Geist signifie le primat de la *droite* sur la *courbe ;* il s'agit « de la forme rigoureuse » (L. 457) qui écrase l'imagination[1]. Peut-être est-ce la raison « de derrière » qui guide la spéculation hégélienne. Ce qui est certain c'est que, dès ce moment, nous pénétrons dans le monde du *symbole* (*Esthétique*, tr. J. G, Aubier, t. II, 78-79). Nous n'entrerons pas dans la théorie du symbole. Nous nous contenterons de deux observations. En premier lieu, de même que le beau comme symbole arrache la beauté à la seule nature, de même dans la religion le symbole arrache le sacré à la seule nature. En second lieu, le Pour

1. Kant, *Critique de la faculté de juger,* § 26-29.

soi comme intelligence s'investit dans son œuvre. Contrairement à ce que pourraient laisser supposer certains textes de Hegel – et une affirmation sans nuances de J. Hyppolite (GS. II, 528) – il est extrêmement difficile de séparer *l'artisan* et *l'artiste*. En Egypte, pays de la mort, les pyramides sont à la fois le symbole de l'esprit décédé et des monuments supposant une *pratique* de la géométrie. Par le premier côté, artiste, l'esprit rentre en soi; mais par sa pratique, il s'abandonne à la magie de la chose. Hegel va plus loin : pour mieux assurer cette dialectique du symbole et de la nature, où la figure de la pensée finit par se lier « à la figure humaine » (L. 458), il dit qu'à la statue – moment de la nature – « manque le langage ». Nous serions plus réservés, tant il est vrai qu'avec le symbole le langage est donné [1]. Il n'est donc pas étonnant que Hegel *achève* son développement par une phrase conclusive : « Le Geist est *artiste.* » (L. 460)

B – La religion de l'art (458)

Dans la dialectique du symbole, l'*ouvrier,* ainsi qu'on l'a vu, combinait des moments hétérogènes (le Sphinx). Le chat (ou le lion) avait figure humaine et ainsi se liaient « pensée et nature » (L. 460) : l'artisan est devenu « travailleur spirituel ». Nous pourrions, quittant un instant Hegel, tenter de pénétrer l'esprit de Dante ou de Pétrarque. Les poésies de Pétrarque supposent un travail énorme et son *Triomphe de la mort* est justement célèbre. Hegel, considérant le travailleur intellectuel, use d'un mot très fort : « *Arbeiter* » (458, 34). L'*artiste* est *Arbeiter* dès qu'au-delà du symbole et de la nature, il cherche dans la synthèse de l'intériorité et de l'existence, la personne éthique. Ce qui est recherché c'est donc la pure conscience de soi, la subjectivité authentique, et Hegel veut la retrouver dans la Cité antique à laquelle il reconnaît dans l'esprit éthique une conscience de soi [2]. Dans la Cité antique, le projet s'unit au rejet, tandis que néantisant sa substantialité, elle s'illumine en subjectivité qui compose dans son miroir. Hegel sait combien la Grèce a été ravagée. Il n'oublie jamais l'incendie de la Bibliothèque d'Alexandrie. On a l'impression que nombre de documents et œuvres d'art ont été conservés; mais c'est une illusion et la philosophie, si elle veut recomposer un tout d'après ces fragments, doit devenir une *archéologie.* Il nous reste à travers certaines œuvres délicates à interpréter le reflet des grandes idées grecques. Le *Banquet* de Platon qui a moins fait pour la gloire du Maître que le *Timée*

1. E. Cassirer, *Die Philosophie der symbolichen Formen*, Oxford, 1956, Bd. II.

2. Hegel semble admettre quelque chose d'équivalent à la conscience collective des modernes. L'esprit éthique est par rapport aux individus comme un rocher que les vagues et les passions ne peuvent ébranler.

traduit la libre subjectivité grecque comme *équilibre*, *savoir*, *jeunesse*. « C'est en une telle époque[1] que surgit l'art absolu ; avant il n'est que le travail instinctif [...] qui ne possède pas dans la libre [sphère] éthique sa substance » (460). Esprit de son temps, l'artiste produit une œuvre singulière où dans la « nuit » de la douleur du concept, encore figé dans l'en-soi, la substance devient sujet. Les différents moments de l'œuvre d'art (l'œuvre d'art abstraite, l'œuvre d'art vivante, le langage de l'épos, de la tragédie et de la comédie) instaurent une « dialectique qui va donc de l'œuvre objective à la subjectivité, de la nature à l'esprit, de la choséité au Moi – et en général de la substance au sujet »[2].

1) *L'œuvre d'art abstraite*. – C'est le moment du *temple grec* qui, dans la *plastique*, représente la dimension *abstraite* en laquelle l'esprit bâtisseur s'oublie – par un mouvement analogue à celui que nous avons repéré dans la religion au niveau de la nature. Mais dans l'abstraction de soi du sujet créateur s'accomplit un dépouillement, qui rend la statue du Dieu insensible aux aléas du devenir humain, comme l'Idée chez Platon échappe aux bruyants avatars du tourbillon temporel, se situant au-delà de l'essence et de l'existence[3]. Evidemment on pourra toujours se demander si les concepts de *subjectivité* et d'*objectivité* (et même de *substance*) sont bien platoniciens – nous ne le pensons pas. Mais enfin chaque époque a eu *son* Platon et il faut accepter les *différences*, tout en gardant à l'esprit le fait que Hegel n'a pas pensé l'idée comme *loi* des phénomènes.

A la plastique Hegel oppose comme œuvre abstraite le lyrisme. Toutes les déterminations antérieures sont *inversées* et par exemple on écrira « intériorité » là où l'on écrivait « extériorité ». On a voulu retrouver Nietzsche chez Hegel, comme si le conflit de l'apollinien et du dionysiaque reconduisait à la tension hégélienne entre la plastique et le lyrisme. C'est bien sûr une erreur et même un contre-sens, si l'on admet que Hegel est encore prisonnier du « classicisme de Weimar ». Ce qui est vrai, en revanche, c'est que cherchant dans le *mouvement du culte* l'abaissement du Dieu en l'homme et l'élévation de la conscience de soi en Dieu, moyennant *le sacrifice*, Hegel a préparé son chemin à Feuerbach dont l'essai sur *Le secret du sacrifice* (déjà exposé dans les *Leçons sur l'essence de la religion)* est la clef de la *Réforme anthropologique* (L. 468-469). Une seule chose doit être retenue *pour nous* dans le texte hégélien, dont le détail intéresse plutôt les historiens des religions : c'est que Hegel ne prend pas en compte ici la conception judéo-chrétienne du sacrifice qui correspond à la conscience malheureuse et qui sera un des axes de la pensée kierkegaardienne. De même Hegel ne dit rien de précis au sujet de la conception

1. Bossuet : « Epoque » : ce devant quoi on s'arrête.
2. D'après J. Hyppolite (GS. II, 530) qui reprend habilement les grands titres de Hegel.
3. GS. II, p. 531.

islamique. Il a certes ses raisons – mais il laisse son lecteur rêveur et perplexe. Son explication au sujet du partage des restes du sacrifice est encore toute voltairienne et il va trop vite sur la manducation par où, se sachant un avec le divin, l'homme devient identique à soi et à la transcendance. Si l'on demande ce qui sépare le sacrifice païen du sacrifice judéo-chrétien, on verra qu'en ultime recours il s'agit de la *mort* de Dieu. Sans l'affirmation absolue : « Dieu est mort » – le sacrifice de Jésus n'est rien d'ultime et la crucifixion retombe du côté du *symbolisme*. Or Jésus n'est nullement un symbole, mais *agnus Dei qui tollit peccata mundi.*

2) *L'œuvre d'art vivante.* Hegel n'a fait, traitant de l'œuvre d'art vivante, que resserrer les liens du sacrifice toujours enfermé dans la Cité antique dans le symbolisme. Toutefois le fil de son analyse apparaît : dégager dans les successives figures du symbolisme l'essence humaine. Les mystères de Cérès et de Dionysos font « transluminer » (Dante eût écrit : transcolorer) et s'unir l'élan mystique et la belle corporéité. Il demeure « que le mystère du pain et du vin, de Cérès et de Bacchus [...] n'est pas encore mystère de la chair et du sang. » (L. 473). Dieu *en son essence* n'est pas mis en question (torturé) sur la Croix. En d'autres termes : le Dieu n'est pas encore « divulgué » à la conscience (L. 472). Néanmoins le fil conducteur de l'analyse semble être l'objet d'une solution de continuité. Il procède par *analogie* et dégage des ressemblances, mais celles-ci ne sont pas encore des identités. On en tiendra pour seule preuve que l'idée de faute originelle – le péché – n'est pas encore donnée dans le mouvement de l'art vivant.

3) *L'œuvre d'art spirituelle.* Dans le contexte général – la religion – la réflexion de Hegel est du point de vue de l'écriture ou trop large ou trop étroite. Trop large : elle entend saisir dans un « syllogisme » (L. 476) un vaste ensemble linguistique, réunissant à la fin le langage, les poèmes homériques, la tragédie (Sophocle), la comédie (Aristophane). Trop étroite, car elle ne tient compte que du chanteur et des dieux dans leur diversité (en tant qu'*essences*), et dans le chant de l'aède c'est – surtout dans les récits homériques[1] – la « complicité » des dieux et des hommes qui prime (Athéna et Ulysse). Tout cela cependant n'est guère satisfaisant et la couverture dialectique est mal ajustée. Toutefois on ne peut que se plier aux exigences hégéliennes : d'une part la vérité est le tout, et d'autre part tout doit être saisi dialectiquement. On peut s'interroger sur l'exact trajet de Dante dans la *Comédie* – on ne peut nier ce trajet. Evidemment, si nos vues sont correctes, il faudra – après avoir de nouveau souligné que le syllogisme va de l'universel au singulier par la médiation de la détermination – infléchir le jugement de R. Kroner[2] qui tranche sans trancher, puisqu'il

1. J. de. Romilly, *Hector*. Paris, 1997.
2. R. Kroner, *Von Kant bis Hegel*, Tübingen, 1921.

écrit que Hegel « est le plus grand irrationaliste » et le « plus grand rationaliste » qui soit : en vérité on ne connaît pas de plus grand rationaliste que Hegel, mais il monte dans « la barque de la raison » comme on monte dans « la nef des fous ». On aurait donc tort de douter un seul instant de la lucidité de Hegel – simplement il étend le rationalisme au delà des *limites de la* simple *raison*. Un texte, parmi tant d'autres, permet de le comprendre : « La religion absolue est le savoir *que Dieu est la profondeur de l'Esprit certain de soi-même* [...]Il est l'essence, la pure pensée[...] Il est un homme [...]. *La nature divine n'est rien d'autre que la nature humaine.* ». « La profondeur est le Moi ; c'est le concept, l'absolue pure puissance »[1]. Deux idées émergent dans ces certitudes théologiques issues de l'art. La première et la plus évidente est que dans *la médiation* du Dieu et de l'homme, doit intervenir la détermination : Jésus n'est pas homme, ni un homme, mais « cet » homme. L'art ne peut pas s'élever à ce niveau qui pourtant procède de ses exigences internes. *Une œuvre d'art n'est pas* absolument *irremplacable comme le sang et la chair du Christ.* La seconde idée est la suivante : dans la *profondeur* (Tiefe) de son sacrifice Jésus totalise l'aliénation, en devenant *connaissance absolue de Soi*[2] et non pas seulement intuition, inspiration. Christ est *raison.* Et c'est pourquoi lui aussi embarque dans la « nef de la raison » : *Le vent souffle où il veut* – ce qui ne veut pas dire : *le vent souffle au hasard,* mais bien ceci : la grâce pénètre celui que Dieu a élu dans sa déterminité.

C – La religion revélée (488)

Que pour nous le vent souffle au hasard, que nous ne comprenions pas comment et pourquoi certains sont sauvés et élus et d'autres condamnés (« décret horrible, mais nécessaire » dit Calvin) et que le Christ, « cet » homme, ait donné une goutte de son sang infini (selon la logique des significations), c'est là une profondeur que Hegel ne prétend pas saisir par le concept, ni même intuitionner, mais dont il veut mesurer les conséquences possibles dans une vie *humaine.* Au sacrifice de « cet » homme doit répondre ma responsabilité dans la réalité anthropologique. La religion *révélée* (Die geoffenbarte Religion) est un pro-blème (au sens grec) qui déborde de toute part l'Esthétique (dans la religion) et qui est loin d'être univoque. Dans les Églises luthériennes, le cadavre du Christ, toujours attaché à la Croix, nous invite à nous souvenir de la souffrance et de la mort ignominieuse de cet homme *qui tollit peccata mundi.* D'un point de vue *esthétique* la « chose » est repoussante et l'effroi pénètre le Pour-soi.

1. G. W. F. Hegel, *Jenaer Realphilosophie,* PHB, p. 266-267.
2. G. W F. Hegel, Surhkamp, Bd. 17, p. 311.

Méritai-je tant de sang ? fût-ce une goutte ? Mais dans les Temples calvinistes on ne voit point de *cadavre*. Le *grand jour* est celui de la *résurrection*, celui où Christ ressuscité s'est arraché de la Croix et a triomphé pour nous en lui de la mort. Se souvenant du § 7 de la *Critique de la raison pratique,* K. Barth écrit que « la résurrection est le *fait unique* de la dogmatique »[1]. Ici mille questions se nouent. Interminable liste. La liste des conquêtes de Don Giovanni connaît une *borne : « mille et tre ». Et cette borne est le début de l'agonie :* le désespoir. Mais notre liste est sans fin – *principe d'espoir* enraciné dans notre *cœur.* Don Giovanni c'est l'auto-destruction de l'extériorité – la gloire du Christ est la reconstruction de notre âme.

Philosophiquement, outre ces questions « sublimes », Hegel rencontrait une difficulté supplémentaire. Comme l'a montré H. Gouhier, il faut absolument cerner l'unicité du Christ. Pour résumer son argumentation nous dirons, avec Schopenhauer, après Hérodote[2], que la devise de l'histoire est : *Eadem, sed aliter.* Tout se répète, tout se redit, seule la forme change un peu[3]. Mais le Christ est « cet » homme que rien, à proprement parler, n'annonce et qui ne fait rien comme tout le monde. D'un autre côté, si tout se répète, tout passe. Mais justement les paroles du Christ ne passeront pas. En amont comme en aval, le Christ n'est pas *histoire, mais historicité.* Là est la première voie sur sa transcendance signifiante : il engendre le sens, et Hegel l'a bien vu dans les fragments réunis par Nohl (cf. p. 273). Cela se fait-il aux dépends de la *continuité dialectique ?* A première vue, la *Phénoménologie,* tout en reconnaissant l'historicité du Christ, n'apporte point de réponses. L'*Esthétique* apporte un élément assez précieux (dans l'édition Lukàcs) : en son unicité une œuvre d'art peut être *détruite,* mais nullement le message du Christ, venu non pour abolir, mais pour achever la Loi. La *Phénoménologie* tient compte de ces données morales. La mort du Christ signifie que les « statues sont maintenant des cadavres dont a fui l'âme vivifiante » (L. 489). Le Christ dans son historicité refoule dans les ténèbres le discours païen et les premiers mots du Christ sont : « Faites silence ! ». C'est le principe de la *religion révélée*. On ne fait pas assez attention au concept de *religion révélée* chez Hegel, légèrement occulté par l'idée de religion *manifeste.* Et pourtant la religion révélée ne signifie pas la même chose que chez un Mendelssohn. Dans la mesure où la religion est révélée, elle se présente du plus profond du silence et de la solitude la plus extrême, et est un *don* absolu qui ne peut-être médiatisé, mais doit être reçu *sola fide*. L'homme peut faire beaucoup de choses *par sa raison*, et ses *œuvres,* mais non pas

1. K. Barth, *Dogmatique* (éd. française), Genève, t. XVII.
2. AP. *Schopenhauer : une philosophie de la tragédie,* 2e édition, Paris, Vrin, 1999.
3. H. Gouhier, *Bergson et le Christ des Evangiles*, Paris, 1972.

créer cet espace de silence où retentit avec une solitude humaine l'*appel* du Christ[1]. On reconnaît là l'esprit luthérien, et le premier grand problème suscité par la religion révélée est la possibilité de l'écoute qui va consacrer les apôtres et fonder la *communauté*. Comment le Christ – Dieu incarné ou *Menschwerdung* – a-t-il pu expliciter le *sens de la charité :* « Va ! et ne pèche plus ! ». Confronté à la Révélation, l'homme – Pierre ou André – est totalement impuissant. Ajoutons que cette révélation, humaine, est aussi *historique*, donc temps signifiant, et le problème de Hegel est enfin résolu : il est passé du temps païen absurde des « maintenant » qui se bousculent dans le néant au temps sacré, historique, humain et signifiant. Il faudra peut-être aller plus loin. *Mais il fallait que dans le néant primordial du silence s'épanouît comme la rose l'appel historique sensé et que le début fût à la fin comme la fin au début.*

A la communauté s'oppose la *comédie*. Dans l'épopée et dans la tragédie, le divin et l'humain s'opposaient et tombaient l'un en dehors de l'autre. Mais dans la comédie le divin rejoint l'humain, mais de telle sorte que le produit est une absurdité entièrement contingente ; ce qui est révélé par la comédie est le *rire*[2] devant une chose ridicule et pitoyable, *destinée à passer*[3]. En revanche la communauté des apôtres est profondément *sérieuse ;* il s'agit du corps mystique de l'Église, qui d'une part *réfléchit* sur l'origine comme pure manifestation liant dans le savoir spéculatif « Dieu comme *pensée ou pure essence* [et celui-ci] comme être et être-là » et « l'être-là comme la négativité de soi-même, donc précisément comme Soi, ce Soi-ci et Soi universel. Or c'est proprement cela que sait la religion révélée » (L. 493, tr. Hyppolite, II, 268-269). Dans *l'origine* comme intériorité du Logos devenu homme « est donnée l'unité de la substance et du sujet, du sensible et du spirituel, de l'universel et du particulier, de l'infini et du fini »[4]. Cependant pour que ces synthèses, qui toutes cernent le temps signifiant, prennent corps, il faut une médiation et ce ne peut être que la *mort qui supprime en les maintenant les termes opposés.* Kroner va plus loin en un sens. Il dit que, selon Hegel, Dieu, l'universel, n'est *rien sans le monde* et qu'inversement le monde, l'immédiat, *n'est rien sans Dieu.* Le concept sans intuition est vide et l'intuition sans concept est aveugle. La mort[5], comme négativité, dépassement et liberté médiatise ces oppositions et unifie l'historique et le spéculatif. Le *mystère* qui enveloppe la religion révélée est la calme profondeur de son sérieux, et ce côté est celui de la

1. Hegel, *Vorlesungen ueber die Philosophie der Religion,* Suhrkamp, Bd. 17, p. 306 *sq.*

2. AP. *Nietzsche, le Rire et le tragique*. La position de Nietzsche par rapport au « rire » est dictée par son refus du christianisme.

3. R. Kroner, *op. cit.* Bd. II, p. 410.

4. *Ibid.*, Bd. II, p. 411.

5. A. Kojève, *Introduction à la lecture de Hegel,* Gallimard, p. 556.

négation de la mort dans la Résurrection, en sorte que le Christ, libéré du tombeau, re-tourne parmi les siens. Alors est cueillie la rose signifiante, comme don de sens sans *pourquoi : « Die Rose ist ohne warum »,* en même temps que se déploie l'espace de la *souvenance.* « Faites ceci en mémoire de moi ».

La religion révélée est double. Elle est d'une part genèse du sens depuis l'intériorité de l'origine, c'est-à-dire la parole du Christ. Feuerbach s'attache à détruire l'idée d'une solution de continuité dans la vie de Jésus, en laquelle on trouverait *d'abord* une activité *morale* et *ensuite* un trajet de *thaumaturge* pendant les dernières années de sa vie. Cette idée sera encore retenue par Renan. Mais pour Feurbach tout ce que dit, fait et est Jésus – jusqu'aux franges de sa tunique – se trouve être *miraculeux.* Il a incontestablement puisé cette doctrine chez Hegel. Mais d'autre part la religion révélée se constitue dans la *communauté des fidèles*, comme Église dépositaire du passé dans la *souvenance* comme mémoire – et elle est alors Église militante. Cette dualité est conforme non seulement à la pensée de Hegel, mais encore à ses tendances luthériennes, voire même augustiniennes. Si le Logos est générateur de sens comme historicité, la sérieuse Église militante est réception du sens et les moments réunis constituent le ferme rempart de la foi : *la tradition qui veut que par la mort l'Absolu, le* Geist, *se soit réconcilié avec sa présence immédiate* (L. 507). Il fallait donc une mort affreuse, la plus affreuse de toutes les morts – et non la douce et paisible mort d'un Socrate – pour que la présence immédiate et sensible subisse l'Aufhebung la plus radicale et prépare la résurrection. A s'en tenir au texte de Hegel, la *tradition* trouve là ses limites : elle *sait* de manière abstraite ce qui est compris dans la *souvenance.* Hegel – qui pourtant de tous les philosophes est le premier à avoir compris dans l'historicité le surgissement de l'instant signifiant – veut aller plus loin et d'une certaine façon son projet est identique à celui de Fichte dans la W-L de 1804 : après la genèse s'élever à la genèse de la genèse, ou encore passer de la *représentation* au concept, cesser de voir le Logos pour vivre en lui : « De tout temps la foi n'a pas été l'affaire de tout le monde; toujours bien peu d'hommes ont compris quelque chose à la religion [...] je sais qu'humanité et patrie, art et science, car vous croyez pouvoir embrasser tout cela dans sa totalité, ont si complètement pris possession de votre esprit, qu'il ne reste plus rien pour l'Être éternel et saint qui est sis d'après vous par delà le monde, et que vous ne sentez rien ni pour lui ni avec lui. Vous avez réussi à faire de la vie terrestre une existence si riche et diverse que vous n'avez plus besoin de l'Eternité »[1].

1. Schleiermacher, *Discours sur la religion*, Aubier, Apologie.

PHÉNOMÉNOLOGIE DE L'ESPRIT - XI (267)

LE SAVOIR ABSOLU (516)

Quoi qu'en dise Schleiermacher, nous avons absolument *besoin* de Dieu[1], et ce besoin n'est pas un besoin qu'*aurait notre raison ;* ce besoin est notre raison elle même. Satisfaire ce besoin ne correspond plus au seul ordre de la connaissance, mais relève des exigences de la vie, c'est-à-dire de notre *salut.* La *Phénoménologie* nous a élevés depuis la certitude sensible jusqu'à la Crucifixion, mais notre savoir reste *représentation,* il est formel[2] tandis qu'il s'oppose comme [un moment] simple l'infinité de la réflexion, c'est-à-dire la « mauvaise infinité »[3]. Loin de nous perdre dans la mystique, comme le croit Ivan Iljin[4], et s'il est vrai que les démonstrations sont devenues les yeux de l'âme, Hegel veut, contrairement à Fichte (GA. Ie Reihe Werkband VI) que nous nous dégagions de toute *nostalgie* : il écrit, en effet, que « la nostalgie de l'immortalité ct de l'au-delà de l'être suprême [*höchsten Wesens*] est un retour en arrière du Geist dans une sphère inférieure »[5]. Dès lors que l'on a compris le chemin de la *Phénoménologie*, la réflexion se totalise – on verra comment – et c'est la béatitude qui relie la représentation au concept. Hegel est tout proche du livre V^{e} de l'*Ethique* de Spinoza. – Il faut dire que les *choses divines* sont à la fois très faciles et très difficiles. Elles sont très faciles en ce sens que, ne dépendant de rien, elles ne supposent pas de conditions de possibilité, et Descartes a fortement insisté sur ce point (A-T. IX, 124 *sq.*). Ce sont nos préjugés qui compliquent tout. St. Thomas, bien lu, va en cette direction (In XII Libros METAPHYSICORUM, ed. Marietti). Il est par exemple évident que l'acte l'emporte sur la puissance et encore : « Ex hoc aliquid actu intellegitur quod intellectus in actu et intellectum in actu unum sunt. Divinus autem

1. Kant, *Qu'est-ce que s'orienter dans la pensée ?* tr. com. et notes AP.
2. G. W. Hegel. *Jenenser Logik, Metaphysik und Naturphilosophie,* PHB, p. 180.
3. G. Gurvitch, *Fichtes System der konkreten Ethik.* p. 161.
4. *Hegel, Philosophie als kontemplative Gotteslehre,* Berne, 1946.
5. Hegel, *op. cit.* p. 179.

intellectus est semper intellectus in actu : nihil enim est in potentia et imperfectum in Deo. Essentia autem Dei secundum seipsam perfecte intelligibilis est, ut ex dictis patet. Cum igitur intellectus divinus et essentia divina sint unum[...] manifestum est quod Deus perfecte seipsum intelligat : Deus enim est et suus intellectus et sua essentia » (*Contra Gentiles,* I, XLVII). Le problème fondamental n'est donc pas l'*évidence*, mais le *préjugé*, non pas la *vision*, mais la *cécité*. Et la vraie question est, pour l'homme qui pense, celle du mal.

Le mal dans une certaine mesure est une chose divine – il a du rapport à Dieu – mais très subtile, très complexe, très difficile. Augustin écrit : « *La Lumière luit dans les ténèbres, et les ténèbres ne l'ont point comprise* [...] Ne tombe pas et la Lumière ne se couchera pas pour toi ; si tu tombes, elle disparaît à tes yeux ; mais, si tu restes debout, elle te reste présente. En fait tu n'es pas resté debout ; rappelle-toi d'où tu es tombé. Il t'a précipité en effet, mais [...] de par ta propre volonté. Car, si tu n'avais pas consenti au mal, tu serais encore debout, tu demeurerais dans la Lumière » (*Tractatus in Evangelium Iohannis*, II, 8). C'est la possibilité de l'appel comme condition de possibilité de la communauté, ou encore l'éloignement et l'origine qui sont en question. La vie dans le Logos, compris comme temps signifiant, ne sera donc pas le repos de la mort, mais la « patience du concept », et en ce sens la fin de la *Phénoménologie* est l'introduction au travail dans la négativité retrouvée [1].

*

Il s'agit donc dans la béatitude comme chez Spinoza de trouver le salut, c'est-à-dire de penser comme Dieu pense, et il n'y a à ce sujet aucune contestation possible : ce qui intéresse primordialement Hegel ce n'est pas l'étant, mais l'Être. Les textes qui précèdent « la *Phénoménologie* » sont formels : l'objet ultime du discours est la *substance* de Dieu et la philosophie de Hegel est une *philosophie première* – une *métaphysique* dirait Heidegger – et non une *ontologie*. Dans le *système* de cette philosophie première, la *conclusion* de la *Phénoménologie* est le *début* de la *Logique* qu'il faut intituler exactement *Métaphysique* (*Wissenschaft*) du *Logos* (*der Logik*) (éd. Lasson, I, 13) [2]. C'est donc une erreur que de parler d'une « ontologie » de Hegel. Maintenant penser comme Dieu pense, but de la philosophie première, ce n'est pas *fonctionner comme une mécanique à concepts*, tant il est vrai que Dieu n'est pas une chose morte, un « morceau

1. Ces concepts sont classiques et ne permettent pas de dégager un quelconque illuminisme chez Hegel.

2. Kroner, II, 444., Hyppolite, GS. II, p. 562.

de lave dans la lune », mais un moment vivant, un *sens* qui se concentre en se déployant. Nous avons une forte *tendance* à réifier Dieu et c'est l'initiation, non à la vie bienheureuse, mais au mal. Si nous y cédons, nous *tombons* dans les ténèbres, nous aliénons notre *liberté* tandis que nous sommes livrés au *non sens.* Et sans doute le mal et la chute sont-ils des concepts inconcevables, quoique nécessaires et puissamment élémentés du dedans dans le récit allégorique de la *Genèse*, histoire *nécessaire et éternelle* de l'homme. Là contre il faut *prouver* Dieu, élever sa substance au sujet, esquisser toutes les passerelles conduisant au salut, et, dit Hegel dans la *Jenenser Logik* (181) : « Dans l'esprit absolu la preuve et la construction sont une seule et même chose ». Ou encore : l'appel depuis le silence primordial et l'écoute sont une seule et même chose. D'autres rapports analogiques sont concevables, et il est très vrai que la *Menschwerdung* est la coïncidence inépuisable des opposés. Ce qu'il faudrait souligner dans le défilé des oppositions dialectiques, c'est que *l'homme n'est jamais hors de vue de la philosophie première.* La métaphysique fonde et enveloppe l'anthropologie, et Feuerbach qui a voulu inverser l'hégélianisme l'a bien vu. A elle seule l'idée de *preuve* atteste l'écoute d'un esprit fini, miroir de Dieu.

La preuve est double : apagogique et ostensive[1] – La preuve *apagogique* repose sur l'idée d'*expérience (*L. 519). La *Phénoménologie* est un chemin, parcouru par le Geist, et qui l'a conduit de la *certitude sensible* jusqu'à la communauté religieuse, elle-même appelée à transcender sa première forme (L. 520) et principalement son rapport au monde (L. 510), car les cathédrales, pures pierres extérieures, ne valent pas les mouvements intérieurs de mon cœur. Les plus admirables rosaces et les arcs prestigieux, le sommet auquel pouvait s'élever l'homme de *ses propres mains,* ne donnaient que sur le *vide*, figure d'une aliénation ultime[2]. *Dans l'expérience phénoménologique on va de contradiction dialectique en contradiction dialectique.* Le philosophe n'intervient pas : il est le *scribe* (le Pour nous) qui consigne l'expérience, et Hegel donne en ce dernier chapitre des exemples : Gall qui croit, dans les sciences humaines, trouver la figure de l'Esprit dans un os : le crâne ; les multiples tentatives de Kant pour fonder sa vision morale du monde, Schiller et sa conception de la « belle âme ». Autant d'expériences découlant les unes des autres et pourtant constituant des sphères autonomes, où nous voyons l'esprit aliéné, c'est à dire repoussé hors de sa conscience de soi. La preuve est apagogique, car si l'on veut réfuter Hegel, il faut tout simplement ré-écrire l'histoire *autrement,* et Hegel prétend que cela n'est pas possible. Voilà pourquoi nous sommes

1. Cf. les suggestions de P. J. Labarrière, in *La phénoménologie de l'esprit de Hegel.* Aubier, 1979.

2. Sur le vide des cathédrales, cf. *Passent les saisons, passe la vie*. Paris, Ramsay.

fortement attachés à l'idée que Hegel n'a rien dit ou écrit d'*original*. Il a exposé l'histoire du sens telle qu'elle était depuis la certitude sensible, la perception, l'entendement, la conscience malheureuse, etc. Cette totale absence d'originalité constitue tout le nerf de la preuve apagogique livrée par l'expérience. La moindre touche d'*originalité* chez le scribe serait de l'*excentricité*... tandis que pour la conscience commune originalité et excentricité tombent l'une en dehors de l'autre. L'absence d'originalité – qui peut s'exprimer dans les demandes du *Pater noster* aussi bien – trouve sa récompense dans la communication *possible* avec toute conscience *possible*. La communication émerge comme principe intersubjectif de la communauté, et Hegel se rapproche de la W-L de 1804 de Fichte. Le débat est cependant ici borné. D'une part Hegel ne semble pas avoir compris les écrits constituant la première période de la *Doctrine de la science* (*Œuvres choisies de philosophie première*)[1] – d'autre part il ne semble pas qu'il ait eu connaissance des grandes W-L de 1801 et 1804, et en tous les cas il n'en parle jamais; si bien qu'il raisonne sur une prétendue philosophie de Fichte, confondant par exemple le Moi théorique[2] et le Moi absolu, comme le fait le jeune Schelling[3].

Hegel ne s'est pas vraiment expliqué sur sa conception du mal. On pourrait dire – toute révérence gardée à st. Augustin – que la *Phénoménologie* est *lumière*, mieux *lumineuse :* elle s'achève dans le Bien. Mais cette lumière ne jaillit entière qu'en sa conclusion, car à la lente lecture la *Phénoménologie* est l'histoire du mal et de l'aliénation de la liberté, comme on le voit – plongeons au hasard la main dans le sac – dans l'hypocrisie qui « doit être démasquée ». Il est donc juste de regarder les configurations historiques, les figures de l'esprit, comme autant de souffrances qui fusionnent dans le « Golgotha de l'Esprit absolu » (531, 8-9[4]). Le mal ne doit pas seulement être conçu en un sens *juridique*, mais comme *refus*. Et ce refus, pour s 'exprimer comme Kant (« je suis tombé de par ma propre liberté ») n'est pas immédiatement qualifié par Hegel : fragilité, mal radical, ou enfin méchanceté. D'où l'incertitude dans la théorie du Savoir absolu. Hegel a bien parlé du *pardon ;* toutefois son écriture fut davantage *psychologique* que *phénoménologique. Nous* pensons que Hegel ne s'est que médiocrement intéressé à la *fragilité de l'homme*[5] qui cependant désigne la *finitude de l'homme*. Il s'est sans passion attaché à la définition kantienne du mal radical (primat du penchant sensible sur l'intention

1. Cet ouvrage comprend toute la philosophie première de Fichte de 1794 à 1797; la seule que Hegel pouvait consulter. Le titre du recueil a été très médité.

2. Concept totalement absent chez Fichte.

3. Nous sommes parvenus avec le R. P. X. Tilliette à un accord sur *Vom Ich* de Schelling.

4. Correction de la traduction habituelle acceptée par B. Böschenstein.

5. P. Ricœur, *L'homme faillible*.

éthique) et dont les racines *extirpenda sunt.* Mais il s'est attaché au *diabolique,* à la méchanceté qui consiste « à vouloir le mal pour le mal » et qui unit les démons en une « ferme concorde » (Milton, Par. II) qui est l'opposé de la *communauté* des fidèles. La *ferme concorde des démons s'oppose au docile troupeau des brebis.* Ce qu'il y a de plus troublant dans le règne du diabolique, c'est évidemment la concorde. Nous la percevons clairement dans l'*Inferno* de Dante : les démons qui torturent les damnés n'agissent pas au hasard; ils ne s'agitent pas non plus dans tous les sens et nul n'envie la place de l'autre; au contraire, ils exécutent leur tâche avec précision et harmonie – *avec logique.* A un homme qui, la dernière heure venue, voulait rediscuter le *contrat,* le Diable répondit : *« Tu ne te souviens plus que je suis Logicien ».* Par opposition, la Grâce qui rend la *Phénoménologie lumineuse* n'est rien de logique ni de possible et le pardon est aussi profond que dépourvu de fondement. Il y a un cantique calviniste que Hegel n'a peut-être pas connu. Il faut le citer, car il exprime la détermination hégélienne :

Le mal est là et Satan gronde,
Dites, amis, avez-vous peur ?
Nous n'avons qu'une peur au monde
C'est d'offenser notre Seigneur

Mais deux choses sont à remarquer. D'une part, si puissant soit-il, le Diable n'est que logicien; il n'est pas omniscient. Sinon, dans le cas de Job, il ne saurait parier contre Dieu qui, lui, est omniscient. Et il parie que tel et tel cas de figure étant donné, Job maudira la face du Seigneur – ce serait logique. Seulement voilà : Job dit seulement : « Le Seigneur a donné et Il a repris, Béni soit-il ! ». La logique, surtout la logique dite « diabolique », a ses limites et si le Mal est partout, en sorte qu'il y a une *liberté pour le mal,* la toute puissance de la logique est un mythe, et je rappelle à nouveau que Hegel n'a pas écrit une « science de la Logique », mais une « métaphysique du Logos ». D'autre part, comme le singe imite l'homme, l'homme imite le Diable : il élabore des *constructions* « logiques » comprenant des principes, des axiomes, des définitions, des théorèmes, des corollaires, etc., selon « la logique habituelle » que Hegel repousse (*Wissenschaft der Logik*, I, 32). Spinoza (que pourtant Hegel admire) est un singe diabolique (mais l'auteur de l'*Ethique* ne le sait pas). On conçoit dès lors que la preuve apagogique soit fort éloignée des démonstrations d'un Fichte ou d'un quelconque calcul logique. La démonstration fichtéenne est le fruit d'une « intelligence diabolique », expression dont on use souvent à tort et à travers, et qui au mieux désigne la virtuosité, mais non la profondeur[1]. Mais l'on voit en quel sens il faut dire que les démonstrations sont chez Hegel les yeux de l'âme. Ce sont des intuitions éternelles historiques… Nous conduisant à notre salut, la preuve apagogique nous prépare ainsi à la compréhension de notre propre *historicité*. Tandis que le Logos comme temps signifiant dévoile ses pétales, nous nous *relevons dans la lumière des Justes*. Pourtant, dans la dialectique de l'appel et de l'écoute, fondation de l'Église militante en tant qu'élargissement de la communauté religieuse, se posent des questions transcendantes. Ainsi quel homme sera le plus sévèrement damné et pourquoi? Nous pouvons répondre que c'est Judas[2]. En revanche, nous ne pouvons dire qui sera le dernier sauvé… Notre esprit est fini, affirme la *Métaphysique du Logos*. Dans ces conditions, la preuve *apagogique est en soi selon son contenu absolu et pour soi selon la forme absolue* (L. 518). Cela correspond au premier niveau de *l'intuition intellectuelle* dans la W-L de 1801 de Fichte – mais cela ne suffit pas à Hegel ; il veut la preuve *ostensive* où le prouver et le construire sont une seule et même chose, et où l'en-soi et le pour soi, le contenu et la forme fusionnent, et cela correspond à *l'autoconstruction de l'intuition intellectuelle* chez Fichte en 1801. En termes relâchés nous dirons qu'il faut (ces termes s'appliquent aussi à Fichte) saisir l'essence de la lumière[3].

Nous n'écrivons pas, heureusement, une thèse sur ce sujet chez Fichte et Hegel, mais force est de convenir que, du point de vue d'une théorie de la structure, les rapprochements sont saisissants. L'idée génétique, qui domine tout le débat, est présente chez Fichte et Hegel. A notre avis deux perspectives séparent les deux philosophes – d'une part l'idée d'histoire, et d'autre part l'appréciation de la valeur de la *Monadologie*. Nous consentirions volontiers à coaguler ces deux thèmes, car la relation de la monade à l'histoire est problématique chez Hegel. Toutefois, avant d'indiquer les moments névralgiques pour l'auteur de la *Phénoménologie*, nous voudrions dire que Fichte était un inconditionnel de Leibniz. Il a même fait scandale dans la dernière section de la *Seconde Introduction à la Doctrine de la Science* de 1797 en déclarant que, parmi les philosophes, seul Leibniz pouvait être *convaincu* parce que seul il avait raison. Et lui-même a montré la coïncidence entre l'intersubjectivité et la monadologie, jetant ainsi les fondements d'une *philosophie de l'histoire*, développée dans les *Grundzüge* de 1805 et approfondie dans les *Discours à la nation*

1. Certains philosophes ne sont que des virtuoses ; d'autres à première vue plus modestes sont de véritables penseurs qui possèdent dans la béatitude le royaume des cieux. D'une part on fait grand tort à Hegel en soulignant sa *virtuosité dialectique* et d'autre part il y a plusieurs demeures dans la maison du Père.

2. *La philosophie du malheur*, t. II, *ad finem*.

3. Fichte, *Ecrits de philosophie première*, t. I, p. 92-93.

allemande. Tout autre semble avoir été le jugement de Hegel. Dans la *Jenenser Logik* il se montre très réservé sur la conception leibnizienne. En particulier, la conception de la monade – qui entraîne celle de la *Monadologie* – lui paraît insuffisante. Il la répute certes comme étant une idée (*Jenenser Logik*, 176) ; et de fait la monade n'est pas une *chose ;* c'est une totalité spirituelle qui renferme l'infinité et même la négativité. Cependant la monade est essentiellement *détermination*, fermée à toute autre monade et par conséquent à l'histoire – *on ne passe pas de la monade à la monadologie*. Leibniz disait que les monades sont sans portes, ni fenêtres ; alors, répliquait Heidegger, c'est qu'elles sont *dans la rue*. Pour Heidegger on va de la monadologie à la monade, tandis que Hegel, plus classique, veut s'élever de la monade à la monadologie. Feuerbach organisait ces deux approches dans son *Leibniz*, disant dans une perspective kantienne que l'auteur de la *Théodicée* juxtaposait le point de vue ptoléméen et le point de vue copernicien [1]. Dans ses *Leçons sur l'histoire de la philosophie*, Hegel s'est montré fort sévère envers Leibniz : « Les idées leibniziennes, prises pour elles-mêmes dans leur exposition, ne présentent aucune nécessité ; sa philosophie est faite d'assertions, qu'il fait suivre l'une après l'autre » (SW, Glockner, Bd. XIX, 454). Leibniz « pose au fondement la substance individuelle [...] les monades sont simples ». Voici l'un de ses raisonnements : « Puisqu'il y a des choses composées, les principes en doivent être le simple ». La preuve est déjà bien assez mauvaise [...]. Dans le fond c'est correct, mais c'est pure tautologie » (*Ibid.*, 455) [2]. Aussi bien le cœur du conflit entre Fichte et Hegel dans la preuve ostensive comme autoconstruction de l'intuition intellectuelle ou du concept est, en soi et pour soi, l'opposition d'une philosophie de l'entendement (Fichte) et d'une pensée spéculative (Hegel) et d'une manière finalement normale resurgit le sommet de cette opposition, je veux dire la philosophie kantienne qui abrite, selon Hegel, confusément l'*entendement* et la *raison*. Or la preuve ostensive n'est concevable que dans le sein de la raison *spéculative* [3].

Comme la preuve apagogique, la preuve ostensive ne suppose aucun sujet qui, ainsi qu'on le voit dans les plus simples moments de « la mathé-

1. Cf. AP. *Feuerbach et la monadologie* in *Le transcendantal et la pensée moderne*.

2. Hegel attaque ici deux moments leibniziens : d'une part le conflit du principe des indiscernables et de la loi de la continuité (cf. *Le transcendantal et la pensée moderne*, première étude consacrée à Leibniz) et d'autre part la rédaction kantienne de la thèse de la seconde antinomie dans l'*Antithétique de la raison pure*, cf. *Hegel critique de Kant* in *Métahysique et politique chez Kant et Fichte*.

3. Heidegger a été très sagace en partant des idées leibniziennes dans son *Introduction à la métaphysique* et Cassirer a sagement débuté par une grande étude sur Leibniz, qui domine les entretiens de Davos. – C'est, à notre sens, cet arrière plan historique qui fait défaut dans la brillante lecture de Kojève.

matique immanente », « tire une ligne »[1], « trace une courbe » et nous oblige, suivant le principe de non-contradiction, à accepter des propositions dont nous n'avions pas même l'idée au début de la démonstration. Le concept « se sait » lui-même depuis la constitution de la communauté, où pourtant tous les éléments n'étaient pas en soi pour soi. Toutefois ce serait une erreur d'imaginer que rien ne nous est *demandé* et que le concept s'auto-construisant n'*exige* rien de nous. Tout au contraire, ce qu'exige avec énergie le concept, *c'est notre vie*. Et il l'exige d'autant plus *sérieusement* qu'il a donné *sa vie* pour l'amour de nous. On retrouve ici la plus haute affirmation du christianisme pour Luther : « Dieu est amour », « Gott ist die Liebe »[2] et de cet amour – car le prédicat l'emporte sur la substance : *Amor triumphat de Deo* – nous devons *participer*[3], c'est-à-dire nous ouvrir à l'*Anruf*, à l'appel.

Nous avons entrevu cela dans la dialectique de l'appel et de la communauté, et nous nous retrouvons, avec Hegel, opposés à tous les *philosophes*. Non seulement ils ont fait, depuis Platon, du temps l'image mobile de l'Éternité, mais encore ils ont délimité une solution de continuité entre l'Éternité et le temps. Chez les modernes : Descartes, Spinoza, Leibniz, Kant…etc. Mais déjà dans l'*Anruf – compte-tenu* de toutes les oppositions dialectiques résumées par Kroner – nous avons pu pressentir les moments du temps *signifiant* qui dépassent le temps inconsistant et païen de la certitude sensible. Ce temps païen est le temps de l'*entendement*, celui que Fichte a voulu construire dans le *Grundriss der eigenthümlichen der* W-L. C'est l'Enfer. Le dépassement de l'Enfer dans la preuve ostensive est la réalisation de notre salut comme première réponse à l'énergique demande du concept.

Cette énergie se concentre dans *la thèse* – dans la proposition thétique : « Le *temps* est le *concept* lui même » (L. 518). L'*appel*, la *lumière* (Augustin) est le ceci *sensible signifiant* : cet homme sensible, incarné que l'on écoute tandis qu'il dit le vrai à jamais : « Heureux les miséricordieux… ». Mais puisqu'ils ont des oreilles et qu'ils n'entendent pas, il faut ex-pliquer ce qu'est le sens du temps signifiant, atteindre le sens du sens[4]. On débouchera les oreilles en expliquant tout d'abord que pour Hegel, un sens et à plus forte raison le sens n'est pas une chose qu'on pourrait tenir dans ses mains et manipuler ou détruire par *libre-arbitre*. Le sens n'est même pas une réalité idéelle qu'on pourrait comparer à l'Idée platonicienne. Le sens est tout simplement *esprit* et l'esprit est *amour*. Voilà pourquoi d'une part « l'esprit apparaît nécessairement dans le temps » et le déborde

1. H. Cohen, *Kant – Theorie der Erfahrung*, 3e éd. 1918.
2. L. Feuerbach, SW, Bd. VI.
3. En un sens luthérien, non platonicien. Cf. Nygren, *Erôs et Agapé*, t. II.
4. C'est le titre d'un très remarquable essai de G. Steiner.

non seulement dans la signification, mais encore dans son *éternité*. Et voilà pourquoi d'autre part la *Menschwerdung* est l'ultime aliénation, dont prend naissance la Résurrection, comme fait unique de la dogmatique et apothéose du Logos. Le sens du sens est donc la Résurrection. Kant écrivait : « Je dus abolir le savoir pour faire place à la foi ». Hegel parlant de concept (= Logos= Verbe) et de *contemplation* devrait dire (et dit selon Iljin, Kroner, etc.) : « Je dus abolir la foi pour faire place au savoir ». Cependant, tous les termes ayant subi une inflexion chez Hegel, il convient d'être prudent. Par exemple le terme de *contemplation* n'est pas du tout la fixité d'un regard étonné. On s'approcherait davantage de la vérité en faisant intervenir l'idée de l'*Actus purus* chez saint Thomas qui est la vie énergique par laquelle Dieu se saisit. Cependant on serait encore bien loin de ce que veut dire Hegel et qui peut, à première vue, paraître énorme. *Membre actif de la communauté vivante constituée par la réponse à l'Anruf, je suis le dépositaire du sens du sens et comme tel Savoir absolu concret en soi et pour soi.* Feuerbach s'est trompé : la théologie est une anthropologie. Voici la « vérité simple » qu'il exige... Toutefois K. Barth a raison de voir en Feuerbach l'ennemi le plus redoutable de la théologie protestante (*La théologie protestante au XIXe siècle)*. On ne s'approche pas à ce point du sommet, sans faire frémir.

Mais cette inflexion des concepts fait subir l'ultime transmutation dialectique des notions. Si tout se fonde en la Résurrection, il ne faut plus demander : qu'en est-il de la mort ? – mais : « Mort où est ta victoire ? » et en quoi domine-t-elle le sens du sens et le temps signifiant ? La Résurrection *relativise* la mort qui cesse d'être une borne pour devenir une limite, et Christ devait aller, comme immédiateté sensible et singulière, dans les limites de la mort que la raison en tant qu'entendement dépravé voulait regarder comme des bornes arbitraires. Ce trajet – la *via dolorosa* – entièrement conscient fut celui de la *liberté* et non du libre-arbitre ; et victorieuse du libre-arbitre, la mort ne le fut point de la liberté. Dans la *Phénoménologie* le temps accomplit son cercle, son « Kreislauf ». Par la Résurrection il se re-tourne vers la certitude sensible, et le pain indicible (*das unsagbare Brot*) est dit dans le *Benedicite*. Dans la *Critique de la raison pratique* Kant déclare que le « premier devoir d'un philosophe est d'être conséquent ». Hegel ne fut pas moins conséquent que Descartes ; mais deux raisons expliquent qu'on ne le vit point – d'abord les inévitables malentendus auxquels s'expose tout philosophe[1], ensuite le fait qu'on s'acharna à lire sa doctrine de la raison avec les lunettes de l'entendement. Et ce qui a beaucoup nui à Hegel fut, en un sens, son « habileté »

1. Berkeley pour prouver que sa doctrine n'était pas un idéalisme, mais un immatérialisme demanda à ne pas être enterré jusqu'à ce que son corps « offensive smelt ».

dialectique. Il égalait Fichte dans la virtuosité de l'entendement et cela n'est pas peu dire. Revenir de Hegel à Fichte est une tentation permanente.

Nous ne nous expliquerons pas davantage sur la mort sur la Croix et sur la Résurrection qui suscite le baiser de paix et le partage de la paskà. Il suffira de dire quelques mots sur l'*histoire*. *Sans doute* Kojève a présenté d'étincelantes réflexions sur la mort ; mais, cherchant à se tenir dans les bornes de l'anthropologie, il a sous-estimé la mort de Dieu. Sans cesse, parlant de la mort – mais jamais de la Résurrection – il enferme l'homme dans l'homme[1] revenant, tandis qu'il écrit le mot « satisfaction », à un empirisme qui est « geistlos » et la Grâce, condition de possibilité de la réponse à l'*Anruf,* n'a aucune valeur pour lui. Certes tout n'est pas à rejeter chez Kojève – il arrive, par exemple, que dans la dialectique de la domination et de la servitude l'*agilité* (Fichte) de l'*entendement soit nécessaire*. De même pour celle du désir. Mais ce ne sont que des moments platement anthropologiques, ainsi que veut le faire comprendre Hegel, écrivant en marge de ce moment de la domination en sa *Propédeutique philosophique : Vendredi*[2]. – Il y a donc une histoire de l'entendement que Hegel traite, en partie, au niveau de l'entendement, fait qui a pu accréditer la lecture selon l'entendement de textes d'une remarquable *virtuosité* dialectique comme la section réservée à l'*entendement* qui fixe la notion d'*intérieur*. Cependant ceci n'est pas encore l'HISTOIRE. Celle-ci, dont il est évident que nous n'en pouvons traiter dans le cadre limité de la *Phénoménologie,* est d'abord et, semble-t-il, avant tout, non pas la « nostalgie de l'Être », qui, nous l'avons vu, ne signifie qu'une inflexion rétrograde du Geist dans une sphère inférieure, mais une aspiration ardente et active vers le sens du sens en tant que pensée de l'Éternité vivante en moi. Dans cette perspective, l'histoire échappant au temps païen est la *répétition de l'Éternité*, « répétition » prise en un sens voisin de celui que lui confère Kierkegaard. Cette répétition s'accomplit dans le parcours de la « galerie » des grands esprits. Dans une galerie, on se promène et l'on ne demande pas pourquoi les tableaux se succèdent plutôt dans un sens que dans tel autre : « l'affinité des phénomènes », comme dit Kant, suffit, sans compter les complicités qui s'esquissent. Le sens du sens est l'affinité historique des philosophies, fragments issus du monde et mondes issus d'un fragment. L'opération synthétique qui, comme l'activité du scribe, n'ajoute rien, est l'*Erinnerung* ou encore la *souvenance* et celle-ci est le cœur de la philosophie, car elle est le cœur de l'homme en tant que membre de la communauté des fidèles. Dans l'*Erinnerung* palpite le Geist, question qui de toute question nous délivre et fonde notre résurrection. L'HISTOIRE EST LA

1. *Op. cit.* p. 572.
2. Remarque de Maurice de Gandillac faisant allusion à *Robinson Crusoë*.

CONCLUSION UNIQUE DE LA RÉSURRECTION. L'image de la galerie est une représentation *esthétique* au sens de Kant. Si nous voulons dépasser ce niveau – ce qui pourrait être folie – où dans l'apparence les choses trouvent leur couleur et où pourtant chaque pas est difficile, nous risquons de nous dandiner comme des oies stupides qui crient avant de savoir pourquoi elles crient.

Τά δὲ περὶ τόν νοῦν ἐχεῖ τίνας ἀπόριας.

REMARQUES TERMINALES

Comme l'a justement remarqué le R. P. Labarrière, les lecteurs de la *Phénoménologie de l'Esprit* sont divisés : les uns n'y voient qu'un brouillon angoissé et soulignent les apories de la structure de l'ouvrage – les autres, impressionnés par la virtuosité dialectique de Hegel, voient en elle un sommet de la pensée logique. Prétendre supprimer cette disjonction serait faire preuve d'un manque certain de modération. Nous croyons aussi que chercher la solution dans l'élucidation de la relation entre la *Phénoménologie* et la *Logique* serait présompteux ; au demeurant si la *Phénoménologie* est un problème pour la *Logique*, *l'inverse n'est pas radicalement vrai.*

Il existe peut-être une troisième voie. Hegel voulait, à nos yeux, concilier deux idées. D'une part il était attaché à la refondation de la théologie spéculative (luthérienne) et L. Feuerbach l'a vu avec une grande précision (AP. *La jeunesse de Feuerbach, introduction à ses positions fondamentales*). Mais d'autre part il était lié à la problématique anthropologique qui forme le sous-sol de ce que l'on convient d'appeler l'idéalisme allemand. Tresser ces deux problématiques fut son but, incarné dans la résolution du problème du *temps signifiant,* et c'est cette double tresse qui confère par sa complexité un caractère parfois peu clair à l'œuvre, tandis qu'il ne cesse en ces perspectives de s'opposer à Kant.

L'ouvrage de Hegel, par la nature des choses, peut sembler souffrir d'un manque d'équilibre. En ce qui touche la première voie, dépassant assez vite la psychologie vulgaire (certitude sensible, perception, entendement) il a hâte de fouler le sol de la politique. C'en est à tel point qu'à notre avis, la trop fameuse dialectique de la lutte pour la domination et pour la servitude paraît à la réflexion un morceau de bravoure superflu. Toutefois il ne sert à rien de critiquer en histoire de la philosophie. Plus qu'ailleurs, c'est du temps perdu. Contentons-nous de souligner que Hegel a parsemé son exposé d'éléments psychologiques (par exemple *Le plaisir et la nécessité*) qui auraient plutôt leur place dans un exposé des facultés de l'âme. C'est que la grande affaire de Hegel est la politique, et nous croyons sincèrement qu'il a analysé les doctrines des sectateurs de la monarchie de droit divin.

Évidemment, on le comprendra sans peine, Hegel ne pouvait se contenter des considérations relatives aux monarchies électives de la fin du XVIIIe siècle, trop dispersées, trop neuves, en un mot trop fragiles. Napoléon n'était pas non plus le *Geist*, mais le *Zeitgeist*. Hegel s'est donc tourné vers la monarchie française et vers la Révolution française, entée sur une histoire séculaire et véritable image d'un peuple qui, avec ses vingt-cinq millions d'habitants, était le colosse de l'Europe. La *Jérusalem* patriotique animait ces cœurs indomptables. L'exécution dans les formes du roi (*formale Hinrichtung*) (AP. *Louis XVI, la mort du roi*) signa d'un trait de sang la profondeur de l'acte abolissant la monarchie absolue. Hegel a poussé très loin ses recherches, et l'on peut citer en exemple ses réflexions sur *le langage* de la conscience noble et de la conscience vile, ou encore sur les déplacements fondés sur la richesse; et sur ce terrain, très critique pour l'Aufklärung, il a étudié les conditions de possibilité de la *Sittlichkeit*. Personne privée, le citoyen peut par la médiation de sa mort s'élever à la totalité où il pénètre le temps signifiant.

La sphère religieuse semble poser moins de difficultés. Le chapitre qui lui est consacré vient pour ainsi dire naturellement à sa place. C'est l'exposé du sol primitif à partir duquel la libre conscience de soi s'élève à l'Absolu et à son concept. Cependant il se trouve une aporie : luthérien, Hegel pense la religion à partir de la Grèce et d'Athènes. A-t-il vu que l'inspiration de Jérusalem était incompatible avec la source athénienne ? Cela n'est pas sûr et les *Théologische Jugend Schriften* (Nohl) ne nous rassurent qu'à demi [...]. De toute manière dans la *Phénoménologie de l'Esprit* la tension est indéniable. Il se peut que Hegel ait pensé que les tensions et même les oppositions étaient appelées à se dissoudre dans l'autopénétration de l'Esprit en soi, et chez lui les problèmes ne sont pas des mystères. Cette observation s'appuie sur un fait incontestable : Hegel est mort jeune et chez cet infatigable travailleur, il est raisonnable de supposer qu'une refonte des questions aurait eu lieu et que des apories fantastiques auraient engendré des solutions géniales, réconciliant les contradictions formelles, abstraites et externes issues de l'entendement.

Il n'est pas sûr que la *Phénoménologie de l'Esprit* aurait eu le privilège d'être le noyau dur à partir duquel le système aurait été repris. Il est sans doute à remarquer que Hegel s'en est servi, une année, comme support de ses *Vorlesungen ;* mais autant que nous le puissions suivre, il n'a jamais envisagé une nouvelle rédaction de l'œuvre. La vérité est la fille du temps et, réussite exceptionnelle, la *Phénoménologie de l'Esprit* est demeurée un diamant sombre dans l'édifice hégélien. Il en résulte une conséquence à première vue bizarre : la *Phénoménologie de l'Esprit* est, en dépit des nombreuses notations critiques, le seul ouvrage de Hegel que l'on puisse aborder librement.

*

Hegel est-il *intuitionniste* ou *formaliste ?* A cette question chacun répond comme il peut. Sans doute use-t-il du syllogisme pour formuler sa pensée, sans qu'il soit besoin, comme Kojève, d'en rajouter, par exemple dans la théorie de la domination et de la servitude. En réalité ce qui confère un aspect constructiviste au texte de Hegel, c'est comme on l'a dit, sa puissante charpente *grammaticale*. Déjà dans *Glauben und Wissen* cet aspect de son écriture s'était manifesté. D'un autre côté, Hegel est intuitionniste dans la mesure où il use ou suggère des images fortes ; c'est d'ailleurs ce qui fait le *charme* de l'ouvrage, achevé alors que *tonnent* les canons d'Iéna zébrant d'éclairs la nuit encore troublée. Valent dès lors des plages de signification, des coagulations internes dont ce ne fut pas le souci de Hegel d'élaborer la théorie. Le danger est manifeste avec les images : c'est de leur faire dire plus et autre chose qu'elles ne veulent exprimer. Quel que soit un auteur, le danger en histoire de la philosophie c'est de lui faire dire autre chose qu'il n'a dit, et les images sont parfois trop suggestives. Nous sommes en pleine époque d'*interprétation* et avons dépassé la simple *exposition*. Nous avons la main du diable – puissions-nous ne pas en abuser.

Par delà l'intuition et la forme, la *Phénoménologie* peut revendiquer un singulier statut qui assure son exceptionnel succès. Hegel ne la considère pas comme extérieure à l'histoire, mais comme un élément *intérieur* à celle-ci et qui la parachève ; sans la *Phénoménologie,* l'histoire n'est pas à son terme : le système philosophique complet comme *introduction* à la *Logique* est la mélodie du temps signifiant. On comprend plus clairement le rapport que Hegel a pu instaurer entre les différents segments de la *Phénoménologie*, y compris les dissertations (sur la *perception* par exemple) pédagogiques. – Toutefois, ce que l'on comprend moins bien, c'est le sens du terme *phénoménologie.* Nous en connaissons bien la source. Il s'agit du titre de la Ve section du *Neues Organon* de Lambert (1764). Lambert proposait comme équivalent allemand : *Scheinlehre,* soit *doctrine de l'apparence*. En transposant les termes, il faudrait dire que la Critique de la culture comme introduction à la *Logique,* elle-même conçue simultanément comme philosophie première ou ontologie (Wolff), serait une doctrine de l'apparence. Sans doute exacte, cette opinion n'est à la lettre soutenue par rien dans le développement de Hegel, qui, à la différence de Husserl, se montre au sujet de la discipline *phénoménologie* d'une sobriété exemplaire. C'était peut-être suivre l'usage. Kant attache beaucoup d'importance à la *Critique*, mais il est plus difficile qu'on ne le croit de composer un article constitué par les assertions et définitions concernant le terme *critique*.

A certains égards, la conception du livre a passablement changé, et il était jadis interdit de le distribuer en concepts d'une part et en intuitions de l'autre d'après la table des matières. Celle-ci est d'ailleurs inconsistante dans la première édition de Hegel. On ne peut toutefois se reposer sur celle très complète de G. Lasson : tout simplement parce que celle-ci n'a pas été voulue par Hegel. De même les citations. Fichte ne cite pratiquement jamais ; compte la pensée discutée ; le nom de celui qui l'a élaborée, le titre du livre, la maison d'édition, l'année pour la première édition et la seconde étaient passés sous silence. Hegel dans la *Phénoménologie* n'a pas beaucoup cité. Ni lui, ni Fichte n'ont beaucoup perdu et je ne crois pas que nos pesantes méthodes possèdent de grandes vertus. Les intuitions sont étouffées et nos concepts obscurs. Il y a de nos jours des livres faits de citations (par exemple une « thèse » sur Descartes où l'auteur accorde un petit bout de page à la pensée, réservant tout le reste à des citations latines, dont il donne aussitôt la traduction française). Rien de tel avec Hegel dont nous aurions beaucoup à apprendre – pour ne rien dire de Fichte. Mais alors ce ne sont plus les intuitions ou les purs concepts qui comptent, mais les *essences* ou encore les plages de sens, et l'histoire de la philosophie, comme re-structuration des essences, devient philosophie. Seulement il faut ajouter ceci : un sens se re-structure à plusieurs niveaux qui interfèrent : par exemple il y a une immédiateté sensible théorique qui est, par opposition chez Hegel, réciproque avec l'immédiateté spéculative du temps signifiant. Or, saisir une telle corrélation, suppose la compréhension de l'ouvrage, et l'appréhension de la signification immédiate métaphysique suppose un long travail.

*

Ne pouvant être dit intuitionniste, ni formaliste, Hegel peut être réputé comme un *travailleur* (*Arbeiter*), et lui faut appliquer la dure loi du serviteur, qui transformant le monde se transforme lui-même. On ne se présente pas comme historien de la culture, mais dans le travail, à condition de ne pas se perdre dans les finasseries érudites (citer Fichte dans l'originale, puis dans l'édition du XIXe siècle, puis dans celle du XXe siècle, en donnant le nom de l'éditeur, la ville, l'année et pendant que l'on y est, la rue, le numéro et l'étage, sans oublier la date du papier, le tampon de l'imprimeur, le poids du volume), mais de se *transformer* soi-même. Là est la plaine du vrai travail. Au point de vue de nos érudits Hegel est un « penseur faible » – mais le Comte Tolstoï ne serait pas de cet avis [1]. C'est

1. C'est à un tout autre point de vue que dans son *Journal* Tolstoï appelle Hegel un penseur « faible » et voit en Schopenhauer le « gardien de la pensée ».

qu'écrivant la *Phénoménologie,* Hegel, comme travailleur, s'est transformé. La philosophie et son histoire ne sont pas des terres mortes et le premier de tous les dangers consiste à donner une adhésion qui ne repose pas sur tous les doutes, y compris ceux qui surmontés suggèrent un remaniement des dogmes jusque là établis. Le feu du doute[1] est la maximalisation de la circulation de l'esprit dans la langue maternelle.

Avec cette idée, non seulement Hegel de par son travail, mais aussi par l'ouverture ainsi procurée, a pénétré des cercles jusque là inébranlables comme les « Lumières », mais aussi secrets et fiévreux ainsi que la ténèbre du *philosophus teutonicus*, je veux dire Jakob Boehme; Hegel avait une haute considération pour la mystique allemande. En général sa critique de la culture repose sur des fondements généraux d'une grande étendue. Par un retour justifié en partie des choses, sa philosophie a pu devenir le pain des anges de la philosophie de l'histoire contemporaine. Un long décapement s'est produit, et l'intérêt s'est dégagé de la *structure rhétorique* sous laquelle Hegel (thèse, antithèse, synthèse) rangeait ses pensées (ou encore l'uralte Form der Triplicität). Il semble que cela se soit fait de soi-même, chez un Iljin, un Litt. Encore faudrait-il savoir quelle valeur métaphysique accorder à des structures rhétoriques. La question copernicienne se replie alors sur des segments linguistiques, et il était réservé à W. v. Humbolt d'en découvrir les secrets[2].

Hegel, que l'exercice phénoménologique semblait guider dans ces sentiers, s'en est apparemment détaché. Il a réglé le compte *de la langue et du langage* en quelques pages classiques que n'eût point désavouées un Condillac. Il y a donc deux plaies saignantes dans l'hégélianisme : d'une part la physique et d'autre part la métaphysique du langage – il ne serait pas injuste de soutenir que même un Herder est en ce dernier horizon plus avancé que lui. Mais cela pose la question de l'achèvement ou de l'inachèvement du système de Hegel.

*

Contemplons un moment la *physique* de Hegel. Comme beaucoup de ses contemporains et en particulier Schelling, il a rêvé d'une physique sans équations *a priori*, et surtout praticable « en solitaire ». Il ne s'est pas assez penché sur le statut de la communauté savante, institutrice des expériences. Par rapport à des physiciens comme Pascal c'était une sérieuse régression, et c'est l'abandon de l'*expérience en commun* (plus que le statut du calcul en physique) qui mine l'édifice hégélien. Ce qui valide les résultats (à savoir

1. En ce sens on pourrait avec Chestov, parler d'un « doute créateur ».

2. E. Cassirer, *Die Philosophie der symbolischen Formen,* Oxford 1956, Bd. III, Index.

la reconnaissance *commune* d'un fait mesurable) fait entièrement défaut dans la physique spéculative de Hegel, qui a été l'objet des railleries amères de Bell. Le système ne peut donc être considéré comme achevé dans les deux sens du terme : bouclé et achevé (*perfectum*, *vollendet*). On ne saurait remédier à cette situation. S. Lupasco s'y est bien essayé ; mais il a constaté qu'il fallait, pour ce faire, changer la *méthode hégélienne* prise en sa généralité. La situation est embarrassante. On s'explique par là d'une part le mépris en lequel les physiciens tiennent le système hégélien, et d'autre part son confinement dans l'histoire de la philosophie. Certes la philosophie n'est pas perdue avec Hegel, et en particulier le bergsonisme offre une solution *méthodique* satisfaisante à la question du statut de la physique pure (AP. *Bergson ou de la philosophie comme science rigoureuse,* Cerf). Cependant l'hégélianisme est atteint en ses sources vives.

Si maintenant nous nous tournons du côté de la *métaphysique*, il faut reconnaître que le système hégélien, orienté vers la théologie spéculative, s'est cru illimité. Le passage de la *Phénoménologie* à la *Logique* n'est rien moins que celui de l'homme à Dieu ; mais, selon Hegel, qui sait séjourner dans l'histoire et ses démêlés somptueux atteindra le Golgotha de l'Esprit absolu. Hegel conçoit toujours la métaphysique comme l'au-delà et si sa philosophie, sans y tomber, s'approche de la mystique – d'où les schémas de I. Iljin –, elle constitue un pôle ardent. Toutefois c'est bien du côté du *langage* qu'il fallait se tourner avec W. v. Humboldt pour découvrir les limites fondamentales de la raison humaine, dont Hegel a reconnu – après Kant – l'unité immédiate. La genèse de la linguistique à laquelle W. v. Humboldt a tant contribué fait défaut dans le Corpus hégélien.

On remarquera sans doute que ces difficultés apparaissent moins dans l'introduction au système (la *Phénoménologie*) que dans le système lui-même. Une bonne fée s'est penchée sur la *Phénoménologie,* d'autant plus coupée du système qu'elle se voulait universelle et objective, allant jusqu'à s'opposer (questions de méthode) à la Natur-philosophie de Schelling. Ce paradoxe incline le savant (au sens de Fichte) à ne retenir comme œuvre de Hegel encore actuelle que la seule *Phénoménologie de l'Esprit.* Elle est ce qui est résolument *vivant* chez Hegel.

INDEX DES NOMS PROPRES

Ce qui suit n'est que la table des matières d'un *commentaire*. À ce titre, on s'est cru autorisé à ne pas suivre la table des matières de Hegel, sans s'interdire bien entendu de l'utiliser. On notera que Hegel n'a proposé sa table des matières que dans la seconde édition. On notera aussi que Hegel a fait une grande place dans sa table des matières de son ouvrage aux sciences relevant de Gall et Lavater et qui sont de nos jours complètement dépassées.

Dans le commentaire, nous avons souvent fait usage des abréviations habituelles : ainsi PHG pour *Phaenomenologie des Geistes*.

TABLE DES MATIÈRES

Imprimerie de la Manutention à Mayenne – Septembre 2001 – N° 213-01
Dépôt légal : 3e trimestre 2001